21 世纪会计系列教材
21 Century Accounting Textb

U0686019

Accounting for
Financial Enterprises

金融企业会计

◆ 汪振坤 常华兵 主编
◆ 夏雪花 沈永建 副主编

人民邮电出版社
北 京

图书在版编目（CIP）数据

金融企业会计 / 汪振坤，常华兵主编. -- 北京：
人民邮电出版社，2015.12（2023.8重印）
21世纪会计系列教材
ISBN 978-7-115-38140-8

Ⅰ. ①金… Ⅱ. ①汪… ②常… Ⅲ. ①金融企业—会
计—高等学校—教材 Ⅳ. ①F830.42

中国版本图书馆CIP数据核字(2015)第147617号

内 容 提 要

本书紧密结合当前国内外会计和金融研究的最新成果与我国经济发展的实际需求，依照财政部颁发的相关会计准则和中国人民银行及银监会的有关规定，全面讲述金融企业会计的基本核算及管理知识。全书以维吉尔·尼尔（E.Virgil Neal）的《现代银行学和银行会计》（Modern Banking and Bank Accounting）和罕尼·梵·格鲁宁（Hennie Van Greuning）的《证券会计与经营风险》（Securities Accounting and Operational Risk）两本国外精品教材为蓝本，并综合国内现有的一批《金融企业会计》教材的精华，充分体现国际化、信息化在当代金融企业会计教学中的位置。全书共分十四章，第一章概论；第二章到第六章重点讲述银行会计的核算，包括：存款、贷款、支付结算、往来、外汇业务；第七章到第十二章分别讲述非银行类金融企业会计的核算，包括：保险、证券、基金、租赁、期刊、信托等；第十三章、第十四章讲述所有者权益与财务损益核算和年度决算与财务报表。

本书可作为普通高等院校会计学、财务管理、金融等专业本科学生的学习用书，也可以作为其他经管类专业、金融企业会计和审计人员以及参加会计专业技术资格和注册会计师考试人员的参考用书。

- 主　　编　汪振坤　　常华兵
　　副 主 编　夏雪花　　沈永建
　　责任编辑　武恩玉
　　执行编辑　刘向荣
　　责任印制　沈　蓉　　彭志环
- 人民邮电出版社出版发行　　北京市丰台区成寿寺路 11 号
　　邮编　100164　电子邮件　315@ptpress.com.cn
　　网址　http://www.ptpress.com.cn
　　北京天宇星印刷厂印刷
- 开本：787×1092　1/16
　　印张：25.75　　　　　　　2015 年 12 月第 1 版
　　字数：611 千字　　　　　2023 年 8 月北京第 9 次印刷

定价：56.00 元

读者服务热线：(010)81055256　印装质量热线：(010)81055316
反盗版热线：(010)81055315
广告经营许可证：京东市监广登字 20170147 号

前 言 Preface

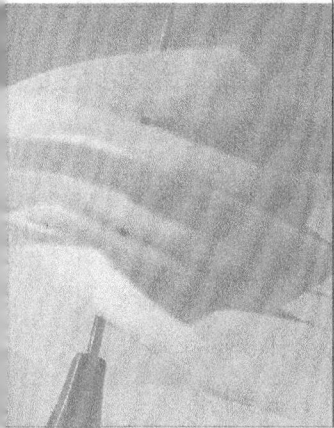

随着我国社会主义市场经济的迅速发展，我国金融行业也随之发展和壮大，金融企业的业务范围不断扩展，金融企业会计的实务不断变革，进而给金融企业会计的教学提出了全新的要求。

金融企业会计是一门特殊的专业会计，是把会计的基本原理与基本方法运用到金融企业这一特定部门的行业会计。与一般工商企业会计相比，金融企业会计不但在核算内容上具有广泛的社会性，在核算方法上具有一定的独特性，在业务处理与会计核算上具有高度统一性，而且还具有社会服务与监督的双重性特征。

为贯彻执行《中华人民共和国会计法》和《企业财务会计报告条例》，规范金融企业的会计核算工作，财政部制定了《金融企业会计制度》，明确要求金融企业必须严格的对自身的会计行为进行规范，并且完整且真实地反映企业的现金流量、经营成果以及财务状况等会计信息。《金融企业会计制度》曾经为会计信息质量的提高发挥了至关重要的作用，但已于 2012 年 3 月财政部第十一批废止目录中废止，现在金融企业执行《企业会计准则》。随着金融企业业务的发展，以及会计准则体系的不断的发展和完善，金融企业会计的教育和教学也迎来了新的机遇和挑战。

本书结合我国和国际金融企业会计的发展状况，以国际化和信息化为导向，详细介绍了金融企业会计的理论和实务。具体编写特色如下。

（1）编写的指导思想主要突出一个"新"字。

本书在章节上完全按照新会计准则顺序进行安排，对各类经济业务和会计科目都按新准则的规定进行阐述；各类经济业务的确认和计量方法"新"，充分依据市场经济条件下的公允价值进行确认和计量；结构"新"，突破了银行之间往来核算的传统模式，将原来的银行往来、同业往来，统一归纳为系统内、系统外两种资金往来；另外为了顺应金融企业之间由"分业经营、分业监管"向混合经营转变的大趋势，新增加了代理证券、代理发行、代理国库、代理政策性银行、代理保险、代理投资及金融衍生工具等业务内容的会计核算；在编写上注重开拓性、前瞻性，在举例核算上已经列举到2014年金融企业的最新典型业务。

（2）编写风格上，力求准确、详实和通俗易懂。

本书在准确性上对理念、概念、定义的表述不模棱两可，不留疑问，用词恰当；详实性上尽量表述认真、全面，层次清晰，寓意明确，举例切中题意；同时融理论阐述、实际操作、举例说明于一体，深入浅出，力图让读者既理解理论，又会动手操作，方便掌握和记忆。

（3）编写内容上，力求突出"全"。

本书主要面向高校在校本科生和金融企业从业人员，另外针对财经院校会计专业的学生还加入了很多高级金融企业会计核算内容，与中级财务会计和高级财务会计完美搭配，全面完善和强化了学生的会计学专业知识内容和体系。

本课程属于专业课程，技术性较强，具有很强的实际操作性，又涉及相关金融业务知识，建议在学完《基础会计》或《财务会计》、《金融学》及相关金融实务等课程之后开设。在教学计划中，一般会计类专业每周3课时3学分，各章节平均分配学时；非会计类专业每周2课时2学分，教学内容以前六章银行会计及财务报告的编制和分析章节为主。

本书由汪振坤和常华兵任主编，负责全书大纲的拟订和编写的组织工作；夏雪花和沈永健任副主编，负责各章节引例、知识链接、关键术语的补充校订。全书最后由汪振坤总纂定稿。章节具体分工如下：第一章、第四章、第五章、第十章、第十二章由汪振坤执笔；第九章、第十一章、第十三章、第十四章由常华兵执笔；第六章、第七章、第八章由夏雪花执笔；第二章、第三章由沈永建执笔；部分章节之间有交叉撰写。另外阚京华、孟翠湖、施元冲、陈华等老师也对该书的编著和出版做了重要贡献。在编写过程中编者参阅了大量国内外相关教材和学术资料，并从中国银行、中国工商银行、徽商银行、花旗银行、海通证券等金融企业获取众多典型实务范例，我们再次对这些资料的作者和提供者表示衷心的感谢！本书的出版得到江苏省十二五重点类建设项目的资助，还得到了南京财经大学各方面的大力支持，在此一并表示感谢！

由于编者水平有限，书中难免出现错误和疏漏，恳请读者指正，将意见和建议发送至编者电子邮箱：wangzhenkun@gmail.com。

编者

目 录 Contents

【教学目标】

通过本章的学习，熟悉金融企业的概念、种类；了解我国金融机构体系的构成和金融会计的意义，金融企业会计的特点、对象和任务；认识金融传统企业会计制度与新会计准则，金融企业会计核算的基本前提和会计信息质量；掌握金融企业会计要素的确认和计量。

【引例】

据中华网调查显示，2013 年中国最赚钱的行业是银行业，金融保险业排行第三。在 2013 净利润最高的前十大公司中，银行占据了其中 7 席。中国工商银行更是以 2 626.49 亿元的净利润稳居中国最赚钱的上市公司。建设银行、农业银行以及中国银行分列二、三、四位。虽然 2013 年"宝宝"横空出世，金融行业也发生了几次钱荒，但该行业的盈利水平并未出现缩水现象，仍遥遥领先于其他行业。

2013 年金融业员工平均薪酬为 23.4 万元。其中，信托行业以 59.8 万元的平均薪酬成为金融领域里最赚钱的行业；证券业平均薪酬仅是信托业的一半，为 27.4 万元；保险业以 13.8 万元垫底。41 家金融类上市公司员工薪酬多数比 2012 年有不同程度的上涨，券商薪酬涨幅突出，包揽前五名。

第一节 | 我国的金融企业机构体系

在市场经济中，金融是配置社会资金、调剂资金余缺、充分发挥资金使用价值的重要枢纽，可为经济发展提供推动力，在现代经济发展和社会进步中具有不可替代的作用。金融企业是经营货币信用业务的特殊企业。这一特殊性决定了金融企业会计核算的内容、范围和方法均不同于其他部门会计。金融企业会计既是社会会计的重要组成部分，又是金融企业内部管理的重要方面。

一、金融企业种类

金融企业分为狭义金融企业和广义金融企业。狭义金融企业是指经中国人民银行（央行）批准，直接经营货币（本、外币）的存放并收取利息业务的企业。广义金融企业是指经央行批准，除了经营前述业务外，还经营信托、保险、典当、担保、证券、期货、资产管理等金融衍生业务的企业。

我国的金融机构组织体系是以中央银行为领导（核心），以商业银行为主体，政策性金融机构为补充，多种金融机构并存，金融市场逐步发展的新型金融组织体系。

【拓展阅读】

截至 2014 年 7 月底，中国银监会公布的银行业金融企业的总资产已突破 163 万亿元，占全国金融企业总资产的 95% 以上。而非银行金融机构相对比重较小，如金融租赁公司在 2008 年年初总资产不足 300 亿元，但发展势头强劲，到 2014 年 3 月底金融租赁公司总资产已经井喷式增长至 10 926.8 亿元，营业收入 192 亿元，利润总额 51 亿元，净利润 37.8 亿元，租赁投放额 1 554.8 亿元，从业人数超过 2 400 人。

（一）我国的中央银行

根据《中华人民共和国中国人民银行法》的规定，中国人民银行是中华人民共和国的中央银行（Central Bank）。中国人民银行在国务院领导下，制定和执行货币政策，防范和化解金融风险，维护金融稳定。中国人民银行在国务院领导下依法独立执行货币政策，履行职责，开展业务，不受地方政府、各级政府部门、社会团体和个人的干涉。中国人民银行的全部资本由国家出资，属于国家所有。

（二）我国的商业银行

按照《中华人民共和国商业银行法》的规定，商业银行（Commercial Bank)是指依照本法和《中华人民共和国公司法》设立的吸收公众存款、发放贷款、办理结算等业务的企业法人。商业银行以安全性、流动性、效益性为经营原则，实行自主经营，自担风险，自负盈亏，自我约束。

商业银行的业务一般可分为负债业务、资产业务和中间业务三大类，负债业务是指形成银行资金来源的业务，其资金主要来自自有资本和吸收的外来资金两部分；资产业务是指将自己通过负债业务所聚集的资金加以运用的业务；中间业务是指凡银行并不需要用自己的资金而代理客户办理支付和其他委托事项，并据以收取手续费的业务。三者之间相互联系，负债业务是基础，资产业务是对负债业务的资金加以运用，中间业务是负债业务和资产业务的派生。负债业务和资产业务是主要的业务。具体可包括：

（1）吸收公众存款；

（2）发放短期、中期和长期贷款；

（3）办理国内外结算；

（4）办理票据贴现；

（5）发行金融债券；

（6）代理发行、代理兑付、承销政府债券；

（7）买卖政府债券；

（8）从事同业拆借；

（9）买卖、代理买卖外汇；

（10）提供信用证服务及担保；

（11）代理收付款项及代理保险业务；

（12）提供保管箱服务；

（13）经中国人民银行批准的其他业务。

我国主要银行的产权类型如表 1-1 所示。

表 1-1		我国商业银行产权类型	
类型		银行名称	备注
国有商业银行（原）		中国工商银行（简称"工商银行"） 中国农业银行（简称"农业银行"） 中国银行 中国建设银行（简称"建设银行"）	2005 年以后各国有银行纷纷上市，建设银行 2005 年、中国银行和工商银行 2006 年、农业银行 2010 年（2008 年股改方案批准，两年后启动 IPO 程序）
股份制 商业银行	中资商业银行	交通银行、中信实业银行、华夏银行、广东发展银行、深圳发展银行、浦东发展银行、招商银行、城市商业银行等	深圳发展银行、浦东发展银行、华夏银行、招商银行和民生银行等已经上市
	外资独资银行、中外合资银行和外国银行分行	花旗银行、汇丰银行、渣打银行等	

（三）我国的政策性银行

1. 政策性银行的概念

政策性银行（Policy/Non-commercial Bank）是指那些由政府创立、参股或保证，不以营利为目的，专门为贯彻、配合政府社会经济政策或意图，在特定的业务领域内直接或间接地从事政策性融资活动，充当政府发展经济、促进社会进步、进行宏观经济管理工具的金融机构。政策性银行具有如下特点。

（1）它是银行，具有银行的一般特性和运动规律。

（2）政府创立、参股或保证的政府金融机构。

（3）不以营利为目的，专门实施政府特定政策，实现政府经济发展目标。

2. 我国政策性银行的种类

（1）国家开发银行于 1994 年 3 月成立于北京，是直属国务院的政策性金融机构。其注册资本金为 500 亿元人民币，由财政部核拨。其职能是：贯彻国家的产业政策和地区经济的发展政策；对国家基础设施、基础产业和支柱产业中的大中型政策性项目及其配套工程提供投融资服务；从资金来源上对固定资产投资的总量和结构进行宏观调控。1996 年以来，国家开发银行贯彻执行国家适度从紧的货币政策，严格控制固定资产贷款规模，集中有限的资金重点支持了一些关系到国计民生的重点项目的建设，如长江三峡水利枢纽工程、四川二滩水电站、京九铁路、山东胜利油田、仪征化纤三期工程、内蒙古和黑龙江 100 亿斤商品粮基地等一大批国家重点建设项目。

（2）中国进出口银行于 1994 年 7 月 1 日正式挂牌运营，是直属国务院领导的政策性金融机构，而且是一家专业性的政策性银行。它是在外贸这一特定领域中利用特殊的信贷手段和其他金融工具，为进出口商服务。其任务就是执行国家宏观金融政策、产业政策和外贸政策，为扩大我国机电产品和成套设备等资本性货物出口提供政策性金融支持，促进出口商品结构的升级换代，增强在国际市场上的竞争力。

（3）中国农业发展银行于 1994 年 11 月 18 日在北京成立，是直属国务院领导的政策性金融机构，其注册资本金为 200 亿元人民币，其中一部分从农业银行、工商银行现有信贷基金中划转，其余部分由财政部划拨。主要职责是按照国家的法律、法规和方针、政策,以国家信用为基础,筹集资金,承担国家规定的农业政策性金融业务,代理财政支农资金的拨付,为农业和农村经济发展服务。全系统共有 30 个省级分行、300 多个二级分行和 1800 多个营业机构,服务网络遍布除西藏自治区外的中国大陆地区。

(4)中央汇金投资有限责任公司,简称汇金公司,是中国目前最大的金融投资公司,2003 年 12 月 16 日注册成立,注册资金 3724.65 亿元人民币,性质为国有独资。根据国务院授权,汇金公司的主要职能是:对国有重点金融企业进行股权投资,以出资额为限代表国家依法对国有重点金融企业行使出资人权利和履行出资人义务,实现国有金融资产保值增值。汇金公司不开展其他任何商业性经营活动,不干预其控股的国有重点金融企业的日常经营活动。直接控股参股金融机构包括六家商业银行、四家证券公司、两家保险公司和四家其他机构。

(四)非银行金融机构

除上述银行机构外,凡从事融资业务活动,又不称为银行的机构,按国际惯例均划为非银行金融机构(Non-bank Financial Institutions),如保险公司、信用合作社、信托投资机构、租赁公司、证券公司、财务公司等。表 1-2 列举了非银行金融机构与商业银行的主要区别,从资金来源、资金运用和信用创造三个方面来对比分析他们的不同。

表 1-2　　　　　　　　　　　　非银行金融机构与商业银行的主要区别

	商业银行	非银行金融机构
资金来源	吸收存款	发行股票、债券等
资金运用	发放贷款 (特别是短期贷款)	非贷款业务 (主要是保险、信托、证券)
信用创造	具有信用创造功能	不具有信用创造功能

可以发现,在资金运用方面,商业银行与非银行金融机构是刚好相反的。商业银行发放贷款的对象主要是非金融企业,而非金融机构主要将其用于非贷款业务,如保险、信托、证券。而且只有银行具有信用创造功能,它的融资渠道是吸收存款;非银行金融机构主要资金来源是发行股票、债券等,也可以向银行借款,类似于非金融企业。

二、金融企业的特征

金融企业根据旧的《金融企业财务规则》第三条和新会计准则的规定,以及自身发展的需要,主要有以下四个特征。

(1)金融企业的经营目标:获取利润。

(2)金融企业的经营原则:效益性、安全性、流动性。

(3)金融企业的法人性质:自主经营、自担风险、自负盈亏、自我约束。

(4)商业银行总行是一级法人,业务实行垂直领导,各分支机构不具有法人资格。

第二节 | 金融企业会计及其特点

一、金融企业会计的概念

金融企业会计，是指以货币为主要计量手段，采用独特的会计方法（如科目设置、凭证设置、复式记账、账簿登记、财产清查、报表编制等），对金融企业的经营活动过程进行全面、系统、连续的核算和控制，为金融企业的利害关系人提供决策所需的财务和相关经济信息的信息系统。金融企业要按天提供会计报表，称为日计表。

金融企业会计是金融企业各项业务工作的基础，金融企业的经营状况和经营结果、各种金融产品的推出、货币政策工具作用的发挥等，都需要通过会计核算反映；通过会计核算资料，可以考核金融企业资产负债的结构与规模、资产的质量、经营的效益、资金的流转等状况。金融企业的核算方法既要符合会计理论和会计准则的要求，同时各项业务的核算又要符合金融管理与经营的要求。

二、金融企业会计的特点

金融企业会计的特点从微观角度上讲主要表现在以下三方面。

（1）利息收支的核算。利息收支是金融企业业务的重要内容，在会计核算中占有很重要的地位。企业要按照权责发生制原则分别核算存款、货款，按期计算利息收支。

（2）手续费收支的核算。手续费收支是金融企业为办理金融业务发生的，企业应按照收支两条线的核算原则分别进行核算，不得将手续费收入直接抵作支出。有特殊规定的也应先入账，再分别按有关规定提取使用。

（3）备抵性准备的核算。备抵性包括坏账准备、贷款呆账准备和投资风险准备。坏账准备指按应收利息、应收保费和应收分保账款余额的一定比例提取的准备；贷款呆账准备是指金融企业根据有关规定按贷款余额的一定比例提取的准备；投资风险准备是指金融企业根据有关规定按长期投资余额的一定比例提取的风险准备。

从宏观角度上来看，金融企业会计不同于其他行业会计的特点可以概括为下面6点。

（1）反映国民经济活动的社会性。

（2）业务活动和会计核算的统一性。

（3）监督和服务的双重性。金融企业是全国的信贷中心、转账结算中心、现金出纳中心和外汇收支中心。在服务社会的同时监督经济运行，如冻结存款账户、反洗钱等。

（4）金融企业会计的政策性很强。金融企业执行央行货币政策，充当经济调控工具。

（5）具有严密的内部监控机制，如收付款复核制度、双人临柜制度、贷款的审贷分离制度和贷款三查制度、内外对账制度、当日轧平制度等。

（6）提供会计数据资料的及时性。以银行为例，银行是经营货币信用的经济机构，其主要经济活动是运用货币这一特殊形式，筹集、融通和分配资金。银行经营的基本业务活动主要包括吸收存款、发放贷款、办理储蓄、转账结算、现金收付、经理国库、票据贴现、金银行、外汇买卖、信托租赁等。银行经营的业务，绝大部分是货币资金的收、付或返回，即货币资金运动。它既没有工、农、商等企业的经营资金循环周期的内容，也不同于预算单位资金收、支、领、报的单一货币收付核算过程。在工、农、商等产业部门，各企业从事的经营业务活动与财务活动往往是分离的，如工业企业的产品生产由生产部门负责，财务活动则由财会部门负责。而银行不同，由于它的经营对象本身就是货币，各项业务活动的直接结果大部分是引起货币资金的增减变动，因而银行的经济活动主要表现为财务活动。

三、金融企业会计机构的设置

金融会计部门是金融企业内部领导、组织和直接从事会计工作的职能部门，是金融企业职能机构体系中的重要组成部分。金融企业会计机构的设置，应当与金融企业的管理体制、业务工作需要相适应。就我国目前的情况来看，县级、城市区级以上的金融企业，均应设置会计机构。中国人民银行总行会计部管理全国金融企业的会计工作。

金融企业会计机构分为独立会计核算单位和附属会计核算单位。凡是单独编制会计报表和办理年度决算的单位，为独立会计核算单位；其业务收付由管辖行采用并账或并表进行汇总反映的单位，为附属会计核算单位。

第三节
金融企业会计的对象与任务

一、金融企业会计的对象

会计的对象是指会计所核算和监督的内容。由于会计是以货币计量的，因而会计工作只是涉及其中由货币表现的经济活动。由货币表现的经济活动过程称为资金运动。为此，具体地说，会计对象就是社会再生产过程中的资金运动。金融企业是经营货币资金的企业，其经济活动直接表现为资金的运动。不同的金融企业，其经营的业务各不相同，会计核算和监督的具体内容也不尽相同，但金融企业经营的业务都可以从资产、负债、所有者权益、收入、费用和利润六个方面进行反映。

金融企业资金的来源主要是吸收单位和个人的存款，同时可向国际金融组织和国外金融机构借款，在国内、国际资本市场上发行各种债券等，这些构成了金融企业的负债。金融企业资金来源的另一个渠道是自有资本。对于所筹集的资金，按照国家经济政策和金融政策，以有偿原则加以运用，进行放款、贴现和投资等活动。金融企业这种资金的来源和运用始终处于不断的更替变化中，金融企业会计就是要对这种资金的运动进行核算和监督，金融企业资金的运动和周转共同构成金融企业会计的对象。

总之，金融企业会计的具体对象就是金融企业各项经济活动所引起的资产、负债、所有者权益、收入、费用和利润的增减变化过程及其结果。

二、金融企业会计的任务

为了充分发挥金融企业会计的作用，对会计部门应正确规定其任务，从而明确会计的工作内容、职责范围。金融企业会计的任务主要有以下 4 个方面。

（一）正确组织会计核算

核算是会计工作的基本职责和基本的工作任务，正确组织会计核算是充分发挥会计作用、做好会计监督、分析和检查的基础。因此，金融企业在组织核算的过程中，必须按照相关的政策、法令和制度的规定，运用货币形式，通过记账、报账等手段，计量、反映、分析金融企业的各项经济活动，为利益相关方提供真实可靠的会计信息。

（二）做好服务和监督

金融企业会计在核算过程中，既要为客户提供高质量的金融服务，又要加强柜面监督，确保各项法规、制度的执行和财产的安全完整。因此在办理资金收付与划拨清算时，要监督各单位严格执行财经纪律和各项规章制度，管好用好资金。

（三）加强管理，提高经济效益

金融企业会计应在国家有关政策的指导下，筹集和运用资金，充分发挥资金的经济效益，认真、及时地组织好各项营业收入入账。同时要加强对支出的管理，努力节约各项费用支出，降低成本，提高资金使用效益，为增加金融企业的利润做出努力。

（四）开展会计检查与会计分析

金融企业的会计部门要定期不定期地开展会计检查工作，对会计凭证、账簿、报表等资料，以及经营过程中财经纪律、会计法规的执行情况，对金融业务的合法性和合理性进行检查。此外，还要定期分析会计资料，对金融企业的财务状况、经营成果等进行分析研究，做出预测，提出合理的建议，参与决策，促进金融企业的经济活动正常有序开展。

第四节 金融企业会计要素的确认与计量

一、金融企业会计要素

会计要素是根据交易或者事项的经济特征对会计核算对象进行的基本分类，是会计核算对象的具体化。按照我国《企业会计准则——基本准则》的规定，会计要素按照性质分为资产、负债、所有者权益、收入、费用和利润 6 个方面。其中，资产、负债、所有者权益是企业财务状况的静态反映，也称资产负债表要素；收入、费用、利润是从动态方面来反映企业的经营成果，也称利润表要素。会计要素的界定和分类可以使财务会计系统更加科学严密，为投资者等财务报告使用者提供更加有用的信息。

二、六大会计要素的定义及确认条件

（一）资产的定义及其确认条件

资产是指企业过去的交易或事项形成、由企业拥有或者控制、预期会给企业带来经济利益的资源。将一项资源确认为资产，需要符合资产的定义，还应同时满足以下两个条件：一是与该资源有关的经济利益很可能流入企业；二是该资源的成本或者价值能够可靠地计量。具体概括资产有以下四个含义与特征：

（1）本质是一种经济资源；

（2）由过去的交易、事项形成的；

（3）由企业拥有或控制的；

（4）预期会给企业带来经济效益。

企业的资产按其流动性可分为流动资产和非流动资产。流动资产是指可以在一年内（含一整年）变现或耗用的资产。金融企业的流动资产主要包括库存现金、存放款项、拆放同业、贴现、应收利息、应收股利、应收保费、应收分保费、应收信托手续费、存出保证金、结算备付金、代发行证券、代兑付债券、买入返售金融资产、交易性金融资产、短期贷款等。非流动资产指一年以上（不包含一整年）才能变现或耗用的资产。金融企业的非流动资产主要包括可供出售金融资产、持有至到期投资、贷款、长期股权投资、固定资产、无形资产、其他资产。

金融企业的资产按其性质可分为金融资产和非金融资产。金融资产包括现金、存放中央银行款项、贵金属、存放和拆放同业款项、贷款和应收款项、股权投资、债券投资、形成本行资产的衍生金融工具和其他金融资产。非金融资产是指金融资产以外的资产，包括固定资产、无形资产、在建工程、抵债资产、投资性房地产和库存物资等。

（二）负债的定义及其确认条件

负债是指企业由过去的交易或者事项形成的，预期会导致经济利益流出企业的现时义务。将一项现时义务确认为负债，需要符合负债的定义，还应当同时满足以下两个条件：一是与该义务有关的经济利益很可能流出企业；二是未来流出的经济利益的金额能够可靠地计量。具体概括负债有如下三个含义与特征：

（1）负债是会计主体的经济责任，需要偿还；

（2）清偿负债会导致经济利益流出企业；

（3）是企业过去的交易或事项的一种后果。

企业的负债按其偿还期可分为流动负债（偿还期不超过一年）和非流动负债（偿还期超过一年）两种。流动负债指将在一年（含一整年）内偿还的债务。金融企业的流动负债，主要包括活期存款、一年（含一整年）以下的定期存款、向中央银行借款、票据融资、同业存款、同业拆入、应付利息、应付佣金、应付手续费、预收保费、应付分保费、预收分保赔款、应付职工薪酬、应交税费、其他暂收应付款项等。非流动负债则包括应付债券、长期存款、长期借款、长期应付款。

金融企业的负债按性质可分为金融负债和非金融负债。金融负债划分为以公允价值计量且其变动计入当期损益的金融负债以及其他金融负债。

以公允价值计量且其变动计入当期损益的金融负债，包括交易性金融负债和指定为以公允价值计量且其变动计入当期损益的金融负债。其他金融负债包括存款、融资性负债、应付债券、应付款项等。

（三）所有者权益的定义及其确认条件

所有者权益是指企业资产扣除负债后，由所有者享有的剩余权益，是所有者对企业资产的剩余所有权。它是企业资产中扣除债权人权益后由所有者享有的部分，既可反映所有者投入资本的保值增值情况，又体现了保护债权人权益的理念。金融企业所有者权益的来源包括所有者投入的资本、直接计入所有者权益的利得和损失、留存收益等，通常由实收资本（或股本）、资本公积、盈余公积和未分配利润构成，办理存贷款业务的金融企业在税后利润中提取的一般风险准备，也构成所有者权益。

所有者权益体现的是所有者在企业中的剩余权益，因此，所有者权益的确认主要依赖于其他会计要素，特别是资产和负债的确认；所有者权益金额的确定也主要取决于资产和负债的计量。

（四）收入的定义及其确认条件

收入是指企业在日常活动中形成的、会导致所有者权益增加的、与所有者投入资本无关的经济利益的总流入。

金融企业收入的来源渠道很多，不同收入来源的特征有所不同，其收入确认条件也存在差别，如贷款利息收入、结算业务手续费收入、让渡资产使用权收入等。收入的确认至少应符合以下条件：一是与收入相关的经济利益很可能流入企业；二是经济利益流入企业的结果会导致企业资产增加或者负债减少；三是经济利益的流入额能够可靠计量。

金融企业提供商品服务所取得的收入主要包括利息收入、贴现利息收入、金融企业往来收入、手续费收入、汇兑收益和其他业务收入等。

（五）费用的定义及其确认条件

费用是指金融企业日常活动中发生的，为销售商品、提供劳务等日常活动所发生的经济利益的流出。它会导致所有者权益减少，而与向所有者分配利润无关。

费用的确认至少应当符合以下条件：一是与费用相关的经济利益很可能流出企业；二是经济利益流出企业的结果会导致资产的减少或者负债的增加；三是经济利益的流出额能够可靠地计量。

金融企业的营业成本包括：利息支出、金融企业往来支出、手续费支出、汇兑损失等；营业费用是在业务经营及管理工作中发生的各项费用，如固定资产折旧、业务宣传费、招待费等。

（六）利润的定义及其确认条件

利润是指企业在一定会计期间的经营成果。利润包括收入减去费用后的净额、直接计入当期利润的利得和损失等。其中收入减去费用后的净额反映的是企业日常活动的经营业绩，直接计入当期利润的利得和损失反映的是企业非日常活动的业绩。直接计入当期利润的利得和损失，是指应当计入当期损益，最终会引起所有者权益发生增减变动的、与所有者投入资本或者向所有者分配利润无关的利得或损失。

利润的确认主要依赖于收入和费用以及利得和损失的确认，其金额的确定也主要取决于收入、费用、利得、损失金额的计量。金融企业的利润包括营业利润、利润总额和净利润。

三、会计要素计量属性及其应用原则

（一）会计要素的计量属性

会计要素的计量是为了将符合确认条件的会计要素登记入账，并列报于财务报表而确定金额的过程。企业应当按照规定的会计计量属性进行计量，确定相关金额。《企业会计准则——基本准则》

规定，会计要素的计量属性主要包括历史成本、重置成本、可变现净值、现值和公允价值等。

（1）历史成本（又称实际成本）是企业取得或制造某项财产物资时所实际支出的现金或其他等价物。在历史成本下，资产按照其购置时支付的现金或者现金等价物的金额，或者按照购置资产时所付出的对价的公允价值计量。负债按照其因承担现实义务而实际收到的款项或者资产的金额，或者承担现实义务的合同金额，或者按照日常活动中为偿还负债预期需要支付的现金或者现金等价物的金额计量。

（2）重置成本（又称现行成本）是指按照当前市场条件，重新取得同样一项资产所需支付的现金或者现金等价物的金额计量。负债按照现在偿付该项债务所需支付的现金或者现金等价物的金额计量。

（3）可变现净值。是指在正常生产经营过程中，以预计售价减去进一步加工成本和预计销售费用以及相关税费后的净值。在可变现净值计量下，资产按照其正常对外销售所能收到现金或者现金等价物的金额扣减该资产至完工时估计将要发生的成本、估计的销售费用以及相关税费后的金额计量。

（4）现值，是指对未来现金流量以恰当的折现率进行折现后的价值，是考虑货币时间价值的一种计量属性。在现值计量下，资产按照预计从其持续使用和最终处置中所产生的未来净现金流入量的折现金额计量。负债按照预计期限内需要偿还的未来净现金流出量的折现金额计量。

（5）公允价值，是指在公平交易中，熟悉情况的交易双方自愿进行资产交换或者债务清偿的金额。在公允价值计量下，资产和负债按照在公允交易中熟悉情况的交易双方自愿进行资产交换或者债务清偿的金额计量。

（二）会计计量属性的应用原则

《企业会计准则——基本准则》规定，企业在对会计要素进行计量时，一般应当采用历史成本，采用重置成本、可变现净值、现值、公允价值计量的，应当保证所确定的会计要素金额能够取得并可靠计量。

我国引用公允价值是适度、谨慎和有条件的。根据我国的实际情况，并充分考虑了国际财务报告准则中公允价值应用的三个级次，即：第一，资产或负债等存在活跃市场的，活跃市场中的报价应当用于确定其公允价值；第二，不存在活跃市场的，参考熟悉情况并自愿交易的各方最近进行的市场交易中使用的价格或参照实质上相同或相似的其他资产或负债等的市场价格确定其公允价值；第三，不存在活跃市场的，且不满足上述两个条件的，应当采用估值技术等确定公允价值。

第五节 金融企业会计核算的基本假设和会计信息质量要求

一、金融企业会计核算的基本假设

会计核算的基本假设是指企业会计确认、计量和报告的前提，是对会计核算所处的时间、空间环境所做的合理设定。金融企业确定会计核算对象、选择会计处理方法都是建立在会计核算的基本简体的基础上的。因此，会计人员在进行会计核算之前，必须对所处的经济环境是否符合会计核算的基本假设做出正确判断。按照我国《企业会计准则——基本准则》和《金融企业会计制度》，以及新会计准则的规定，金融企业会计核算的基本前提包括会计主体、持续经营、会计分期和货币计量四项。

（一）会计主体

企业应当对其本身发生的交易或者事项进行会计确认、计量和报告。这里所指的"本身"就是会计主体，会计主体就是会计工作为其服务的特定单位或组织。由此可见，会计主体规范了会计工作的空间范围。也就是说，作为一个会计主体，应独立地确认、计量和报告自身的各项经济活动，而不能确认、计量和报告投资者或者其他经济主体的经济活动。

明确会计主体具有以下作用：

（1）正确确定会计工作所需处理的各项交易或事项的空间范围；

（2）有效区分会计主体的经济活动与会计主体投资者、职工家庭的经济活动；

（3）为会计人员在日常会计核算中对各项交易或事项做出正确判断、对会计处理方法和会计处理程序做出正确选择提供了依据。

会计主体不同于法律主体，组织形式的法律主体一定是会计主体，但反之不成立，即会计主体不一定需要是法律主体。因此，会计主体既可以是独立的法人，也可以是非法人；可以是一个企业，也可以是企业内部的车间、分公司、营业部等；可以是单一企业，也可以是由几个企业组成的企业集团。

（二）持续经营

企业会计确认、计量和报告应当以持续经营为前提。所谓持续经营，是指在可以预见的将来，会计主体将会按当前的规模和状态继续经营下去，不会停业，也不会大规模削减业务。

持续经营前提对会计核算具有重大意义。因为有了持续经营前提，会计主体的资产就能按原定用途在正常的经营过程中去使用，债务到期将予以偿付，债权到期也将及时收回，收入与费用按期正常地计量和记录等。同时，在此基础上，企业所采用的会计方法、会计程序才能保持稳定，才能按正常的基础反映企业的财务状况、经营成果和现金流量。当然，如果在实际业务中，可以判断企业不能持续经营，企业就应当改变会计核算的原则和会计处理方法，并在会计报告中予以相应披露。

（三）会计分期

企业应当划分会计期间，分期结算账目和编制财务会计报告。因此，按照上述规定，企业在会计核算时，应该将持续不断的经营活动分割为一定的期间，据以结算账目，编制会计报表，向有关方面提供反映财务状况、经营成果和现金流量的会计信息。

我国企业的会计期间分为年度和中期，年度以公历年度为标准，即从公历 1 月 1 日起至 12 月31 日止为一个会计年度；中期包括月、季度和半年，中期是会计年度进一步划分的结果。明确会计分期基本假设对会计核算有着重要作用，它能定期进行会计核算，及时提供生产经营决策和投资决策所需的会计信息；同时产生了本期与其他期间的区别，进而为权责发生制和收付实现制的产生和应用提供了前提。

（四）货币计量

企业会计应当以货币计量。货币计量是指在会计核算过程中采用货币作为计量单位，计量、记录和报告会计主体的生产经营活动。

企业通常应选择人民币作为记账本位币。业务收支以人民币以外的货币为主的企业，也可以选定某种外币作为记账本位币，但编制的财务报表应当折算为人民币反映。企业记账本位币一经确定，不得随意变更，除非企业经营所处的主要经济环境发生重大变化。同时，企业选择哪种货币作为记账本位币，还应考虑币值稳定的前提，即一种价值变动频繁的货币不宜作为记账本位币。

同时，理解货币计量前提时，需要注意的是，货币计量是会计核算的统一计量单位，但不是唯一计量单位，在进行明细分类核算时，会计核算也可以采用重量、长度、容积、台、件、小时等实物量单位和劳动量单位进行补充。

二、金融企业会计信息质量要求

会计信息的质量要求是对企业财务报告中所提供会计信息质量的基本要求，是使财务报告中所提供会计信息对投资者等使用者决策有用应具备的基本特征。按照我国《企业会计准则——基本准则》和《金融企业会计制度》以及新会计准则的规定，金融企业会计信息的质量要求包括可靠性、相关性、及时性、可比性、明晰性、谨慎性、重要性、实质重于形式等。

（一）可靠性

可靠性要求企业应当以实际发生的交易或事项为依据进行会计确认、计量和报告，如实反映符合确认和计量要求的各项会计要素及其他相关信息，保证会计信息真实可靠、内容完整。

可靠性是会计信息的基本质量要求。它要求会计核算必须以实际发生的业务为依据，做到内容真实、数字准确、手续齐备、项目完整。如果会计工作中违背可靠性，没有如实提供会计信息，不仅会误导会计信息使用者，导致经营决策和投资决策失误，而且也会丧失社会对会计信息的信任，使得会计工作失去存在的意义。

（二）相关性

相关性要求金融企业提供的会计信息应当与财务会计报告使用者的经济决策需要相关，有助于财务会计报告使用者对企业过去、现在或者未来的情况做出评价或者预测。

会计工作的直接目的是提供会计信息，但信息的价值在于其对于信息使用者的有用程度。由此可见，相关性属于对会计信息质量的要求，它要求企业会计在收集、记录、处理和传递会计信息的过程中，充分考虑会计信息使用者预测和决策的信息需要，确保企业内外有关方面对会计信息的相关需要。如果会计工作提供的会计信息与会计信息的使用者无关或未能满足其需要，就说明不具备相关性。

可靠性和相关性是会计信息的主要质量特征。其中可靠性包括如实反映、中立性、可验证性、谨慎性和实质重于形式；相关性包括预测价值、反馈价值和及时性。

（三）实质重于形式

实质重于形式要求金融企业应当按照交易或者事项的经济实质进行会计确认、计量和报告，不应仅以交易或者事项的法律形式为依据。

例如，以融资租赁方式租入的固定资产，从法律形式来看承租企业并不拥有其所有权，但是由于租赁合同中规定的租赁期相当长，接近于该固定资产的使用期限，在租赁期内承租企业有权支配该项固定资产并从中受益，从其经济实质来讲，企业能够控制其创造的未来经济利益，所以，会计核算上将以融资租赁方式租入的固定资产视为承租企业的固定资产。

（四）可比性

可比性要求金融企业提供的会计信息应当相互可比。其包括两层含义：同一企业不同时期发生的相同或者相似的交易或者事项，应当采用一致的会计政策，不得随意变更；不同企业发生的相同或者相似的交易或者事项，应当采用规定的会计政策，确保会计信息口径一致、相互可比。

可比性要求企业采用的会计政策前后期保持一致，不得随意变更。确需变更的，应当附注中说明，并且至少满足以下条件之一：①法律、行政法规或者国家统一的会计制度等要求变更；②会计政策变更能够提供更可靠、更相关的会计信息。

（五）及时性

及时性要求金融企业对于已经发生的交易或者事项，应当及时进行会计确认、计量和报告，不得提前或者延后。

会计信息具有时效性。因此，在会计核算工作中要求及时收集信息、及时处理会计信息和及时传递会计信息。只有及时提供会计信息，才有利于会计信息使用者做出正确的预测与决策。

（六）明晰性（可理解性）

明晰性要求金融企业提供的会计信息应当清晰明了，便于财务会计报告使用者理解和使用。可理解性要求列报形式、文字措辞和辅助形式等都要清晰准确，便于理解和掌握。具体包括会计记录和文字说明应当清晰、准确，填制会计凭证做到依据合法，登记账簿必须对应关系清楚、摘要完整准确，编制会计报表项目完整、数字准确、钩稽关系清楚。绝不允许采用晦涩难懂的专门术语来为难会计信息使用者。

（七）谨慎性

谨慎性要求金融企业在不影响合理反映经济业务和会计事项的前提下，对交易或者事项进行会计确认、计量和报告时应当保持应有的谨慎，不应高估资产或者收益、低估负债或者费用。

目前，我国具体会计准则中谨慎性原则应用得较多，例如，固定资产折旧采用加速折旧法、提取应收账款坏账准备、提取存货跌价准备、提取长期股权投资减值准备、提取固定资产减值准备、提取在建工程减值准备、提取无形资产减值准备等。

（八）重要性

重要性要求金融企业提供的会计信息应当反映与企业财务状况、经营成果和现金流量等有关的所有重要交易或者事项。重要交易或者事项往往指对金融企业的资产、负债、损益等有较大影响，进而影响财务会计报告使用者据以做出合理判断的会计事项，因此需要充分披露。而对于某些次要的经济业务或会计事项的加工处理或在报表上揭示可以适当简化会计核算手续，合并反映。

重要性是成本效益原则在会计核算中的体现，目的是节省会计数据处理费用，提高会计工作效率。例如，固定资产是一项重要资产，因此，在会计核算时应当进行详细核算，在会计报表列报时应当单独列报。

第六节 金融企业会计核算的基本方法

一、金融企业会计常用的会计科目

会计科目和主要账务处理依据企业会计准则中确认和计量的规定制定，涵盖了各类企业的交易或者事项。企业在不违反会计准则中确认、计量和报告规定的前提下，可以根据本单位的实际情况自行增设、分拆、合并会计科目。企业不存在的交易或者事项，可不设置相关会计科目。对于明细科目，企业可以比照本附录中的规定自行设置。会计科目编号供企业填制会计凭证、登记会计账簿、查阅会计账目、采用会计软件系统参考，企业可结合实际情况自行确定会计科目编号。以下列举三种常用分类方法。

（1）按资金性质分为六类：资产类科目、负债类科目、资产负债共同类科目、成本类科目、所有者权益类科目和损益类科目。

（2）按与会计报表的关系分类，分为表内科目和表外科目。表内科目反映金融企业实际资金的增减变动并反映在资产负债表等会计报表上。表外科目用于核算业务确已发生而尚未涉及银行资金的实际增减变化，或不涉及银行资金增减变化的重要业务事项，因此，该类科目不反映在会计报表内，如"有价单证""已兑付有价单证""空白重要凭证"等。

（3）按反映经济业务内容的详略程度分类，可分为一级科目和二级科目。金融企业常用资产类科目有库存现金、银行存款、存放中央银行款项、存放同业、其他货币资金、结算备付金、存出保证金、交易性金融资产、买入返售金融资产、应收票据、应收账款、预付账款、应收股利、应收利息、应收代位追偿款、应收分保账款、应收分保合同准备金、其他应收款、坏账准备、贴现资产、拆出资金、贷款、贷款损失准备等。金融企业常用负债类科目有短期借款、存入保证金、拆入资金、向中央银行借款、吸收存款、同业存放、贴现负债、交易性金融负债、卖出回购、金融资产款、应付票据、应付账款、预收账款、应付职工薪酬、应交税费、应付利息、应付股利、其他应付款、应付保单红利、应付分保账款、代理买卖证券款、代理承销证券款等。

二、记账方法

记账方法是根据金融企业所发生的经济业务（或会计事项），采用特定的记账符号并运用一定的记账原理（程序和方法），以货币为计量单位，将业务按会计科目进行整理、分类、在账簿中进行登记的方法。

（一）金融企业会计的核算基础

金融企业会计的核算的基础是收付实现制和权责发生制。

1. 收付实现制

收付实现制是以款项的实际收付为标准来处理经济业务，确定本期收入和费用。在现金收付的基础上，凡在本期实际以现款付出的费用，不论其应否在本期收入中获得补偿均应作为本期应计费用处理；凡在本期实际收到的现款收入，不论其是否属于本期均应作为本期应计的收入处理；反之，凡本期还没有以现款收到的收入和没有用现款支付的费用，即使它归属于本期，也不作为本期的收入和费用处理。

2. 权责发生制

权责发生制是指凡是当期已经实现的收入和已经发生或应当负担的费用，不论款项是否收付，都应当作为当期的收入和费用；凡是不属于当期的收入和费用，即使款项已在当期收付，也不应当作为当期的收入和费用。

有时，企业发生的货币收支业务与交易或事项本身并不完全一致。为了明确会计核算的确认基础，更真实地反映特定会计期间的财务状况和经营成果，就要求企业在会计核算过程中应当以权责发生制为基础。

（二）金融企业会计的记账方法

金融企业会计的记账方法主要包括单式记账法和复式记账法两种。

1. 单式记账法

单式记账法是由经济业务引起的一切变化，只对主要方面设置账户进行记录，而对次要方面则不做记录或只做备忘记录的一种记账方法。金融企业的表外业务采取这种方法。以"收""付"作为记账符号。

2. 复式记账法

复式记账法是由经济业务引起的一切变化，按相等的金额在两个或两个以上账户中全面地、互相联系地记录的一种记账方法。常用的是借贷记账法。其理论依据是资金来源等于资金运用。

复式记账的基本原则有四条：以会计等式作为记账基础；每项经济业务，必须在两个或两个以上相互联系的账户中进行等额记录；对会计等式的影响类型进行记录；定期汇总的全部账户记录必须平衡。

【知识链接】

借贷记账是目前各国通用的一种复式记账法。它是以"借""贷"为记账符号，对每项经济业务都以相等的金额在两个或两个以上有关账户进行记录的一种复式记账法。借贷记账法是复式记账法的一种，全称为借贷复式记账法。它是以"资产=负债+所有者权益"为理论依据，以"借"和"贷"为记账符号，以"有借必有贷，借贷必相等"为记账规则的一种复式记账法。借贷记账法以"借""贷"二字作为记账符号，并不是"纯粹的""抽象的"记账符号，而是具有深刻经济内涵的科学的记账符号。它要根据会计方程式的要求分析判断如何记账，并根据会计方程式检验记账结果是否正确。

表 1-3 列举了在非银行金融机构在借贷记账法下，相对于资产、负债、所有者权益、费用以及

收入所反映的借贷方向变化与商业银行恰恰相反。

表1-3   非银行金融机构借贷方向变化

借　方	贷　方
资产的增加	资产的减少
负债的减少	负债的增加
权益的减少	权益的增加
费用的增加	收入的增加
收入的减少	费用的减少

以下就表1-3的内容，具体举例说明借贷记账法在金融企业会计里的运用。其中以常见的存款、付款、贷款、支票、商业汇票业务，说明了业务分析方法，和具体核算步骤和分录做法。

【例1-1】福日电视机厂从银行提取现金20 000元。

分析①　商业银行的资产（库存现金）减少20 000元，同时商业银行的负债（吸收存款）也减少20 000元。

分析②　库存现金减少20 000元，应记录到贷方；而吸收存款减少20 000元，应记录到借方。

编制会计分录如下：

借：吸收存款——活期存款——福日存款户   20 000

  贷：库存现金   20 000

【例1-2】海峡印刷有限公司从其基本存款账户中转出200 000元，办理一年期定期存款。

分析①　商业银行的负债（吸收存款——活期存款）减少200 000元，同时商业银行的负债（吸收存款——定期存款）增加200 000元。

分析②　吸收存款——活期存款减少20 000元，应记录到借方；而吸收存款——定期存款增加200 000元，应记录到贷方。

编制会计分录如下：

借：吸收存款——活期存款——海峡存款户   200 000

  贷：吸收存款——定期存款——海峡存款户   200 000

【例1-3】发放给榕飞电子有限公司为期三个月的流动资金贷款180 000元，转入其存款户。

分析①　商业银行的资产（贷款）增加180 000元，同时商业银行的负债（吸收存款——活期存款）也增加180 000元。

分析②　贷款增加180 000元，应记录到借方；而吸收存款增加180 000元，应记录到贷方。

编制会计分录如下：

借：贷款——短期贷款——榕飞公司贷款户   180 000

  贷：吸收存款——活期存款——榕飞公司存款户 180 000

【例1-4】某商业银行签发现金支票一张，从中央银行存款户中提取现金250 000元。

分析①　商业银行的资产（库存现金）增加250 000元，同时商业银行的资产（存放中央银行款项）减少250 000元。

分析②　库存现金增加250 000元，应记录到借方；而存放中央银行款项减少250 000元，应记录到贷方。

编制会计分录如下：

| 借：库存现金 | 250 000 |
| 贷：存放中央银行款项 | 250 000 |

【例1-5】工商银行桥东营业部发生下列业务。

① 收到大华公司存入现金60 000元，随时支取。

借：库存现金   60 000

    贷：吸收存款——活期存款——大华   60 000

② 从中央银行提取现金450 000元。

借：库存现金   450 000

    贷：存放中央银行款项   450 000

③ 以现金支付个人储蓄存款利息1 500元。

借：利息支出   1 500

    贷：库存现金   1 500

④ 红星公司开具现金支票提取现金30 000元。

借：吸收存款——活期存款——红星公司   30 000

    贷：库存现金   30 000

【例1-6】光明公司签发一张1 000万元的商业汇票，交给开户行承兑。开户行审查无误后，与出票人签署了银行承兑协议。银行记：（银行专夹保管相关单证）

收入：银行承兑汇票   1 000万元

若三个月后承兑银行支付了票款，则记：

付出：银行承兑汇票   1 000万元

编制会计分录如下：

借：贷款——短期贷款——光明贷款户   1 000万元

    贷：吸收存款——活期存款——××存款户   1 000万元

三、会计凭证

记账凭证又称记账凭单、"传票"或分录凭单，是财会部门根据审核确认无误的原始凭证或原始凭证汇总表编制、记载经济业务的简要内容，确认会计分录，作为记账直接依据的一种会计凭证。记账凭证种类甚多，格式不一，但其主要作用都在于对原始凭证进行分类、整理，按照复式记账的要求，运用会计科目，编制会计分录，据以登记账簿。是会计人员根据审核无误的原始凭证按照经济业务事项的内容加以归类，并据以确定会计分录后所填制的会计凭证。它是登记账簿的直接依据。在实际工作中，为了便于登记账簿，需要将来自不同的单位、种类繁多、数量庞大、格式大小不一的原始凭证加以归类、整理，填制具有统一格式的记账凭证，确定会计分录并将相关的原始凭证附在记账凭证后面。

（一）会计凭证的意义与特点

1. 会计凭证的意义

会计凭证是记录经济业务、明确经济责任的书面证明，是办理资金收付和登记会计账簿的依据，也是核对账务和事后查考的重要凭据。它的意义可以概括为以下四点：

（1）以会计凭证作为合法的记账依据，有利于账簿记载的真实正确；

（2）通过会计凭证客观反映经济业务，有利于各项经济业务的合法性和合理性；

（3）通过会计凭证的处理与签章，有利于明确经济责任；

（4）通过凭证的编制与处理，可以使企业会计核算工作全面、系统、规范地进行。

2. 金融企业会计凭证的特点

金融企业会计凭证不同与普通企业，它具有三个特点：一般采用单式凭证；大量利用外来原始凭证代替记账凭证；凭证传递环节多。

（二）会计凭证的种类

1. 会计凭证的分类

会计凭证按照核算程序和用途，可分为原始凭证和记账凭证。对金融企业，特别是对商业银行，原始凭证和记账凭证划分并不是绝对的。

（1）原始凭证，又称单据，是在经济业务发生或完成时取得或填制的，用以记录或证明经济业务的发生或完成情况的文字凭据。

（2）记账凭证又称记账凭单，是会计人员根据审核无误的原始凭证按照经济业务事项的内容加以归类，并据以确定会计分录后所填制的会计凭证。它是登记账簿的直接依据。

记账凭证是按经济业务性质加以分类，确定会计分录，作为登记账簿依据的一种凭证。会计人员必须根据审核无误的原始凭证或原始凭证汇总表填制记账凭证，记账凭证是登记账簿的依据。账簿需要按照一定的会计科目和记账规则进行登记，而原始凭证中未写明会计科目和记账方向。为了做好记账工作，会计人员必须将各种原始凭证按其所反映的经济内容进行归类和整理、编制记账凭证。在记账凭证中，列明了会计科目，指明了记账方向，确定了会计分录。依据记账凭证就可以登记账簿了。

（3）记账凭证和原始凭证同属于会计凭证，但二者存在着以下差别：

① 原始凭证是由经办人员填制的，记账凭证一律由会计人员填制；

② 原始凭证是根据发生或完成的经济业务填制，记账凭证是根据审核后的原始凭证填制；

③ 原始凭证仅用以记录、证明经济业务已经发生或完成，记账凭证要依据会计科目对已经发生或完成的经济业务进行归类、整理；

④ 原始凭证是填制记账凭证的依据，记账凭证是登记账簿的依据。

2. 记账凭证的分类

（1）记账凭证按其包括的会计科目是否单一，分为复式记账凭证和单式记账凭证两类。

复式凭证是一笔经济业务所涉及的几个科目或账户都反映在一张凭证上。

单式凭证是在每张凭证上只填记一个会计科目或账户，即一笔经济业务按其转账的对应关系编制两张或两张以上的会计凭证。表 1-4 列举了复试凭证和单式凭证的概念、优缺点和使用范围。

表 1-4 非银行金融机构与商业银行的主要区别

凭证名称	概念	优点	缺点	适用范围
复式凭证	一笔经济业务所涉及的几个会计科目或账户都反映在一张凭证上	资金来龙去脉清楚，对应关系明确	不便于按科目汇总发生额	其他金融企业核算采用
单式凭证	每张凭证上只填记一个会计科目或账户，即一笔经济业务按其转账的对应关系编制两张或两张以上的会计凭证	便于传递和按科目汇总发生额	反映业务不集中，不便于事后查找	银行会计核算采用

另外还有对一定时期内反映经济业务内容相同的若干张原始凭证按照一定标准综合填制的记账凭证，即汇总记账凭证。

（2）记账凭证按其使用范围，分为通用记账凭证和专用记账凭证两类。

通用记账凭证指反映各类经济业务共同使用的统一格式的记账凭证。在经济业务比较简单的经济单位，为了简化凭证可以使用通用记账凭证，记录所发生的各种经济业务。

专用凭证指专门用来反映某类经济业务的记账凭证，又可分为三种格式和五种格式两种类型。三种格式的记账凭证按其所记录的经济业务与现金和银行存款的收付有无关系具体可分为收款凭证、付款凭证和转账凭证。

① 收款凭证是用于记录库存现金和银行存款收款业务的会计凭证。它是根据有关现金和银行存款收入业务的原始凭证填制，是登记现金日记账、银行存款日记账以及有关明细账和总账等账簿的依据，也是出纳人员收讫款项的依据。

② 付款凭证是用于记录库存现金和银行存款付款业务的会计凭证。它是根据有关现金和银行存款支付业务的原始凭证填制，是登记现金日记账、银行存款日记账以及有关明细账和总账等账簿的依据，也是出纳人员付讫款项的依据。

③ 转账凭证是用于记录不涉及库存现金和银行存款业务的会计凭证。它是根据有关转账业务的原始凭证填制。转账凭证是登记总分类账及有关明细分类账的依据。

收款凭证一般用红色，付款凭证一般用蓝色，转账凭证一般用黑色。

五种格式的记账凭证具体可分为库存现金收款凭证、库存现金付款凭证、银行存款收款凭证、银行存款付款凭证、转账凭证。它适用货币资金收付业务很多，而且收款与付款业务分设库存现金收入日记账、库存现金支出日记账、银行存款收入日记账、银行存款支出日记账的会计主体。

（3）记账凭证在具体金融机构（如商业银行）又分为特定凭证和基本凭证。

特定凭证，又称专用凭证，是商业银行根据某项业务的特殊需要制定的，具有专门格式和用途的凭证。常见的特定凭证有：①银行统一印制、客户领用填写，如支票、进账单、现金缴款单；②银行自己签发，如银行汇票、银行本票；③联行寄来，如联行报单。

基本凭证是根据原始凭证或业务事实自行填制并凭以记账的凭证。常见的基本凭证有：现金收入传票、现金付出传票、转账借方传票、转账贷方传票、特种转账借方传票、特种转账贷方传票、表外科目收入传票、表外科目付出传票等。表 1-5 具体列举了各基本凭证的使用范围和核算业务。

表 1-5　　　　　　　　　　　　基本凭证的使用范围及核算业务

基本凭证	使用范围	核算业务
现金收入传票 现金付出传票	只在银行内部使用， 不得对外销售和传递	用于未设特定凭证的现金收入和付出业务
转账借方传票 转账贷方传票	只在银行内部使用 不得对外销售和传递	用于未设特定凭证的转账业务
特种转账贷方传票 特种转账借方传票	在银行内部使用， 也可对外填发， 但不得对外销售	用于没有特定凭证，但又涉及外单位资金收付的转账业务， 一般是商业银行主动为外单位收款进账或扣款出账时填制 使用（如单位存款利息进账或贷款利息的扣收）
表外科目收入传票 表外科目付出传票	银行内部使用	用于各种表外科目核算的会计事项

（4）记账凭证按其用途可以分为分录凭证、汇总凭证、累计凭证和联合凭证。

分录凭证是指直接根据审核无误的原始凭证一次填制完成的记账凭证。收款凭证、付款凭证、转账凭证，均属于此种凭证。该凭证上载明经济业务所涉及的会计账户、记账方向和金额。

汇总凭证是指根据分录凭证按照不同的方法加以汇总，根据登记总分类账的一种记账凭证。汇总记账凭证包括"汇总收款凭证""汇总付款凭证"及"汇总转账凭证"等。

累计凭证是指将所有的记账凭证汇总而成的记账凭证，如"科目汇总表"等。

联合凭证是指既有原始凭证或原始凭证汇总表的内容，同时又有记账凭证内容的一种凭证。例如，在自制的原始凭证上同时印上对应科目，用来代替记账凭证，这样就形成了联合凭证，它可以作为记账的依据。

（三）会计凭证的基本要素

记账凭证必须具备以下基本内容：

（1）凭证的名称及编制的日期；

（2）收、付款人的户名、账号和开户银行；

（3）货币符号和大小写金额；

（4）经济业务摘要及附件张数；

（5）会计分录和凭证编号；

（6）金融机构及有关人员的签章。

（四）会计凭证的处理

会计凭证的处理是指从受理或编制凭证开始，经过账务处理的各个环节直到装订保管为止的整个过程。

1．会计凭证的编制

会计凭证在编制上要求要素齐全，内容完整，反映真实，数字正确，字迹清楚、规范（相关要求同原始凭证）。必须以审核无误的原始凭证为依据。记账凭证应连续编号。一笔经济业务需要填制两张以上记账凭证的，可以采用分数编号法编号。记账凭证可以根据每一张原始凭证填制，或根据若干张同类原始凭证汇总编制，也可以根据原始凭证汇总表填制。但不得将不同内容和类别的原始凭证汇总填制在一张记账凭证上。记账凭证上，必须有填制人员、审核人员、记账人员和会计主管的签名或盖章。对于发生的收款和付款业务必须坚持先审核后办理的原则，出纳人员要在有关收款凭证和付款凭证上签章，以明确经济责任。对已办妥的收款凭证或付款凭证及所附的原始凭证，出纳要当即加盖"收讫"或"付讫"戳记，以避免重收、重付或漏收、漏付。除结账和更正错误的记账凭证可以不附原始凭证外，其他记账凭证必须附有原始凭证。

如现金传票的编制，每笔现金收入业务，只填制一张现金收入凭证；现金付出业务，只需填制一张现金付出凭证。转账传票的编制，对发生的转账业务，要分别编制转账借方传票和转账贷方传票，且借贷凭证双方的金额应该相等。

注意所附原始凭证张数的计算，一般以所附原始凭证自然张数为准。一张原始凭证如涉及几张记账凭证的，可以把原始凭证附在一张主要的记账凭证后面，并在其他记账凭证上注明附有该原始凭证的编号或附上该原始凭证的复印件。一张原始凭证所列的支出需要由几个单位共同负担时，应当由保存该原始凭证的单位开具原始凭证分割单给其他应负担的单位。原始凭证分割单必须具备原始凭证的基本内容。填制记账凭证时若发生错误应当重新填制。已登记入账的记账凭证在当年内发现填写错误时，可以用红字填写一张与原内容相同的记账凭证，在摘要栏注明"注销某月某日某号凭证"字样，同时再用蓝字重新填制一张正确的记账凭证，注明"订正某月某日某号凭证"字样。如果会计科目没有错误，只是金额错误，也可将正确数字与错误数字之间的差额，另编一张调整的记账凭证，调增金额用蓝字、调减金额用红字。发现以前年度记账凭证有错误的，应当用蓝字填制一张更正的记账凭证。记账凭证填制完成经济业务事项后，如有空行，应当自金额栏最后一笔金额数字下的空行处至合计数上的空行处划线注销。

2. 会计凭证的审核

金融企业会计凭证的审核必须无误，即在对原始凭证审核无误的基础上填制记账凭证。这是内部牵制制度的一个重要环节。内容完整，即记账凭证应该包括的内容都要具备。应该注意的是：以自制的原始凭证或者原始凭证汇总表代替记账凭证使用的，也必须具备记账凭证所应有的内容；记账凭证的日期，一般为编制记账凭证当天的日期，按权责发生制原则计算收益、分配费用、结转成本利润等调整分录和结账分录的记账凭证，虽然需要到下月才能编制，仍应填写当月月末的日期，以便在当月的账内进行登记；分类正确，即根据经济业务的内容，正确区别不同类型的原始凭证，正确应用会计科目。在此基础上，记账凭证可以根据每一张原始凭证填制，或者根据若干张同类原始凭证汇总编制，也可以根据原始凭证汇总表填制；但不得将不同内容和类别的原始凭证汇总填制在一张记账凭证上；连续编号，即记账凭证应当连续编号。这有利于分清会计事项处理的先后顺序，便于记账凭证与会计账簿之间的核对，确保记账凭证的完整。具体可分为以下 10 个部分：

（1）凭证是否应为本企业受理；

（2）印鉴、密押是否真实、齐全；

（3）收付款人的账号与户名是否相符；

（4）大小写金额是否一致，字迹有无涂改；

（5）计息、收费、赔偿金等的计算是否正确；

（6）支付金额是否超过存款余额或放款额度、拨款限额；

（7）收入款项来源是否符合政策和有关业务及会计规定；

（8）适用凭证的种类是否正确、内容联数及附件是否完整、齐全；

（9）使用内部科目核算的会计事项所使用科目、账户名称是否正确；

（10）有效期和提示付款期固定的业务，凭证是否超过规定的期限。

3. 会计凭证的签章

会计凭证的签章是明确经济责任和表明凭证处理情况的标志。凡是经过审查处理的凭证，都应加盖有关人员名章和规定的公章。

4. 会计凭证的传递

会计凭证的传递是指会计凭证按照规定程序在金融企业内部各专柜或所属分支机构之间进行传送流转。会计凭证传递的过程就是业务处理和会计核算的过程。

例如，银行汇票，汇票的出票人（即有权签发银行汇票的经办行）在票据上的签章，应为经中国人民银行批准使用的该银行汇票专用章加其法定代表人或其授权经办人的签名或者盖章。银行承兑商业汇票、办理商业汇票的转贴现、再贴现时的签章，应为经中国人民银行批准使用的该银行汇票专用章加其法定代表人或其授权经办人的签名或者盖章。银行本票的出票人（即签发本票的经办行）在票据上的签章，为经当地人民银行批准使用且统一刻制的该银行本票专用章加其法定代表人或其授权经办人的签名或者盖章。单位在票据上的签章，应为该单位的财务专用章或者公章加其法定代表人或者其授权的代理人的签名或盖章。个人在票据上的签章，应为该个人的签名或者盖章。支票的出票人和商业承兑汇票的承兑人在票据上的签章，为其预留银行的签章。

出票人在票据上的签章不符合票据法、票据管理实施办法和支付结算办法规定的，票据无效。承兑人、保证人在票据上的签章不符合票据法、票据管理实施办法和支付结算办法规定的，其签章无效，但不影响其他符合规定签章的效力。背书人在票据上的签章不符合票据法、票据管理实施办法和支付结算办法规定的，其签章无效，但不影响其前手符合规定签章的效力。

5. 会计凭证的传递、整理、装订、保管

会计凭证的传递是指从会计凭证的取得或填制时起至归档保管过程中，在单位内部有关部门和人员之间的传送程序。会计凭证一般按日整理和装订。装订顺序按先表内科目，后表外科目；表内科目按现收、现付、转借、转贷排列；表外科目先收入凭证后付出凭证顺序装订。会计凭证必须由专人保管，原始凭证、记账凭证一般保存年限15年，银行存款余额调节表一般保存3年。

会计凭证装订前的准备，是指对会计凭证进行排序、粘贴和折叠。因为原始凭证的纸张面积与记账凭证的纸张面积不可能全部一样，有时前者大于后者，有时前者小于后者，这就需要会计人员在制作会计凭证时对原始凭证加以适当整理，以便下一步装订成册。对于纸张面积大于记账凭证的原始凭证，可按记账凭证的面积尺寸，先自右向后，再自下向后两次折叠。注意应把凭证的左上角或左侧面让出来，以便装订后，还可以展开查阅。对于纸张面积过小的原始凭证，一般不能直接装订，可先按一定次序和类别排列，再粘在一张同记账凭证大小相同的白纸上，粘贴时宜用胶水。证票应分张排列，同类、同金额的单据尽量粘在一起；同时，在一旁注明张数和合计金额。如果是板状票证，可以将票面票底轻轻撕开，厚纸板弃之不用。对于纸张面积略小于记账凭证的原始凭证，可先用回形针或大头针别在记账凭证后面，待装订时再抽去回形针或大头针。有的原始凭证不仅面积大，而且数量多，可以单独装订，如工资单、耗料单等，但在记账凭证上应注明保管地点。原始凭证附在记账凭证后面的顺序应与记账凭证所记载的内容顺序一致，不应按原始凭证的面积大小来排序。

会计凭证的装订是指把定期整理完毕的会计凭证按照编号顺序，外加封面、封底，装订成册，并在装订线上加贴封签。在封面上，应写明单位名称、年度、月份、记账凭证的种类、起讫日期、起讫号数，以及记账凭证和原始凭证的张数，并在封签处加盖会计主管的骑缝图章。如果采用单式记账凭证，在整理装订凭证时，必须保持会计分录的完整。为此，应按凭证号码顺序还原装订成册，不得按科目归类装订。对各种重要的原始单据，以及各种需要随时查阅和退回的单据，应另编目录，单独登记保管，并在有关的记账凭证和原始凭证上相互注明日期和编号。

会计凭证装订的要求是既美观大方又便于翻阅，所以在装订时要先设计好装订册数及每册的厚度。一般来说，一本凭证，厚度以 1.5～2.0cm 为宜，太厚了不便于翻阅核查，太薄了又不利于戳立放置。凭证装订册数可根据凭证多少来定，原则上以月份为单位装订，每月订成一册或若干册。有些单位业务量小，凭证不多，把若干个月份的凭证合并订成一册就可以，只要在凭证封面注明本册所含的凭证月份即可。为了使装订成册的会计凭证外形美观，在装订时要考虑到凭证的整齐均匀，特别是装订线的位置，如果太薄时可用纸折一些三角形纸条，均匀地垫在此处，以保证它的厚度与凭证中间的厚度一致。

第七节　金融企业财务报告及其种类

金融企业财务报告是指金融企业对外提供的反映金融企业某一特定日期的财务状况和某一会计期间的经营成果、现金流量等会计信息的文件。它是企业财务会计确认与计量的最终结果。投资者等使用者主要是通过财务报告来了解企业当前的财务状况、经营成果和现金流量等情况，从而预测企业未来的发展趋势。因此，财务报告是向投资者等财务报告使用者提供决策有用信息的媒介和渠道，是沟通投资者、债权人等使用者与企业管理层之间信息的桥梁和纽带。

金融企业财务报告包括财务报表及其他应当在财务会计报告中披露的相关信息和资料。其中，财务报表是财务报告的主体和核心，由报表本身及附注两部分构成。根据《企业会计准则第 30 号——财务报表列报》和新会计准则的规定，企业对外提供的会计报表至少包括资产负债表、利润表、现金流量表和所有者权益（或股东权益）变动表。会计报表附注是对在资产负债表、利润表、现金流量表和所有者权益变动表等报表中列示项目的文字描述或明细资料，以及对未能在这些报表中列示项目的说明等。企业编制附注的目的是通过财务报表本身作补充说明，以更加全面、系统地反映企业财务状况、经营成果和现金流量的全貌，从而向使用者提供更为有用的决策信息，帮助其做出更加科学合理的决策。

（一）资产负债表

资产负债表是反映金融企业在一定日期财务状况的报表。它反映金融企业在某一特定日期所拥有或控制的经济资源、所承担的现时义务和所有对净资产的要求权。企业编制资产负债表的目的是通过如实反映企业的资产、负债和所有者权益金额及其结构状况，从而帮助使用者评价企业资产的质量以及短期偿债能力、长期偿债能力、利润分配能力等。

（二）利润表

利润表是反映金融企业一定会计期间经营成果的报表。该表是按照收入、费用，以及构成利润的各项目分类分项编制而成的。企业编制利润表的目的是通过如实反映企业实现的收入、发生的费用以及应当计入当期利润的利得和损失等金额及其结构情况，从而帮助使用者分析评价企业的盈利能力及其构成与质量。

（三）现金流量表

现金流量表是反映金融企业在一定会计期间内有关现金和现金等价物的流入和流出的报表。它主要为企业提供一定会计期间内现金和现金等价物流入和流出的信息，以便于报表使用者了解和评价企业获得现金和现金等价物的能力和企业偿债、支付股利的能力，并据以预测企业未来现金流量，分析企业投资和理财活动对经营成果和财务状况的影响。

（四）所有者权益(或股东权益)变动表

所有者权益(或股东权益)变动表是反映企业年末所有者权益(或股东权益)增减变动情况的报表。通过该表，可以了解企业某一会计年度所有者权益(或股东权益)的各项目实收资本(或股本)、资本公积、盈余公积和未分配利润等的增加、减少及其余额的情况，分析其变动原因及预测未来的变动趋势。

思 考 题

1. 如何理解金融企业会计的概念？
2. 简述金融企业会计的特点？
3. 简述我国金融机构体系的构成。
4. 什么是金融企业会计的对象？包括哪些内容？
5. 简述金融企业会计信息的质量要求。
6. 金融企业会计要素包括哪些？如何对这些会计要素进行确认？
7. 会计要素的计量属性有哪几种？它们之间有何区别？
8. 金融企业的财务报告由哪几部分构成？

【教学目标】

通过本章的学习，熟悉存款的定义、划分方式和种类；掌握不同类型存款的核算；会计算不同类型存款的利息，会做相关分录；知悉关于存款的相关规定。

【引例】

据央行发布的 2014 年上半年金融统计数据，本外币存款余额 117.26 万亿元，同比增长 13.1%。人民币存款余额 113.61 万亿元，2013 年 6 月末人民币存款余额达 100.91 万亿元，首次突破百万亿元大关，同比增长 12.6%。我国个人存款余额为 49 万亿元，以全国人口总数 13.5 亿计算，人均存款为 36 396 元。居民高储蓄率一直是中国经济的奇特现象。陆家嘴论坛（官方网站）上，时任证监会主席郭树清曾在发言中称，居民储蓄占国内生产总值（即储蓄率）的 52%；仅过去 1 年半时间，居民人均储蓄存款就增加了 9 719 元，增长了 42.2%。如此高的储蓄率在世界各国实属罕见，也是大国经济历史上未曾有过的现象。高储蓄存款率，不仅不利于推动经济健康发展，还成了拉大财富分配差距的重要推手，也成了中国经济难以治愈的伤痛。

第一节 存款业务概述

一、存款业务的意义和种类

（一）存款业务的意义

存款是商业银行吸收社会暂时闲置资金的信用活动，是商业银行重要的负债业务。银行的自有资金，无论数额如何庞大，也是有限的，商业银行只有积极地吸收各项存款，才能增强银行经营业务来源，才能增强银行信贷资金力量。马克思曾经说过，对银行而言，具有重要意义的始终是存款。在社会主义市场经济条件下，银行按照客观经济规律的要求，组织和运用存款，为社会主义建设筹措资金，对促进经济发展、平衡信贷收支、调节货币流通、稳定市场物价、促进经济核算、推动勤俭节约，具有十分重要的意义。

（二）存款业务的种类

开展存款业务的核算，首先应当对存款种类有明确的了解，然后才能制定和采用相应的核算方式。

1. 按存款来源分为一般性存款、居民存款和财政性存款

一般性存款是指银行吸收的各单位的存款。居民存款是银行吸收城乡居民的闲置资金形成的存款。财政性存款是指各行经办的财政预算内存款及集中待缴财政的各种款项形成的存款。

2. **按存款产生的来源分为原始存款和派生存款**

原始存款又称现金存款或直接存款,即企事业单位或个人将现金支票或现金送存银行,增加存款户的货币资金。它除了包括公款存款、私人存款两部分外,还包括银行之间的存款即同业存款。派生存款又称转账存款或间接存款,是指银行以贷款方式自己创造的存款,这种存款的增加,会增加社会的货币供应量。

3. **按存款的期限分为活期存款和定期存款**

活期存款是存入时不确定存期,可以随时支取的存款,主要包括单位活期存款和个人活期存款。定期存款是在存款时约定存期,到期支付的存款,主要包括单位定期存款和个人定期存款。

4. **按存款币种分为人民币存款和外币存款**

人民币存款是单位或个人等存入的人民币款项形成的存款。外币存款是单位或个人将外汇资金存入银行,并于以后随时支取的存款。

二、银行存款账户的开立与管理

(一)银行结算账户的种类

存款账户是银行核算业务的工具。无论是单位还是个人,都必须开设存款账户,才能通过银行办理资金收付和款项结算。为核算需要,银行依不同的存款形式设置了相应的存款账户。

1. **单位存款账户**

单位存款账户是指存款人以单位名义开立的银行结算账户。单位存款账户按用途分为基本存款账户、一般存款账户、专用存款账户和临时存款账户。开立基本存款账户、临时存款账户和专用账户须经中国人民银行核准。

(1)基本存款账户。一般用于单位日常经营活动的资金收付及其工资、奖金和现金的支取。

(2)一般存款账户。一般用于办理单位借款转存、借款归还和其他结算的资金收付,该账户可以办理现金缴存,但不得办理现金支取。

(3)专用存款账户。一般用于办理各项专用资金的收付,如财政预算外资金、证券交易结算资金、期货交易保证金、基本建设资金等。

(4)临时存款账户。一般用于办理临时机构及存款人临时经营活动发生的资金收付,该账户的有限期最长不得超过2年。

2. **个人存款账户**

个人银行存款账户是存款人因投资、消费、结算等而凭个人身份证件以自然人名称开立的可办理支付结算业务的银行结算账户。个人银行结算账户用于办理个人转账收付和现金存取。在金融机构开立个人存款账户的,金融机构应当要求其出示本人身份证件进行核对,并登记其身份证件上的姓名和号码。代理他人在金融机构开立个人存款账户的,金融机构应当要求其出示被代理人和代理人的身份证件进行核对,并登记被代理人和代理人的身份证件上的姓名和号码。不出示本人身份证件或者不使用本人身份证件上的姓名的,金融机构不得为其开立个人存款账户。

（二）银行结算账户的开立

1. 单位存款账户的开立

存款人申请开立基本存款账户，应向银行出具下列证明文件：企业法人，应出具企业法人营业执照正本；非法人企业，应出具企业营业执照正本；机关和实行预算管理的事业单位，应出具政府人事部门或编制委员会的批文或登记证书和财政部门同意其开户的证明；非预算管理的事业单位，应出具政府人事部门或编制委员会的批文或登记证书；军队、武警团级（含）以上单位以及分散执勤的支（分）队，应出具军队军级以上单位财务部门、武警总队财务部门的开户证明；社会团体，应出具社会团体登记证书，宗教组织还应出具宗教事务管理部门的批文或证明；民办非企业组织，应出具民办非企业登记证书；外地常设机构，应出具其驻在地政府主管部门的批文；外国驻华机构，应出具国家有关主管部门的批文或证明；外资企业驻华代表处、办事处应出具国家登记机关颁发的登记证；个体工商户，应出具个体工商户营业执照正本；居民委员会、村民委员会、社区委员会，应出具其主管部门的批文或证明；独立核算的附属机构，应出具其主管部门的基本存款账户开户登记证和批文；其他组织，应出具政府主管部门的批文或证明。本条中的存款人为从事生产、经营活动纳税人的，还应出具税务部门颁发的税务登记证。

存款人申请开立一般存款账户，应向银行出具其开立基本存款账户规定的证明文件、基本存款账户开户登记证和下列证明文件：存款人因向银行借款需要，应出具借款合同。存款人因其他结算需要，应出具有关证明。

存款人申请开立专用存款账户，应向银行出具其开立基本存款账户规定的证明文件、基本存款账户开户登记证和下列证明文件：基本建设资金、更新改造资金、政策性房地产开发资金、住房基金、社会保障基金，应出具主管部门批文。财政预算外资金，应出具财政部门的证明。粮、棉、油收购资金，应出具主管部门批文。单位银行卡备用金，应按照中国人民银行批准的银行卡章程的规定出具有关证明和资料。证券交易结算资金，应出具证券公司或证券管理部门的证明。期货交易保证金，应出具期货公司或期货管理部门的证明。金融机构存放同业资金，应出具其证明。收入汇缴资金和业务支出资金，应出具基本存款账户存款人有关的证明。党、团、工会设在单位的组织机构经费，应出具该单位或有关部门的批文或证明。其他按规定需要专项管理和使用的资金，应出具有关法规、规章或政府部门的有关文件。

存款人申请开立临时存款账户，应向银行出具下列证明文件：临时机构，应出具其驻在地主管部门同意设立临时机构的批文；异地建筑施工及安装单位，应出具其营业执照正本或其隶属单位的营业执照正本，以及施工及安装地建设主管部门核发的许可证或建筑施工及安装合同；异地从事临时经营活动的单位，应出具其营业执照正本以及临时经营地工商行政管理部门的批文；注册验资资金，应出具工商行政管理部门核发的企业名称预先核准通知书或有关部门的批文。

单位开立银行结算账户的名称应与其提供的申请开户的证明文件的名称全称相一致。有字号的个体工商户开立银行结算账户的名称应与其营业执照的字号相一致；无字号的个体工商户开立银行结算账户的名称，由"个体户"字样和营业执照记载的经营者姓名组成。自然人开立银行结算账户的名称应与其提供的有效身份证件中的名称全称相一致。

银行为存款人开立一般存款账户、专用存款账户和临时存款账户的，应自开户之日起 3 个工作日内书面通知基本存款账户开户银行。

存款人申请开立单位银行结算账户时，可由法定代表人或单位负责人直接办理，也可授权他人办理。存款人需要在异地开立单位银行结算账户，除出具本办法第十七条、第十八条、第十九条、第二十一条规定的有关证明文件外，还应出具下列相应的证明文件：经营地与注册地不在同一行政区域的存款人，在异地开立基本存款账户的，应出具注册地中国人民银行分支行的未开立基本存款账户的证明。异地借款的存款人，在异地开立一般存款账户的，应出具在异地取得贷款的借款合同。因经营需要在异地办理收入汇缴和业务支出的存款人，在异地开立专用存款账户的，应出具隶属单位的证明。

2. 个人存款账户的开立

存款人申请开立个人银行结算账户，应向银行出具下列证明文件：中国居民，应出具居民身份证或临时身份证；中国人民解放军军人，应出具军人身份证件；中国人民武装警察，应出具武警身份证件；中国香港、中国澳门地区居民，应出具港澳居民往来内地通行证；中国台湾地区居民，应出具中国台湾居民来往大陆通行证或者其他有效旅行证件；外国公民，应出具护照，法律、法规和国家有关文件规定的其他有效证件。银行为个人开立银行结算账户时，根据需要还可要求申请人出具户口簿、驾驶执照、护照等有效证件。

（三）账户管理

为规范人民币银行结算账户（简称银行结算账户）的开立和使用，加强银行结算账户管理，维护经济金融秩序稳定，根据《中华人民共和国中国人民银行法》和《中华人民共和国商业银行法》等法律法规对账户进行管理。

1. 单位存款账户的管理

单位银行结算账户的存款人只能在银行开立一个基本存款账户。存款人开立基本存款账户、临时存款账户和预算单位开立专用存款账户实行核准制度，经中国人民银行核准后由开户银行核发开户登记证。但存款人因注册验资需要开立的临时存款账户除外。存款人可以自主选择银行开立银行结算账户。除国家法律、行政法规和国务院规定外，任何单位和个人不得强令存款人到指定银行开立银行结算账户。银行结算账户的开立和使用应当遵守法律、行政法规，不得利用银行结算账户进行偷逃税款、逃废债务、套取现金及其他违法犯罪活动。银行应依法为存款人的银行结算账户信息保密。对单位银行结算账户的存款和有关资料，除国家法律、行政法规另有规定外，银行有权拒绝任何单位或个人查询。对个人银行结算账户的存款和有关资料，除国家法律另有规定外，银行有权拒绝任何单位或个人查询。

基本存款账户是存款人的主办账户。存款人日常经营活动的资金收付及其工资、奖金和现金的支取，应通过该账户办理。

一般存款账户用于办理存款人借款转存、借款归还和其他结算的资金收付，该账户可以办理现金缴存，但不得办理现金支取。专用存款账户用于办理各项专用资金的收付。单位银行卡账户的资金必须由其基本存款账户转账存入，该账户不得办理现金收付业务。财政预算外资金、证券交易结算资金、期货交易保证金和信托基金专用存款账户不得支取现金。基本建设资金、更新改造资金、政策性房地产开发资金、金融机构存放同业资金账户需要支取现金的，应在开户时报中国人民银行当地分支行批准。而中国人民银行当地分支行应根据国家现金管理的规定审查批准。粮、棉、油收购资金，社会保障基金，住房基金和党、团、工会经费等专用存款账户支取现金应按照国家现金管理的规定办理。收入汇缴账户除向其基本存款账户或预算外资金财政专用存款户划缴款项外，只收不付，不得支取现金。业务支出账户除从其基本存款账户拨入款项外，只付不收，其现金支取必须按照国家现金管理的规定办理。银行应按照本条的各项规定和国家对粮、棉、油收购资金使用管理规定加强监督，对不符合规定的资金收付和现金支取，不得办理。但对其他专用资金的使用不负监督责任。

临时存款账户用于办理临时机构以及存款人临时经营活动发生的资金收付。临时存款账户应根据有关开户证明文件确定的期限或存款人的需要确定其有效期限。存款人在账户的使用中需要延长期限的，应在有效期限内向开户银行提出申请，并由开户银行报中国人民银行当地分支行核准后办理展期。临时存款账户的有效期最长不得超过 2 年。临时存款账户支取现金，应按照国家现金管理的规定办理。注册验资的临时存款账户在验资期间只收不付，注册验资资金的汇缴人应与出资人的名称一致。存款人开立单位银行结算账户，自正式开立之日起 3 个工作日后，方可办理付款业务。但注册验资的临时存款账户转为基本存款账户和因借款转存开立的一般存款账户除外。

单位从其银行结算账户支付给个人银行结算账户的款项，每笔超过 5 万元的，应向其开户银行提供下列付款依据：代发工资协议和收款人清单；奖励证明；新闻出版、演出主办等单位与收款人签订的劳务合同或支付给个人款项的证明；证券公司、期货公司、信托投资公司、奖券发行或承销部门支付或退还给自然人款项的证明；债权或产权转让协议；借款合同；保险公司的证明；税收征管部门的证明；农、副、矿产品购销合同；其他合法款项的证明。从单位银行结算账户支付给个人银行结算账户的款项应纳税的，税收代扣单位付款时应向其开户银行提供完税证明。

2. 个人存款账户的管理

个人银行结算账户用于办理个人转账收付和现金存取。下列款项可以转入个人银行结算账户：工资、奖金收入；稿费、演出费等劳务收入；债券、期货、信托等投资的本金和收益；个人债权或产权转让收益；个人贷款转存；证券交易结算资金和期货交易保证金；继承、赠与款项；保险理赔、保费退还等款项；纳税退还；农、副、矿产品销售收入；其他合法款项。

储蓄账户仅限于办理现金存取业务，不得办理转账结算。银行应按规定与存款人核对账务。银行结算账户的存款人收到对账单或对账信息后，应及时核对账务并在规定期限内向银行发出对账回单或确认信息。存款人不得出租、出借银行结算账户，不得利用银行结算账户套取银行信用。

存款人更改名称，但不改变开户银行及账号的，应于 5 个工作日内向开户银行提出银行结算账户的变更申请，并出具有关部门的证明文件。单位的法定代表人或主要负责人、住址以及其他开户资料发生变更时，应于 5 个工作日内书面通知开户银行并提供有关证明。银行接到存款人的变更通知后，应及时办理变更手续，并于 2 个工作日内向中国人民银行报告。有下列情形之一的，存款人应向开户银行提出撤销银行结算账户的申请：（1）被撤并、解散、宣告破产或关闭的；（2）注销、被吊销营业执照的；（3）因迁址需要变更开户银行的。

（四）其他原因需要撤销银行结算账户的

存款人尚未清偿其开户银行债务的，不得申请撤销该账户。存款人撤销银行结算账户，必须与开户银行核对银行结算账户存款余额，交回各种重要空白票据及结算凭证和开户登记证，银行核对无误后方可办理销户手续。存款人未按规定交回各种重要空白票据及结算凭证造成损失的，由其自行承担。银行撤销单位银行结算账户时应在其基本存款账户开户登记证上注明销户日期并签章，同时于撤销银行结算账户之日起 2 个工作日内，向中国人民银行报告。银行对一年未发生收付活动且未欠开户银行债务的单位银行结算账户，应通知单位自发出通知之日起 30 日内办理销户手续，逾期视同自愿销户，未划转款项列入久悬未取专户管理。

中国人民银行负责监督、检查银行结算账户的开立和使用，对存款人、银行违反银行结算账户管理规定的行为予以处罚。中国人民银行对银行结算账户的开立和使用实施监控和管理。中国人民银行负责基本存款账户、临时存款账户和预算单位专用存款账户开户登记证的管理。任何单位及个人不得伪造、变造及私自印制开户登记证。

银行负责所属营业机构银行结算账户开立和使用的管理，监督和检查其执行本办法的情况，纠正违规开立和使用银行结算账户的行为。银行应明确专人负责银行结算账户的开立、使用和撤销的审查和管理，负责对存款人开户申请资料的审查，并按照本办法的规定及时报送存款人开销户信息资料，建立健全开销户登记制度，建立银行结算账户管理档案，按会计档案进行管理。银行结算账户管理档案的保管期限为银行结算账户撤销后 10 年。银行应对已开立的单位银行结算账户实行年检制度，检查开立的银行结算账户的合规性，核实开户资料的真实性。对不符合本办法规定开立的单位银行结算账户，应予以撤销。对经核实的各类银行结算账户的资料变动情况，应及时报告中国人民银行当地分支行。银行应对存款人使用银行结算账户的情况进行监督，对存款人的可疑支付应按照中国人民银行规定的程序及时报告。

存款人应加强对预留银行签章的管理。单位遗失预留公章或财务专用章的，应向开户银行出具书面申请、开户登记证、营业执照等相关证明文件；更换预留公章或财务专用章时，应向开户银行出具书面申请、原预留签章的式样等相关证明文件。个人遗失或更换预留个人印章或更换签字人时，应向开户银行出具经签名确认的书面申请，以及原预留印章或签字人的个人身份证件。银行应留存相应的复印件，并凭以办理预留银行签章的变更。

三、会计科目的设置

（一）"吸收存款"科目

"吸收存款"是负债类科目，它核算企业（银行）吸收的除了同业存放款项以外的其他各种存款，即收到的除金融机构以外的企业或者个人、组织的存款，包括单位存款（企业、事业单位、机关、社会团体等）、个人存款、信用卡存款、特种存款、转贷款资金和财政性存款等。

银行收到客户存入的款项时，应按实际收到的金额，借记"存放中央银行款项""库存现金"等科目，贷记本科目（本金）；按其差额，贷记或借记本科目（利息调整）。

支取款项时，应按归还的金额，借记本科目（本金），贷记"存放中央银行款项""库存现金"

等科目。

本科目应当按照存款类别（活期存款、定期存款、活期储蓄存款、定期储蓄存款）及存款单位，分别对"本金"和"利息调整"等进行明细核算。

（二）"利息支出"科目

"利息支出"是损益类科目，用来核算银行在吸收存款、发行金融债券等业务中按照国家规定的适用利率向债权人支付的利息。银行与金融机构之间发生拆借、存款业务以及再贴现、转贴现的利息支出，不在本科目中核算。

银行定期计提或支付利息时，借记本科目，贷记"应付利息""吸收存款""存放中央银行款项"等科目。期末应将本科目余额结转利润，借记"本年利润"科目，贷记本科目，结转后本科目应无余额。

本科目应按利息支出项目进行明细核算。

（三）"应付利息"科目

"应付利息"是负债类科目，用来核算银行吸收存款或发生借款的当期应付而未付的利息。银行计算应付利息时，借记"利息支出""金融企业往来支出"等科目，贷记本科目；实际支付利息时，借记本科目，贷记"吸收存款""库存现金"等科目，余额反映在贷方。

本科目应按存款的种类进行明细核算。

第二节 单位存款业务的核算

存款按照存入人的不同，可以划分为单位存款和个人的储蓄存款。本节主要介绍单位存款。单位存款又根据不同特征划分为单位活期存款、单位定期存款、单位通知存款、单位协定存款和单位协议存款等。

一、单位活期存款业务的核算

（一）活期存款业务的核算

单位活期存款是指存款人在银行开立结算账户，办理不规定存期、可随时转账、支取的存款，包括各类企业、事业、机关、部队和社会团体等单位的存款。凡在银行业务范围内符合中国人民银行规定开户条件的法人及其他组织均可在银行各分支机构开立单位活期存款账户。币种主要包括人民币、美元、欧元、英镑、港币、日元等可自由兑换的货币，利率按中国人民银行公布的利率执行。人民币活期存款结息时按中国人民银行公布的活期存款利率和实存天数计息，每季结息一次，计息期间如遇利率调整，分段计息。外币活期存款结息时按中国银行同业公会公布的外币活期存款利率和实存天数计息，每年 12 月 20 日结息一次，计息期间如遇利率调整，不分段计息。

单位活期存款存取的方法主要有两种，即现金存取和转账存取。其中，转账存取存款主要是通过办理各种结算方式和运用信用支付工具而实现的。本部分主要介绍现金存取的处理方法。

银行办理现金收付业务时遵从以下原则：现金收入业务，"先收款后记账"；现金付出业务，"先记账后付出"。

活期存款的现金支取业务，根据存取的方式不同，可分为支票户和存折户两种。目前，存折户在对公存款中失去意义，只保留在储蓄存款业务中。本书只介绍支票户的操作。

支票户是单位在银行开立的凭缴存单和支票等凭证办理存取款的账户。开立支票户时必须在银行预留印鉴，凭印鉴支取款项。

1. 存入现金的核算

单位存入现金时，填写一式两联的现金缴存款，连同现金交给银行出纳部门。出纳部门审查凭证、点收现金、登记现金收入日记簿、复核签章后，第一联加盖"现金收讫"章作为回单退交存款人；第二联送会计部门，代现金收入传票登记单位存款分户账。会计分录为：

借：库存现金
　　贷：吸收存款——活期存款——某单位存款户

2. 支取现金的核算

单位向银行支取现金时，签发现金支票，在支票上加盖预留银行印鉴，送交会计部门。会计部门接到现金支票后，经审查无误后，现金支票代现金付出传票登记分户账，交出纳部门凭以付款。会计分录为：

借：吸收存款——活期存款——某单位存款户
　　贷：库存现金

出纳员根据现金支票登记付出日记簿，向取款人支付现金。

（二）单位活期存款账户的开立

单位活期存款实行账户管理。客户开立的办理资金收付结算的人民币活期存款账户称为银行结算账户，按用途分为基本存款账户、一般存款账户、专用存款账户和临时存款账户4类。基本存款账户是指存款人因办理日常转账结算和现金收付需要开立的银行结算账户，如企事业单位的工资、奖金等现金支取以及缴纳税款等，只能通过基本存款账户办理。一般存款账户是指存款人因借款或其他结算需要，在基本存款账户开户银行以外的银行营业机构开立的银行结算账户，它不能提取现金。专用存款账户是指存款人按照法律、行政法规和规章，对其特定用途资金进行专项管理和使用而开立的银行结算账户。临时存款账户是指存款人因临时需要并在规定期限内使用而开立的银行结算账户。

二、单位定期存款业务的核算

单位定期存款是指事先约定存期的存款，即银行与存款人双方在存款时事先约定期限、利率、到期后方可支取的存款。单位定期存款起存金额为1万元。单位定期存款实行账户管理。凡在银行业务范围内符合中国人民银行规定开户条件的法人及其他组织均可在银行各分支机构开立单位定期存款账户。

（一）单位定期存款的有关规定

为加强单位存款的管理，规范金融机构的单位存款业务，根据《中华人民共和国中国人民银行法》《中华人民共和国商业银行法》及其他有关法律、行政法规，对单位定期存款实施如下管理。

（1）中国人民银行负责金融机构单位存款业务的管理、监督和稽核工作，协调存款单位与金融机构的争议。

（2）除经中国人民银行批准办理单位存款业务的金融机构外，其他任何单位和个人不得办理此项业务。经批准的金融机构吸收单位存款应不超过中国人民银行核定的范围。财政拨款、预算内资金及银行贷款不得作为单位定期存款存入金融机构。

（3）任何单位和个人不得将公款以个人名义转为储蓄存款。任何个人不得将私款以单位名义存入金融机构；任何单位不得将个人或其他单位的款项以本单位名义存入金融机构。

（4）单位定期存款的期限分为三个月、半年、一年、两年、三年和五年六个档次。起存金额1万元，多存不限。

（5）金融机构对单位定期存款实行账户管理（大额可转让定期存款除外）。存款时单位须提交开户申请书、营业执照正本等，并预留印鉴。印鉴应包括单位财务专用章、单位法定代表人章（或主要负责人印章）和财会人员章。由接受存款的金融机构给存款单位开出"单位定期存款开户证实书"（简称证实书），证实书仅对存款单位开户证实，不得作为质押的权利凭证。

（6）存款单位支取定期存款只能以转账方式将存款转入其基本存款账户，不得将定期存款用于结算或从定期存款账户中提取现金。支取定期存款时，须出具证实书并提供预留印鉴，存款所在金融机构审核无误后为其办理支取手续，同时收回证实书。

（7）单位定期存款在存期内按存款存入日挂牌公告的定期存款利率计付利息，遇利率调整，不分段计息。单位定期存款可以全部或部分提前支取，但只能提前支取一次。全部提前支取的，按支取日挂牌公告的活期存款利率计息；部分提前支取的，提前支取的部分按支取日挂牌公告的活期存款利率计息，其余部分如不低于起存金额由金融机构按原存期开具新的证实书，按原存款开户日挂牌公告的同档次定期存款利率计息；不足起存金额则予以清户。

（8）单位定期存款到期不取，逾期部分按支取日挂牌公告的活期存款利率计付利息。金融机构办理大额可转让定期存单业务按照《大额可转让定期存单管理办法》执行。

（二）单位定期存款存入的核算

1. 现金存入的核算

单位以现金办理定期存款时，应以存款金额填写"单位定期存款缴款凭证"，连同现金交开户行。经银行审核凭证并清点现金无误后，银行根据存款人的存期要求开出两联"单位定期存款证实书"，开立定期存款账户。在证实书上加盖业务专业章及经办人名章，底卡联专夹保管，通知联交存款单位收执。登记"现金收入登记簿""开销户登记簿""重要空白凭证登记簿""印鉴卡使用情况登记簿"等。会计分录为：

借：库存现金

　　贷：吸收存款——定期存款——某单位定期存款户——本金

同时，编制重要空白凭证表外科目付出传票，记：

付出：重要空白凭证——单位定期存款证实书

2. 转账存入的核算

单位以转账方式办理定期存款时，按存款金额签发活期存款账户转账支票交开户银行，银行审查无误后，以支票代转账借方传票填写一式三联的"单位定期存款存单"。第一联代定期存款转账贷方；第二联加盖业务专用公章和经办人名章后，做定期存款单据交存款人；第三联代定期存款卡片账。会计分录为：

借：吸收存款——活期存款——某单位活期存款户

　　贷：吸收存款——定期存款——某单位定期存款账户

（三）预提定期存款利息的核算

对定期存款，只要跨年度，都要预提利息，并实行单笔预提。预提时间与损益计算期一致，在每年的 12 月 20 日或每季末月的 20 日（定在 20 日，主要是为了与活期存款结息日和短期贷款结息日等的惯例一致、时间上配比）。利率使用该笔存款使用的利率，预提期限的计算为年度计 360 天，月度计 30 天，这样，可以准确反映出商业银行各期的成本和利润水平，符合权责发生制原则、配比原则。预提利息计算公式如下：

预提利息=各档次定期存款季（月）末平均余额×各档次平均利率

预提定期存款利息时，填制转账借、贷方传票各一联办理转账。其会计分录为：

借：利息支出——单位定期存款利息支出户

　　贷：应付利息——单位定期存款利息户

（四）单位定期存款到期支取本息的核算

1. 到期支取的核算

单位定期存款到期，存款人持"单位定期存款证实书"支取款项时，银行会计人员抽出卡片账进行核对无误后，在"单位定期存款证实书"上加盖"结清"戳记，按规定计算出利息，填制利息清单，特种转账借方传票两联、贷方传票两联办理转账，并销记"开销户登记簿"和"印鉴卡使用情况登记簿"。会计分录为：

借：吸收存款——定期存款——某单位定期存款户

　　应付利息——定期存款利息支出户（预提的定期存款利息）

　　利息支出——定期存款利息支出户（最后一次结息至支取日的利息）

　　贷：吸收存款——活期存款——某单位活期存款户

同时，编制重要空白凭证表外科目收入传票，记：

收入：重要空白凭证——单位定期存款证实书

2. 提前支取的核算

（1）全部提前支取。单位存入定期存款后，可以提前支取。若全额支取，银行按规定以支取日挂牌公告的活期存款利率计算利息。其会计分录为：

借：吸收存款——定期存款——某单位定期存款户

　　利息支出——定期存款利息支出户

　　贷：吸收存款——活期存款——某单位活期存款户

其余处理与全额到期处理相同。

（2）部分提前支取。按银行规定，单位定期存款部分提前支取时，则提前支取部分按照支取日挂牌公告的活期存款利率计算利息，剩余定期存款金额按原存款日、存款期、利率重新签发"单位定期存款证实书"，注明原"单位定期存款证实书"的编号，原底卡联加盖"附件"戳记，作为新底卡联附件，登记"重要空白凭证登记簿""印鉴卡使用情况登记簿"。其会计处理与全额提前支取相同。

3. 逾期支取的核算

逾期支取在账务核算上与到期支取相同，主要区别在于增加从到期日到支取日的逾期利息，逾期利息以支取日银行挂牌公告的活期存款利率计算，到期利息仍按原定利率计算。

三、单位通知存款的核算

单位通知存款是指存款人在存入时不约定存期，支取时须提前通知金融机构，约定支取日和金额后方能提前支取。

（一）相关规定

（1）起存金额为 50 万元，存款人需一次性存入，可现金存入或转账，存入时不约定期限。

（2）按照存款人提前通知的期限长短划分为 1 天通知存款和 7 天通知存款。

（3）单位通知存款可一次或分次支取，每次支取最低金额为 10 万元，支取存款利随本清。支取的存款只能转入存款单位的其他存款账户，不得支取现金。

（4）单位通知存款利率按照中国人民银行规定的同期存款利率执行。

（二）单位通知存款存入的核算

单位存入通知存款时，会计处理与单位定期存款相同，只是在单位定期存款科目下开立"通知存款" 1 天或 7 天通知分户，用于核算单位通知存款业务。会计分录为：

借：库存现金

吸收存款——活期存款——某单位活期存款户

贷：吸收存款——定期存款——某单位通知存款户

（三）单位通知存款与支取的核算

1. 通知

存款人通知银行约定支取通知存款时，应向开户行提交"单位通知存款取款通知书"。经银行审核无误后，登记"单位通知存款提前通知登记簿"。支取时，必须向银行递交正式通知书。取款通知书提交方式可有客户本人到银行，也可传真通知。

若单位因故取消通知，则由存款人向银行提交"单位通知存款取消通知书"，当银行审核无误后，便可注销存款人的存款通知。

2. 支取款项

存款人在正常约定的期限向银行支取存款时，应依"单位定期存款开户证实书"，填写一式三联的单位通知存款支取凭证，连同存款证实书一并交予银行。银行收到凭证后应按规定认真审查，无误后可办理支付手续。同时，按规定的利率计算利息，打印利息凭证，注销存款证实书，并以支付凭证为解放传票进行转账。会计分录为：

借：吸收存款——定期存款——某单位活期存款户

利息支出——单位通知存款利息支出户

贷：吸收存款——活期存款——某单位活期存款户

四、单位协定存款和单位协议存款

（一）单位协定存款

1. 定义

协定存款是指客户通过与银行签订《协定存款合同》，约定期限、商定结算账户需要保留的基本存款额度，由银行对基本存款额度内的存款按结息日或支取日活期存款利率计息，超过基本存款额度的部分按结息日或支取日人行公布的高于活期存款利率、低于 6 个月定期存款利率的协定存款利率给付利息的一种存款。

协定存款是在原来单位活期存款基础上延伸出来的，协定存款账户与其相对应的活期存款账户有着密切的联系，在活期存款账户的存款超过约定额度后，超过额度的部分可享受协议存款利率。若活期账户销户，协定存款账户也须同时销户。协定存款的最低约定额度为 10 万元，客户可根据实际情况与银行约定具体的基本额度。

协定存款账户分 A 户（结算户）与 B 户（协定户）。A 户按结算日中国人民银行公布的活期存款利率计息，B 户按结算日中国人民银行公布的协定存款利率计息。协定存款账户不是一个独立存款账户，客户可以通过结算户办理日常结算业务，协定存款账户的操作和管理由银行负责。协定存款的 A 户视同基本存款账户或一般存款账户管理使用，A 户、B 户均不得透支。

协定存款账户月均余额两年或两年以上低于最低约定额度的，将利息结清后，作为基本存款账户或一般存款账户处理，不再享受协定存款利率。客户在合同期内如需清户，必须提出书面声明，银行审核无误后，方可办理。

2. 办理指南

商业银行可与客户签订单位协定存款合同，在结算账户之上开立协定存款账户，并约定结算账户的额度，由银行将结算账户中超额度的部分转入协定存款账户，单独按照协定存款利率计息。

（1）开户。单位应与开户行签订《协定存款合同》，合同期限最长为一年（含一年），到期任何一方如未提出终止或修改合同，则自动延期。凡申请在商业银行开立协定存款账户的单位，应是已经开立的基本存款账户或一般存款账户（简称结算户），用于正常经济活动的会计核算，该账户称为 A 户。同时，计算机自动生成协定存款账户（简称 B 户）。如果单位已有结算账户，则将原有的结算账户作为 A 户，为其办理协定存款手续。

（2）存入。协定存款的起存金额由各家商业银行自行规定。

（3）支取。协定存款账户的 A 户视同一般结算账户管理使用，可用于现金转账业务支出，A 户、B 户均不得透支。B 户作为结算户的后备存款账户，不直接发生经济活动，资金不得对外支付。

（4）结息。每季末月 20 日或协定存款户（B 户）销户时应计算协定存款利息。季度计息统一于季度计息日的次日入账；如属协定存款合同期满终止续存，其销户前的未计利息于季度结息时一并计入结算户（A 户）。

（5）销户。协定存款合同期满，若单位提出终止合同，应办理协定存款户销户，将协定户（B户）的存款本息结清后，全部转入基本存款账户或一般存款账户中。结清 A 户，B 户也必须同时结清。在合同期内，原则上客户不得要求清户，如有特殊情况，须提出书面声明，银行审核无误后，办理清户手续。

（二）单位协议存款

单位协议存款是指在本行开立基本存款账户、专用存款账户或一般存款账户的存款单位，与本行签订《银行人民币协议存款合同》，对起点金额以上的资金逐笔计算相应存期利息，并对账户进行管理的一种存款业务。

1. 业务特点

单位协议存款具有灵活性、方便性与效益性的特点。如果资金除用于日常结算外，还有暂时闲置的资金，可通过开立协议存款账户将三部分资金在同一个账户中核算。当每日营业终了时，由银行主动将当日结算资金中超过双方确定的基本存款额度的部分转入由暂时闲置资金所形成的协定户约定存款内，将超过协定户约定存款金额转入协议存款户，或将结算资金低于基本存款额度的不足部分从协定存款、协议存款户中转入结算资金内。

2. 办理流程

（1）开户。单位应与开户行签订《某银行人民币协议存款合同》，合同期限最长为两年（含两年），到期任何一方如未提出终止或修改，则自动延期一年。

（2）存入。协议存款包括结算户、协定户、协议户，结算户的基本存款额度不低于 10 万元、协定户为 10 万～500 万元、协议户不低于 1 000 万元。

（3）支取。协定户和协议户账户不得办理日常结算业务，不直接发生经济活动，资金不得对外支付。协议期满后，客户可支取资金。

（4）结息。每季末月 20 日应计算结算户、协定户利息，季度计息统一于季度计息日的次日入账；协议户按存款实际情况分别计息，存款利息在转出时一并结清转入结算户。

（5）销户。协议存款合同期满，若单位提出终止合同销户，可于距合同到期日 10 天前向开户行提出书面销户通知，并于到期日办理销户手续。

五、单位存款利息的核算

（一）利息计算的一般规定

1. 活期存款利息的规定

（1）计息时间的规定。活期存款按季度计息，即每季末月 20 日为结息日，即 3 月 20 日、6 月 20 日、9 月 20 日和 12 月 20 日。

计息时间从上季末月 21 日开始，到本季末月 20 日止。计算天数"算头不算尾"。

（2）计息利率的规定。利率是指一定存期的利息与存款利率的比率。利率一般分为年利率、月利率、日利率 3 种，其中年利率以百分号表示，月利率以千分号表示，日利率以万分号表示，三者之间可用换算。存期以天数计，可用日利率；以此类推。

（3）利息计算基本公式如下：

利息=本金×存期×利率

单位活期存款由于存款次数频繁，其余额经常发生变动，利息计算可采用积数法，其计算公式为：

利息=计息积数×日利率

计息积数=本金×存期（天数）

2. 定期存款利息计算的一般规定

（1）单位定期存款计算利息时，按照存期"算头不算尾"的方法，从存入日算至支取日的前一日为止。

（2）定期存款的存期按对年、对月、对日计算，对年一律按照 360 天，对月按 30 天，而对零头天数按照实际天数计算。

（3）存期内如遇利率调整，按原定利率计算。逾期支取的，逾期部分按支取日挂牌活期存款利率计算。

（二）单位活期存款利息的核算

银行对单位活期存款的利息采取按日计息、按季结息的办法。计息采用按日累加存款余额，累加的存款余额为计息积数，用计息积数乘以日利率，计算出存款利息。存期内如遇利率调整，应分段计息，具体有余额表计息法和分户账计息法。

1. 余额表计息

余额表计息方法适用于存款余额变动频繁的存款账户。采用该方法计息，每日营业终了时，将各计息分户账的最后余额按户抄列在余额表内。当日未发生收付业务的，根据上一日的最后余额填列。按季结息时，在结息日当天将余额表上的各户余额，从上季度结息日后第一天（21 号）起，加总至本季度结息日（20 日）止，得出累积计息积数，再乘以日利率，得到本户本季应付利息数。如遇记账日期与起息日不同，或错账冲正设计利息时，应根据其发生额和天数，算出应加或应减积数，填入余额表相关栏内进行调整。其计算公式如下：

利息=累积应计日积数×（月利率/30）

银行在日常账务处理过程中，难免会出现错账、漏账等情况。例如，2014 年 6 月 12 日发现在 6 月 3 日某客户有一笔现金支取而银行并没有记录，6 月 15 日发现 6 月 10 日有一笔现金存款也没有记录等。这时候需要对已有的积数进行调增或者调减。具体公式为：

调增积数=补记贷方+冲正借方

调减积数=补记借方+冲正贷方

【例 2-1】根据账号为 201405 的分户账记录，3 月 7 日补计 3 月 1 日借方金额 7 000 元，8 日冲正 5 日借方 1 000 元，18 日冲正 12 日贷方 2 000 元。该账户一季度计息期以内每日余额合计 786 943.89 元。在活期存款利率为 0.99‰的条件下，请计算本季度应付给该企业的利息。（保留 2 位小数点）

计算应付利息并编制会计分录如下：

　　账页累计计息积数＝786 943.89（元）

　　调增积数＝补记贷方＋冲正借方＝1 000×3＝3 000（元）

　　调减积数＝补记借方＋冲正贷方＝7 000×6＋2 000×6＝54 000（元）

　　应计息积数＝786 943.89＋3 000－54 000＝735 943.89（元）

　　银行本季度应付利息＝735 943.89×0.99‰/30≈24.29（元）

借：利息支出　　　　　　　　　　　　　　　　　　　　　　24.29

贷：吸收存款——活期存款——某单位活期存款户　　　　　　24.29

　2. 分户账计息

　　分户账计息方法适用于存取款次数不多的存款户。采用此法，一般使用乙种账页。当发生资金收付时，按上次最后余额乘以该余额的实存日数即为积数，并直接填入账页上的日数和积数栏内。日数的计算是从上一次记账日期算至本次记账日期的前一日为止。如更换账页，应将累计积数转入新账页第一行的上半栏内，待结息日营业终了，再计算出本季的累计天数和累积积数，乘以日利率即得出应付利息。计算方法与会计分录同上。

　（三）单位定期存款利息的核算

　1. 利息计算的公式

　　单位定期存款利息的计算采用逐笔计息法，即在支取时，按预先确定的计息公式逐笔计算利息，利随本清。

　（1）计息期为整年或整月时，计息公式为：

　　利息＝本金×年（月）数×年（月）利率

　（2）计息期有整年或整月，又有零头天数时，计息公式为：

　　利息＝本金×年（月）数×年（月）利率＋本金×零头天数×日利率

　（3）将计息期全部化为实际天数计算利息时，计息公式为：

　　利息＝本金×实际天数×日利率

　　上述（1）和（2）中的年（月）数，按对年、对月、对日计算；上述（2）中的零头天数，按"算头不算尾"的方法计算实际天数；上述（3）中的实际天数，即每年为365天（闰年366天），每月为当月公历实际天数。年利率、月利率、日利率之间的换算同前述。

　2. 利息计算的有关规定

　（1）单位定期存款在原定存期内的利息，按存入日（开户日）挂牌公告的利率计算，存期内遇利率调整，不分段计息。

　（2）单位定期存款全部提前支取时，按支取日挂牌公告的活期存款利率计算利息（不分段计息）。

　（3）单位定期存款部分提前支取时，若剩余定期存款不低于起存金额，提前支取部分按支取日挂牌公告的活期存款利率计算利息（不分段计息），未支取部分按原定存期及到期日另开新存单，到期时按原存款开户日挂牌公告的利率计算利息；部分提前支取时，若剩余定期存款低于起存金额，则对该项定期存款予以清户，按支取日挂牌公告的活期存款利率计算利息（不分段计息）。按规定，单位定期存款部分提前支取只能办理一次。

（4）单位定期存款逾期支取时，逾期部分按支取日挂牌公告的活期存款利率计算利息（不分段计息）。

（5）单位定期存款的到期日若为节假日，可于节假日前最后一个营业日办理支取手续，银行扣除提前支取天数后，按存入日挂牌公告的利率计算利息。节假日后支取的，按逾期支取计算利息。

3. 利息的计提与支付

资产负债表日，应按摊余成本和实际利率计算确定的存入资金的利息费用，借记"利息支出"科目，按合同利率计算确定的应付未付利息，贷记"应付利息"科目，按其差额，借记或贷记"吸收存款——利息调整"科目。实际利率与合同利率差异较小的，也可以采用合同利率计算确定利息费用。根据权责发生制原则，在资产负债表日计提利息费用时，应按定期存款利率档次分别逐笔计算利息费用和应付利息，然后，根据计算的利息费用和应付利息金额，编制转账传票办理转账。单位支取定期存款时，应根据实际支付的利息额制作利息清单，并编制特种转账传票办理转账。利息支付的账务处理在"单位定期存款支取的核算"中已述。

（四）实例

【例 2-2】南洋公司于 2012 年 7 月 25 日签发转账支票 80 000 元，转为定期存款一年，存入时挂牌的一年期定期存款利率为 2.25%。则南洋公司 2012 年 7 月 25 日签发转账支票存入定期存款时编制会计分录如下：

借：吸收存款——活期存款——南洋公司户　　　　　　　　　　　　80 000

　　贷：吸收存款——定期存款——南洋公司户（本金）　　　　　　　　80 000

【例 2-3】中国建设银行某支行 2013 年 1 月 31 日计提利息费用时，南洋公司半年期定期存款 80 000 元，存入时年利率为 2.25%；森达公司一年期定期存款 200 000 元，存入时年利率为 1.52%；天通集团两年期定期存款 120 000 元，存入时年利率为 3.6%。假设上述存款均为 2012 年 12 月 31 日以前存入，存满本月，实际利率与合同利率差异较小，资产负债表日采用合同利率计算确定利息费用。

2013 年 1 月 31 日计算应提利息费用并编制会计分录如下：

（1）南洋公司的利息费用=80000×1×2.25%÷12=150（元）

借：利息支出——定期存款利息支出户　　　　　　　　　　　　　　150

　　贷：应付利息——定期存款利息户　　　　　　　　　　　　　　　150

（2）森达公司的利息费用=200 000×1×1.52%÷12＝420（元）

借：利息支出——定期存款利息支出户　　　　　　　　　　　　　　420

　　贷：应付利息——定期存款利息户　　　　　　　　　　　　　　　420

（3）天通集团的利息费用＝120000×1×3.6%÷12＝360（元）

借：利息支出——定期存款利息支出户　　　　　　　　　　　　　　360

　　贷：应付利息——定期存款利息户　　　　　　　　　　　　　　　360

【例 2-4】沿用【例 2-3】的资料，假设于 2013 年南洋公司于 2013 年 1 月 25 日到期支取半年期定期存款，该存款年利率为 2.25%，其它资料同上。分别使用对年对月对日法和实际天数法，计算到期支取时的利息，并写出分录。

（1）利息计算采用对年对月对日法时，"利息=本金×年（月）数×年（月）利率"：

利息=80 000×6×（2.25%÷12）=900（元）

借：吸收存款——定期存款——南洋公司户（本金）　　　　80 000

应付利息——定期存款利息户　　　　900

贷：吸收存款——活期存款——南洋公司户　　　　80 900

（2）计息采用实际天数法时，"利息=本金×实际天数×日利率"：

天数=7+31+30+31+30+31+24=184（天）

利息=80 000×184×（2.25%÷360）=920（元）

会计分录同上，本处略。

【例2-5】沿用【例2-3】的资料，假设天通集团由于急需资金，于2013年1月1日提前支取本金10 000元，2013年1月1日银行挂牌的活期存款利率为0.72%，其他资料同上。

2013年1月1日部分提前支取时：

利息=10 000×160×0.72%÷360=32（元）

借：吸收存款——定期存款——天通集团户（本金）　　　　100 000

应付利息　　　　32

贷：吸收存款——活期存款——天通集团户　　　　100 032

【例2-6】在【例2-4】中，森达公司一年期定期存款100 000元，为2012年12月28日签发转账支票存入，存入时年利率为1.52%；申达公司于2014年2月10日来行支取。2014年2月10日银行挂牌公告的活期存款利率为0.72%。

2014年2月10日申达公司来行支取时：

（1）原定存期内利息计算采用"利息=本金×年（月）数×年（月）"利息公式，逾期部分按支取日挂牌公告的活期存款利率计息，利息计算为：

利息=100 000×1×1.52%+100 000×44×0.72%÷360=1 520＋88=1 608（元）

借：吸收存款——定期存款——森达公司户（本金）　　　　100 000

应付利息——定期存款利息户　　　　1 608

贷：吸收存款——活期存款——森达公司户　　　　101 608

（2）原定存期内利息计算采用"利息=本金×实际天数×日利率"计息公式，逾期部分按支取日挂牌公告的活期存款利率计息，利息计算为：

利息=100 000×365×1.52%÷360+100 000×44×0.72%÷360=1 629.11（元）

第三节　储蓄存款业务核算

一、储蓄存款的种类

储蓄存款，又称为对私存款或个人存款，是指商业银行吸收的城乡居民个人生活结余或待用的资金形成的存款。目前，我国各商业银行开办的储蓄存款业务中，主要的储蓄存款品种有：活期储蓄存款、定期储蓄存款、定活两便储蓄存款、教育储蓄存款以及个人通知储蓄存款等。

（一）活期储蓄存款

活期储蓄存款是存入时不约定存期，储户可根据需要随时存取，并按结息期计算利息的储蓄存款。

（二）定期储蓄存款

定期储蓄存款是存入时约定存期，一次或在存期内分次存入本金，到期时一次支取本息，或在存期内分期平均支取本金或利息的储蓄存款。定期储蓄存款一般采取逐笔计息的方式，利随本清。根据款项存取方式的不同，定期储蓄存款又可分为：整存整取、零存整取、整存零取、存本取息4种。

1. 整存整取定期储蓄存款

整存整取定期储蓄存款是在存款时约定存期，一次存入一定数额的本金，到期时一次支取本金和利息的储蓄存款。

2. 零存整取定期储蓄存款

零存整取定期储蓄存款是在开户时约定期限，存期内按月存入定额本金，到期时一次支取本金和利息的储蓄存款。按月存入时如中途漏存，仍可续存，但漏存月份须在次月补存。

3. 整存零取定期储蓄存款

整存零取定期储蓄存款是在存款时约定存期和支取方式，一次存入一定数额的本金，存期内分次支取本金，到期时一次计付利息的储蓄存款。分次支取本金可采取一个月、三个月或半年一次的支取方式，由储户在存款时与银行约定。

4. 存本取息定期储蓄存款

存本取息定期储蓄存款是在存款时约定存期和取息期，一次存入一定数额的本金，存期内分次支取利息，到期时一次支取本金的储蓄存款。取息日由储户开户时与银行约定，可以1个月或几个月取息一次。取息日未到不得提前支取利息，取息日未取息，以后可随时取息，但不计复息。

（三）定活两便储蓄存款

定活两便储蓄存款是在存款时不约定存期，一次存入一定数额的本金，储户可根据需要随时一次支取本息，并于支取时按实际存期确定相应的利率，据以计算利息的储蓄存款。这种储蓄存款兼具流动性和收益性的特点，不仅比定期储蓄存款支取更灵活，在达到一定存期时又能取得比活期储蓄存款高的收益。

（四）教育储蓄存款

教育储蓄存款是为接受非义务教育积蓄资金，按零存整取方式存取，但在支取时储户如能提供有关证明，便可按相应存期整存整取定期储蓄存款利率计息，并享受免征利息所得税优惠的一种定期储蓄存款。

（五）个人通知储蓄存款

个人通知储蓄存款是一次存入一定数额的本金，不约定存期但约定支取存款的通知期限，支取时按约定通知期限提前通知银行，约定支取存款的日期和金额后，于到期时支取本金和利息的储蓄存款。个人通知储蓄存款的收益较高，支取较灵活，储户不仅可以获得高于活期储蓄存款的收益，而且可以随时支取存款。

此外，商业银行为了适应不断发展、日趋多样的储户需求，在以上储蓄存款种类的基础上，衍生出了一些新的储蓄存款方式。例如，活期一本通、定期一本通、定活通等。活期一本通是集人民币和外币等不同币种活期储蓄存款于一个存折的存款方式，具有人民币和外币活期储蓄的全部基本功能；定期一本通是集人民币和外币等不同币种和不同档次的定期储蓄存款于一个存折的存款方式，储户通过开设的定期一本通账户，可以存取多笔本外币定期储蓄存款；定活通是银行每月自动将储户活期储蓄存款账户的闲置资金转为定期储蓄存款，当活期储蓄存款账户因刷卡消费或转账取现资金不足时，定期储蓄存款将自动转为活期储蓄存款的一种存款方式。定活通具有智能理财、高效管理现金的功能，可以满足储户定期储蓄存款收益和活期储蓄存款便利的双重需要。这些储蓄存款方式是在基本储蓄存款种类的基础上，为了方便储户存取款和满足其理财的需要而设立的，其办理手续和账务处理与相应的基本储蓄存款种类相同。

二、活期储蓄存款的核算

活期储蓄存款 1 元起存，多存不限。用户开户时由储蓄机构发给存折，预留密码或印鉴，凭存折和预留密码或印鉴随时存取款项。

（一）开户与续存的处理

储户申请开立活期储蓄存款账户时，需持本人有效身份证件，填写"活期储蓄存款凭条"，连同现金、身份证件一并提交银行。银行审查凭条、验明身份证件并点收现金无误后，登记开销户登记簿，编列账号，开立分户账和签发存折，然后以存款凭条代现金收入传票入账。其会计分录为：

  借：库存现金

    贷：吸收存款——活期储蓄存款——××个人户

凭印鉴或密码支取的，应在分户账上预留印鉴或密码，并在分户账和存折上注明"凭印鉴（密码）支取"字样。经复核凭条、存折及分户账各项内容并复点现金无误后，在存款凭条上加盖"现金收讫"章和名章后留存，分户账加盖复核名章后专夹保管，存折加盖业务公章和名章后与身份证件一并交储户。采取免填凭证的银行，应在点收现金无误后，直接进行业务处理，制作活期储蓄存款凭条，交储户签字确认。

储户持折来银行续存时，应填写"活期储蓄存款凭条"，连同现金、存折一并提交银行。银行审查存折、凭条和点收现金无误并核对账折相符后，登记分户账和存折，结出本次金额。同时，还应根据分户账上次余额及实存天数计算出积数，填入分户账与上次余额相对应的积数栏中。然后，将存折退交储户，存款凭条代现金收入传票留存。其会计分录为：

  借：库存现金

    贷：吸收存款——活期储蓄存款——××个人户

（二）支取与销户

储户持折来银行取款时，应填写"活期储蓄取款凭条"，连同存折一并提交银行。凭印鉴支取的，应在取款凭条上加盖预留印鉴；凭密码支取的，应由储户输入预留密码。若大额支取的，还应出示身份证件。银行审查存折、凭条并核对账折无误后，登记分户账和存折，结出本次余额。同时，还应根据分户账上次余额及实存天数计算出积数，填入分户账与上次余额相对应的积数栏中。经复核凭条、存折及分户账各项内容无误后，根据支取金额配款，将现金和存折交予储户，在取款凭条上加盖"现金付讫"章及名章后，代现金付出传票留存。其会计分录为：

借：吸收存款——活期储蓄存款——××个人户

    贷：库存现金

采取免填凭条的银行，应根据储户需要支取的金额，直接进行业务处理，制作活期储蓄取款凭条，交储户签字确认。

若储户要求注销账户，则应将账户内的款项全部取出，并本息一并结清。销户时，应由储户根据账户中的最后金额填写"活期储蓄取款凭条"，连同存折一起提交银行，其处理手续与支取时基本相同。但销户时应根据计算的利息填制一式两联利息清单，一联连同本息一起交储户，另一联留存，于营业终了后，汇总编制"应付利息"科目传票。同时，在取款凭条、存折和分户账上加盖"结清"戳记，存折作为取款凭条的附件，分户账另行保管，并销记开销户登记簿。其会计分录为：

借：吸收存款——活期储蓄存款——××个人户

    应付利息——活期储蓄利息户

        贷：库存现金

按规定，银行还应按储户利息所得的20%代扣储蓄存款利息所得税，其会计分录为：

借：库存现金

    贷：应交税费——应交利息税户

（三）利息计算：资产负债表日和结息日

资产负债表日，按计算确定的存入资金利息，借记"利息支出"科目，贷记"应付利息"科目。

根据2005年9月21日起执行的《中国人民银行关于人民币存贷款计结息问题的通知》，个人活期存款由按年结息调整为按季结息，每季末月20日为结息日，按结息日挂牌公告的活期存款利率计息，计息期间遇利率调整，不分段计息。未到结息日清户时，按清户日挂牌公告的活期存款利率计息，利息算至清户的前一日止。由于活期储蓄存款存取频繁，余额经常发生变动，因此，利息的计算一般采用积数计息法，其计算公式和具体计算方法与单位活期存款基本相同。不同的是，单位活期存款按日计息，按季结息，因此，每季末月20日结计利息时，计息期间如遇利率调整应分段计息；活期储蓄存款按季结息，每季末月20日按结息日挂牌公告的活期存款利率计息即可，计息期间如遇利率调整不需分段计息。活期储蓄存款以元位起息，元位以下的尾数不计利息，计算的利息保留至分位，分位以下四舍五入。由于我国自1999年11月1日起，恢复对储蓄存款利息所征收的个人所得税，并采取由银行向储户结付利息时代扣代交的办法。结息日，将各储户活期储蓄存款本计息期的累计计息积数，乘以当日挂牌公告的活期存款利率，即计算出每一储户本计息期的利息。计算出的利息于次日办理转账，并按规定代扣利息所得税。其会计分录为：

借：应付利息——活期储蓄利息户

    贷：吸收存款——活期储蓄存款——××个人户

        应交税费——应交利息税户

三、定期储蓄存款的核算

定期储蓄存款是储户在存款时约定存储时间，到期支付本金和利息的一种储蓄存款。定期储蓄存款按存取方式的不同，分为整存整取、零存整取、整存零取、存本取息、定活两便、协议存款、个人通知存款和教育储蓄。

1. 整存整取定期储蓄存款的核算

整存整取定期储蓄存款 50 元起存，存期分三个月、半年、一年、二年、三年、五年六个档次，本金一次存入，由储蓄机构发给存单，到期凭存单支取本息。储户也可在存款时办理到期约定或自动转存，到期时储户若未支取，银行将到期时的本金和税后利息，按约定或自动转存。

（1）开户。储户办理整存整取定期储蓄存款开户时，需持本人有效身份证件，填写"整存整取定期储蓄存款凭条"，连同现金、身份证件一并提交银行。银行审查凭条、验明身份证件并点收现金无误后，制作一式三联"整存整取定期储蓄存单"：第一联代现金收入传票办理收款；第二联加盖业务公章后作存单交储户收执；第三联作卡片账由银行留存，并据以登记开销户登记簿后，按顺序排列，专夹保管。其会计分录为：

借：库存现金

　　贷：吸收存款——定期储蓄存款——整存整取××个人户

如涉及利息调整，其核算与单位定期存款相同。若储户要求凭印鉴支取，则应在第一联、第三联存单上预留印鉴，各联存单上注明"凭印鉴支取"字样；凭密码支取的预留密码，注明"凭密码支取"字样。

（2）到期支取。整存整取定期储蓄存款到期，储户持存单支取款项时，银行应抽出该户卡片账与存单核对账号、户名、金额、印鉴或由储户输入密码等无误后，按规定计算利息，制作利息清单和利息所得税传票。在存单和卡片账上填写利息金额，并加盖"结清"戳记，同时销记开销户登记簿。经复核无误后，银行将本金及税后利息合计金额的现金连同一联利息清单交储户，以存单代现金付出传票，与利息所得税传票及另一联利息清单一起办理转账。其会计分录为：

借：吸收存款——定期储蓄存款——整存整取××个人户

　　应付利息——定期储蓄利息户

　　　　贷：库存现金

借：库存现金

　　　　贷：应交税费——应交利息税户

若"吸收存款——利息调整"科目有余额，应予以转销。转销时，借记或贷记"利息支出"科目，贷记或借记"吸收存款——利息调整"科目。

（3）过期支取。整存整取定期储蓄存款过期支取时，其处理手续与到期支取相同，只是在计算利息时，除了计算到期利息外，还应按规定计算过期利息。

（4）提前支取。整存整取定期储蓄存款未到期，若储户急需资金，可凭本人有效身份证件办理全部或部分提前支取。若办理部分提前支取，则每张存单以一次为限。

全部提前支取。整存整取定期储蓄存款全部提前支取时，储户在向银行提交未到期存单的同时，还应交验本人有效身份证件。银行查验无误后，将证件名称、号码、发证机关记录在存单背面，并在存单和卡片账上加盖"提前支取"戳记，按提前支取规定计付利息。其余处理手续与到期支取相同。

部分提前支取。整存整取定期储蓄存款部分提前支取时，银行查验存单和身份证件无误并按规定办理有关手续后，还应按"满付实收、更换新存单"的做法，将原存单本金视同全部支取并收回原存单，按规定计算提前支取部分利息；对未支取部分的本金另开新存单，重新编列账号，并在新存单上注明原存入日期、原存期、原到期日和利率，以及"由××号存单部分转存"字样。在收回的原存单上注明"部分支取××元"字样，并在开销户登记簿上也做相应记载。其余手续可参照前述到期支取和开户时办理。其会计分录为：

借：吸收存款——定期储蓄存款——整存整取某人户（全部本金）

应付利息——定期储蓄利息户（提前支取部分利息）

贷：库存现金

借：库存现金

贷：吸收存款——定期储蓄存款——整存整取××个人户（未支取部分本金）

应交税费——应交利息税户

"吸收存款——利息调整"科目余额转销的账务处理同到期支取。将"库存现金"科目借、贷方差额金额的现金，连同利息清单、新存单及身份证件一并交给储户。

（5）利息计算与核算。

利息计算的有关规定。整存整取定期储蓄存款利息的计算采用逐笔计息法，即在支取时，按预先确定的计息公式逐笔计算利息，利随本清。其计息公式与单位定期存款的计息公式相同。但整存整取定期储蓄存款按规定计算的利息，银行应按20%的税率代扣代交利息所得税。现分以下几种情况介绍整存整取定期储蓄存款利息计算的有关规定。

原定存期内的利息计算。定期储蓄存款在原定存期内的利息，按开户日挂牌公告的利率计算，存期内遇利率调整，不分段计息。

提前支取的利息计算。定期储蓄存款未到期，储户全部提前支取的，按支取日挂牌公告的活期储蓄存款利率计付利息。部分提前支取的，提前支取部分按支取日挂牌公告的活期储蓄存款利率计付利息。其余部分到期时，按原开户日挂牌公告的整存整取定期储蓄存款利率计付利息。

过期支取的利息计算。定期储蓄存款过期支取时，其超过原定存期的部分，除按约定转存或自动转存的外，一律按支取日挂牌公告的活期储蓄存款利率计付利息。

到期日为法定节假日的利息计算。定期储蓄存款到期日如为法定节假日，储户不能按期支取的，可在储蓄机构节假日前一天办理取款，手续上视同提前支取，利息按到期支取计算。节假日后支取的，按过期支取计算利息。

（6）利息的计提与支付。资产负债表日，应按摊余成本和实际利率计算确定的存入资金的利息费用，借记"利息支出"科目。按合同利率计算确定的应付未付利息，贷记"应付利息"科目，按其差额，借记或贷记"吸收存款——利息调整"科目。实际利率与合同利率差异较小的，也可以采用合同利率计算确定利息费用。

发生制原则，于资产负债表日计提利息费用时，应按整存整取定期储蓄存款利率档次分别逐笔计算利息费用和应付利息。然后，根据计算的利息费用和应付利息金额，编制转账传票办理转账。储户支取整存整取定期储蓄存款时，应根据实际支付的利息额和代扣的利息所得税制作利息清单和利息所得税传票，办理转账。其账务处理在整存整取定期储蓄存款支取的核算中已述。

（7）实例。假设【例2-7】～【例2-10】，仍需缴纳20%的利息税（实际2007年8月15日税率由20%降至5%，2008年10月9日起暂免征利息税）。

【例2-7】某储户于2012年10月2日以现金存入一年期整存整取定期储蓄存款20 000元，于2013年10月2日到期支取，存入时一年期整存整取定期储蓄存款年利率为2.25%。假设不考虑利息调整。

（1）2012年10月2日存入时：

借：库存现金   20 000

　　贷：吸收存款——定期储蓄存款——整存整取××个人户   20 000

（2）2012年10月31日银行计提利息时，应付该储户的利息为：

应付利息=20 000×29×2.25%÷360=40.28（元）

借：利息支出——定期储蓄利息支出户   40.28

　　贷：应付利息——定期储蓄利息户   40.28

（3）2012年12月31日银行计提利息时，应付该储户的利息为：

应付利息=20 000×2×2.25%÷12=125（元）

借：利息支出——定期储蓄利息支出户   75

　　贷：应付利息——定期储蓄利息户   75

（4）2013年1月至9月资产负债表日计提利息的处理同（3）。计算3个月的利息额，每季度应付利息为112.5元

（5）2013年10月2日到期支取时：

利息=20 000×1×2.25%=450（元）

税金=450×20%=90（元）

税后利息=450-90=360（元）

借：吸收存款——定期储蓄存款——整存整取××个人户   20 000

　　应付利息——定期储蓄利息户   450

　　贷：库存现金   20 360

　　　　应交税费——应交利息税户   90

【例2-8】沿用【例2-7】的资料，假设该储户于2014年1月10日来行支取存款，当日活期存款年利率为0.72%。其他资料同上。

2014年1月10日该储户过期支取时：

原定存期内利息计算采用"利息=本金×年（月）数×年（月）利率"计息公式，过期部分按支

取日活期存款利率计息，利息计算为：

利息=20 000×1×2.25%+20 000×100×0.72%÷360=450+40=490（元）

税金=490×20%=98（元）

税后利息=490-98=392（元）

借：吸收存款——定期储蓄存款——整存整取××个人户　　　20 000

应付利息——定期储蓄利息户　　　　　　　　　　　490

贷：库存现金　　　　　　　　　　　　　　　　　　　　20 392

应交税费——应交利息税户　　　　　　　　　　　　　　98

【例2-9】某储户于2013年2月6日以现金存入一年期整存整取定期储蓄存款60 000元，存入时一年期整存整取定期储蓄存款年利率为2.25%。该储户由于急需资金，于2013年4月13日要求提前支取12 000元，当日活期存款年利率为0.72%，剩余48 000元于2014年2月6日到期支取。

2013年4月13日部分提前支取时：

利息=12 000×66×0.72%÷360=15.84（元）

税金=15.84×20%=3.17（元）

税后利息=15.84-3.17=12.67（元）

借：吸收存款——定期储蓄存款——整存整取××个人户　　　12 000

应付利息——定期储蓄利息户　　　　　　　　　　　15.84

贷：库存现金　　　　　　　　　　　　　　　　　　　12 012.67

应交税费——应交利息税户　　　　　　　　　　　　　3.17

2. 零存整取定期储蓄存款的核算

零存整取定期储蓄存款每月固定存额，5元起存，多存不限，存期分一年、三年、五年三个档次。存款金额由储户自定，每月存入一次，中途如漏存一次，应在次月补存，未补存者或漏存次数在一次以上者，视同违约；并在存折上打印违约标志，对违约后存入的部分，支取时按活期存款利率计息。

（1）开户与续存。储户办理零存整取定期储蓄存款开户时，需持本人有效身份证件，填写"零存整取定期储蓄存款凭条"，连同现金、身份证件一并提交银行。银行审查凭条、验明身份证件并点收现金无误后，登记开销户登记簿，编列账号，开立分户账和签发存折。凭印鉴或密码支取的，应在分户账上预留印鉴或密码，并在分户账和存折上注明"凭印鉴（密码）支取"字样。经复核无误后，存款凭条加盖"现金收讫"章和名章后代现金收入传票留存，分户账按所编列账号顺序排列保管，存折加盖业务公章和名章后与身份证件一并交储户。其会计分录为：

借：库存现金

贷：吸收存款——定期储蓄存款——零存整取××个人户

储户持折来银行续存时，应填写"零存整取定期储蓄存款凭条"，连同现金、存折一并提交银行。银行审查存折、凭条和点收现金无误并核对账折相符后，登记分户账和存折。经复核无误后，存折退交储户，存款凭条加盖"现金收讫"章和名章后代现金收入传票留存。会计分录与开户时相同。

（2）到期支取。零存整取定期储蓄存款到期，储户持存折支取款项时，银行应抽出该户卡片账与存折进行核对相符后，按规定计算利息，制作利息清单和利息所得税传票；分别在存折、分户账上填记本金、利息和本息合计数并加盖"结清"戳记，同时销记开销户登记簿。经复核无误后，按本金及税后利息合计金额配款，连同一联利息清单一并交储户，以存折代现金付出传票，与利息所得税传票及另一联利息清单一并办理转账。会计分录为：

借：吸收存款——定期储蓄存款——零存整取××个人户

应付利息——定期储蓄利息户

贷：库存现金

借：库存现金

贷：应交税费——应交利息税户

若"吸收存款——利息调整"科目有余额，应予以转销。转销时，借记或贷记"利息支出"科目，贷记或借记"吸收存款——利息调整"科目。

（3）过期支取与提前支取。零存整取定期储蓄存款过期支取时，其处理手续与到期支取相同，只是在计算利息时，除了计算到期利息外，还应按规定计算过期利息。零存整取定期储蓄存款未到期，若储户急需资金，可办理全部提前支取，但不能办理部分提前支取。储户办理零存整取定期储蓄存款全部提前支取时，应向银行交验本人有效身份证件。银行审查存折、身份证件无误后，办理提前支取手续，并在存折和分户账上加盖"提前支取"戳记，按提前支取规定计付利息。其余处理手续与到期支取相同。

（4）零存整取利息计算：固定基数法。固定基数计息法计算到期支取时，每月每元存入金额的到期利息为固定利息基数。假设 1 年期零存整取定期储蓄存款的年利率为 1.44%，则每月存入 1 元，到期支取时的固定利息基数为：

固定利息基数=（1+2+3+…+12）×1.44%÷12=（1+12）/2×12×1.44%÷12=78×1.44%÷12=0.0936（元）

假设在【例 2-9】中，储户李四每月固定存入 1 000 元，则到期支取时的利息为：

到期利息=1 000×0.0936=93.6（元）

需要注意的是，固定基数计息法是以每月固定存入一次，中途没有漏存为前提计算固定利息基数的。如在中途有漏存，于次月补存的情况下，则应采用月积数计息法计算到期利息。

（5）提前支取和过期支取。零存整取定期储蓄存款未到期，储户全部提前支取时，应当按照实际存期计算月积数，并按支取日挂牌公告的活期存款利率计算利息。

零存整取定期储蓄存款过期支取时，应当分别计算到期利息和过期利息。到期利息按前述规定和方法计算，过期利息按最后余额与过期月数及支取日挂牌公告的活期存款利率计算。采用月积数计息法计算零存整取定期储蓄存款利息时，提前支取和过期支取的存期，凡存满整月的，按对月计算，不足整月的零头天数不计利息。

（6）零存整取利息核算。资产负债表日，应按摊余成本和实际利率计算确定的存入资金的利息费用，借记"利息支出"科目；按合同利率计算确定的应付未付利息，贷记"应付利息"科目；按其差额，借记或贷记"吸收存款——利息调整"科目。实际利率与合同利率差异较小的，也可以采用合同利率计算确定利息费用。根据权责发生制原则，于资产负债表日计提利息费用时，应按零存整取定期储蓄存款利率档次分别逐笔计算利息费用和应付利息,然后,根据计算的利息费用和应付利息金额,编制转账传票办理转账。储户支取零存整取定期储蓄存款时,应根据实际支付的利息额和代扣的利息所得税制作利息清单和利息所得税传票,办理转账。其账务处理在零存整取定期储蓄存款支取的核算中已述。

3. 整存零取定期储蓄存款的核算

整存零取定期储蓄存款 1 000 元起存,存期分一年、三年、五年三个档次。本金一次存入,由储蓄机构发给存单,凭存单分期支取本金。支取期分一个月、三个月、半年一次,由储户与储蓄机构协商确定,利息于存款到期结清时一并计付。

(1)开户。储户办理整存零取定期储蓄存款开户时,需持本人有效身份证件,填写"整存零取定期储蓄存款凭条",连同现金、身份证件一并提交银行。银行经审查并点收现金无误后,制作一式三联"整存零取定期储蓄存单"。第一联代现金收入传票;第二联加盖业务公章后作存单交储户收执;第三联作卡片账,由银行注明每次支取时间和金额后留存,并据以登记开销户登记簿后,按顺序排列,专夹保管。会计分录为:

借:库存现金

　　贷:吸收存款——定期储蓄存款——整存零取××个人户

若储户要求凭印鉴支取,则应在第一联、第三联存单上预留印鉴,各联存单上注明"凭印鉴支取"字样;凭密码支取的预留密码,注明"凭密码支取"字样。

(2)分次支取与结清。储户按约定时间分次来行支取本金时,应填写"整存零取定期储蓄取款凭条",连同存单一并提交银行。银行审查无误并经账单核对相符后,登记存单和卡片账,将支取的本金和存单交储户,以取款凭条代现金付出传票入账。其会计分录为:

借:吸收存款——定期储蓄存款——整存零取××个人户

　　贷:库存现金

整存零取定期储蓄存款可以办理全部提前支取和部分提前支取。全部提前支取时,应按提前支取的规定计付利息;部分提前支取时,可提前取本金一至二次,但应在以后取本期内停取一至二次,其余取本日期按原定日期不变。

整存零取定期储蓄存款到期,储户最后一次来行取款时,除按分次支取的手续办理外,还应按规定计算利息,制作利息清单和利息所得税传票,并在存单和卡片账上加盖"结清"戳记,同时销记开销户登记簿。经复核无误后,银行按最后一次取本金额和税后利息付款,将一联利息清单交储户,以取款凭条代现金付出传票,存单作取款凭条附件,与利息所得税传票及另一联利息清单一起办理转账。其会计分录为:

借:吸收存款——定期储蓄存款——整存零取××个人户(最后取本金额)

　　应付利息——定期储蓄利息户

　　贷:库存现金

借:库存现金

　　贷:应交税费——应交利息税户

若"吸收存款——利息调整"科目有余额，应予以转销。转销时，借记或贷记"利息支出"科目，贷记或借记"吸收存款——利息调整"科目。整存零取定期储蓄存款过期支取时，其处理手续与到期支取相同。只是在计算利息时，除了计算到期利息外，还应按规定计算过期利息。

（3）利息计算与核算。整存零取定期储蓄存款的利息，可参照零存整取定期储蓄存款采用月积数计息法进行计算。到期支取时，用到期时累计计息月积数，乘以开户日挂牌公告的相应月利率计算到期利息；全部提前支取时，按实存金额、实际存期及全部提前支取日挂牌公告的活期存款利率计算利息；过期支取时，除了按规定计算到期利息外，过期部分按最后余额与过期期限及支取日挂牌公告的活期存款利率计算利息。资产负债表日，应按摊余成本和实际利率计算确定的存入资金的利息费用，借记"利息支出"科目；按合同利率计算确定的应付未付利息，贷记"应付利息"科目；按其差额，借记或贷记"吸收存款——利息调整"科目。实际利率与合同利率差异较小的，也可以采用合同利率计算确定利息费用。根据权责发生制原则，于资产负债表日计提利息费用时，应按整存零取定期储蓄存款利率档次分别逐笔计算利息费用和应付利息，然后，根据计算的利息费用和应付利息金额，编制转账传票办理转账。储户支取整存零取定期储蓄存款时，应根据实际支付的利息额和代扣的利息所得税制作利息清单和利息所得税传票，办理转账。其账务处理在整存零取定期储蓄存款结清的核算中已述。

4. 存本取息定期储蓄存款的核算

存本取息定期储蓄存款 5 000 元起存，存期分一年、三年、五年三个档次，本金一次存入，由储蓄机构发给存款凭证，到期一次支取本金。利息凭存单分期支取，可以一个月或几个月取息一次，由储户与储蓄机构协商确定。

（1）开户与分次支取利息。储户办理存本取息定期储蓄存款开户时，需持本人有效身份证件，填写"定期存本取息储蓄存款凭条"，注明每次取息日期。银行审验证件及凭条并点收现金无误后，制作一式三联"定期存本取息储蓄存单"，计算每次取息金额，填入凭证有关栏中。其余处理手续与其他定期储蓄存款相同。其会计分录为：

借：库存现金

    贷：吸收存款——定期储蓄存款——存本取息××个人户

储户按约定时间分次来行支取利息时，应填写"定期存本取息储蓄取息凭条"，银行审查无误并核对账单相符后，登记存单和卡片账，以取息凭条作"利息支出"科目传票入账。其会计分录为：

借：应付利息——定期储蓄利息户

    贷：库存现金

        应交税费——应交利息税户

取息日未到不得提前支取利息；取息日未取息，以后可以随时取息，但不计复息。

（2）支取本金。

到期支取本金。存本取息定期储蓄存款到期，储户来行支取本金的同时支取最后一次利息。支取最后一次利息的处理手续与前述相同。支取本金的手续可参照整存零取定期储蓄存款到期支取办理。其会计分录为：

借：吸收存款——定期储蓄存款——存本取息××个人户（全部本金）

　　应付利息——定期储蓄利息户（最后一次利息）

　　贷：库存现金

借：库存现金

　　贷：应交税费——应交利息税户

若"吸收存款——利息调整"科目有余额，应予以转销。转销时，借记或贷记"利息支出"科目，贷记或借记"吸收存款——利息调整"科目。

过期支取本金。存本取息定期储蓄存款过期支取时，其处理手续与到期支取相同，只是还应按规定计付过期利息。

提前支取本金。存本取息定期储蓄存款未到期，储户如需提前支取本金，可凭本人有效身份证件办理全部提前支取。存本取息定期储蓄存款不能办理部分提前支取。办理全部提前支取的手续与其他定期储蓄存款全部提前支取基本相同，只是除了按规定计算提前支取的利息外，对于已支付的利息，还应编制红字现金付出传票予以冲回。其会计分录为：

借：应付利息——定期储蓄利息户（红字）

　　贷：库存现金（红字）

　　　应交税费——应交利息税户（红字）

按提前支取的规定计算应付利息，并办理本息的支取手续。其会计分录为：

借：吸收存款——定期储蓄存款——存本取息××个人户

　　应付利息——定期储蓄利息户

　　贷：库存现金

借：库存现金

　　贷：应交税费——应交利息税户

需要注意的是，在全部提前支取的情况下，银行向储户支付现金时，应按上述会计分录中蓝字"库存现金"科目借、贷方差额减去红字"库存现金"后的金额办理付款手续。

（3）利息计算与核算。存本取息定期储蓄存款每次取息的金额，应在开户时按挂牌公告的利率计算出到期应付利息总额，除以约定的取息次数计算得出。其公式为：

每次取息额=（本金×存期×利率）÷取息次数

储户提前支取全部本金时，应按支取日挂牌公告的活期储蓄存款利率计算利息，并在办理付款时，将已付给储户的利息扣回。储户过期支取本金时，其超过原定存期的部分，按支取日挂牌公告的活期储蓄存款利率计付利息。资产负债表日，应按摊余成本和实际利率计算确定的存入资金的利息费用，借记"利息支出"科目；按合同利率计算确定的应付未付利息，贷记"应付利息"科目；按其差额，借记或贷记"吸收存款——利息调整"科目。实际利率与合同利率差异较小的，也可以采用合同利率计算确定利息费用。根据权责发生制原则，于资产负债表日计提利息费用时，应按存本取息定期储蓄存款利率档次分别逐笔计算利息费用和应付利息，然后，根据计算的利息费用和应付利息金额，编制转账传票办理转账。向储户支付利息的账务处理前已述。

5. 定活两便储蓄存款的核算

定活两便储蓄存款 50 元起存，不约定存期，本金一次存入，由储蓄机构发给存单，凭存单可随时一次支取本息。定活两便储蓄存单分为记名和不记名两种，记名式可挂失，不记名式不办理挂失。定活两便储蓄存款需设置"吸收存款——定活两便储蓄存款"科目进行核算，在该科目下按存款人分设明细账户进行明细核算。记名式定活两便储蓄存款开户存入和支取的手续及账务处理，可参照整存整取定期储蓄存款办理。不记名式存单一般固定面额，分 50 元和 100 元两种，可以在约定范围内通存通兑。定活两便储蓄存款的利息，应在支取时根据其实际存期确定利率进行计算。具体为：自《储蓄管理条例》执行之日起（即 1993 年 3 月 1 日起）存入的定活两便储蓄存款，存期不满 3 个月的，按实存天数计付活期利息；存期 3 个月以上（含 3 个月）不满半年的，整个存期按支取日整存整取定期储蓄存款 3 个月期利率打 6 折计息；存期半年以上（含半年）不满一年的，整个存期按支取日整存整取定期储蓄存款半年期利率打 6 折计息；存期在一年以上（含一年），无论存期多长，整个存期一律按支取日整存整取定期储蓄存款一年期利率打 6 折计息。

【例 2-10】储户李三于 2012 年 7 月 31 日存入定活两便储蓄存款 20 000 元，于 2013 年 3 月 10 日全额支取。支取日银行挂牌公告的整存整取定期储蓄存款半年期利率为 2.25%。该笔定活两便储蓄存款的实际存期在半年以上不满一年，整个存期应按照支取日整存整取定期储蓄存款半年期利率打 6 折计息。其利息计算如下：

利息计算采用"利息=本金×年（月）数×年（月）利率+本金×零头天数×日利率"计息公式：

应付利息=20 000×7×（2.25%×60%÷12）+20 000×10×（2.25%×60%÷360）=157.5+7.5=165（元）

代扣利息所得税=165×20%=33（元）

税后利息=165-33=132（元）

6. 其他储蓄存款的核算

教育储蓄存款为零存整取定期储蓄存款，每月固定存额，50 元起存，每户本金合计最高限额为 2 万元，存期分一年、三年、六年三个档次。开户时，储户须与银行约定每月固定存入的金额，分月存入，中途如有漏存，应在次月补存，未补存者按零存整取定期储蓄存款的有关规定办理。

（1）开户与续存。教育储蓄存款的开户对象为在校小学四年级（含四年级）以上学生。开户时，须凭储户本人（学生）户口簿或居民身份证，到储蓄机构以储户本人（学生）的姓名开立教育储蓄存款账户。银行对储户提供的上述证明认真审验无误后，登记证件名称和号码。开户的其他手续及续存手续与零存整取定期储蓄存款相同。

（2）支取与计息。

到期支取。教育储蓄存款到期支取时，储户凭存折和学校提供的正在接受非义务教育的学生身份证明，一次支取本息，并享受教育储蓄存款优惠利率和免征储蓄存款利息所得税。其中，教育储蓄存款优惠利率为：1 年期、3 年期教育储蓄按开户日同期同档次整存整取定期储蓄存款利率计付利息；6 年期按开户日五年期整存整取定期储蓄存款利率计付利息。教育储蓄存款到期支取时，储户不能提供证明的，则不能享受优惠利率，即 1 年期、3 年期按开户日同期同档次零存整取定期储蓄存款利率计付利息；6 年期按开户日 5 年期零存整取定期储蓄存款利率计付利息，并按有关规定征收储蓄存款利息所得税。教育储蓄存款在存期内如遇利率调整，仍按开户日利率计息。

储蓄机构在支付教育储蓄存款本息后，应在证明原件上加盖"已享受教育储蓄优惠"字样的印章，每份证明只享受一次利率优惠及免征利息所得税优惠。教育储蓄存款到期支取的手续及账务处理，可参照零存整取定期储蓄存款办理。

过期支取。教育储蓄存款过期支取时，其原定存期内的部分，按前述教育储蓄存款到期支取的有关规定计付利息；超过原定存期的部分，不论是否提供证明，均按支取日挂牌公告的活期存款利率计付利息，并按有关规定征收储蓄存款利息所得税。其办理手续及账务处理与到期支取基本相同。

提前支取。教育储蓄存款未到期，储户要求提前支取时，只能办理全部提前支取，而不能办理部分提前支取。全部提前支取时，储户能提供证明的，按实际存期和开户日同期同档次整存整取定期储蓄存款利率计付利息，并免征储蓄存款利息所得税。

教育储蓄存款全部提前支取时，储户未能提供证明的，按实际存期和支取日活期存款利率计付利息，并按有关规定征收储蓄存款利息所得税。教育储蓄存款全部提前支取的手续及账务处理，可参照零存整取定期储蓄存款办理。

四、储蓄所日结与管辖行的账务处理

（一）储蓄所的结账和对账

储蓄所是办理储蓄业务的基层机构，是非独立核算单位，其账务隶属于管辖行，应采用并账或并表的方式并入管辖行的账内。因此，每日营业终了时，储蓄所要进行结账、对账并向管辖行报账。

1. 结账

在并账方式下，储蓄所的账务不独立，每日营业终了，需将当日业务处理的凭证并入管辖行的账务内；而在并表方式下，储蓄所的账务独立、完整，每日营业终了，只需将其当日的营业汇总日报表并入管辖行当日的日计表中。因此，每日营业终了后的并账所和并表所结账的处理存在区别。在并账方式下，储蓄所的结账处理包括以下内容。

（1）编制汇总传票。每日营业终了，储蓄所应根据储蓄存款的存取款凭条、存单以及利息清单等，分科目进行汇总，编制汇总传票；并将存取款凭条、存单以及利息清单等作为汇总传票的附件，报送管辖行。

（2）编制营业汇总日报表。营业汇总日报表是反映储蓄所当日全部业务活动情况的报表，也是轧平当日账务和进行账务核对的重要工具。该表一式两份，一份留存，一份连同各科目汇总传票及其附件一并报送管辖行。其编制方法如下。

① 根据当日汇总传票，填列各项储蓄存款的本日发生额借方金额栏和贷方金额栏，并根据昨日报表中各项储蓄存款的结存数，结出本日余额，填入报表的本日余额栏中。

② 根据当日"利息支出"科目汇总传票，填列"利息支出"科目本日发生额。

③ 根据当日现金收付数，分别填列现金科目本日发生额的借方金额栏和贷方金额栏，结计应缴回现金或补领现金数，并根据昨日库存结计出今日库存。

④ 根据各种储蓄当日开销户凭证、记录，填列储蓄户数本日开户、销户栏，并结出本日结存户数。

⑤ 根据当日空白重要凭证的实际领入数和使用数，按储蓄存款种类分别填列空白重要凭证本日收进和本日支出栏，并结出本日结存数。

⑥ 根据当日实际传票张数，按储蓄存款种类分别填列传票张数本日数栏，并分别结出本月累计张数。

在并表方式下，由于储蓄所各科目都设有总账，账务体系完整，因此，每日营业终了，应按编制科目日结单、登记总账、编制营业汇总日报表的程序进行日结，并且所有业务处理凭证自行保存，只须将其中一份营业汇总日报表报送管辖行。

2. 对账

储蓄所账务核对的内容主要包括以下几个方面。

（1）核对库存现金。储蓄所营业汇总日报表中，现金的今日库存数应与当日现金的实际库存数核对相符。

（2）核对余额。将当日变动户的昨日金额、本日借方发生额、本日贷方发生额、本日余额进行四栏轧平，并将计算出的各变动户本日余额合计数与相应的各分户账本日余额合计数核对相符。将储蓄存款各科目昨日余额减去变动户昨日金额，加上变动户本日金额，计算出的金额应等于储蓄存款各科目的本日余额，并与营业汇总日报表中的本日余额核对相符。

（3）核对开销户数。新开户和结清户的账卡数应与营业汇总日报表中的开销户数核对相符。

（4）核对空白重要凭证。各种空白重要凭证的实际领入数、使用数和结存数，应与营业汇总日报表及登记簿上的收、付数和结存数核对相符。

（二）管辖行的账务处理

储蓄所的账务是管辖行账务的组成部分，应采用并账或并表的方式纳入管辖行进行完整核算。

1. 并账

管辖行对各并账储蓄所报送的各种储蓄凭证和营业汇总日报表审核无误后，对各种储蓄存款应分别按科目、分所设立分户账，并根据各所的汇总传票直接登记各有关科目的分户账。同时，管辖行将各并账储蓄所报送的汇总传票与本行的传票并在一起，按科目清分，编制科目日结单，并登记总账。然后，在进行总分核对相符后，编制全辖日计表。

2. 并表

在并表方式下，各储蓄所有独立、完整的账务体系，设有分户账和总账，并每日进行总分核对；所有业务处理凭证均自行保存，不报送管辖行。因此，管辖行对并表储蓄所的账务不另设分户账记载，只须将各所报送的当日营业汇总日报表进行审核无误后，与本行当日的日计表合并，编制全辖日计表。

【例 2-11】（1）某公司 2010 年 9 月 20 日至 2012 年 6 月 21 日活期存款账户累计积数为 1 800 000 元，由于错账冲正应加积数为 90 000 元，月利率为 0.3%。要求利息计算和编制会计分录。

累计应计息积数=1 800 000+90 000=1 890 000 元

利息=1 890 000×（0.3%/30）=18.9 元

借：利息支出   18.9

　　贷：吸收存款——活期存款——某单位活期存款户   18.9

（2）截至 2012 年 6 月 1 日，A 单位存款账户 201—A 的余额为 900 700.72 元，累计未计息积数 186 342.69 元。2012 年 6 月 1 日~6 月 20 日，该账户余额表内每日余额合计 379 675.77 元，分户账记录的账务调整有 6 月 18 日补记 6 月 14 日借方 2 136 元，结息日活期存款利率为 0.825%，请计算银行到期应付利息。（保留 2 位小数点）

账页累计计息积数=186 342.69+379 675.77=566 018.46（元）

调增积数=补记贷方+冲正借方=0（元）

调减积数=补记借方+冲正贷方=2 136×4=8 544（元）

应计息积数=566 018.46+0-8 544=557 474.46（元）

银行到期应付利息=557 474.46×0.825%/360=12.78（元）

【例 2-12】（1）2013 年 2 月 8 日，工商银行仙林支行收到客户李林交来的储蓄存款凭条，办理活期储蓄存款，金额 20 000 元。

（2）长春百货大楼提交吉林财经大学签发的转账支票及进账单，金额为 10 000 元，委托银行为其办理进账手续。经银行审核无误后，办理转账（双方均在长春工行开户）。

编制会计分录如下：

借：库存现金   20 000

　　贷：吸收存款——活期储蓄存款——李林   20 000

借：吸收存款——活期存款——吉林财经大学户   10 000

　　贷：吸收存款——活期存款——长春百货大楼户   10 000

【例 2-13】2012 年 3 月 1 日，某储户存入 60 000 元整存整取定期储蓄存款，期限为 1 年，利率为 10%。2012 年 10 月 5 日到银行提前支取 10 000 元，支取日的活期储蓄存款的利率为 1.5‰。2013 年 4 月 10 日到银行支取其余本息，支取日的活期储蓄存款的利率为 0.5%。要求：分别编制存入时、提前支取时以及到期时的银行会计分录。（假设按对年对月对日计算天数保留 2 位小数点）

（1）存入时：

借：库存现金   60 000

　　贷：吸收存款——定期储蓄存款——整存整取——××户   60 000

（2）提前支取时：

利息=10 000×1.5‰×214/30=107（元）

借：吸收存款——定期储蓄存款——整存整取——××户   60 000

　　利息支出   107

　　贷：吸收存款——定期储蓄存款——整存整取——××户   50 000

　　　　库存现金   10 107

（3）到期时：

利息=50 000×10%×1+50 000×0.5%×39/360=5 027.08（元）

借：吸收存款——定期储蓄存款——整存整取——××户　　　　　50 000

利息支出　　　　　　　　　　　　　　　　　　　　　　　　5 027.08

贷：库存现金　　　　　　　　　　　　　　　　　　　　　　55 027.08

【例2-14】某单位存款分户账记载如下，要求：请填写账页空白，并计算本期积数和利息。

计息余额表

户名：A单位　　　　　　　　账号：2013-A　　　　　　　　单位：元　　　　　　　存款利率：9‰

日期		摘要	借方	贷方	余额	日数	积数
6	1	开户		20 000	20 000	5	100 000
	6	存入		3 000			
	8	支取	5 000				
	15	冲正6日账		10 000			
	17	补记9日账	6 000				
	18	存入		8 000			
	20	冲正15日账	4 000				

计息余额表

户名：A单位　　　　　　　　账号：2013-A　　　　　　　　单位：元　　　　　　　存款利率：9‰

日期		摘要	借方	贷方	余额	日数	积数
6	1	开户		20 000	20 000	5	100 000
	6	存入		3 000	23 000	2	46 000
	8	支取	5 000		18 000	7	126 000
	15	冲正6日账		10 000	8 000	2	16 000
	17	补记9日账	6 000		2 000	1	2 000
	18	存入		4 000	6 000	2	12 000
	20	冲正15日账	4 000		10 000	1	10 000

积数=该分户账账页积数累计±调整积数

$=$（100 000+46 000+126 000+16 000+2 000+12 000+10 000）-10 000×9-6 000×8+4 000×5

$=$ 194 000

利息=积数×利率　=194 000 × 9‰ ÷30 = 58.2（元）

【例2-15】某公司于2010年2月1日存入200 000元半年期定期存款，月利率为3.6‰。公司于2010年8月1日到期支取，请计算利息并编制会计分录。假设该公司于2010年4月12日提前支取该定期存款中的80 000元，当日挂牌公告的活期存款年利率为0.72%，计算2010年4月12日的利息并编制会计分录。

（1）利息=200 000×6×3.6‰=4 320（元）

借：吸收存款——定期存款——某单位定期存款户　　　　　　　　200 000

利息支出　　　　　　　　　　　　　　　　　　　　　　　　　4 320

　　贷：吸收存款——活期存款——某单位活期存款　　　　　　　204 320

（2）利息=80 000×70×0.72%/360=112（元）

借：吸收存款——定期存款——某单位定期存款户　　　　　　　　80 000

利息支出　　　　　　　　　　　　　　　　　　　　　　　　　112

　　贷：吸收存款——活期存款——某单位活期存款户　　　　　　80 112

【例2-16】储户张三于2012年9月10日来银行办理零存整取定期储蓄存款，月存1 000元，存期1年，月利率为0.1425%，于2013年9月10日支取。编制2012年9月10日及以后每月10日存入款项时的会计分录。

借：库存现金　　　　　　　　　　　　　　　　　　　　　　　1 000

　　贷：吸收存款——定期储蓄存款——零存整取张三户　　　　　1 000

【例2-17】储户李四2012年3月21日至2012年6月20日活期储蓄存款账户累计积数为24 000元，月利率为0.06%。计算利息并编制会计分录如下：

利息=24 000×0.06%/30=0.48（元）

借：利息支出——活期储蓄存款利息支出户　　　　　　　　　　0.48

　　贷：吸收存款——活期储蓄存款——李四户　　　　　　　　　0.48

【例2-18】储户王二于2012年6月10日存入整存整取定期储蓄存款40 000元，定期1年，年利率2.25%。该档利率于2012年10月21日调至2.52%，储户2013年6月10日到期支取，计算利息并编制会计分录。假设该储户于2012年8月21日支取该笔存款中的15 000元，支取日的活期储蓄存款利率为0.72%，分别计算2012年8月21日和2013年6月10日的利息并编制会计分录。

（1）2012年6月10日，存入款项时：

借：库存现金　　　　　　　　　　　　　　　　　　　　　　　40 000

　　贷：吸收存款——定期储蓄存款——整存整取王二户　　　　　40 000

2013年6月10日，存款到期时：

应付利息=40 000×1×2.25%=900（元）

借：吸收存款——定期存款——整存整取存款——整存整取王二户　40 000

利息支出——定期储蓄存款利息支出户　　　　　　　　　　　900

　　贷：库存现金　　　　　　　　　　　　　　　　　　　　　40 900

（2）利息=15 000×72×0.72%/360=21.6（元）

借：吸收存款——定期储蓄存款——整存整取王二户　　　　　　15 000

利息支出——定期储蓄存款利息支出户　　　　　　　　　　　21.6

　　贷：库存现金　　　　　　　　　　　　　　　　　　　　　15 021.6

2013年6月10日到期时：

应付利息=25 000×1×2.25%=562.5（元）

借：吸收存款——定期储蓄存款——整存整取王二户   25 000

  利息支出——定期储蓄存款利息支出户   562.5

  贷：库存现金   25 562.5

思 考 题

1. 银行存款业务的分类有哪些？
2. 银行结算账户的种类有哪些？
3. 个人存款业务怎样核算？
4. 单位存款业务怎样核算？
5. 如何开立存款账户？
6. 怎样计算活期存款利息？
7. 怎样计算定期存款利息？

第三章 贷款业务的核算

【教学目标】

通过本章的学习，熟悉贷款、贴现资产的定义、划分方式和种类；掌握不同类型贷款的核算；会计算不同类型贷款的利息，会做相关分录；知悉关于贷款的相关规定。

【引例】

据融360于2014年12月17日发布的房贷报告显示，受到政策调整的影响，2014年一直居高不下的房贷利率重新出现下调，北、上、广、深一线城市房贷利率水平重回8折时代。而在这四大城市中，广州房贷利率相对没那么宽松，仅两家银行下调了首套房贷利率，且只有汇丰一家银行推出首套8.8折利率优惠。北京首套房平均利率9.4折，是一年中利率最宽松时期。在被监测的28家银行中，汇丰银行、农业银行提供8.8折优惠，交通银行、招商银行、浦发银行等8家银行提供9折利率，4家银行停贷。上海房贷市场方面，融360监测数据显示，除停贷的广发银行外，仅有渤海银行1家仍未执行"认贷不认房"新政，其余均已执行。利率优惠方面，汇丰银行出现8.8折，渤海银行9折，邮储银行、华夏银行、农业银行贷款利率也低于9.5折。广州方面，超过7成银行执行"认房不认贷"新政。利率方面，虽然被监测的23家银行中只有两家银行下调首套房贷款利率，但随着汇丰银行在年底推出首套房8.8折利率优惠，也使广州最低利率重回8折时代。深圳方面，仅在2014年12月8日至14日一周内，就有9家银行集中下调利率。具体来看，汇丰银行8.8折，工商银行、招商银行等7家银行一致降为9.3折。有关人士分析，在降息政策影响的背景下，房贷利率的确有向下趋势，各银行利率水平已经接近银行所能承受的底线，房贷市场利率将逐步走向稳定。

第一节 贷款业务概述

一、贷款业务的意义

贷款是指商业银行将其吸收的资金，按一定利率贷给借款企业，并约定在一定时期内归还本息的经济行为。贷款是银行的主要资产业务，是银行获取利润的重要渠道。

二、贷款的种类

按照不同标准，贷款基本可以划分为5类。

1. 按期限划分

按期限划分，有长期、中期和短期贷款。其划分年限以1年和5年为标准。

2．按责任划分

按责任划分，银行贷款可分为自营贷款和委托贷款。其中自营贷款是指贷款人以合法方式筹集资金而自主发放的贷款，其风险由贷款人承担，并由贷款人收取本金和利息。委托贷款是指由政府部门、企事业单位及个人等委托人提供资金，由贷款人（受托人）根据委托人确定的贷款对象、用途、金额、期限和利率等而代理发放、监督使用并协助收回的贷款。银行只收手续费，不承担风险。

委托人及借款人需符合以下要求：应当是经工商行政管理机关（或主管机关）核准登记的企（事）业单位，其他经济组织、个体工商户，或具有完全民事行为能力的自然人；已在业务银行开立结算账户；委托资金来源必须合法及具有自主支配的权利；申办委托贷款必须独自承担贷款风险；需按照国家地方税务局的有关要求缴纳税款，并配合受托人办理有关代征代缴税款的缴纳工作；符合业务银行的其他要求。

委托贷款的期限，由委托人根据借款人的贷款用途、偿还能力或根据委托贷款的具体情况来确定；在委托贷款中，所涉及的委托贷款利率是由委托双方自行商定的，但是最高不能超过人民银行规定的同期贷款利率和上浮幅度。自 2004 年起，商业银行贷款利率浮动区间扩大为贷款基准利率的 0.9 至 1.7 倍。即：商业银行对客户贷款利率的下限为基准利率乘以下限系数 0.9，上限为基准利率乘以上限系数 1.7。金融机构可以在中国人民银行的有关规定的范围内自行确定浮动利率。委托贷款具体流程为：委托人与借款人达成融资意向，协商确定贷款利率、期限等要素。委托人与借款人在业务银行开设结算账户，委托人向业务银行出具《贷款委托书》，并由委托人和借款人共同向银行提出申请。银行受理客户委托申请，进行调查并经审批后，对符合条件的客户接受委托。

3．按风险划分

根据《贷款风险分类指导原则》，按贷款的风险程度划分，可分为 5 类。

（1）正常贷款：指借款人能够严格履行合同，没有足够理由怀疑贷款本息不能按时足额偿还，即有充分把握按时足额偿还贷款本息的贷款。

（2）关注贷款：指尽管借款人目前有能力偿还贷款本息，但存在一些对偿还产生不利影响因素可能的贷款。

（3）次级贷款：是指借款人的还贷能力出现明显问题，完全依靠其正常经营收入已无法保证足额偿还贷款本息，即使执行担保，也可能造成一定损失的贷款。

（4）可疑贷款：指借款人无法足额偿还贷款本息，即使执行担保，也肯定造成重大损失的贷款。

（5）损失贷款：指采取一切可能措施或必要法律程序之后，本息还无法收回，或只能收回其中极少部分的贷款。

使用贷款风险分类法对贷款质量进行分类，实际上是判断借款人及时足额归还贷款本息的可能性，考虑的主要因素包括：①借款人的还款能力；②借款人的还款记录；③借款人的还款意愿；④贷款的担保；⑤贷款偿还的法律责任。

借款人的还款能力是一个综合概念，包括借款人现金流量、财务状况、影响还款能力的非财务因素等。对贷款进行分类时，要以评估借款人的还款能力为核心，把借款人的正常营业收入作为贷款的主要还款来源，贷款的担保作为次要还款来源。需要重组的贷款应至少归为次级类；重组后的贷款（简称重组贷款）如果仍然逾期，或借款人仍然无力归还贷款，应至少归为可疑类。重组贷款是指银行由于借款人财务状况恶化，或无力还款而对借款合同还款条款做出调整的贷款。重组贷款若具备其他更为严重的特征，可参照本指导原则第四条和第五条做进一步的调整。对利用企业兼并、重组、分立等形式恶意逃废银行债务的借款人的贷款，至少划分为关注类，并应在依法追偿后，按实际偿还能力进行分类。分类时，应将贷款的逾期状况作为一个重要因素考虑。逾期（含展期后）超过一定期限、其应收利息不再计入当期损益的贷款，至少归为次级类。违反国家有关法律和法规发放的贷款，应至少归为关注类。

4. 按保障程度划分

按贷款保障程度不同，可分为信用贷款、担保贷款和票据贷款。信用贷款是指无需任何担保而完全凭借款人（单位）的信誉而发放的贷款。信用贷款是指以借款人的信誉发放的贷款，借款人不需要提供担保。其特征就是债务人无需提供抵押品或第三方担保，仅凭自己的信誉就能取得贷款，并能以借款人信用程度作为还款保证。这种信用贷款是中国银行长期以来的主要放款方式。由于信用贷款方式风险较大，一般要对借款方的经济效益、经营管理水平、发展前景等情况进行详细的考察，以降低风险。其主要适用于经工商行政管理机关核准登记的企（事）业法人、其他经济组织、个体工商户，并符合《中国人民银行贷款通则》和银行规定的要求。

担保贷款是指由借款人或第三方依法提供担保而发放的贷款。担保贷款包括保证贷款、抵押贷款和质押贷款。按担保方式不同，可以分为保证贷款、抵押贷款和质押贷款。保证贷款是指按《中华人民共和国担保法》规定的保证方式，以第三人承诺在借款人不能偿还贷款时，按约定承担连带责任而发放的贷款；抵押贷款是指按《中华人民共和国担保法》规定的抵押方式，以借款人或第三人的财产作为抵押物发放的贷款；质押贷款是指按《中华人民共和国担保法》规定的质押方式，以借款人或第三人的动产或权利作为质押物发放的贷款。

5. 按贷款对象划分

按贷款对象划分，可以分为对公贷款和对私贷款。对公贷款可以分为工业贷款、商业贷款和农业贷款。对私贷款主要有住房贷款、汽车贷款和助学贷款等。

三、会计科目的设置

（一）"贷款"

"贷款"科目属于资产类，用于核算银行按规定发放的各类贷款，包括质押贷款、抵押贷款、保证贷款和信用贷款等。企业（银行）按规定发放的具有贷款性质的"银团贷款""贸易融资""协议透支""信用卡透支""转贷款"以及"垫款"等，在本科目核算；也可以单独设置"银团贷款""贸易融资""协议透支""信用卡透支""转贷款""垫款"等科目。本科目可按贷款类别、客户，分别对"本金""利息调整""已减值"等进行明细核算。贷款的主要账务处理包括以下几点。（1）企业发放的贷款，应按贷款的合同本金，借记本科目（本金）；按实际支付的金额，贷记"吸收存款""存放中央银行款项"等科目；有差额的，借记或贷记本科目（利息调整）。资产负债表日，应按贷款的合同本金和合同利率计算确定的应收未收利息，借记"应收利息"科目，按贷款的摊余成本和实际利率计算确定的利息收入，贷记"利息收入"科目，按其差额，借记或贷记本科目（利息调整）。合同利率与实际利率差异较小的，也可以采用合同利率计算确定利息收入。收回贷款时，应按客户归还的金额，借记"吸收存款""存放中央银行款项"等科目；按收回的应收利息金额，贷记"应收利息"科目；按归还的贷款本金，贷记本科目（本金）；按其差额，贷记"利息收入"科目。存在利息调整余额的，还应同时结转。（2）资产负债表日，确定贷款发生减值的，按应减记的金额，借记"资产减值损失"科目，贷记"贷款损失准备"科目。同时，应将本科目（本金、利息调整）余额转入本科目（已减值），借记本科目（已减值），贷记本科目（本金、利息调整）。资产负债表日，应按贷款的摊余成本和实际利率计算确定的利息收入，借记"贷款损失准备"科目，贷记"利息收入"科目。同时，将按合同本金和合同利率计算确定的应收利息金额进行表外登记。收回减值贷款时，应按实际收到的金额，借记"吸收存款""存放中央银行款项"等科目；按相关贷款损失准备余额，借记"贷款损失准备"科目；按相关贷款余额，贷记本科目（已减值）；按其差额，贷记"资产减值损失"科目。对于确实无法收回的贷款，按管理权限报经批准后作为呆账予以转销，借记"贷款损失准备"科目，贷记本科目（已减值）。按管理权限报经批准后转销表外应收未收利息，减少表外"应收未收利息"科目金额。已确认并转销的贷款以后又收回的，按原转销的已减值贷款余额，借记本科目（已减值），贷记"贷款损失准备"科目。按实际收到的金额，借记"吸收存款""存放中央银行款项"等科目；按原转销的已减值贷款余额，贷记本科目（已减值）；按其差额，贷记"资产减值损失"科目。本科目期末借方余额，反映企业按规定发放尚未收回贷款的摊余成本。

（二）"贴现资产"

"贴现资产"科目属于资产类科目，用来核算企业（银行）办理商业票据的贴现、转贴现等业务所融出的资金。企业（银行）买入的即期外币票据，也通过本科目核算。而企业（金融）通过买入返售方式办理的票据业务，在"买入返售金融资产"科目核算，不在本科目核算。本科目可按贴现类别和贴现申请人进行明细核算。贴现资产的主要账务处理如下。（1）企业办理贴现时，按贴现票面金额，借记本科目（面值）；按实际支付的金额，贷记"存放中央银行款项""吸收存款"等科目；按其差额，贷记本科目（利息调整）。（2）资产负债表日，按计算确定的贴现利息收入，借记本科目（利息调整），贷记"利息收入"科目。（3）贴现票据到期，应按实际收到的金额，借记"存放中央银行款项""吸收存款"等科目；按贴现的票面金额，贷记本科目（面值）；按其差额，贷记"利息收入"科目。存在利息调整金额的，也应同时结转。本科目期末借方余额，反映企业办理的贴现、转贴现等业务融出的资金。

（三）"垫款"

"垫款"科目属于资产类科目。垫款是指银行在客户无力支付到期款项的情况下，被迫以自有资金代为支付的行为。由于银行是被动地代为支付，而且客户的无力支付往往不是由于暂时性的资金周转困难，而是在经营管理陷入困境、财务状况恶化的情况下发生的，因此，垫款在银行中被列为不良资产。垫款包括银行承兑汇票垫款、信用证垫款、银行保函垫款和外汇转贷款垫款等。

本科目核算银行因开出保函、信用证以及贴现、对外担保和承兑汇票等业务而发生的垫款。银行按规定垫付资金时，借记本科目，贷记有关科目；银行追回垫付的资金时，借记有关科目，贷记本科目。期末，按应计提的垫款利息，借记"应收利息"科目，贷记"利息收入"科目。期末，应对垫款进行全面检查，并合理计提贷款损失准备。对于不能收回的垫款应查明原因。确实无法收回的，经批准作为呆账损失的，应冲销提取的贷款损失准备，借记"贷款损失准备"科目，贷记本科目。贷款损失准备一经确认，不得转回。本科目按垫款类型和垫款对象进行明细核算。本科目期末借方余额，反映银行垫付的款项。

（四）"应收利息"

"应收利息"科目为资产类科目，核算商业银行发放贷款、存放中央银行款项、交易性金融资产等应收取的利息。该科目可按借款人或被投资单位进行明细核算。商业银行发放的贷款，应于资产负债表日按贷款的合同本金和合同利率计算确定的应收未收利息，借记"应收利息"科目；按贷款的摊余成本和实际利率计算确定的利息收入，贷记"利息收入"科目；按其差额，借记或贷记"贷款——利息调整"科目。应收利息实际收到时，借记"存放中央银行款项"等科目，贷记"应收利息"科目。该科目期末借方余额，反映商业银行尚未收回的利息。

（五）"贷款损失准备"

"贷款损失准备"科目为资产类科目，为贷款类科目的备抵科目，用来核算银行贷款和垫款的减值准备。银行不承担风险的受托贷款等不计提贷款损失准备。本科目应按照单项贷款损失准备和组合贷款损失准备等分别设置明细科目进行核算。期末，银行应根据借款人的还款能力、还款意愿、贷款本息的偿还情况、抵押品的市价、担保人的支持力度和银行内部信贷管理等因素，分析其风险程度和回收的可能性，以判断其是否发生减值。如有客观证据表明其发生了减值，应对其计提贷款损失准备。

提取贷款损失准备时，借记"资产减值损失——计提贷款损失准备"科目，贷记本科目。本期应计提的贷款损失准备大于其账面余额的，应按其差额补提减值准备，借记"资产减值损失——计提贷款损失准备"科目，贷记本科目。对于确实无法收回的各项贷款，经批准作为坏账损失时，应冲销提取的贷款损失准备，借记本科目，贷记"客户贷款""贴现"等科目。已确认并转销的贷款损失准备，如以后又收回，应按实际收回的金额，借记"客户贷款""贴现"等科目，贷记本科目；同时，借记"单位存款""个人存款"等科目，贷记"客户贷款""贴现"等。贷款损失准备一经确认，不得转回。贷款损失准备应单独核算，在资产负债表上，计提贷款损失准备的资产应以扣除该项资产所计提的贷款损失准备后的金额反映；计提的贷款损失准备，单独在资产减值准备明细表上反映。本科目应按贷款损失准备金的种类进行明细核算。本科目期末贷方余额，反映银行已计提贷款损失准备金的余额。具体会计处理为：本科目核算企业（银行）的贷款发生减值时计提的减值准备。计提贷款损失准备的资产包括"客户贷款""拆出资金""贴现资产""银团贷款""贸易融资""协议透支""信用卡透支""转贷款"和"垫款"等。企业（保险）的保户质押贷款计提的减值准备，也在本科目核算。本科目应当按照计提贷款损失准备的资产类别进行明细核算。本科目期末贷方余额，反映企业已计提但尚未转销的贷款损失准备。

（六）"资产减值损失"

"资产减值损失"科目为损益类科目，核算商业银行计提各项资产减值准备所形成的损失。该科目可按资产减值损失的项目进行明细核算。商业银行的贷款等资产发生减值的，按应减记的金额，借记"资产减值损失"科目，贷记"贷款损失准备"等科目。已计提减值准备的相关资产价值又得以恢复的，应在原已计提的减值准备金额内，按恢复增加的金额，借记"贷款损失准备"等科目，贷记"资产减值损失"科目。期末，应将该科目余额转入"本年利润"科目，结转后该科目无余额。

（七）"清算资金往来"

"清算资金往来"科目属于共同类科目，用来核算同城票据清算业务金额和其他资金清算业务。本科目可按资金往来单位，分别对"同城票据清算""信用卡清算"等进行明细核算。同城票据清算业务的主要账务处理如下。（1）提出借方凭证，借记本科目，贷记"其他应付款"科目。发生退票，借记"其他应付款"科目，贷记本科目。已过退票时间未发生退票，借记"其他应付款"科目，贷记"吸收存款"等科目。提出贷方凭证，借记"吸收存款"等科目，贷记本科目；发生退票做相反的会计分录。（2）提入借方凭证正确无误的，借记"吸收存款"等科目，贷记本科目。因误提他行凭证等原因不能入账的，借记"其他应收款"科目，贷记本科目。再提出借方凭证时，借记本科目，贷记"其他应收款"科目。提入贷方凭证，提入凭证正确无误的，借记本科目，贷记"吸收存款"等科目。因误提他行票据等原因不能入账的，借记本科目，贷记"其他应付款"科目。退票或再提出时，借记"其他应付款"科目，贷记本科目。（3）将提出凭证和提入凭证计算轧差后为应收差额的，借记"存放中央银行款项"等科目，贷记本科目；如为应付差额做相反的会计分录。由其他清算业务收到的清算资金，借记"存放中央银行款项"等科目，贷记本科目；划付清算资金时做相反的会计分录。本科目期末借方余额，反映企业应收的清算资金；本科目期末贷方余额，反映企业应付的清算资金。

（八）"利息收入"

"利息收入"科目为损益类科目，核算商业银行确认的利息收入，包括发放的各类贷款（银团贷款、贸易融资、贴现和转贴现融出资金、协议透支、信用卡透支、转贷款、垫款等）、与其他金融机构（中央银行、同业等）之间发生的资金往来业务、买入返售金融资产等实现的利息收入。该科目可按业务类别进行明细核算。资产负债表日，商业银行应按合同利率计算确定的应收未收利息，借记"应收利息"科目；按摊余成本和实际利率计算确定的利息收入，贷记"利息收入"科目；按其差额，借记或贷记"贷款——利息调整"等科目。实际利率与合同利率差异较小的，也可以采用合同利率计算确定利息收入。期末，应将该科目余额转入"本年利润"科目，结转后该科目无余额。

（九）"应解汇款及临时存款"

"应解汇款及临时存款"科目属于负债类科目，是银行为客户开立的临时专用存款专户，用来核算银行向银行承兑汇票的申请人在汇票到期日收取的汇票金额等业务。"应解汇款及临时存款"科目，是核算和反映商业银行收到的本系统、其他商业银行、港澳地区商业银行、国外联行汇入的待解付的各类款项，以及未在本行开户的单位、个人需要办理异地汇款临时存入的款项。中国人民银行颁布的《支付结算会计核算手续》规定，"应解汇款及临时存款"科目的使用有以下几种情况：一是银行汇票的代理付款行，解付持票人为未在本行开立账户的个人提交的银行汇票时，通过本科目下设立的持票人户过渡，完成资金划转；二是银行汇票的持票人超过付款期限不获付款，在票据权利时效内请求出票行付款时，出票行通过在本科目下设立的持票人户过渡，销记汇出汇款账并划转资金；三是银行承兑汇票的承兑银行，在汇票到期日向出票人收取票款时，先将票款从出票人存款账户划转本科目下设立的出票人户，待承兑银行接到持票人开户行寄来的委托收款凭证及汇票时，从本科目将汇票资金转出，划转至持票人开户行；四是信用卡收存现金的代理银行对凭个人卡存入现金的，通过在本科目下设的个人信用卡户过渡，向持卡人开户行提出票据交换；五是办理留行待取汇款的，未在银行开立银行结算账户的收款人提取汇款前，银行在本科目下设立收款人户过渡暂收款项。以上会计核算实务说明，"应解汇款及临时存款"科目下核算的资金均属于待划转的临时性过渡资金，用于核算此类资金的分户不属于银行结算账户，仅仅是为了方便未在本行开立银行结算账户的单位和个人的款项划转，而进行过渡性会计账务核算的内部会计核算账户；同存款人因结算需要主动到银行申请开立的临时存款账户，具有本质区别。目前，一些银行将其作为临时存款账户使用，通过其办理资金收付是违反该科目核算和账户管理规定的，容易产生账外经营和内部作案等违法违规行为，应予以纠正。

（十）"一般风险准备"

"一般风险准备"科目属于所有者权益类科目，用来核算金融企业按规定从净利润中提取的一般风险准备。企业提取一般风险准备时，借记"利润分配——提取一般风险准备"科目，贷记本科目。用一般风险准备弥补亏损，借记本科目，贷记"利润分配——一般风险准备补亏"科目。本科目贷方余额，反映企业的一般风险准备。

第二节 贷款的核算

贷款根据保证条件可以划分为信用贷款、担保贷款等。本部分以信用贷款为例向大家介绍贷款的核算。

一、信用贷款的核算

信用贷款是商业银行仅凭借款人的信誉而发放的，不需要提供担保的贷款。信用贷款适用于具有良好信用等级且具有法人资格的企业单位。其会计核算方式有逐笔核贷、存贷合一、定期调整和下贷上转四种。这里着重介绍逐笔核贷核算方式。所谓逐笔核贷，是借款单位根据借款合同逐笔填写借据，经银行信贷部门逐笔审核，一次发放，约定期限，一次或分次归还的一种贷款核算方式。逐笔核贷是目前我国商业银行发放贷款最常用的核算方式。发放时，贷款应一次转入借款单位的结算存款账户后才能使用，不能在贷款账户中直接支付；收回时，由借款单位开具支票，从借款单位账户中归还或由银行从借款单位账户中直接扣收。贷款利息一般由银行按季计收，个别为利随本清。

（一）信用贷款发放的核算

借款人向银行申请贷款时，应向银行信贷部门提交借款申请书，经银行信贷部门审核批准后，双方商定贷款的额度、期限、用途和利率等，并签订借款合同或协议。借款合同一经签订即具有法律效力，银行和借款人必须共同履行。借款合同签订后，借款人需要用款时，应填写一式五联借款凭证，并在第一联凭证上加盖预留银行印鉴后，送交银行信贷部门审批。凭证各联用途为：第一联为借据，由会计部门留存，按贷款种类、到期日的先后顺序排列保管；第二联为代转账借方传票；第三联为代转账贷方传票；第四联为回单，退还客户；第五联由信贷部门留存备查。信贷部门审查同意后，在借款凭证上加注贷款编号、贷款种类、贷款期限、贷款利率等项目，并加盖"贷款审查发放专用章"后送会计部门，凭以办理贷款的发放手续。会计部门收到借款凭证后，应认真审查各栏填写是否正确、完整，大小写金额是否一致，印鉴是否相符，有无信贷部门审批意见等。经审查无误后，开立贷款账户，编列账号，将贷款转入借款单位存款账户，并根据凭证登记其存、贷款分户账。商业银行按当前市场条件发放的贷款，应按发放贷款的本金和相关交易费用之和作为初始确认金额。会计分录为：

借：贷款——信用贷款——××户（本金）（贷款的合同本金）

贷款——信用贷款——××户（利息调整）（相关交易费用）

贷：吸收存款——活期存款——××户

存放中央银行款项

第四联回单加盖转讫章后，交给借款人，作为其存款账户的收账通知；第五联加盖转讫章后，送信贷部门留存备查；第一联借据由会计部门留存保管。

（二）信用贷款收回的核算

1. 贷款到期收回的核算

在银行开立存款账户的借款人在贷款到期日，或提前以其存款户资金主动归还到期或将要到期的贷款时，应签发转账支票并填写一式四联的还款凭证。在转账支票的收款单位栏填写开户银行名称，金额栏内填写归还贷款的金额，用途栏注明"归还×××年××月××日××贷款"字样。会计部门收到借款人的还款凭证，应重点审查还款凭证内容是否正确、完整，印章是否与预留印鉴相符，款项用途是否注明"还借款"字样等。经审核无误后，填制特种转账借、贷方传票各一联，办理转账。其会计分录为：

借：吸收存款（存放中央银行款项）（客户归还的金额）

贷：应收利息——××户（收回的应收利息金额）

贷款——信用贷款——××户（本金）（客户归还的贷款本金）

利息收入——发放贷款及垫款户（借、贷方差额）

如存在利息调整余额的，还应同时予以结转。转账后应注销借据，将特种转账借方传票代付款通知，连同借据一并退给借款人。

如借款人分次归还贷款，则应在借据上登记本次还款金额并结计未归还余额；借据继续保管，待最后一次还清余款时，再将借据注销退给借款人。若贷款到期，借款人未主动还款，银行应按有关规定主动从借款人存款账户中扣收，并填制两借一贷特种转账传票办理转账。其处理手续同上。

2. 贷款展期的核算

借款人因故不能按期归还贷款时，短期贷款必须在到期日之前、中长期贷款必须在到期日之前一个月，由借款人填写一式三联"贷款展期申请书"，向信贷部门提出展期申请。每笔贷款只能展期一次，短期贷款展期不得超过原贷款的期限，中长期贷款展期不得超过原贷款期限的一半，最长不得超过 3 年。对展期贷款，全部以展期之日公告的贷款利率为计息利率。展期申请经信贷部门审查同意后，应在展期申请书上签注意见，一联留存备查，其余两联作贷款展期通知交会计部门办理贷款展期手续。会计部门接到贷款展期申请书后，应对以下内容进行审查：信贷部门的批准意见及签章；展期贷款金额与借款凭证上的金额是否一致；展期时间是否超过规定期限，是否第一次展期；展期利率的确定是否正确。审查无误后，在贷款分户账及借据上注明展期还款日期及利率。同时，将一联贷款展期申请书加盖业务公章后退借款人收存；另一联贷款展期申请书附在原借据之后，按展期后的还款日期排列保管，无需办理转账手续。

二、担保贷款的核算

担保贷款是指银行以法律规定的担保方式作为还款保障而发放的贷款。担保贷款依担保方式的不同，又可以分为保证贷款、抵押贷款和质押贷款。担保贷款到期，若借款人不能按期归还贷款，应由保证人履行债务偿付责任或以财产拍卖、变卖的价款偿还贷款。

（一）保证贷款的核算

保证贷款是指按《中华人民共和国担保法》规定的保证方式，以第三人承诺在借款人不能偿还贷款时，按约定承担一般保证责任或连带责任而发放的贷款。借款人申请保证贷款，应提交借款申请书和其他银行要求的相关资料，同时还应向银行提供保证人情况及保证人同意保证的有关证明文件；担保人承担了保证偿还借款的责任后，还应开具《贷款担保意向书》。银行信贷部门要对保证人的资格和经济担保能力进行认真的审查核实。重点审核保证人的法人资格、经济效益和信用履历情况，从而避免因担保人无力担保或无意承担担保责任而使贷款产生损失。审核符合出贷要求后，银行要同借款人（被担保人）、担保人三方签订合法、完整的借款合同、担保合同，明确各方责任。保证贷款出贷后，银行和保证人应共同监督借款人按合同规定使用贷款和按期偿还贷款。贷款到期后，如果借款人按时还本付息，借款合同和担保合同随即解除。如果借款人无力偿还贷款本息，银行可通知担保人代偿。保证贷款发放与收回的核算手续与信用贷款基本相同。

（二）抵押贷款的核算

抵押贷款是指按《中华人民共和国担保法》规定的抵押方式，以借款人或第三人的财产作为抵押物而发放的贷款。抵押贷款中可以作为抵押物的财产有如下几类：

（1）抵押人所有的房屋和其他地面附着物；

（2）抵押人所有的机器、交通运输工具和其他财产；

（3）抵押人依法有权处置的国有土地使用权、房屋和其他地面附着物；

（4）抵押人依法有权处置的国有机器、交通运输工具和其他财产；

（5）抵押人依法承包并经发包方同意抵押的荒山、荒丘、荒滩等荒地的土地使用权；

（6）依法可以抵押的其他财产。

抵押人可以其中一种、某几种或全部财产作抵押，但法律、法规禁止转让的国有土地所有权、自然资源和文物，金银及其制品，医院、学校、幼儿园等福利设施，对所有权有争议的财产和非借款人所有的财产以及依法被查封、扣押、监管的财产不能作为抵押品。借款人若到期不能偿还贷款本息，银行有权依法处置其抵押品，并从所得价款中优先收回贷款本息。抵押贷款中流动资金贷款最长不超过 1 年，固定资产贷款一般为 1～3 年（最长不超过 5 年）。抵押贷款不是按抵押物价值金额予以发放，而是按一定比例进行折扣，一般按抵押品现值的 50%～70%确定贷款金额。抵押贷款应到期归还，一般不得延期。

1. 抵押贷款发放的核算

抵押贷款由借款人提出申请，并向银行提交"抵押贷款申请书"，写明借款用途、金额，还款日期，抵押品名称、数量、价值、存放地点等有关事项。信贷部门审批同意后，签订抵押贷款合同，同时，借款人应将有关抵押品或抵押品产权证明移交银行。银行经审查无误后，签发"抵押品保管证"交借款人，出纳部门登记有关登记簿。同时，信贷部门应填制一式五联借款凭证，送会计部门凭以办理贷款的发放手续。会计部门收到借款凭证，经审核无误后进行账务处理。商业银行按当前市场发放的贷款，应按发放贷款的本金和相关交易费用之和作为初始确认金额。其会计分录为：

借：贷款——抵押贷款——××户（本金）（贷款的合同本金）

　　贷款——抵押贷款——××户（利息调整）（相关交易费用）

　　贷：吸收存款——活期存款——××户

　　　　存放中央银行款项

同时，对抵押物进行详细登记，并列入表外科目核算，记：

收入：待处理抵押品——××户

2. 抵押贷款到期收回的核算

抵押贷款到期，借款人应主动提交放款收回凭证或转账支票到银行办理还款手续。会计处理与信用贷款相同。其会计分录为：

借：吸收存款——活期存款——××户（客户归还的金额）

　　贷：应收利息——××户（收回的应收利息金额）

　　　　贷款——抵押贷款——××户（本金）（客户归还的贷款本金）

　　　　利息收入——发放贷款及垫款户（借、贷方差额）

如存在利息调整余额的，还应同时予以结转。

抵押贷款本息全部收回后，银行会计部门应根据信贷部门签发的抵押物品、证券退还通知书填制表外科目付出传票，出纳部门销记表外科目登记簿，退还抵押品。并列入表外科目核算，记：

付出：待处理抵押品——××户

（三）质押贷款的核算

质押贷款是指按《中华人民共和国担保法》规定的质押方式，以借款人或第三人的动产或权利作为质物而发放的贷款。质押贷款的发放，必须以质物为基础。质物可以是出质人的动产，也可以是出质人的权利。以动产作质押的，必须将动产移交发放贷款的银行，并订立质押合同。以权利作质押的，可以作为质押的权利，包括汇票、支票、本票、债券、存款单、仓单和提货单；依法可转让的股份、股票；依法可转让的商标专用权、专利权、著作权中的财产权及可质押的其他权利。其中，以汇票、支票、本票、债券、存款单、仓单和提货单作质物的，应当在合同约定的期限内将权利凭证交付发放贷款的银行；以依法可以转让的股票作质物的，应向证券登记机构办理出质登记；以依法可以转让的商标专用权、专利权、著作权中的财产权作质物的，应向其管理部门办理出质登记。以依法可以转让的商标专用权、专利权、著作权中的财产权作质物的，出质后，只有经出质人与质权人协商同意，才可以转让或许可他人使用，并且出质人所得的转让费、许可费应当向质权人提前清偿所担保的债权，或向与质权人约定的第三人提存。质押贷款发放和收回的处理与抵押贷款基本相同。质押贷款到期时，若借款人不能归还贷款，银行可以所得质物的价款收回贷款本息。

三、贷款利息的计算与核算

（一）贷款利息计算的有关规定

商业银行发放的贷款，应按照规定计收利息。其利息计算的有关规定为：

（1）商业银行发放贷款的合同利率，应当根据中国人民银行规定的利率及浮动幅度加以确定；

（2）商业银行发放的贷款，期限在 1 年以内的，贷款期内按合同利率计息，若遇利率调整，不分段计息；

（3）商业银行发放的贷款，期限在 1 年以上的，若遇利率调整，应从新年度开始按调整后的利率计息；

（4）商业银行发放的贷款，到期日为节假日的，若在节假日前一日归还，应扣除归还日至到期日的天数后，按前述规定的利率计算利息；在节假日后第一个工作日归还，应加收到期日至归还日的天数，按前述规定的利率计算利息；在节假日后第一个工作日未归还，应从节假日后第一个工作日开始，按逾期贷款利率计算利息。逾期贷款利率一般是在合同利率基础上加收一定比例的罚息。

（二）贷款利息的计提

资产负债表日，商业银行应按贷款的合同本金与合同利率计算确定的应收未收利息，借记"应收利息"科目；按贷款的摊余成本与实际利率计算确定的利息收入，贷记"利息收入"科目；按其差额，借记或贷记"贷款——利息调整"科目。合同利率与实际利率差异较小的，也可以采用合同利率计算确定利息收入。其会计分录为：

借：应收利息——××户

借或贷：贷款——××贷款——××户（利息调整）

贷：利息收入——发放贷款及垫款

对已确定发生减值损失的贷款，在资产负债表日，应按减值贷款的摊余成本和实际利率计算确定的利息收入，借记"贷款损失准备"科目，贷记"利息收入"科目。同时，将按合同本金和合同利率计算确定的应收利息金额进行表外登记。

（三）贷款利息的计算方法

商业银行对贷款利息的计算，按照结计利息的时间不同，分为定期结息和逐笔结息两种方法。以下将分别加以介绍。

1. 定期结息

定期结息是指银行按规定的结息期结计利息，一般为按季结息或按月结息，每季末月 20 日或每月 20 日为结息日，结计的利息于结息日次日办理转账。其利息的计算与活期存款利息的计算基本相同，具体可采用余额表和乙种账两种工具计算累计计息积数。将计算的各贷款户利息，编制一式三联贷款利息清单：第一联作转账贷方传票；第二联作转账借方传票；第三联作回单交借款人。同时，汇总编制应收利息科目传票办理转账。其会计分录为：

借：吸收存款——活期存款——××户

贷：应收利息——××户

若借款人存款账户无款支付或不足支付，对未收回的利息，应按前述规定的利率计收复息。

若贷款到期（含展期后到期）未收回，则从逾期之日起至款项还清前一日止，按规定的逾期贷款利率计息；对未收回的利息，应按逾期贷款利率计收复息。对纳入表外核算的"应收未收利息"，应按期计算复息，计算的复息也在"应收未收利息"表外科目核算。

2. 逐笔结息

逐笔结息是指银行按规定的贷款期限，在收回贷款的同时逐笔计收利息。逐笔结息即为利随本清。在逐笔结息方式下，贷款利息计算的基本公式为：

贷款利息＝贷款本金×时期×利率

逐笔结息方式的利息计算在单位定期存款的利息计算中已进行了介绍，这里不再赘述。在逐笔结息方式下，银行收回贷款本息时，应填制两借一贷特种转账传票，办理转账。其会计分录为：

借：吸收存款——活期存款——××户（客户实际归还的金额）

贷：贷款——××贷款——××户（本金）（贷款的合同本金）

应收利息——××户（收回的应收利息金额）

利息收入——发放贷款及垫款户（借、贷方差额）

如存在利息调整余额的，还应同时予以结转。

【例 3-1】 工商银行于 2012 年 1 月 1 日发放一笔贷款给宏伟建筑公司，其金额为 60 万元，使用短期贷款月利率为 5‰，期限为 5 个月。要求：（1）计算 3 月 20 日银行按季结息时该笔贷款利息；（2）若 3 月 20 日银行未能收到利息，计算到期日还款时该笔贷款应计利息；（3）编制所有相关会计分录。

（1）2012 年 1 月 1 日～3 月 20 日

计息天数=31+29+20=80（天）

应收利息=贷款本金×时间×利率=600 000×80×（5‰÷30）=8 000（元）

（2）2012 年 3 月 20 日～6 月 1 日

计息天数=11+30+31=72（天）

应收利息=（600 000+8 000）×72×（5‰÷30）=7 200+96=7 296（元）

（3）相关分录。

发放时：

借：贷款——短期贷款——宏伟建筑公司户   600 000

  贷：吸收存款——活期存款——宏伟建筑公司户   600 000

结息时：

借：应收利息——宏伟建筑公司户（应收短期贷款利息） 8 000

  贷：利息收入——短期贷款利息收入   8 000

还款时：

借：吸收存款——活期存款——宏伟建筑公司户   615 296

  贷：贷款——短期贷款——宏伟建筑公司户   600 000

    应收利息——宏伟建筑公司户（应收短期贷款利息） 8 000

    利息收入——短期贷款利息收入   7 296

（四）非正常贷款利息的计算

1. 逾期贷款利息的核算

对逾期贷款，除了按前述规定利率计算到期利息外，还应按逾期贷款利率计算逾期利息。逾期贷款利息的计算公式为：

逾期贷款利息=逾期贷款本金×逾期期限×规定的利率×（1+加息率）

当贷款到期未收回贷款本金时，从到期日起，银行除了按期根据贷款本金和逾期贷款罚息利率计算逾期贷款利息外，对贷款期内没有收回的欠息要按罚息利率计收贷款逾期阶段的复利。

【例 3-2】 建设银行于 2012 年 6 月 28 日发放给甲公司短期贷款一笔，金额为 300 万元，3 个月，年利率为 7.2%，合约规定按季结息。但甲公司一直未按时付息，直到 2012 年 10 月 16 日甲公司才归还本息。要求：做出该笔贷款各阶段的账务处理，并计算相应的贷款利息。

（1）6 月 28 日，发放贷款时：

借：贷款——短期贷款——甲公司   3 000 000

  贷：吸收存款——活期存款——甲公司   3 000 000

（2）9月20日结息时，利息=3 000 000×85×7.2%/360=51 000（元）

借：应收利息——甲公司　　　　　　　　　　　　　　　　51 000

　　贷：利息收入　　　　　　　　　　　　　　　　　　　　　　51 000

（3）9月28日到期日，利息=（3 000 000+51 000）×7×7.2%/360=4 271.40（元）

借：应收利息——逾期贷款——甲公司　　　　　　　　　　4 271.40

　　贷：利息收入　　　　　　　　　　　　　　　　　　　　　　4 271.40

（4）10月16日还本付息时，逾期贷款利率为贷款利率上浮30%，则逾期利息为：

（3 000 000+51 000+4 271.4）×18×7.2%×（1+30%）/360=14 298.67（元）

利息合计：51 000+4 271.4+14 298.67=69 570.07（元）

借：吸收存款——活期存款——甲公司　　　　　　　　　3 069 570.07

　　贷：利息收入　　　　　　　　　　　　　　　　　　　　14 298.67

　　　　贷款——逾期贷款——甲公司　　　　　　　　　　3 000 000

　　　　应收利息——甲公司　　　　　　　　　　　　　　55 271.40

2．非应计贷款

对于已计提贷款应收利息，在贷款到期90天仍未收回的，或在应收利息逾期90天后仍未收回的，应冲减原已计入损益的"利息收入"和"应收利息"，应收利息转做表外核算。之后，应计提利息停止计入当期"利息收入"科目。

（1）贷款本金转入"贷款"——"非应计贷款"

借：贷款——非应计贷款——贷款人户

　　贷：贷款——逾期贷款——贷款人户

（2）冲减原已计入的"利息收入"和"应收利息"

借：利息收入

　　贷：应收利息——应收利息户

（3）将应收利息转作表外科目，收入：未收贷款利息——贷款人户

第三节　贷款损失准备的核算

按照财政部、国税总局、中国人民银行所颁布的各项法规制度，各商业银行应该以贷款的风险分类为基础，建立审慎的贷款损失准备制度。为了提高商业银行抵御和防范风险的能力，正确核算其经营损益，各商业银行应当按照谨慎性原则的要求，在资产负债表日对各项贷款的账面价值进行检查。如有客观证据表明该贷款发生减值的，应当计提减值准备。商业银行按规定对发生减值的贷款计提的减值准备，应通过"贷款损失准备"科目进行核算。建立贷款损失核销制度，及时对损失类贷款按照贷款核销的有关规定进行核销。对于已经核销的贷款，银行应继续保留贷

款的追索权。

一、贷款损失准备的计提范围

计提贷款损失准备的资产是指商业银行承担风险和损失的资产。其具体包括贷款（含抵押、质押、保证等）、贴现资产、拆出资金、客户贷款、银团贷款、贸易融资、协议透支、信用卡透支、转贷款和垫款（如银行承兑汇票垫款、担保垫款、信用证垫款）、应收利息（不含贷款应收利息）、应收股利等。商业银行接受企业委托向其他单位贷出的款项，也应计提减值准备，在"委托贷款损失准备"科目核算。

二、计提种类和计提比例

各商业银行应当按照谨慎性原则，合理估计贷款可能发生的损失。按照有关规定制定贷款损失准备的计提核销方案，计提贷款损失准备。贷款损失准备大体分为 3 类。

（1）一般准备，是根据全部贷款余额的一定比例计提的，用于弥补尚未识别的可能性损失的准备。商业银行应根据提取贷款损失准备资产的风险大小确定一般贷款损失准备的计提比例。目前，一般风险准备年末余额应不低于年末贷款余额的 1%。

（2）专项准备，是对贷款进行五级分类后，按每笔贷款损失的程度计提的用于弥补专项损失的准备。具体比例根据贷款的风险程度合理确定。参照标准为：正常贷款计提比例为 0；关注类贷款计提比例为 2%；次级类贷款计提比例为 25%；可疑类贷款计提比例为 50%；损失类贷款计提比例为 100%。

（3）特种准备，是银行对特定国家和地区发放贷款集体的准备，计提比例根据贷款资产的风险程度和回收的可能性合理确定。

贷款损失准备以原币计提，即人民币资产按人民币计提，外币资产按外币计提。

贷款损失准备由各商业银行按季统一计提。银行应以贷款风险识别为基础，建立审慎的贷款损失准备制度，定期对贷款进行五级分类，定期对贷款损失准备的充足性进行评估。建立贷款核销制度，及时对损失类贷款或贷款损失部分进行核销。

三、贷款损失准备计提的核算

贷款发生减值的客观证据主要包括：债务人发生严重财务困难；债务人违反了合同条款，如偿付利息或本金发生违约或逾期等；债权人出于经济或法律等方面因素的考虑，对发生财务困难的债务人做出让步；债务人很可能倒闭或进行其他财务重组；其他表明贷款发生减值的客观证据等。通常情况下，商业银行难以找到某一单独的客观证据表明贷款可能发生减值，因此应当在综合考虑上述各种因素的基础上，进行分析和判断。

商业银行对贷款进行减值测试，应根据本银行的实际情况分为单项金额重大和非重大的贷款。对单项金额重大的贷款，应单独进行减值测试；对单项金额不重大的贷款，可以单独进行减值测试，或者将其包含在具有类似信用风险特征的贷款组合中进行减值测试。单独测试未发生减值的贷款，也应当包括在具有类似信用风险特征的贷款组合中再进行减值测试。

商业银行进行贷款减值测试时，可以根据自身管理水平的业务特点，确定单项重大贷款的标准。例如，可以将本金大于或等于一定金额的贷款作为单项金额重大的贷款，而此标准以下的贷款属于单项金额非重大的贷款。单项金额重大贷款的标准一经确定，不得随意变更。

商业银行对于单独进行减值测试的贷款，有客观证据表明其发生了减值的，应当计算资产负债表日的未来现金流量现值（通常以初始确认时确定的实际利率作为折现率），该现值低于其账面价值之间的差额确认为贷款减值损失。商业银行采用组合方式对贷款进行减值测试的，可以根据自身风险管理模式和数据支持程度，选择合理的方法确认和计量贷款减值损失。

四、贷款发生减值的核算

资产负债表日，商业银行确定贷款发生减值的，应当将该贷款的账面价值减记至预计未来现金流量现值。减记的金额确认为资产减值损失，计入当期损益。即按应减记的金额，借记"资产减值损失"科目，贷记"贷款损失准备"科目。同时，应将"贷款——本金""贷款——利息调整"科目余额转入"贷款——已减值"科目，借记"贷款——已减值"科目，贷记"贷款——本金""贷款——利息调整"科目。其会计分录为：

借：资产减值损失——贷款损失准备金户

　　贷：贷款损失准备——客户贷款户

借：贷款——××贷款——××户（已减值）

　　贷：贷款——××贷款——××户（本金）

　　　　贷款——××贷款——××户（利息调整）

其中，预计未来现金流量现值，应当按照该贷款的原实际利率折现确定，并考虑相关担保物的价值（取得和出售该担保物发生的费用应当予以扣除）。原实际利率是初始确认该贷款时计算确定的实际利率。对于浮动利率贷款，在计算未来现金流量现值时，则可采用合同规定的现行实际利率作为折现率。

五、计提减值贷款利息的核算

资产负债表日，应按减值贷款的摊余成本和实际利率计算确定的利息收入，借记"贷款损失准备"科目，贷记"利息收入"科目。同时，将按合同本金和合同利率计算确定的应收利息金额进行表外登记。其会计分录为：

借：贷款损失准备——客户贷款户

　　贷：利息收入——发放贷款及垫款

收入：应收未收利息——××户

其中，计算确定利息收入的实际利率，应为确定减值损失时对未来现金流量进行折现所采用的折现率。

六、减值贷款价值恢复的核算

已计提贷款损失准备的贷款，如有客观证据表明该贷款的价值已恢复，且客观上与确认该减值损失后发生的事项有关（如债务人的信用评级已提高等），原确认的减值损失应当予以转回，计入当期损益。但是，该转回后的账面价值，不应当超过假定不计提减值准备情况下该贷款在转回日的摊余成本。其会计分录为：

借：贷款损失准备——客户贷款户

贷：资产减值损失——贷款损失准备金户

七、收回减值贷款的核算

收回减值贷款时，应按实际收到的金额，借记"吸收存款"等科目；按相关贷款损失准备余额，借记"贷款损失准备"科目；按相关贷款余额，贷记"贷款——已减值"科目；按其差额，贷记"资产减值损失"科目。其会计分录为：

借：吸收存款存放（存放中央银行款项）

贷款损失准备——客户贷款户

贷：贷款——××贷款——××户（已减值）

资产减值损失——贷款损失准备金户

同时，销记表外登记的应收未收利息，记：

付出：应收未收利息——××户

如债务人无法用货币资金偿还债务，银行依法行使债权和担保物权而取得抵债资产的，按抵债资产的公允价值，借记"抵债资产"科目；按相关贷款已计提的减值准备，借记"贷款损失准备"科目；按相关贷款的账面余额，贷记"贷款——已减值"科目；按应支付的相关税费，贷记"应交税费"科目；按其差额，借记"营业外支出"科目或贷记"资产减值损失"科目。其会计分录为：

如为借方差额，则

借：抵债资产

贷款损失准备——客户贷款户

营业外支出

贷：贷款——××贷款——××户（已减值）

应交税费

如为贷方差额，则

借：抵债资产

贷款损失准备——客户贷款户

贷：贷款——××贷款——××户（已减值）

应交税费

资产减值损失

同时，销记表外登记的应收未收利息，记：

付出：应收未收利息——××户

需要注意的是，如抵债资产原为贷款抵押品、质押品的，将其转为抵债资产核算时，还应销记原已登记的表外科目和担保物登记簿，记：

付出：待处理抵押（质押）品——××户

抵债资产保管期间取得的收入，应列作其他业务收入。其会计分录为：

借：库存现金（存放中央银行款项）

　　贷：其他业务收入

抵债资产保管期间发生的直接费用，应列作其他业务成本。其会计分录为：

借：其他业务成本

　　贷：库存现金（存放中央银行款项）

处置抵债资产时，应按实际收到的金额，借记"库存现金""存放中央银行款项"等科目；按应支付的相关税费，贷记"应交税费"科目；按抵债资产的账面余额，贷记"抵债资产"科目；按其差额，贷记"营业外收入"科目或借记"营业外支出"科目。已计提抵债资产跌价准备的，还应同时予以结转。其会计分录为：

如为借方差额，则

借：库存现金（存放中央银行款项）

　　抵债资产跌价准备

　　营业外支出

　　贷：应交税费

　　　　抵债资产

如为贷方差额，则

借：库存现金（存放中央银行款项）

　　抵债资产跌价准备

　　贷：应交税费

　　　　抵债资产

　　　　营业外收入

若银行取得抵债资产后转为自用的，应在相关手续办妥时，按转换日抵债资产的账面余额，借记"固定资产"等科目，贷记"抵债资产"科目。已计提抵债资产跌价准备的，还应同时予以结转。其会计分录为：

借：固定资产（或其他资产类科目）

　　抵债资产跌价准备

　　贷：抵债资产

八、转销呆账贷款的核算

商业银行对于确实无法收回的贷款，应按规定的条件和管理权限报经批准后，作为呆账予以转销。凡符合下列条件之一的，造成商业银行不能按期收回的贷款，可以被确认为呆账：

（1）借款人和担保人依法被宣告破产，经法定清偿后仍未还清的贷款；

（2）借款人死亡，或依照《中华人民共和国民法通则》的规定，宣告失踪或死亡，以其财产或遗产清偿后未能还清的贷款；

（3）借款人遭受重大自然灾害或意外事故，损失巨大且不能获得保险赔款，确实不能偿还的部分或全部贷款，或经保险赔偿清偿后未能还清的贷款；

（4）借款人依法处置抵押物所得价款不足以补偿的贷款部分；

（5）经国务院专案批准核销的贷款。

各级银行机构对借款人有经济偿还能力，但因某些原因不能按期偿还贷款，不得列作呆账，应积极组织催收。银行工作人员因渎职或其他违法行为造成贷款无法收回的，不得列作呆账，除追究有关责任人的责任外，应在银行的利润留成中逐年冲销。对于需要转销的呆账贷款，银行要按规定的程序办理。申请转销呆账贷款时，应填报"核销呆账损失申报表"并附详细说明，按规定的转销权限逐级报上级行审查。上级行收到"核销呆账损失申报表"后，应组织信贷、法规、会计、稽核部门进行审查并签署意见。如符合规定条件，就可以冲减贷款损失准备。按法定程序核销呆账损失时，会计分录为：

借：贷款损失准备——客户贷款户

贷：贷款——××贷款——××户（已减值）

按管理权限报经批准后转销表外应收未收利息，减少表外"应收未收利息"科目金额。其会计分录为：

付出：应收未收利息

九、已转销的贷款又收回的核算

已确认并转销的贷款以后又收回的，按原转销的已减值贷款余额，借记"贷款——已减值"科目，贷记"贷款损失准备"科目；按实际收到的金额，借记"吸收存款""存放中央银行款项"等科目；按原转销的已减值贷款余额，贷记"贷款——已减值"科目；按其差额，贷记"资产减值损失"科目。其会计分录为：

借：贷款——××贷款——××户（已减值）

贷：贷款损失准备——客户贷款户

同时，

借：吸收存款（存放中央银行款项）

贷：贷款——××贷款——××户（已减值）

资产减值损失——贷款损失准备金户

【例 3-3】华夏商业银行 2012 年 1 月 1 日应提取贷款损失准备的贷款余额为 800 亿元，贷款损失准备余额为 8 亿元。2012 年 1—6 月，该行核销呆账 2 亿元。6 月 30 日，该行应计提损失准备的贷款余额为 880 亿元。2012 年 6—12 月收回已核销呆账 9 000 万元，2012 年 12 月 31 日该行的应计提损失准备的贷款余额为 980 亿元。要求：编制贷款损失准备相关的会计分录。

（1）2012 年 1—6 月核销呆账 2 亿元：

借：贷款损失准备   200 000 000

    贷：贷款   200 000 000

（2）6 月 30 日：

    应提取贷款损失准备应有余额=880×1%=8.8（亿元）

    应提贷款损失准备=8.8-（8-2）=2.8（亿元）

借：资产减值损失   270 000 000

    贷：贷款损失准备   270 000 000

（3）6—12 月收回已核销呆账 9 000 万元：

借：贷款   90 000 000

    贷：贷款损失准备   90 000 000

借：吸收存款——活期存款——××户   90 000 000

    贷：贷款   90 000 000

（4）2012 年 12 月 31 日：

    应提取贷款损失准备应有余额=980×1%=9.8（亿元）

    应提贷款损失准备=9.8-（8-2）-2.8-0.9=0.1（亿元）

借：资产减值损失   10 000 000

    贷：贷款损失准备   10 000 000

十、一般准备的计提核算

按现行制度规定，商业银行可按贷款余额的 1% 实行差额提取一般风险准备金。

1. 计提之前"一般风险准备"账户余额在贷方

余额大于应计提数，当期计提数按差额冲减；

余额小于应计提数，当期计提数按差额补提。

2. 计提之前"一般风险准备"账户余额在借方

当期计提数为借方余额加应计提数。

【例 3-4】某商业银行 2012 年 1 月 1 日"一般风险准备"账户贷方余额为 1 亿元。3 月 31 日，该行贷款余额为 120 亿元。6 月 30 日，该行贷款余额为 110 亿元。计提比例为 1%，要求：（1）计提第一季度的一般准备；（2）计提第二季度的一般准备。

（1）第一季度末应计提的一般风险准备=120×1%=1.2（亿元）

    当期计提数=1-1.2=-0.2（亿元）

借：利润分配——提取一般风险准备   20 000 000

  贷：一般风险准备   20 000 000

（2）第二季度末应计提的一般风险准备=110×1%=1.1（亿元）

  当期计提数=1.2-1.1=0.1（亿元）

借：一般风险准备

  贷：利润分配——提取一般风险准备

【例 3-5】A 支行第一季度末，正常类贷款 25 亿元；关注类贷款 10 亿；次级类贷款 5 亿元；可疑类贷款 7 亿元；损失类贷款 3 亿元。计提比例分别为 0、2%、25%、50% 和 100%。年初"贷款损失准备——专项准备"贷方余额为 7.5 亿元。要求：计提第一季度的专项准备。

  应计提数=25×0+10×2%+5×25%+7×50%+3×100%=7.95（亿元）

  当期应计提数=7.5-7.95=-0.45（亿元）

借：资产减值损失   45 000 000

  贷：贷款损失准备——专项准备   45 000 000

【例 3-6】中国农业银行海淀支行 2012 年年末各项贷款余额为：正常类贷款 20 亿元，关注类贷款 5 亿元，次级类贷款 1 亿元，可疑类贷款 0.5 亿元，损失类贷款 0.1 亿元。按银行内部规定，分类计提比例分别为 0、2%、25%、50% 和 100%，年初贷款损失准备的余额为 0.36 亿元。要求：请计算 2012 年年末该支行应提的贷款损失准备。

（1）2012 年年末贷款损失准备应有余额=5×2%+1×25%+0.5×50%+0.1×100%=0.7（亿元）

（2）2012 年年末应提贷款损失准备=0.7-0.36=0.34（亿元）

【例 3-7】某银行于 2012 年 4 月 9 日向某商场发放短期贷款一笔，金额 30 万元，期限 6 个月，月利率 4.35‰。如该笔贷款于同年 10 月 29 日归还，采用利随本清的计息方法，计算银行的到期利息、逾期利息和总的应收利息（单利计算，罚息加收 50%）。

  到期利息=300 000×6×4.35‰=7 830（元）

  逾期利息=300 000×20×1.5×4.35‰/30=1 305（元）

  应收利息合计为 9 135 元。

【例 3-8】某银行 2008 年年末贷款余额为 200 万元，经测试贷款减值 30 万元；2009 年 5 月 1 日经批准从贷款损失准备中冲销呆账 10 万元，2009 年年末贷款余额为 500 万元，经测试贷款减值 50 万元；2010 年 1 月 5 日，已核销的贷款收回 10 万元，2010 年年末贷款余额为 800 万元，经测试贷款减值 80 万元；2011 年年末贷款余额为 600 万元，经测试贷款减值 60 万元。要求：分别编制 2008 年、2009 年、2010 年和 2011 年关于贷款损失准备的会计分录。

（1）2008 年年末：

借：资产减值损失   300 000

  贷：贷款损失准备   300 000

（2）2009 年 5 月 1 日：

借：贷款损失准备   100 000

  贷：贷款   100 000

（3）2009 年年末：

借：资产减值损失   300 000

  贷：贷款损失准备   300 000

（4）2010 年 1 月 5 日：

借：贷款   100 000

  贷：贷款损失准备   100 000

借：吸收存款——活期存款   100 000

  贷：贷款   100 000

（5）2010 年年末：

借：资产减值损失   200 000

  贷：贷款损失准备   200 000

（6）2011 年年末：不用做任何会计分录

【例 3-9】某银行发放贷款 1 000 万元给甲客户，为期 1 年，年利率 5%，约定到期后一次还本付息。后因甲客户破产，经法定清偿后仍有 300 万元本金及全部利息未能收回，经上级行批准予以核销。3 个月以后，甲通过变卖私产，归还了银行 200 万元。 要求：做出该银行相关会计分录。

借：短期贷款——甲贷款户   10 000 000

  贷：活期存款——甲存款户   10 000 000

借：活期存款——甲存款户   7 000 000

  贷：短期贷款——甲贷款户   7 000 000

借：贷款损失准备   3 000 000

  贷：短期贷款——甲贷款户   3 000 000

借：贷款损失准备   500 000

  贷：应收利息——应收甲贷款利息户   500 000

3 个月以后，

借：短期贷款——甲贷款户   2 000 000

  贷：贷款损失准备   2 000 000

借：活期存款——甲存款户   2 000 000

  贷：短期贷款——甲贷款户   2 000 000

第四节

票据贴现的核算

一、票据贴现概述

票据贴现是商业汇票的持票人在票据到期前，为取得资金向银行贴付利息而将票据转让给银行，以此融通资金的行为。通过票据贴现，持票人可提前收回垫支于商业信用的资金，贴现银行通过买入未到期票据的债权，使商业信用转化为银行信用。除另有规定外，商业汇票的贴现银行必须是贴现申请人的开户银行。贴现贷款与一般贷款虽然都是商业银行的资产业务，是借款人的融资方式，商业银行都要计收利息，但两者在以下方面又存在着明显的区别：首先，资金投放的对象不同。贴现贷款以持票人（债权人）为放款对象，而一般贷款以借款人（债务人）为对象；其次，体现的信用关系不同。贴现贷款体现的是银行与持票人、出票人、承兑人及背书人之间的信用关系，而一般贷款体现的是银行与借款人、担保人之间的信用关系；再次，计息的时间不同。贴现贷款在放款时就扣收利息，而一般贷款则是到期或定期计收利息；最后，资金的流动性不同。贴现贷款可以通过转贴现和再贴现提前收回资金，而一般贷款只有到期才能收回。

二、会计科目的设置

商业银行办理票据贴现业务，应设置"贴现资产"科目进行核算。"贴现资产"为资产类科目，核算商业银行办理商业票据的贴现、转贴现等业务所融出的资金。该科目可按贴现类别和贴现申请人，分"面值""利息调整"项目进行明细核算。商业银行办理贴现时，按贴现票面金额，借记"贴现资产——面值"科目；按实际支付的金额，贷记"吸收存款"等科目；按其差额，贷记"贴现资产——利息调整"科目。

资产负债表日，商业银行按计算确定的贴现利息收入，借记"贴现资产——利息调整"科目，贷记"利息收入"科目。贴现票据到期，应按实际收到的金额，借记"吸收存款"等科目；按贴现的票面金额，贷记"贴现资产——面值"科目；按其差额，贷记"利息收入"科目。存在利息调整金额的，也应同时予以结转。该科目期末余额在借方，反映商业银行办理的贴现、转贴现等业务融出的资金。

三、贴现银行办理贴现的核算

持票人持未到期的商业汇票向开户银行申请贴现时，应填制一式五联贴现凭证：第一联作贴现借方凭证；第二联作收款户贷方凭证；第三联作利息收入贷方凭证；第四联作收账通知；第五联作票据贴现到期卡。持票人在第一联上加盖预留印鉴后，连同汇票送交银行。银行信贷部门对其进行审查，若符合贴现条件，应在贴现凭证"银行审批"栏签注"同意"字样，并加盖有关人员印章后，送交会计部门。

会计部门接到汇票和贴现凭证后，经审核无误，按规定的贴现利率计算贴现利息和实付贴现金额。其计算公式为：

汇票到期值=汇票票面金额+汇票票面金额×年利率×汇票到期天数÷360

贴现利息=汇票到期值×贴现天数×（月贴现率÷30）

实付贴现金额=汇票到期值-贴现利息

公式中的"贴现天数"一般按实际天数计算，从贴现之日起算至汇票到期的前一日止。将贴现率及计算的贴现利息和实付贴现金额填写在贴现凭证的有关栏目后，以贴现凭证第一联作转账借方传票，第二联、第三联作转账贷方传票，办理转账。其会计分录为：

借：贴现资产——贴现——××户（面值）

贷：吸收存款——活期存款——××户

贴现资产——贴现——××户（利息调整）

资产负债表日，按计算确定的贴现利息收入，其会计分录为：

借：贴现资产——贴现——××户（利息调整）

贷：利息收入——发放贷款及垫款户

四、贴现汇票到期银行收回票款的核算

对到期的贴现汇票，贴现银行应及时收回票款，并分以下两种情况进行处理。

（一）商业承兑汇票贴现到期收回的核算

商业承兑汇票贴现到期收回是通过委托收款方式进行的。贴现银行作为收款人，应于汇票到期前估算邮程，提前填制委托收款凭证，连同汇票一并向付款人开户行收取票款。

付款人开户行收到委托收款凭证和汇票后，应于汇票到期日将票款从付款人账户付出。其会计分录为：

借：吸收存款——活期存款——××户

贷：联行往账

付款人存款账户无款支付或不足支付时，付款人开户行应将汇票和凭证退回贴现银行。若付款人拒绝付款，付款人开户行应将拒付理由书、汇票和凭证退回贴现银行。贴现银行收到划回的票款时，其会计分录为：

借：联行来账

贷：贴现资产——贴现——××户（面值）

利息收入——发放贷款及垫款户

存在利息调整金额的，也应同时予以结转。

若贴现银行收到付款人开户行退回委托收款凭证和汇票时，对已贴现的金额应从贴现申请人账户中收取。其会计分录为：

借：吸收存款——活期存款——××户

贷：贴现资产——贴现——××户（面值）

利息收入——发放贷款及垫款户

存在利息调整金额的，也应同时予以结转。

如贴现申请人存款账户不足支付票款，则不足部分作为逾期贷款。其会计分录为：

借：吸收存款——活期存款——××户

贷款——逾期贷款——××户

贷：贴现资产——贴现——××户（面值）

利息收入——发放贷款及垫款户

存在利息调整金额的，也应同时予以结转。

（二）银行承兑汇票贴现到期收回的核算

承兑银行于汇票到期日，应向承兑申请人收取票款并专户储存。其会计分录为：

借：吸收存款——活期存款——××户

　　贷：吸收存款——应解汇款——××户

如承兑申请人账户不足支付，则不足部分作为逾期贷款。其会计分录为：

借：吸收存款——活期存款——××户

　　贷款——逾期贷款——××户

　　贷：吸收存款——应解汇款——××户

承兑银行收到贴现银行寄来的汇票和凭证时，于汇票到期日或到期日后的见票当日将票款划出。其会计分录为：

借：吸收存款——应解汇款——××户

　　贷：联行往账

贴现银行收到划回的票款，办理转账。其会计分录为：

借：联行来账

　　贷：贴现资产——贴现——××户（面值）

　　利息收入——发放贷款及垫款户

存在利息调整金额的，也应同时予以结转。

五、贴现资产实例

【例 3-10】G 银行于 3 月 22 日收到开户单位 K 公司持 3 月 10 日签发的不带息商业承兑汇票来行申请贴现，票据到期值 50 万元，签发单位为本市乙公司。乙公司的开户行为本市的 F 银行，汇票到期日为 6 月 10 日，经银行审查同意，当天办理贴现手续，假定贴现率为 4.5%。

（1）贴现利息=500 000×80×4.5%/360=5 000（元）

　　实付贴现息=500 000-5 000=495 000（元）

借：贴现资产——贴现——K 公司　　　　　　　　　　500 000

　　贷：吸收存款——活期储蓄——K 公司　　　　　　　　　495 000

　　　　贴现资产——利息调整　　　　　　　　　　　　　　5 000

（2）3 月贴现利息收入=5 000×10/80=625（元）

借：贴现资产——利息调整　　　　　　　　　　　　　625

　　贷：利息收入　　　　　　　　　　　　　　　　　　　625

（3）4 月贴现利息收入=5 000×30/80=1 875（元）

借：贴现资产——利息调整　　　　　　　　　　　　　1 875

　　贷：利息收入　　　　　　　　　　　　　　　　　　　1 875

（4）5 月贴现利息收入=5 000×31/80=1 937.5（元）

借：贴现资产——利息调整 1 937.5

　　贷：利息收入 1 937.5

（5）6 月贴现利息收入=5 000×9/80=562.5（元）

借：贴现资产——利息调整 562.5

　　贷：利息收入 562.5

思 考 题

1. 什么是贷款？如何进行贷款分类？

2. 什么是信用贷款？什么是担保贷款？

3. 如何进行单位和个人贷款业务的核算？

4. 什么是票据贴现？简述其到期和收回的核算手续。

5. 贷款利息的计算方式有哪些？贷款利息的计算是如何计算和核算的？

6. 个人定期贷款包括哪些？分别如何核算？

第四章 | 支付结算业务的核算

【教学目标】

通过本章教学,能使学生掌握支付结算的概念和原则;熟悉支付结算业务的核算要求和特点;掌握银行汇票、银行本票、支票和商业汇票的会计核算;掌握汇兑、托收承付、委托收款结算业务的会计核算;了解信用卡支付系统的会计核算;熟悉国内信用证的会计核算。

【引例】

热火朝天的移动支付让微信也加快了"脚步"。微信"刷卡"功能在2014年9月底开始试运营,消费者可在指定商铺出示条码完成交易。根据新华网业内人士表示,这是微信支付深入线下支付市场的一大进展,但是面对此前央行叫停二维码的经历,政策风险仍可能成为微信大规模推广的一道坎。试运营阶段,微信5.4以上版本用户可往首批接入"刷卡"功能的9个试运营商家(好邻居、国大药房、天虹百货、壹加壹、卜蜂莲花、DQ冰雪皇后、爱婴室、民生百货、国大36524)进行体验。易观国际分析师李烨表示,微信具有极强的用户关系管理功能。通过微信,用户的信息流和资金流形成闭环,可以直接做客户营销。未来,微信有望通过智慧生活解决方案,提供支付结算、售后服务、社交推广等整套闭环式的移动解决方案。

第一节 | 支付结算业务概述

结算是货币结算或资金结算的简称,是指对经济主体之间因商品交易、劳务供应、资金调拨及其他款项往来而产生的货币收付关系,是对债权债务进行清偿的行为。

本章介绍的国内支付结算业务,是指商业银行通过提供结算工具,如本票、汇票、支票等,对客户之间因商品交易、劳务供应、资金调拨及其他款项往来而产生的货币收付关系、债权债务进行清偿的行为。

一、支付结算的概念

支付结算是指单位、个人在社会经济活动中使用票据、信用卡和汇兑、托收承付、委托收款等结算方式进行货币给付及资金清算的行为。广义的支付结算包括现金结算和银行转账结算:现金支付结算指收付双方直接使用现金进行的货币给付行为;转账支付结算指通过银行将款项从付款人账户划转到收款人账户的货币给付行为。狭义的支付结算仅指银行转账结算。

支付结算是商业银行代客户清偿债权债务、收付款项的一种传统中间业务,是由商业银行的存款业务衍生出来的。客户在银行开立存款结算账户,除了确保资金安全的目的外,在很大程度上是利用银行在转账结算方面收付款项的便利。商业银行为了扩大业务和与企业建立广泛联系、吸收更多的存款，应尽量加强和完善结算业务工作，为顾客提供优质、方便、迅速、安全的结算服务。

二、支付结算原则

支付结算原则是办理支付结算业务的单位和个人，以及银行会计部门在组织支付结算业务核算时所必须遵循的原则，主要包括以下几点。

1. 恪守信用，履约付款

恪守信用，履约付款原则是指支付结算业务的当事人必须依法行使支付结算权利并承担支付结算义务，按交易双方合同约定的付款金额和付款日期支付结算款。这是维护经济合同秩序、保障支付结算当事人经济利益的重要原则。

2. 谁的钱进谁的账，由谁支配

银行的客户对其存款具有所有权和自主支配权。商业银行在办理支付结算业务时，必须将支付结算委托人的款项及时支付给委托人确定的受益人。除法律规定的事项外，银行不得截留和挪用客户资金，不得为任何支付单位和个人扣款，也不得随意停止单位、个人存款的正常支付，以维护客户的合法权益和银行的信誉。

3. 银行不垫款

银行在支付结算业务中，作为资金清算的信用中介，不得为任何支付结算当事人垫付资金。该原则保证了银行资金的安全。银行应划清银行资金与客户资金的界限，在业务流程中必须坚持"先付后收，收妥抵用"的原则，防止当事人利用结算套取银行信用。

三、支付结算业务核算的基本规定

银行是办理支付结算和资金清算的中介机构。非银行金融机构和其他单位未经人民银行批准不得作为中介机构办理支付结算业务。银行、单位和个人都必须遵守结算相关的法律和规定，不得损害社会公共利益。结算时，必须使用按人民银行统一规定印制的票据凭证和统一规定的结算凭证。票据和结算凭证的金额、出票和签发日期，收款人名称不得更改，更改的票据无效。票据和结算凭证上的签章和其他记载事项应当真实。

我国支付结算业务实行集中统一和分级管理相结合的管理体制。支付结算的有关制度和办法由中国人民银行总行负责统一制定，并由中国人民银行组织、协调、管理和监督全国的社会支付结算工作，协调和处理银行之间的支付结算纠纷。

中国人民银行各省、自治区、直辖市分行根据统一的支付结算制度制定实施细则，并报中国人民银行总行备案。根据需要，各分行还可以制定单项支付结算办法，报经中国人民银行总行批准后执行。中国人民银行各分（支）行负责组织、协调、处理本辖区银行之间的支付结算纠纷。

商业银行总行可以根据统一的支付结算制度，结合本行情况和经济活动的需要，制定具体的管理实施办法，但必须报经中国人民银行总行批准后执行。商业银行总行负责组织、管理、协调本行内的支付结算工作，协调、处理本行内分支机构之间的支付结算纠纷。

四、支付结算纪律

支付结算纪律是为了正确处理支付结算过程中各方面的经济关系而颁布的，要求办理支付结算的银行和客户必须遵守的一种纪律规定，是国家财经纪律的组成部分，是正确处理支付结算关系的行为规则。它规定了必须禁止的、违规违章的支付结算行为，比支付结算原则更为具体。为了维护支付结算纪律的严肃性，对违反支付结算纪律的行为必须予以处罚。

（一）银行的支付结算纪律

（1）银行要履行"清算中介"的职责、办理支付结算工作时，不准以任何理由压票、任意退票、截留挪用客户和他行资金。

（2）不准无理拒绝支付应由银行支付的票据款项；不准受理无理拒付、不扣少扣滞纳金。

（3）不准违反规定为单位和个人开立账户。

（4）不准放弃对企事业单位和个人违反支付结算纪律的制裁。

（5）银行向外寄发的结算票据和凭证，必须于当天至迟于次日发出，或按规定的时间提出交换；收到的票据和结算凭证必须及时办理付款或收账，不得延误积压任何票据和结算凭证；不准在支付结算制度之外规定附加条件，影响汇路通畅。

（6）不准违章签发、承兑、贴现票据；不准签发空头银行汇票、银行本票和办理空头汇款，套取银行资金。

（7）不准超额占用联行汇差资金，转嫁资金矛盾。

（8）不准逃避向中国人民银行转汇大额汇划款项和清算大额银行汇票资金。

（9）不准拒绝受理他行正常的结算业务。

（二）单位、个人应遵守的结算纪律

（1）不准签发没有资金保证的票据或远期支票，套取银行信用。

（2）不准签发、取得和转让没有真实交易和债权债务的票据，套取银行和他人的资金。

（3）不准无理拒绝付款，任意占用他人资金。

（4）不准违反规定开立和使用账户。

五、支付结算种类

支付结算业务是银行的中间业务，是银行会计核算的基本内容。支付结算按不同的分类标准，可分为不同的种类。

（1）按支付结算工具的不同，支付结算分为银行汇票、银行本票、商业汇票、支票、委托收款、托收承付、汇兑和银行卡8种结算方式。

（2）按支付结算双方所处地点不同，支付结算分为同城结算和异地结算。

同城结算是指收付双方均处于同一城镇所进行的结算。"同城"不是以行政区划为标志，一般是以结算凭证能在当天到达并记账为准，或收付双方的开户银行同在一个票据交换所。

异地结算是指收付双方不在同一城镇的商业银行开户或其开户行不在同一票据交换所的结算。异地结算一般要通过邮政或电子信息传递结算信息，结算到账的时间一般比较长。

银行本票为同城结算方式，汇兑、托收承付和银行汇票为异地结算方式，支票、商业汇票、委托收款、银行卡是同城和异地均可采用的结算方式。

（3）按支付结算实现的方式不同，支付结算分为现金结算和转账结算。

现金结算是指结算双方直接用现金办理支付；转账结算是指结算双方不使用现金，而通过其开户的银行将款项从付款单位账户转移到收款单位账户的收付行为。根据我国现行的相关规定，现金结算仅在某些范围内使用，本章所指的结算业务仅指转账结算。

（4）按所使用的支付结算工具的法律特征不同，支付结算业务分为票据结算和非票据结算票据结算受《中华人民共和国票据法》的约束，一般具有可背书、可挂失、可退汇、可追索、见票付款的特点，因经济合同或其他非票据因素导致的结算纠纷不影响票据款项的支付义务。票据结算包括支票、银行本票、银行汇票、商业汇票；非票据结算又称挂账结算，一般不具有上述特点，因经济合同或其他非票据因素导致的结算纠纷或结算凭证本身的瑕疵都可能影响结算款项的支付义务。非票据结算包括一证(信用证)、一卡(银行卡)、三方式(汇兑、委托收款、托收承付)。

（5）按支付结算的性质不同，支付结算分为交易往来结算和非交易往来结算。例如，商品之间的购销、劳务供应的结算都属于交易往来的结算。支付职工工资、上缴财政资金、下拨经费、上下级之间的资金调拨等的结算都属于非交易往来结算。

第二节　票据业务核算

一、票据概述

票据是按照一定形式制成、写明付出一定货币金额义务的证件。广义的票据泛指各种有价证券，如债券、股票、提单等。狭义的票据仅指以支付金钱为目的的有价证券，即出票人根据《中华人民共和国票据法》签发的，由自己无条件支付确定金额或委托他人无条件支付确定金额给收款人或持票人的有价证券。它包括 3 层含义：首先票据是一种有价证券，而且是一种完全有价证券；其次，票据是以无条件支付一定的金额为目的证券；最后，票据是可以流通转让的证券。

票据包括汇票、本票、支票、提单、存单、股票、债券等。在我国，票据一般包括汇票、本票和支票。

一般来说，票据的基本功能有 3 个。

（1）结算功能。票据可以使因经济往来所引起的债权债务关系得以了结和清算。

（2）信用功能。商品的赊销（或赊购）使买方和卖方之间产生了信用关系，即债权债务关系。这种债权债务关系可以通过票据得到书面确认，因而票据可被视为建立在商业信用基础上的、反映债权债务关系的书面凭证。

（3）流通功能。票据经过背书可以转让给他人，并能连续多次转让。背书人对票据的付款负有担保责任，因而票据背书的次数越多，票据付款的担保人就越多，票据的信誉就越高。票据的结算功能、信用功能和流通功能大大节约了现金的使用，有效扩大了流通手段。

票据有以下 4 个的特点：第一，票据是具有一定权利的凭证，如付款请求权、追索权；第二，票据的权利与义务是不存在任何原因的，只要持票人拿到票据后，就已取得票据所赋予的全部权利；第三，各国的票据法都要求对票据的形式和内容保持标准化和规范化；第四，票据是可流通的证券。除了票据本身的限制外，票据是可以凭背书和交付而转让的。

能够产生票据权利与义务的法律行为称为票据行为，主要包括出票、背书、承兑和保证 4 种。出票是指出票人签发票据并将其交给收款人的票据行为。背书是指在票据背面或者粘单上记载有关事项并签章的票据行为。承兑是指票据的付款人在票据上记载一定的事项，以承诺在票据到期日向持票人支付票据金额的票据行为。保证是指票据债务人以外的第三人通过在票据上记载一定的事项，为特定的票据债务人履行票据债务提供担保，对汇票的债务承担保证责任的票据行为。

票据当事人也称票据法律关系主体，是指票据法律关系中享有票据权利、承担票据义务的主体。票据当事人可以分为基本当事人和非基本当事人。

1. 基本当事人

基本当事人是指在票据完成和交付时就已存在的当事人，是构成票据法律关系的必要主体，包括出票人、付款人和收款人 3 种。

（1）出票人是指依法定方式签发票据并将票据交付收款人的人。根据票据种类的不同，出票人的法律地位也有所不同。

（2）收款人是指票据到期后有权收取票据所载金额的人，又称票据权利人。债权人的票据权利可以转让，如通过背书将票据转让给他人，或者通过贴现将票据转让给银行。

（3）付款人是指由出票人委托付款或自行承担付款责任的人。付款人付款后，票据上的一切债务责任解除。

2. 非基本当事人

非基本当事人是指在票据完成并交付后，通过一定的票据行为加入票据关系而享有一定权利、义务的当事人，包括承兑人、背书人、被背书人、保证人等。

（1）承兑人。承兑人是指接受汇票出票人的付款委托，同意承担支付票款义务的人，也是汇票的主债务人。

（2）背书人与被背书人。背书人是指在转让票据时，在票据背面或粘单上签字或盖章的当事人（称为前手），并将该票据交付给受让人的票据收款人或持有人。被背书人是指被记名受让票据或接受票据转让的人。背书后，被背书人成为票据新的持有人（称为后手），享有票据的所有权利。但是，在票据得到最终付款前，在持票人之前的所有前手都不能终结其第一债务人或第二债务人的义务。

（3）保证人。保证人是指为票据债务提供担保的人，由票据债务人以外的第三人担当。保证人在被保证人不能履行票据付款责任时，以自己的金钱履行票据付款义务，然后取得持票人的权利，向票据债务人追索。

并非所有的票据当事人一定同时出现在某一张票据上，除基本当事人外，非基本当事人是否存在，完全取决于相应票据行为是否发生。不同票据上可能出现的票据当事人也有所不同。

票据还具有相关的权利和责任。票据权利是指持票人向票据的债务人请求支付票据金额的权利。票据责任是指票据的债务人向持票人支付票据金额的义务。事实上，票据责任就是票据债务，是基于债务人特定的票据行为所应承担的义务。

二、支票

（一）支票的定义

支票是出票人签发的、委托办理支票存款业务的银行，在见票时无条件支付确定的金额给收款人或者持票人的票据。支票的基本当事人包括出票人、付款人和收款人或持票人。单位和个人的各种款项结算，均可以使用支票。

支票是一种委托式信用证券，分为转账支票和现金支票两种。支票上印有"现金"字样的为现金支票，现金支票只能用于支取现金。支票上印有"转账"字样的为转账支票，转账支票只能用于转账。支票上未印有"现金"或"转账"字样的为普通支票，普通支票既可用于转账，也可用于支取现金。在普通支票左上角画有两条平行线的，称为画线支票。画线支票只能用于转账，不能提取现金。

（二）支票的基本规定

（1）签发支票必须记载下列事项：

① 表明"支票"的字样；

② 无条件支付的委托；

③ 确定的金额；

④ 付款人名称；

⑤ 出票日期；

⑥ 出票人签章（两个章：即单位财务专用章或单位公章加法定代表人签章或其授权的代理人签名或签章）。

欠缺记载上列事项之一的，支票无效。

（2）签发支票应使用碳素墨水或墨汁填写。

（3）签发现金支票和用于支取现金的普通支票，必须符合国家现金管理的规定。

（4）签发人必须在银行账户余额内签发支票，严禁签发空头支票。严禁签发签章与银行预留印鉴不符的支票。

（5）支票的提示付款期为十天，从签发的次日算起，到期日遇例假日顺延。超过提示付款期的，持票人开户行不予受理，付款人不予付款。

（6）支票金额、收款人名称，可以由出票人授权补记。未补记前不得背书转让和提示付款。

（7）持票人可以委托开户银行收款，或直接向付款人提示付款；用于支取现金的支票，仅限于收款人向付款人提示付款。

对于签发空头支票、签章与预留银行不符的支票、使用支付密码地区，支付密码错误的支票等情况，银行按规定：首先，退票；其次，要按票面金额处以 5% 但不低于 1 000 元的罚款；再次，持票人有权要求出票人赔偿支票金额 2% 的赔偿金；最后，对屡次签发空头支票的，银行应停止其签发支票。

（三）转账支票业务的流程图

单位或个人需要使用转账支票时，可直接签发并转交给收款人，然后由收款人向开户银行办理转账，即借记支票。如果收款人和出票人同在一家银行开户，可当即办理转账；如不在同一家银行开户，则需要通过票据交换，由收款人开户行将支票提出，由出票人开户行将支票提入，然后划款。因此，转账支票的流转程序，根据出票人与持票人是否在同一银行开户的借记支票或贷记支票，分为以下 4 种情况：

1. 出票人与持票人在同一行开户（借记支票）

图 4-1 描绘了出票人和持票人在同一银行开户的借记转账支票业务流程。

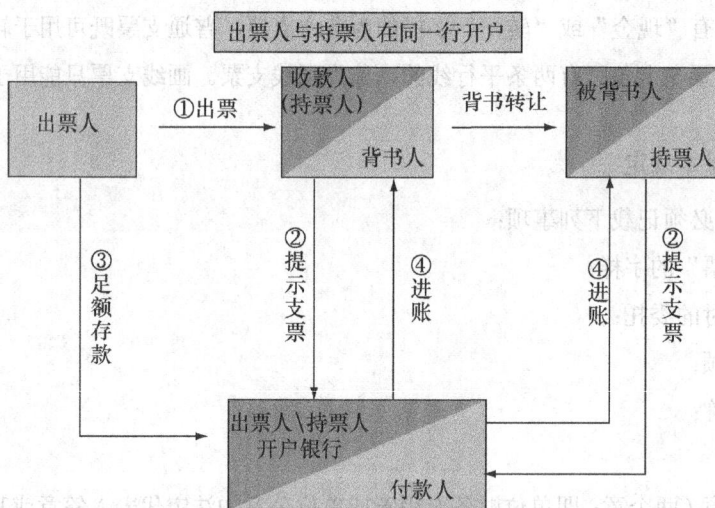

图 4-1　借记转账支票业务流程图（同一开户行）

同一银行之间转账，在时间上比非同一银行更快捷，程序更简单。借记支票只需要在提示支票之后并确定有足额存款时，便可以很快进账。

2. 出票人与持票人在同一行开户（贷记支票）

图 4-2 描绘了出票人和持票人在同一银行开户的转账贷记支票业务流程。

贷记支票为出票人单方向以支票形式主动付款，因而流程较借记支票更简单。当出票人和付款人在同一银行开户时，将很快到账。

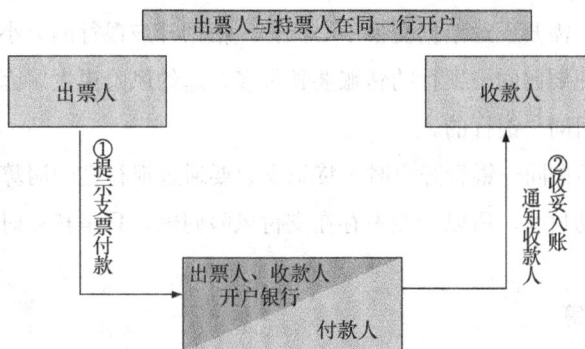

图 4-2　贷记转账支票业务流程图（同一开户行）

3. 出票人与持票人不在同一行开户（借记支票）

图 4-3 描绘了出票人和持票人在不同银行开户的转账借记支票业务流程。

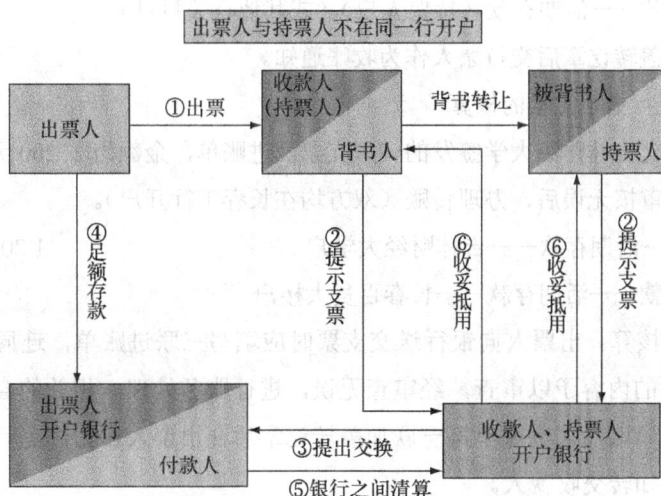

图 4-3　借记转账支票业务流程图（不同开户行）

4. 出票人与持票人不在同一行开户（贷记支票）

图 4-4 描绘了出票人和持票人在不同银行开户的转账贷记支票业务流程。

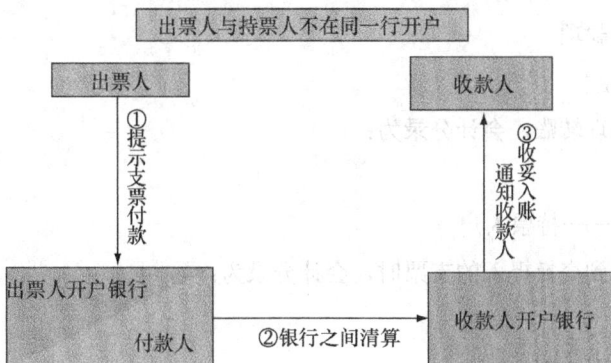

图 4-4　贷记转账支票业务流程图（不同开户行）

非同一银行的转账，需要通过票据交换中心流程，根据开户银行的大小和两开户银行之间的业务关系情况，需要的时间要比同一银行的转账要长很多，违约风险更大。因此，很多公司在选择支付结算账户时，尽量使用同一银行的。

当出票人与持票人不在同一银行开户时，贷记支票要通过银行之间清算程序，将款项转入收款人账户。因为出票人主动付款，所以一般不存在支付风险问题，只是转账时间比同一开户行的贷记支票稍长。

（四）转账支票的核算

1. 持票人与出票人在同一行开户的处理手续

（1）借记支票的核算。银行接受持票人交来的支票和进账单时，应对其内容进行严格的审查；经审查无误后，以支票作为借方凭证，进账单第二联作为贷方凭证办理转账。会计分录为：

借：吸收存款——活期存款（出票人户）

贷：吸收存款——活期存款（持票人户）（或其他有关科目）

进账单第一联加盖转讫章后交持票人作为收账通知。

【例 4-1】同一银行借记支票的核算

长春百货大楼提交吉林财经大学签发的转账支票及进账单，金额为 1 200 元，委托银行为其办理进账手续。经银行审核无误后，办理转账（双方均在长春工行开户）。

借：吸收存款——活期存款——吉林财经大学户　　　　　　　　1 200

贷：吸收存款——活期存款——长春百货大楼户　　　　　　　　　　1 200

（2）贷记支票的核算。出票人向银行送交支票时应填写三联进账单，连同支票一并送交开户银行。银行仍按审查的内容予以审查，经审查无误，进行账务处理，相关的会计分录与受理持票人交存支票时相同。转账后，进账单第一联加盖转讫章后交出票人作为回单，进账单第三联加盖转讫章后作为收账通知转交收款人。

2. 持票人与出票人不在同一行开户的处理手续

借记支票的核算。持票人开户银行收到持票人交存的支票和进账单时，仍按前述内容进行审查；经审查无误后，在第二联进账单上加盖"收妥后入账"戳记，将第一联进账单加盖转讫章后交持票人，支票按照同城票据交换的有关规定，及时提出交换。会计分录为：

借：存放中央银行款项

贷：其他应付款

待退票时间过后办理转账，会计分录为：

借：其他应付款

贷：吸收存款——持票人户

出票人开户银行收到交换提入的支票时，会计分录为：

借：其他应收款

贷：存放中央银行款项

出票人开户银行按规定对支票的内容进行审查，不予退票的，以支票作为借方凭证办理转账。

会计分录为：

借：吸收存款——出票人户

贷：其他应收款

【例 4-2】 不同银行借记支票的核算

市工行开户单位纺织厂持由长春国贸（在建行开户）签发的转账支票一张，金额 80 000 元，连同进账单一并交给银行办理转账。

（1）长春工商银行账务处理如下。

受理纺织厂提交的支票：

借：清算资金往来 80 000

贷：其他应付款——待清算户 80 000

退票时间过后：

借：其他应付款——待清算户 80 000

贷：吸收存款——活期存款——纺织厂（持票人户） 80 000

若退票时间内收到付款人开户行电话通知退票：

借：其他应付款——待清算户 80 000

贷：清算资金往来 80 000

（2）长春建设银行的账务处理如下。

收到持票人纺织厂开户银行市工行通过票据交换送来的支票，经审查确定可以转账时：

借：吸收存款——活期存款——出票人户 80 000

贷：清算资金往来 80 000

若长春建行审查支票发现出票人长春国贸账户金额不足，应填制退票理由书，在约定时间通知持票人开户行退票：

借：其他应收款 80 000

贷：清算资金往来 80 000

将支票及退票理由书在下次交换时，划退持票人开户行：

借：清算资金往来 80 000

贷：其他应收款 80 000

（3）贷记支票的核算。出票人开户银行接到出票人交来的转账支票和三联进账单时，仍按上述内容进行审查，经审查无误后，以支票作为借方凭证办理转账。会计分录为：

借：吸收存款——出票人户

贷：存放中央银行款项

第一联进账单加盖转讫章后交出票人作为回单，第二联、第三联进账单盖章后，按照同城票据交换的有关规定，及时提出交换。收款人开户银行收到交换提入的第二联、第三联进账单，经审查无误后，以第二联进账单作为贷方凭证办理转账。会计分录为：

借：存放中央银行款项

 贷：吸收存款——收款人户

第三联进账单加盖转讫章后交收款人作为收账通知。

【例 4-3】不同银行，借记支票（持票人开户行受理持票人送交支票）的核算

合肥建行开户单位宏发实业公司持本市工行开户单位旺达食品厂开立的支票一张来行办理转账，支票金额为 20 000 元。

（1）建设银行账务处理如下。

借：清算资金往来 20 000

 贷：其他应付款——待清算户 20 000

借：其他应付款——待清算户 20 000

 贷：吸收存款——活期存款——宏发实业公司（持票人户） 20 000

（2）工商银行账务处理如下。

借：吸收存款——活期存款——旺达食品厂（出票人户） 20 000

 贷：清算资金往来 20 000

现金支票的核算可参照前文的有关内容。

（五）转账支票的挂失

银行的存款人需要领购支票时，需填写"票据和结算凭证领用单"并加盖与预留银行签章相同的签章。银行审核后，收取支票工本费和手续费，在"重要空白凭证领用登记簿"上注明领用日期、存款人名称、支票起止号码等以备核查，然后将支票交存款人。支票账户的存款人结清账户时，必须将全部剩余空白支票交回银行，由银行统一处理。

如果支票丢失，失票人应及时到支票的付款行办理有关挂失手续，并提交挂失止付通知书。银行审核无误并确定票款未付后，登记"支票挂失登记簿"，并在出票人分户账做出标记，以便止付。

三、银行汇票

（一）银行汇票的定义

银行汇票是出票银行签发的，由其在见票时按照实际结算金额无条件支给收款人或者持票人的票据。银行汇票的出票人指经中国人民银行批准办理银行汇票业务的银行，银行汇票的出票银行就是银行汇票的付款人。

银行汇票的基本当事人包括出票人、付款人、收款人或持票人。此外，银行汇票还有代理付款人，即是指代理本系统出票银行或跨系统签约银行审核支付汇票款项的银行。单位和个人各种款项结算，均可以使用银行汇票。银行汇票可以转账，填明"现金"字样的银行汇票可以转账，可以支取现金。

我国现行银行汇票的式样为一式四联，包括第一联，卡片；第二联，银行汇票；第三联，解讫

通知；第四联，多余款收账通知。另外，银行汇票申请书为一式三联，包括：第一联，存根；第二联，借方凭证；第三联，贷方凭证。

（二）银行汇票的基本规定

（1）签发支票必须记载下列事项：

① 表明"银行汇票"的字样；

② 无条件支付的承诺；

③ 出票金额；

④ 付款人名称；

⑤ 收款人名称（说明是记名汇票，全称）；

⑥ 出票日期；

⑦ 出票人签章。

欠缺记载上列事项之一的，银行汇票无效。

（2）银行汇票的出票和付款，需带往全国范围的，仅限于中国人民银行和各商业银行参加"全国联行往来"的银行机构才能办理。跨系统银行签发的转账银行汇票的付款，应通过同城票据交换将银行汇票和解讫通知联同时提交给同城的有关银行审核支付后抵用。代理付款人不得受理未在本行开立存款账户的持票人为单位直接提交的银行汇票。

（3）未在银行开立结算账户的个人只能选择与出票行同系统的银行机构或出票行的代理兑付银行提示付款。

（4）银行汇票的提示付款期限为自出票日起 1 个月。持票人超过付款期限提示付款的，代理付款人不予受理。

（5）申请人和收款人均为个人时，才能签发现金银行汇票。

（6）签发现金银行汇票必须填写代理付款人名称；签发转账银行汇票，不得填写代理付款人名称，但由人民银行代理兑付银行汇票的商业银行，在向未设有分支机构地区签发转账银行汇票的除外。

（7）持票人向银行提示付款时，必须同时提交银行汇票和解讫通知，缺少任何一联，银行不予受理。

（8）收款人提示付款时，未填明实际结算金额和多余金额或实际结算金额超过出票金额的，银行不予受理；银行实际结算金额不得更改，否则无效。但对收款人填写"多余金额"时，若填写有误，可允许更改一次。

（三）银行汇票业务的流程图

图 4-5 展示了银行汇票业务的流程，其根据有没有背书分为 2 种情况。另外当出票人和收款人在同一开户行时，下方流程中第⑥项可以省略。

注意银行汇票的签发人不是付款人，而是银行。付款人在申请汇票的时候，已经将资金支付给银行，因此，银行汇票相对其他支付结算方式属于比较安全的一种。

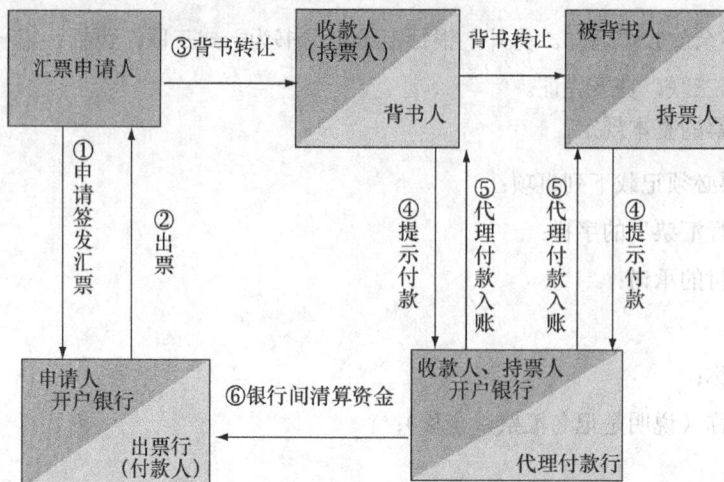

图 4-5　银行汇票业务流程图

（四）银行汇票的核算

1. 汇款人向银行申请汇票

单位或个人需要使用银行汇票，应填写银行汇票申请书一式三联，第一联为存根，第二联为借方凭证，第三联为贷方凭证。

出票银行受理申请人提交的第二联、第三联汇票申请书时，需详细审查其内容是否填写齐全、清晰，汇票上的签章是否为预留银行的签章；申请书填明"现金"字样的，要看申请人和收款人是否均为个人，并且申请人是否交存现金。

对银行汇票申请书的有关内容审查无误后，出票行才可予以受理。

对申请人转账交付的，出票行以第二联申请书作为借方凭证，以第三联作为贷方凭证，转账分录为：

借：吸收存款——申请人户（或其他有关科目）

　　贷：汇出汇款

申请人交付现金的，出票行以第三联申请书作为贷方凭证，会计分录为：

借：库存现金

　　贷：汇出汇款

出票行办好转账或收妥现金后，即可签发银行汇票。

汇票凭证一式四联，第一联为卡片，第二联为汇票，第三联为解讫通知，第四联为多余款收账通知。填写的汇票经审核无误后，在第二联上加盖汇票专用章，并由授权的经办人签名或盖章，在实际结算金额栏的小写金额上端用总行统一制作的压数机压出票金额；然后连同第三联一并交给申请人。第一联上加盖经办、复核名章，在逐笔登记汇出汇款账并注明汇票号码后，连同第四联一并专夹保管。

2. 持票人接受并审核汇票

银行汇票的申请人将出票行开出的汇票第二联、第三联作为支付手段交给汇票上记名的收款人，用以偿付产品或服务结算款项。收款人审查无误后，应在汇票出票金额以内，按实际交易结算款项的金额办理结算，将实际结算金额和多余金额填入银行汇票和解讫通知的有关栏内。

3．持票人向银行兑付汇票

（1）持票人在代理付款行开立账户。持票人向开户银行提示付款时，应在汇票背面"持票人向银行提示付款签章"处签章，签章须与预留银行签章相同，然后将银行汇票和解讫通知及两联进账单一并送交开户银行。

开户银行接到汇票、解讫通知和进账单经审查无误后，将汇票作为借方凭证附件，第二联进账单作为贷方凭证，办理转账。会计分录为：

借：联行科目

贷：吸收存款——持票人户（或其他有关科目）

在第一联进账单上加盖转讫章并作为收账通知交给持票人，解讫通知加盖转讫章随联行借方报单寄给出票行。

（2）持票人未在代理付款行开户。若持票人未在代理付款行开户，代理付款行除按上述要求审查汇票等凭证外，还必须认真审查持票人的身份证件，在汇票背面"持票人向银行提示付款签章"处是否有持票人的签章和注明身份证件名称、号码和发证机关，并要求提交持票人身份证件复印件留存备查。对现金汇票持票人委托他人向代理付款行提示付款的，代理付款行必须查验持票人和被委托人的身份证件，在汇票后面是否有委托收款背书，以及是否注明了持票人和被委托人的身份证件名称、号码及发证机关，并要求提交持票人和被委托人身份证件复印件留存备查。审查无误后，以持票人姓名开立"应解汇款"账户，并在该分户账上填明汇票号码以备查考，第二联进账单作为贷方凭证办理转账。会计分录为：

借：联行科目（或其他联行科目）

贷：应解汇款——持票人户

"应解汇款"账户只付不收，付完清户，不计付利息。转账支取的，该账户的款项只能转入单位或个体工商户的存款账户，严禁转入储蓄和信用卡账户。

原持票人需要支取现金的，代理付款行经审查汇票上填写的申请人和收款人确为个人并按规定填明"现金"字样，以及填写的代理付款行名称确为本行的，可办理现金支付手续；未填明"现金"字样且需要支取现金的，由代理付款行按照现金管理规定审查支付，另填一联现金借方凭证，会计分录为：

借：应解汇款——持票人户

贷：库存现金

持票人超过汇票期限，则不能向代理付款行提示付款。持票人需要在票据权利时效内向出票银行做出说明，并提供本人身份证件或单位证明，持银行汇票和解讫通知向出票银行请求付款。出票行将汇票款从"汇出汇款"科目转入"应解汇款"科目，再由持票人通过重新办理申请汇票手续（或办理汇兑结算方式）将款项汇出。

4. 银行汇票的结清

出票行收到代理付款行寄来的联行报单及解讫通知后，抽出原专夹保管的汇票卡片，经核对确属本行出票，借方报单与实际结算金额相符，多余金额结计正确无误后，按不同情况分别做如下处理。

（1）汇票全额解付。出票行在汇票卡片的实际结算金额栏填入全部金额，在多余款收账通知的多余金额栏填写"-0-"，汇票卡片作为借方凭证，解讫通知和多余款收账通知作为借方凭证的附件。会计分录为：

借：汇出汇款

贷：联行科目（或其他联行科目）

同时，销记汇出汇款账。

（2）汇票有多余款。出票行应在汇票卡片和多余款收账通知上填写实际结算金额，汇票卡片作为借方凭证，解讫通知作为多余款贷方凭证。会计分录为：

借：汇出汇款　　　（汇票金额）

贷：联行科目　　（实际结算金额）

吸收存款——活期存款（申请人户）（或其他有关科目）（多余款金额）

同时，销记汇出汇款账，在多余款收账通知的多余金额栏填写多余金额，加盖转讫章，通知申请人。

（3）申请人未在出票行开立账户。出票行应将多余金额先转入其他应付款科目，以解讫通知代其他应付款科目贷方凭证。会计分录为：

借：汇出汇款

贷：联行科目

其他应付款——申请人户

同时，销记汇出汇款账，并通知申请人持申请书存根及本人身份证件来行办理领取手续。领取时，以多余款收账通知代其他应付款科目借方凭证。会计分录为：

借：其他应付款——申请人户

贷：库存现金

5. 银行汇票的退款

申请人由于汇票超过付款期限或其他原因申请办理退款时，应向出票银行交回汇票和汇款解讫通知。申请人为单位的，应由单位出具说明原因的正式公函；申请人为个人的，应出示有效身份证件。

出票行经与原留存的卡片核对无误后，在汇票和汇款解讫通知的实际结算金额大写栏填写"未用退回"字样，将款项转入申请人存款账户；在多余款收账通知上按原汇款金额填入多余金额栏，并加盖转讫章作为退款收账通知交给申请人。会计分录为：

借：吸收存款——汇出汇款

贷：库存现金\吸收存款——活期存款——申请人户

【例4-4】银行汇票的核算

5月8日，南昌仪表厂向开户行提交银行汇票委托书，金额10万元，收款人为上海仪表配件厂，银行审查后同意签发银行汇票。5月15日，南昌仪表厂将汇票支付给上海联行开户的仪表配件厂，实际支付金额9万元。3日后，南昌仪表厂开户行收到上海兑付行解讫通知，并办理了清算。做出票行、代理付款行的会计分录。

南昌行：5月8日

    借：吸收存款——活期——南昌仪表厂户   100 000

       贷：吸收存款——汇出汇款   100 000

表外科目：

    收入：汇出汇款——南昌仪表厂户   100 000

上海行：5月15日

    借：清算资金往来   90 000

       贷：吸收存款——活期——上海仪表配件厂户   90 000

南昌行：5月18日

    借：吸收存款——汇出汇款   100 000

       贷：清算资金往来   90 000

          吸收存款——活期——南昌仪表厂户   10 000

表外科目：

    付：汇出汇款——南昌仪表厂户   100 000

四、商业汇票

（一）商业汇票的定义

商业汇票是出票人签发的、委托付款人在指定日期无条件支付确定的金额给收款人或者持票人的票据。商业汇票按承兑方式分为商业承兑汇票和银行承兑汇票2种。商业汇票的基本当事人包括出票人、付款人（承兑人）、收款人或持票人。在银行开立存款账户的法人以及其他组织，必须具有真实交易关系或债权债务关系，才能使用商业汇票。该种结算方式同城、异地均可使用。

我国现行银行汇票的式样为一式三联，商业承兑汇票包括：第一联，卡片；第二联，商业承兑汇票；第三联，存根。银行承兑汇票包括：第一联，卡片；第二联，银行承兑汇票；第三联，存根。新出现的电子商业汇票是指出票人依托电子商业汇票系统，以数据电文形式制作的、委托付款人在指定日期无条件支付确定金额给收款人或者持票人的票据。电子商业汇票分为电子银行承兑汇票和电子商业承兑汇票。电子银行承兑汇票由银行业金融机构、财务公司（以下统称金融机构）承兑；电子商业承兑汇票由金融机构以外的法人或其他组织承兑。电子商业汇票的付款人为承兑人。

（二）商业汇票的基本规定

为规范商业汇票业务，保障商业汇票活动中当事人的合法权益，促进商业汇票业务发展，依据《中华人民共和国中国人民银行法》《中华人民共和国票据法》《中华人民共和国物权法》《票据管理实施办法》《中华人民共和国电子签名法》等有关法律法规，我国制定了《商业汇票业务管理办法》和《电子商业汇票业务管理办法》。

（1）签发商业汇票必须记载下列事项：

① 表明"银行承兑汇票"或"商业承兑汇票"的字样；

② 无条件支付的承诺；

③ 确定的金额；

④ 付款人名称；

⑤ 收款人名称（说明是记名汇票，全称）；

⑥ 出票日期；

⑦ 出票人签章。

欠缺记载上列事项之一的，商业汇票无效。

（2）商业承兑汇票的出票人，是在银行开立存款账户的法人以及其他经济组织；与其开户行具有真实的委托付款关系；具有支付汇票金额的可靠资金来源。

（3）银行承兑汇票的出票人，必须是在承兑银行开立存款账户的法人以及其他经济组织；与承兑银行具有真实的委托付款关系；具有支付汇票金额的可靠资金来源。

（4）出票人不得签发无对价的商业汇票用以骗取银行或其他票据当事人的资金。

（5）商业汇票可以在签发时向付款人提示承兑后使用，也可以在汇票出票后先使用，再向付款人提示承兑。定日付款或者出票后定期付款的商业汇票，持票人应当在汇票到期日前向付款人提示承兑。见票后定期付款的汇票，持票人应当自出票日起一个月内向付款人提示承兑。汇票未按规定的期限提示承兑的，持票人丧失对其前手的追索权。

（6）商业汇票的付款期限最长不得超过 6 个月。商业汇票的提示付款期限，自汇票到期日起十日。

（7）银行承兑汇票的出票人应于汇票到期前将票款足额交存开户银行。承兑银行应在汇票到期日或到期后的见票当日支付票款。

（8）商业汇票的持票人可持未到期的商业汇票、贴现凭证连同交易合同原件和增值税发票或普通发票复印件向银行申请贴现。贴现银行可持未到期的商业汇票向其他银行办理转贴现，也可向中国人民银行申请再贴现。

（三）商业汇票业务的流程图

图 4-6 展示了商业承兑汇票业务的流程，它也是根据有没有背书分为 2 种情况，另外，当出票人和收款人在同一开户行时，下方流程中第③项和第⑥项可以省略。

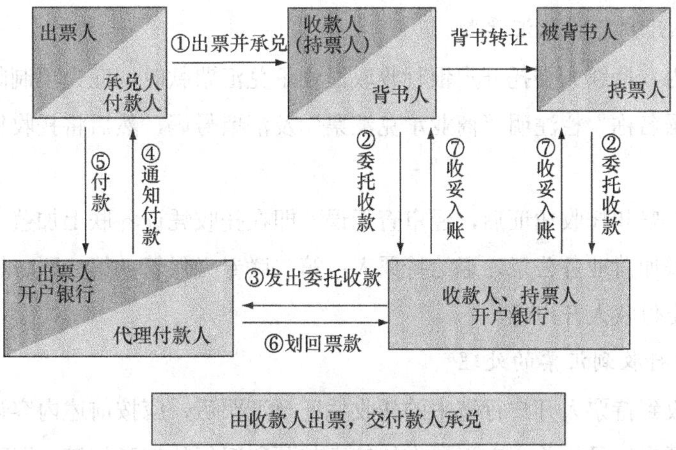

图 4-6　商业承兑汇票业务流程图

银行承兑汇票业务的流程同商业承兑汇票业务流程类似，它也是根据有没有背书分为 2 种情况，多次再背书的情况依此类推。图 4-7 展示了银行承兑汇票的流程，其中当出票人和收款人在同一开户行时，流程图中第⑤项和第⑦项可以省略。

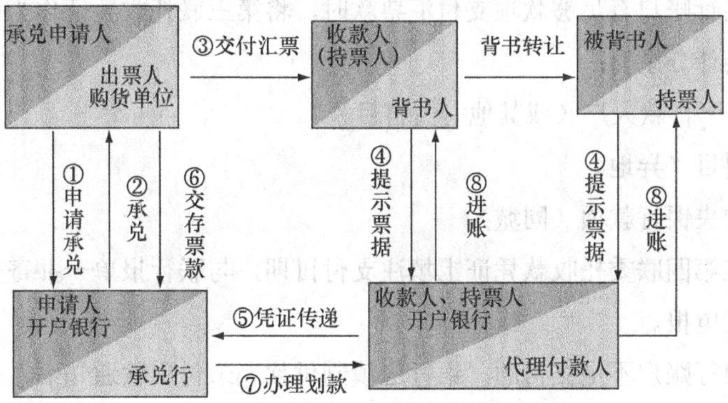

图 4-7　银行承兑汇票业务流程图

（四）商业承兑汇票的核算

1. **商业承兑汇票的签发与承兑**

（1）商业承兑汇票的签发。商业承兑汇票的出票人必须是在银行开立存款账户的法人及其他组织，与付款人具有真实的委托付款关系，并且具有支付汇票金额的可靠资金来源。签发商业承兑汇票必须记载表明"商业承兑汇票"的字样、无条件支付的委托、确定的金额、付款人的名称、收款人的名称、出票日期和出票人的签章。这些内容缺一不可，否则汇票无效。

（2）商业承兑汇票的承兑。商业承兑汇票可以由付款人签发并承兑，也可以由收款人签发并交由付款人承兑。付款人承兑商业汇票，应当在汇票正面记载"承兑"字样和承兑日期并签章。付款人承兑时不得附有条件，否则视为拒绝承兑。付款人对承兑的汇票负有到期无条件支付票款的责任。商业承兑汇票的付款人承兑后，该汇票即可作为延期付款的一种支付手段。收款人作为持票人，可在提示付款期内通过开户银行或直接向付款人提示付款。

2. 持票人委托开户行收取汇票款

在提示付款期内，持票人委托开户银行收取商业承兑汇票款时，应先填制邮划或电划的托收凭证，并在"托收凭据名称"栏注明"商业承兑汇票"及汇票号码，然后将托收凭证同汇票一并送交开户银行。

开户银行接到汇票和托收凭证后，经审查无误，即在托收凭证各联上加盖"商业承兑汇票"戳记，托收凭证第一联加盖业务公章，退给持票人；第二联专夹保管；第三联、第四联、第五联与商业承兑汇票一并寄交付款人开户行。

3. 付款人开户行收到汇票的处理

付款人开户行收到持票人开户行寄来的托收凭证及汇票后，应按前述内容认真进行核对，确定付款人确实在本行开户；且承兑人在汇票上的签章与预留银行的签章相符，即可存商业承兑汇票，并将托收凭证第五联转交给付款人并签收。

付款人接到开户银行的付款通知后，应在当日通知银行付款。在接到通知次日起的 3 日内未通知银行付款的，视同付款人承诺付款，银行应于第 4 日上午开始营业时将票款划给持票人。划款时可能出现两种情况。

（1）付款人的银行账户有足够款项支付汇票款时，将第三联托收凭证作为借方凭证，汇票加盖转讫章作为附件。会计分录为：

借：吸收存款——付款人户（或其他有关科目）

　　贷：联行科目（异地）

　　　　存放中央银行款项（同城）

转账后，银行在第四联委托收款凭证上填注支付日期，与联行报单一并寄交持票人开户行，或向持票人开户行拍发电报。

（2）付款人的银行账户不足支付的，银行应填制付款人未付票款通知书，在委托收款凭证备注栏注明"付款人无款支付"字样，连同汇票一并寄回持票人开户行。相关的处理手续与委托收款结算的无款支付相同。

银行在付款人接到通知日的次日起 3 日内收到付款人的拒绝付款证明时，应按委托收款结算拒绝付款的手续处理，注明"拒绝付款"的委托收款凭证、拒付证明及汇票均寄回持票人开户行。

4. 持票人开户银行收到划回票款或退回凭证

（1）持票人开户行收到付款人开户行寄来的联行报单及委托收款凭证时（或拍来的电报），将原留存的第二联凭证抽出，与收到的凭证相核对。审核无误后，在凭证上填注转账日期，以第二联委托收款凭证作为贷方凭证。会计分录为：

借：联行科目（异地）

　　存放中央银行款项（同城）

　　贷：吸收存款——持票人户（或其他有关科目）

转账后，将第四联委托收款凭证加盖转讫章，作为收账通知交给持票人。

（2）持票人开户行若收到付款人开户行发来的未付票款通知书或拒绝付款证明以及退回的汇票和委托收款凭证，应按委托收款结算时同种情况下的处理手续办理，将未付款通知书或拒绝付款证明及汇票和委托收款凭证一并退还给持票人，并由持票人签收。

【例4-5】商业承兑汇票的核算

A公司卖给B公司一批原料，价值5万元。该项商品交易是合法的，根据购销合同，进行延期付款。A公司签发一份商业汇票，经B公司承兑，承兑期为3个月。A公司持将要到期的商业承兑汇票委托开户行收款，A公司开户行把委托收款结算凭证及商业承兑汇票寄至B公司开户行，B公司开户行审查无误后，通知B公司准备付款，于到期日划款。

B公司开户行编制会计分录如下：

借：吸收存款——活期存款——B公司　　　　　　　　　　　　50 000

　　贷：清算资金往来　　　　　　　　　　　　　　　　　　　　50 000

A公司开户行收到B公司开户行划转来的汇票款项时：

借：清算资金往来　　　　　　　　　　　　　　　　　　　　　50 000

　　贷：吸收存款——活期存款——A公司　　　　　　　　　　　50 000

（五）银行承兑汇票的核算

1. 银行承兑汇票的签发与承兑

（1）银行承兑汇票的签发。银行承兑汇票的出票人必须是在承兑银行开立存款账户的法人及其他组织，并且与承兑银行具有真正的委托付款关系，出票人必须资信状况良好，具有支付汇票金额的可靠资金来源。银行承兑汇票应由在承兑银行开立存款账户的存款人签发。签发银行承兑汇票必须记载表明"银行承兑汇票"的字样、无条件支付的委托、确定的金额、付款人和收款人的名称及出票日期和出票人签章。

（2）银行承兑汇票的承兑。银行承兑汇票的出票人或持票人持银行承兑汇票向银行提示承兑时，银行的信贷部门须按有关规定和审批程序，对出票人的资格、资信、购销合同和汇票记载的内容进行认真审查，必要时可由出票人提供担保。符合规定和承兑条件的，与出票人签署承兑协议，一联留存，另一联及副本和第一联、第二联汇票一并交本行会计部门。

会计部门接到汇票和承兑协议时，应审查汇票必须记载的事项是否齐全，出票人的签章是否符合规定，出票人是否在本行开立了存款账户，汇票上记载的出票人名称、账号是否相符，汇票是否为规定的统一印制的凭证。审核无误后，在第一联、第二联汇票上注明承兑协议编号，并在第二联汇票"承兑人签章"处加盖汇票专用账，并由授权的经办人签名或盖章。由出票人申请承兑的，将第二联汇票连同第一联承兑协议交给出票人；由持票人提示承兑的，将第二联汇票交给持票人，第一联承兑协议交给出票人。同时，还要按票面金额向出票人收取5‰的手续费。收取手续费的会计分录为：

借：吸收存款——承兑申请人户（或其他有关科目）

　　贷：手续费及佣金收入

承兑银行将留存的第一联汇票卡片及承兑协议副本专夹保管，并在登记簿上进行登记。

2. 持票人委托开户银行收取汇票款

在汇票的提示付款期内,持票人委托开户银行向承兑银行收取票款时,应填制异地邮划或电划委托收款凭证,在"委托收款凭证名称"栏注明"银行承兑汇票"及其汇票号码,连同汇票一并送交开户行。

开户银行按规定要求审查无误后,在委托收款凭证各联上加盖"银行承兑汇票"戳记,委托收款凭证第一联加盖业务公章交持票人,第二联专夹保管,第三联、第四联和第五联连同汇票一并寄交承兑银行。

3. 承兑银行到期收取汇票款

承兑银行因留有汇票和承兑协议,因而应每天查看汇票的到期情况。对于到期的汇票,承兑银行应于到期日(法定休假日顺延)向承兑申请人收取票款。承兑银行需填制两联特种转账借方凭证,一联特种转账贷方凭证,并在"转账原因"栏注明"根据××号汇票划转票款"。会计分录为:

借:吸收存款——承兑申请人户(或其他有关科目)

　　贷:应解汇款——承兑申请人户

一联特种转账借方凭证加盖转讫章后作为支款通知交给出票人。

出票人账户无款支付的,应在特种转账凭证的"转账原因"栏注明"××号汇票无款支付转入逾期贷款账户",并按每日5‰的利率计收利息。会计分录为:

借:贷款——承兑申请人逾期贷款户

　　贷:应解汇款——承兑申请人户

一联特种转账借方凭证加盖业务公章后转交出票人。

出票人账户存款余额不足的,应在特种转账凭证的"转账原因"栏注明"××号汇票划转部分票款",不足部分转入逾期贷款户。会计分录为:

借:吸收存款——承兑申请人户

　　贷款——承兑申请人逾期贷款户

　　贷:应解汇款——承兑申请人户

一联特种转账借方凭证加盖转讫章作为支款通知交给承兑申请人。

4. 承兑银行支付汇票款

承兑银行收到持票人开户行寄来的汇票和委托收款凭证后,应抽出专夹保管的汇票卡片和承兑协议副本,并认真审查。审查无误后,应于汇票的到期日或到期日之后的见票日,按照委托收款划款阶段的处理手续做会计分录:

借:应解汇款——承兑申请人户

　　贷:联行科目(异地)

　　　　存放中央银行款项(同城)

承兑银行将委托收款凭证第四联上填注支付日期后,与联行报单一并寄给持票人开户行,或向持票人开户行拍发电报。

5. 持票人开户行收账

持票人开户行接到承兑银行寄来的联行报单及委托收款凭证或拍来的电报时，按照委托收款款项划回的手续处理，将留存的第二联委托收款凭证抽出，与收到的第四联凭证相核对。核对无误后，在第二联凭证上填注转账日期后作为贷方凭证。会计分录为：

借：联行科目（异地）

　　存放中央银行款项（同城）

　　贷：吸收存款——持票人户（或其他有关科目）

转账后，第四联委托收款凭证加盖转讫章后作为收账通知交给持票人。

6. 已承兑银行承兑汇票的注销、挂失和丧失

对于未使用的已承兑银行承兑汇票，出票人应到承兑银行申请注销。申请注销时，出票人应交回第二联、第三联汇票，银行从专夹中抽出第一联汇票和承兑协议副本。核对相符后，在第一联、第三联汇票备注栏和承兑协议副本上注明"未用注销"字样，将第三联汇票加盖业务公章后退交出票人。

已承兑的银行承兑汇票丢失、失票人到承兑银行挂失时，应提交三联挂失止付通知书。承兑银行接到挂失止付通知书后，应从专夹中抽出第一联汇票卡片和承兑协议副本，核对相符且确定未付款的方可受理。承兑银行在第一联挂失止付通知书上加盖业务公章作为受理回单，第二联、第三联登记汇票挂失登记簿后，与第一联汇票卡片一并另行保管，凭以控制付款。

已承兑的银行承兑汇票丢失，失票人凭人民法院出具的其享有票据权利的证明向承兑银行请求付款时，银行经审查确未支付的，应根据人民法院出具的证明，抽出原专夹保管的第一联汇票卡片。核对无误后，将款项付给失票人。

【例4-6】银行承兑汇票的核算

A公司卖给B公司一批原料，价值5万元。该项商品交易是合法的，根据购销合同，进行延期付款。B公司作为承兑申请人自己签发了一份汇票，并向开户行申请承兑。开户行认真审查汇票和交易合同，确认符合条件后，即与B公司签署"银行承兑协议"，B公司开户行向B公司按票面金额5‰的比例收取承兑手续费，到期归还货款。做相关会计分录。

B公司开户行承兑时：

借：吸收存款——活期存款——B公司　　　　　　　　　　　25

　　贷：手续费及佣金收入　　　　　　　　　　　　　　　　25

同时，承兑银行应增设"银行承兑汇票"表外科目进行登记。

收入：银行承兑汇票　　　　　　　　　　　　　　　　50 000

汇票到期，B公司开户行划收票款时：

借：吸收存款——活期存款——B公司　　　　　　　　　　50 000

　　贷：吸收存款——应解汇款——B公司　　　　　　　　　50 000

承兑银行支付票款：

借：吸收存款——应解汇款——B 公司　　　　　　　　50 000

　　贷：清算资金往来　　　　　　　　　　　　　　　　50 000

进行表外登记：

付出：银行承兑汇票　　　　　　　　　　　　　　　　50 000

A 公司开户行收到汇票款：

借：清算资金往来　　　　　　　　　　　　　　　　　50 000

　　贷：吸收存款——活期存款——A 公司　　　　　　　50 000

五、银行本票

（一）银行本票的定义

银行本票是银行签发的、承诺自己在见票时无条件支付确定的金额给收款人或者持票人的票据。银行本票由银行签发、保证兑付，而且见票即付，因此信用高、支付功能强。银行本票分为不定额本票和定额本票。

（二）银行本票的基本规定

（1）签发银行本票必须记载下列事项：

① "银行本票"的字样；

② 无条件支付的承诺；

③ 确定的金额；

④ 收款人名称；

⑤ 出票日期；

⑥ 出票人签章。

欠缺记载上列事项之一的，银行本票无效。

（2）银行本票的出票人，是经中国人民银行当地分支行批准、有权办理银行本票业务的商业银行机构。

（3）银行本票的提示付款期限自出票日起最长不超过 2 个月。持票人超过提示付款期限提示付款的，代理付款人不予受理。持票人在票据权利时效内可持向出票行请求付款。

（4）银行本票见票即付。对跨系统银行本票的兑付，持票人开户行可以根据中国人民银行规定的金融机构同业往来的利率，向出票银行收取利息。

（5）银行本票分为不定额银行本票和定额银行本票。定额银行本票面额分别为 1 000 元、5 000元、10 000 元和 50 000 元。

（6）银行本票可以用于转账，注明用于"现金"字样的银行本票可以支取现金。支取现金的，仅限于申请人和收款人均为个人的情况。

（三）银行本票业务的流程图

图 4-8 展示了银行本票业务的流程，它也是根据有没有背书分为 2 种情况。另外，当出票人和

收款人在同一开户行时，下方流程中第⑥项可以省略。

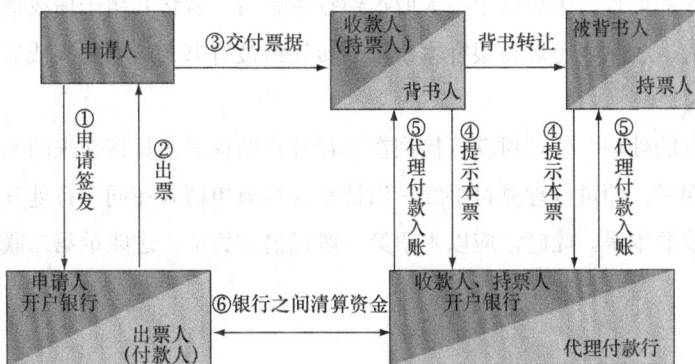

图 4-8　银行本票业务流程图

（四）银行本票的核算

1. 银行本票出票的核算

申请人使用银行本票时，应向银行填写"银行本票申请书"，填写收款人名称、申请人名称、支付金额、申请日期等事项并签章。申请人和收款人均为个人且需要支取现金的，应在"支付金额"栏先填写"现金"字样，后填写支付金额。申请人或收款人为单位的，不得申请签发现金银行本票。

银行本票申请书一式三联，第一联为存根，第二联为借方凭证，第三联为贷方凭证。交现金办理本票的，第二联注销。

出票银行受理银行本票申请书，应认真审查其填写内容是否齐全、清晰；申请书填明"现金"字样的，要审查申请人和收款人是否均为个人。审查无误后，出票银行在收妥款项后签发银行本票。

出票银行签发银行本票的账务处理如下。

（1）转账交付的，以第二联申请书作为借方凭证，第三联作为贷方凭证。会计分录为：

借：吸收存款——申请人户（或其他有关科目）

　　贷：开出本票

（2）现金交付的，以第三联作为贷方凭证。会计分录为：

借：库存现金

　　贷：开出本票

出票银行在办理转账或收妥现金后，签发银行本票。

本票填写时，出票日期和出票金额必须大写。用于转账的本票，须在银行本票上划去"现金"字样。用于支取现金的本票，须在银行本票上划去"转账"字样。本票的小写金额需用压数机压印。

填写完毕且出票银行在本票上签章后，本票正联交申请人，第一联卡片或存根联盖章后留存，并专夹保管。

2. 银行本票付款的核算

（1）本票收款人的处理。本票的申请人取得银行本票后，若将其用于债权债务的结算，可将本票转给相关的收款人。收款人可以将银行本票背书转让给被背书人。收款人或被背书人需在付款期内持本票向银行兑付。

（2）代理付款行的处理。代理付款行接到在本行开户的持票人直接交来的本票和进账单时，应认真审查。审查无误后，即可办理兑付手续。当持票人与原申请人在同一行处开户时，代理兑付行兑付的就是本行签发的本票。此时，应以本票第一联代借方凭证，进账单第二联代贷方凭证办理转账。会计分录为：

借：开出本票

　　贷：吸收存款——持票人户（或其他有关科目）

第一联进账单加盖转讫章交持票人作为收账通知。

当持票人与原申请人不在同一行处开户时，代理兑付行以进账单第二联代贷方凭证办理转账。会计分录为：

借：存放中央银行款项（或其他有关科目）

　　贷：吸收存款——持票人户（或其他有关科目）

第一联进账单加盖转讫章后交持票人作为收账通知，本票加盖转讫章，通过同城票据交换将其转给出票银行。

持票人向银行兑取现金时，需要认真查验本票上填写的申请人和收款人是否均为个人以及收款人和被委托人的身份证件，并要求提交收款人和被委托人身份证件的复印件留存备查。审查无误后，办理付款手续，将本票作为借方凭证，本票卡片或存根联作为附件。会计分录为：

借：开出本票（或存放中央银行款项）

　　贷：库存现金

3. 银行本票结清的核算

当持票人与申请人在同一行开户时，本票付款时即可结清“开出本票”科目；当持票人与申请人不在同一行开户时，代理付款行通过同城票据交换提出本票，出票行收到交换提入的本票时，抽出专夹保管的本票卡片或存根。经核对相符，确属本行出票，则将本票作为借方凭证，本票卡片或存根作为附件，办理本票的结清。会计分录为：

借：开出本票

　　贷：存放中央银行款项

【例 4-7】银行本票的核算

某商业银行接到开户单位飞达贸易公司交来一份不定额银行本票及两联进账单，要求兑付本票款 19 168 元。经审核，该本票是由本市建行签发的，编制相关会计分录。

商业银行兑付时：

借：清算资金往来　　　　　　　　　　　　　　　　　　　　　　　　19 168

　　贷：吸收存款——活期存款——飞达公司户　　　　　　　　　　　　　19 168

建设银行结清时：

借：清算资金往来   19 168

  贷：存放中央银行款项   19 168

第三节 其他各种结算方式的会计处理

其他结算方式包括汇兑、托收承付和委托收款等不使用票据的结算方式。

一、汇兑

（一）汇兑的定义

汇兑是汇款人委托银行将款项支付给收款人的结算方式。根据划转款项的不同方法以及传递方式的不同，可以分为信汇和电汇两种。

信汇是汇款人向当地银行提出申请，同时交存一定金额及手续费，汇出行将信汇委托书以邮寄方式寄给汇入行，授权汇入行向收款人解付一定金额的一种汇兑结算方式。

电汇是汇款人将一定款项交存汇款银行，汇款银行通过电报或电传给目的地的分行或代理行(汇入行)，指示汇入行向收款人支付一定金额的一种汇款方式。

信汇费用较低，但速度相对较慢；而电汇具有速度快的优点，但汇款人要负担较高的电报电传费用，因而通常只在紧急情况下或者金额较大时适用。

（二）汇兑结算的基本规定

汇款人到银行办理汇兑结算、签发汇兑凭证时，在汇兑凭证上必须记载下列事项：

（1）表明"信汇"或"电汇"的字样；

（2）支付的委托，即汇款人对于汇款不得有任何限制付款的条件；

（3）确定的金额；

（4）收款人的名称；

（5）汇款人的名称；

（6）汇入地点、汇入行名称；

（7）汇出地点、汇出行名称；

（8）委托日期，是指汇款人向汇出银行提交汇兑凭证的当日；

（9）汇款人签章（或签名）。

欠缺上述记载事项之一的，银行不予受理。

汇兑凭证记载的收款人为个人，并且收款人需要到汇入银行领取款项的，汇款人应在汇兑凭证上注明"留行待取"字样。对于留行待取的汇款，需要指定该单位某个收款人领取的，还应注明收款人的单位名称。信汇凭证上指明凭收款人签章收取的，应在信汇凭证上预留收款人签章。

汇款人如果限定所汇款项不得进行转汇时,应在汇兑凭证的备注栏内写明"不得转汇"的字样;汇款人和收款人均为个人,并且需要在汇入行支取现金的,应在信汇或电汇凭证的"汇款金额"大写栏内,先填写"现金"字样,后填写汇款金额。

(三)汇兑结算业务的流程图

图4-9展示了汇兑结算业务的流程,相对银行汇票的流程要简单很多。

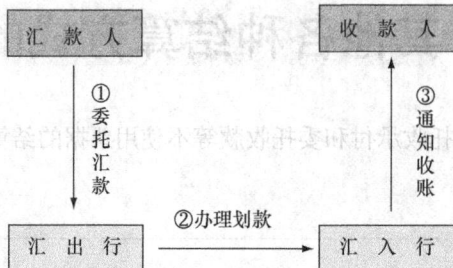

图4-9　汇兑结算业务流程图

(四)信汇业务的核算

汇款人委托银行办理信汇结算时,应按照信汇凭证的填写要求,认真填制信汇凭证一式四联,并在填妥后盖章,交银行办理。信汇凭证第一联为收款凭证,第二联为支款凭证,第三联为收款凭证,第四联为收账通知。如果汇款人是以现金交付的,应将现金和信汇凭证一并交付汇出行办理。

1.汇出行的核算

汇出银行受理信汇凭证,经审查信汇凭证无误后,第一联信汇凭证加盖转讫章后退给汇款人。汇款人转账交付的,银行以第二联信汇凭证作为借方凭证办理转账。会计分录为:

借:吸收存款——汇款人户(或其他有关科目)

　　贷:联行科目

汇款人以现金交付的,银行另填一联特种转账贷方凭证,以第二联信汇凭证作为借方凭证记账。会计分录为:

借:库存现金

　　贷:应解汇款

借:应解汇款

　　贷:联行科目

转账后,第三联信汇凭证加盖联行专用章,与第四联随同联行报单一并寄给汇入行。

2.汇入行的核算

(1)汇入行收到汇款的核算。汇入行收到汇出行寄来的联行报单和第三联、第四联信汇凭证后,应审查第三联信汇凭证上的联行专用章与联行报单印章是否一致,经审核无误后,按下列手续处理。

① 直接收账的汇款。若收款人在汇入行存有存款账户,银行应将汇款直接转入收款人账户,并向收款人发出收账通知,银行以第三联信汇凭证作为贷方凭证办理转账。会计分录为:

借:联行科目

　　贷:吸收存款——收款人户

第四联信汇凭证加盖转讫章后交收款人作为收账通知。

② 不直接收账的汇款。如果收款人在汇入行没有存款账户，银行应先将款项转入"应解汇款"科目，即以第三联信汇凭证作为贷方凭证。会计分录为：

借：联行科目

　　贷：应解汇款

同时，银行登记应解汇款登记簿，在信汇凭证上编列应解汇款顺序号，第四联信汇凭证留存保管，然后以便条通知收款人来行取款。

（2）汇入行办理付款的核算。收款人需要凭电汇取款通知取款或"留行待取"取款的，取款时必须向银行交验本人的身份证件。银行应抽出留存的第四联信汇凭证，并审查取款人的身份证件是否与信汇凭证上填写的证件名称、号码及发证机关等内容一致，收款人是否签章。凭签章取款的，银行应查验收款人签章是否与预留签章一致。经审核无误后，银行可按以下几种情况办理付款手续。

① 信汇凭证上已填有"现金"字样的，应一次办理现金支付手续。银行填制一联应解汇款借方凭证，以第四联信汇凭证作为附件办理转账。会计分录为：

借：应解汇款

　　贷：库存现金

② 分次支取的，应根据第四联信汇凭证注销应解汇款登记簿中的该笔汇款，并如数转入应解汇款科目的分户账内。银行审核收款人填写的取款凭证、预留银行签章和取款人的身份证件，经审核无误后，办理分次支付手续。待最后结清时，将第四联信汇凭证作为借方凭证的附件。分次支付的会计分录同上。

③ 需要转汇的，应重新办理汇款手续。收款人和款项用途必须与原汇款人和用途相同，并需在第三联信汇凭证上加盖"转汇"戳记。如果第三联信汇凭证上已注明不得转汇，银行不予办理。

（四）电汇业务的核算

汇款人委托银行办理电汇时，应按照信汇凭证的填写要求填制一式三联的电汇凭证，第一联为回单，第二联为借方凭证，第三联为发电依据。

1. 汇出行的核算

汇出行受理电汇凭证时，审查的内容与受理信汇业务基本相同。经审核无误后，第一联电汇凭证加盖转讫章交汇款人，并以第二联信汇凭证作为借方凭证办理转账，其会计分录与信汇业务会计分录相同。然后，根据第三联电汇凭证编制联行报单，并向汇入行拍发电报。对填明"现金"字样的电汇凭证，应在电文的金额前加注"现金"字样。

2. 汇入行的核算

汇入行接到汇出行发来的电报，经审核无误后，应填制三联电划贷方补充报单。第一联代联行凭证，第二联代贷方凭证，第三联代收账通知交收款人。其他各项处理手续均与信汇结算业务相同。

二、托收承付

（一）托收承付的定义

托收承付又称异地托收承付，是指收款人根据购销合同发货后，委托银行向异地付款人收取款项，并由付款人向银行承认付款的结算方式。托收承付也分为邮划和电划。

（二）托收承付的基本规定

（1）异地托收承付的适用范围规定如下。

第一，使用这种结算方式的收款单位和付款单位，必须是国有企业、供销合作社以及经营管理较好并经开户银行审查同意的城乡集体所有制工业企业。

第二，办理结算的款项必须是商品交易以及因商品交易而产生的劳务供应款项。代销、寄售、赊销商品的款项，不得办理托收承付结算。

（2）使用托收承付结算方式时，收付双方必须签有符合《中华人民共和国合同法》的购销合同，并在合同上写明使用托收承付结算方式。

（3）收款人办理托收，必须具有商品确已发运的证件，包括铁路、航运、公路等运输部门签发的运单、运单副本和邮局包裹回执等。没有发运证件，按照《支付结算办法》所规定的具体情况，可凭其他有关证件办理。

（4）托收承付结算每笔的金额起点为 10 000 元，新华书店系统每笔金额起点为 1 000 元。

（5）托收承付结算款项的划回方法分邮寄和电报两种，由收款人选用。

（6）收付双方应重合同、守信用。收款人对同一付款人发货托收累计 3 次收不回货款的，收款人开户行应暂停收款人向该付款人办理托收。付款人累计 3 次提出无理拒付的，付款人开户行应暂停其向外办理托收。

（三）托收承付结算方式的业务流程图

图 4-10 展示了托收承付结算方式的业务流程。当付款人和收款人在同一银行开户时，流程中第③步和第⑥步可以省略。

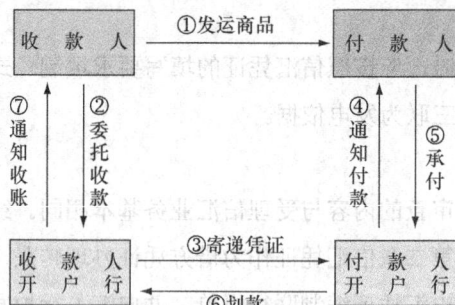

图 4-10　托收承付结算业务流程图

（四）托收承付业务的核算

1. 收款人开户银行受理托收承付的核算

对于全额支付的异地托收承付结算来说，其处理过程可分为 4 个阶段：收款人开户行受理并发出托收凭证；付款人开户行通知承付；付款人开户行划款；收款人开户行收账。收款人按照签订的购销合同发货后，即可填制托收凭证一式五联，第一联为回单，第二联为贷方凭证，第三联为借方凭证，第四联为收账通知，第五联为付款通知。

托收凭证按要求的内容填妥并盖章后，连同发运单证或其他符合托收承付结算的有关证明和交易单证（所附单证的张数应在托收凭证上注明）一并送交银行。收款人如需取回发运证件，银行应在托收凭证上加盖"已验发运单证"戳记。

开户银行接到托收凭证及其附件后，应当按照托收的范围、条件和托收凭证填写的要求认真进行审查，必要时，还应查验收／付款人签订的购销合同。凡不合要求或违反购销合同发货的，不予办理。审查时间最长不得超过次日。

开户银行将托收凭证、发运证件和交易单证审核无误后，托收凭证第一联加盖业务公章后退给收款人，据第二联托收凭证登记"发出托收结算凭证登记簿"并留存保管，托收凭证的第三联、第四联、第五联连同所附单证一并寄交付款人开户行。如果是电划方式，托收凭证第四联为发电依据。

2. **付款人开户行通知承付的处理方法**

付款人开户行收到托收承付凭证和所附单证审查无误后，在各联凭证上批注到期日及承付期限，第三联、第四联托收凭证按承付到期日顺序保管，并登记"定期代收结算凭证登记簿"，托收凭证第五联连同所附单证送付款人，通知其准备到期付款。

承付货款分为验单付款和验货付款两种。由收／付款双方商量选用，并在合同中明确确定。验单付款的承付期为 3 天，从付款人开户银行发出承付通知的次日算起（承付期内遇例假日顺延）。验货付款的承付期为 10 天，从运输部门向付款人发出提货通知的次日算起。

3. **付款人开户行划款的处理方法**

承付期满的次日上午，付款人开户行主动将托收款项从付款人账户付出，划往收款人开户行，以第三联托收凭证代借方传票办理转账。会计分录为：

借：吸收存款——付款人户

贷：联行科目

付款人开户行在第四联托收凭证上填注支付日期，并在"定期代收结算凭证登记簿"的销账日期栏登记销账日期，凭证随同联行贷方报单寄收款人开户行。在电划方式下，付款人开户行应向收款人开户行拍发电报。

4. **收款人开户行收账的处理方法**

收款人开户行收到付款人开户行寄来的联行报单及所附第四联托收凭证后，先同留存的第二联托收凭证核对相符，然后以第二联托收凭证代贷方传票办理转账。会计分录为：

借：联行科目

贷：吸收存款——收款人户

然后销记"发出托收结算凭证登记簿"，并将第四联托收凭证代收账通知交、收款人。至此，全额解付的托收承付结算业务处理完毕。

5. **逾期付款的处理方法**

在承付期满日银行营业终了时，若付款人无足够资金进行支付，其不足部分就是逾期未付款项，应按逾期付款处理。

（1）逾期天数及赔偿金。逾期天数应从承付期满日算起。承付期满日银行营业终了时，若付款人无足够资金进行支付，其不足部分应算作逾期 1 天，计算 1 天的赔偿金；赔偿金为每天按逾期付款金额的 5‰计。在各单位流动资金账户内扣付货款，应从企业销售收入中预留工资后，按照应缴纳税款、到期贷款、应偿付货款、应上缴利润的顺序扣付。

逾期付款的赔偿金实行定期扣付，每月计算一次，于次月 3 日内单独划给收款人。赔偿金的扣付列为企业销售收入扣款顺序的首位。例如，付款人账户余额不足全额支付时，应排列在工资之前并对该账户采取"只收不付"的控制方法；待一次扣足赔偿金后，才准予办理其他款项的支付，由此产生的经济后果由付款人自行负责。

（2）付款人开户银行对付款人逾期未能付款的情况，应当及时通知收款人开户银行，由其转告收款人。

（3）付款人开户银行要随时掌握付款人账户逾期未付的资金情况，待账户有款时，必须将逾期未付款项和应付赔偿金及时扣划给收款人，不得拖延扣划。

（4）付款人开户银行对不执行合同规定、三次拖欠货款的付款人，应当通知收款人开户银行转告收款人，停止对该付款人办理托收。如果收款人不听劝告，继续对该付款人办理托收，付款人开户行对发出通知的次日起一个月之后收到的托收凭证，可以拒绝受理，注明理由，退回原件。

（5）付款人开户银行对逾期未付的托收凭证负责进行扣款的期限为 3 个月（从承付期满日算起）。在此期限内，银行必须按照扣款顺序继续扣款。期满时，如果付款人仍无足够资金支付该笔尚未付清的欠款，银行应于次日通知付款人将有关交易单证（单证已做账务处理或已部分支付的，可以填制"应付款项证明单"）在 2 日内退回银行

6. 拒绝付款的处理方法

对下列情况，付款人在承付期内，可向银行提出全部或部分拒绝付款。

（1）没有签订购销合同或未写明使用异地托收承付结算方式购销合同的款项。

（2）未经双方事先达成协议，收款人提前交货或因逾期交货导致付款人不再需要这批货物的款项。

（3）未按合同规定的到货地址发货的款项。

（4）代销、寄售、赊销商品的款项。

（5）验单付款，发现所列货物的品种、规格、数量、价格与合同规定不符，或货物已到，但经查验，货物与合同规定或发货清单不符的款项。

（6）验货付款，经查验，货物与合同规定或发货清单不符的款项。

（7）货款已经支付或计算有错误的款项。

不属于上述情况的，付款人不得向银行提出拒绝付款。

付款人对以上情况提出拒付时，必须填写"拒绝付款理由书"一式四联。

开户银行必须认真审查拒绝付款理由，查验合同。对于付款人提出拒付的手续不全、依据不足、理由不符合规定和不属于前述七种拒付情况的，以及超过承付期拒付和应当部分拒付提为全部拒付的，银行均不得受理。银行不同意拒付的，应实行强制扣款。

银行同意部分或全部拒付的，应在拒付理由书上签注意见。如果是部分拒款，除办理部分付款外，应将拒付理由书连同拒付证明及拒付商品清单邮寄收款人开户银行转交收款人。如果是全部拒付，则应将拒付理由书、拒付证明和有关单证邮寄收款人开户银行转交收款人。

三、委托收款

（一）委托收款的定义

委托收款是收款人向银行提供收款依据，委托银行向付款人收取款项的结算方式。委托收款有邮划和电划两种汇划方式。

（二）委托收款的基本规定

（1）在银行或其他金融机构开立账户的单位和个体工商户的商品交易、劳务款项和其他应收款项的结算，均可使用委托收款结算方式。

（2）委托收款在同城和异地均可使用。

（3）委托收款不受金额起点的限制。

（4）委托收款结算款项的划回方式有邮寄和电报划回2种，由收款人根据需要选择使用。

（三）委托收款结算方式的业务流程图

图 4-11 展示了委托收款结算方式的业务流程。当付款人和收款人在同一银行开户时，流程中第②步和第⑤步可以省略。

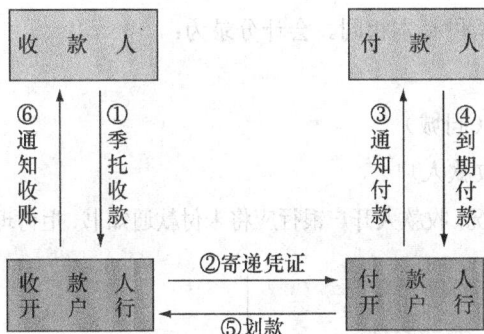

图 4-11　委托收款结算业务流程图

（四）委托收款业务的核算

对于全额支付委托收款结算，其处理过程可分为 4 个阶段：收款人开户银行受理并发出委托收款凭证；付款人开户银行通知付款；付款人开户银行划款；收款人开户银行收账。

1. 收款人开户银行受理并发出委托收款凭证

收款人办理委托收款时，应填制委托收款凭证（现已与托收凭证合并为同一凭证）一式五联，第一联为回单，第二联为贷方凭证，第三联为借方凭证，第四联为收账通知，第五联为付款通知。

填妥凭证后，收款人在委托收款凭证的第二联加盖单位印章或个人签章后，将结算凭证和债务证明提交开户银行。开户银行按照委托收款凭证的填写要求审查无误后，比照托收承付结算方式的处理方法，向付款人开户银行发出委托收款凭证，或通过同城票据交换提出委托收款凭证。

2. 付款人开户银行通知付款

付款人开户银行收到委托收款凭证及有关单证，审查是否确属本行受理，审查无误后，登记"收到委托收款凭证登记簿"，将第五联凭证加盖业务公章，连同其他有关单证一并交付款人签收。

3. 付款人开户银行划款

付款人接到通知后，应于当日书面通知银行付款，如付款人未在接到通知的次日起 3 日内通知银行付款，银行应于付款人接到通知的次日起第 4 日上午开始营业时（遇例假日顺延）将款项划给收款人。会计分录为：

借：吸收存款——付款人户

贷：联行科目（异地）

存放中央银行款项（同城）

付款人在付款期满时，账户上如果没有足够的资金支付全部款项，银行应索回全部单证，并填写付款人未付款通知书，连同第四联委托收款凭证一并退回收款人开户银行。

付款人若提出全部或部分拒付，应填制拒付理由书，连同委托收款凭证及所附单证送交开户银行，由银行转交收款人开户银行。付款人开户银行不负责审查拒付理由，对部分支付的款项按全额划款的手续处理。

4. 收款人开户银行收款

收款人开户银行收到划款的凭证或电报，将原留存保管的委托收款凭证抽出进行核对，无误后办理转账，相关手续与托收承付基本相同。会计分录为：

借：联行科目（异地）

存放中央银行款项（同城）

贷：吸收存款——收款人户

对于无款支付和拒付的情况，收款人开户银行应将未付款通知书、拒付理由书及债务证明转交收款人。

第四节 | 信用卡

信用卡是银行卡的一种，指商业银行向个人或单位发行的，凭以向特约单位（如商店、旅馆、娱乐场所、饭店等）购物、消费和向银行存取现金，并且具有消费信用的特制载体卡片。信用卡的外观为带有卡名、卡号、持卡人姓名、有效期、信息磁条、防伪标志等内容的卡片。信用卡广泛运用于商品经济的支付与结算，具有"电子货币"的功能。

信用卡的雏形最早产生于 1915 年美国，以信用度标志和优待券形式存在。之后，商业信用卡出现于 1946 年，美国狄纳斯俱乐部和运通公司发行了用于旅游、娱乐的消费信用卡。银行信用卡是1952 年出现的，美国富兰克林国民银行首发了银行卡。到 1959 年已发展到 150 多家。20 世纪 60年代以后，信用卡组织的发展推进了信用卡的不断发展。目前流行的国际信用卡组织有 VISA、万事达、JCB、运通、大莱，以及我国的中国银联等。

我国中国银行最早于 1985 年 6 月，在珠海分行正式发行中国第一张信用卡——中银卡。1986年在中国银行北京分行发行第一张人民币信用卡——长城卡。1987 年 3 月和 10 月，中国银行分别加入万事达和 VISA 组织。我国的工商银行、交通银行、建设银行、农业银行等商业银行紧随其后，相继在之后几年发行信用卡，并加入万事达和 VISA 组织。

一、银行卡的概念和分类

（一）银行卡的概念

银行卡是指商业银行（含邮政金融机构）向社会发行的具有消费信用、转账结算、存取现金等全部或部分功能的信用支付工具。银行卡在减少现金使用、保证资金安全；方便购物消费、促进商品销售、刺激社会需求；增加银行信贷资金来源；维护信用秩序；推动我国支付结算工具向国际化发展等方面发挥着重要作用。

（二）银行卡的分类

1. 银行卡包括信用卡和借记卡

（1）信用卡按是否向发卡银行交存备用金分为贷记卡、准贷记卡两类。

贷记卡：是发卡银行给予持卡人一定的信用额度，持卡人可在信用额度内先消费、后还款的信用卡。

准贷记卡：是指持卡人需先按发卡银行的要求交存一定金额的备用金，当备用金账户余额不足支付时，可在发卡银行规定的信用额度内透支的信用卡。

（2）借记卡按功能不同分为转账卡（含储蓄卡）、专用卡、储值卡。借记卡不具备透支功能。

2. 银行卡的其他分类方法

银行卡按币种不同，可以分为人民币卡和外币卡；按发行对象不同，可以分为单位卡（商务卡）和个人卡；按信息载体不同，可以分为磁条卡和芯片（IC）卡等。

二、信用卡的基本规定

由中国人民银行印发的《支付结算办法》对信用卡结算做出了明确的规定，主要内容包括以下几个方面。

（一）限制信用卡备用金账户的资金来源

单位卡账户的资金必须从其基本存款账户转入，不得交存现金，不得将销售收入的款项存入该账户。个人卡账户的资金以其持有的现金存入，或以其工资性款项及属于个人的劳动报酬收入转账存入，严禁将单位的款项存入个人卡账户。

这些规定有利于防止将信用卡账户变相作为基本存款账户使用，遏制公款私存和公款消费。

（二）严格信用卡的使用范围

信用卡应主要用于消费性支付。单位卡不得用于 10 万元以上的商品交易、劳务供应款项的结算。

（三）加强现金管理

单位卡一律不得支取现金。个人卡提取现金时，超过支付限额的，代理银行应向发卡银行索权。这些规定有利于限制利用信用卡大量套取现金，有利于加强对消费基金的控制。

（四）控制支付风险

（1）限定透支额度。信用卡透支额，金卡最高不得超过 1 万元，普通卡最高不得超过 5 000 元。

（2）限定透支期限。信用卡透支期限最长为 60 天。

（3）明确透支利息的计算。信用卡透支利息，自签单日或银行记账日起，15 日内按日息 5‰计算；超过 15 日按日息 10‰计算；超过 30 日或透支金额超过规定限额的，按日息 15‰计算。透支利息不分段，按最后期限或者最高透支额的最高利率档次计算。

（4）禁止恶意透支。恶意透支是指持卡人超过规定限额或规定期限，并且经发卡银行催收无效的透支行为。

（5）设立备用金存款制度和担保制度。申领信用卡要向发卡银行交存一定的备用金。发卡银行根据申请人的资信程度，要求其提供担保。担保的方式可采用保证、抵押或质押。

三、信用卡的业务流程图

图 4-12 展示了信用卡的业务流程，在从信用卡的申请——持卡人消费——持卡人开户行结算期间，信用卡还需要经过发卡、特约消费单位、开户行、票据交换等手续。

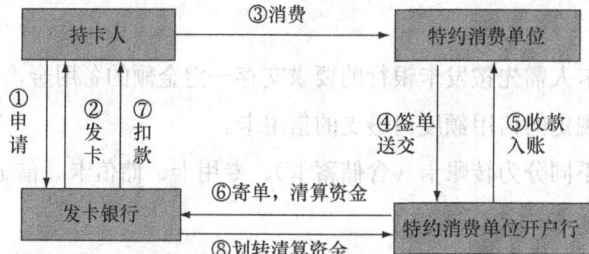

图 4-12　信用卡业务流程图

四、信用卡业务的会计处理

（一）信用卡的发放

单位或个人申请使用信用卡，应按发卡银行规定向发卡银行填写申请表。发卡银行审查同意后，应及时通知申请人前来办理领卡手续，并按规定向其收取备用金和手续费。申请人从其基本存款账户支付以上款项，具体分为两种情况。

1. 申请人已在发卡银行开立基本存款账户

申请人开具支票、填写三联进账单，交发卡银行经办人员。经办人员审查无误后，支票作为借方凭证，第二联进账单作为贷方凭证，另填制一联特种转账贷方凭证作为收取手续费贷方凭证。会计分录为：

借：吸收存款——申请人户

　　贷：保证金存款——申请人信用卡户

　　　　手续费及佣金收入

银行经办人员将第一联进账单加盖转讫章后作为回单交给申请单位。

2. 申请人未在发卡银行开立基本存款账户

单位卡申请人开具支票、填写进账单，交发卡银行经办人员。发卡银行经办人员审核无误后，在进账单上按票据交换场次加盖"收妥后入账"戳记，将第一联加盖转讫章后交给持票人。支票按照票据交换的规定及时提出交换。待退票时间过后，第二联进账单作为贷方凭证，并另填制一联特种转账贷方凭证作为收取手续费贷方凭证。会计分录为：

借：存放中央银行款项

贷：保证金存款——申请人信用卡户

手续费及佣金收入

个人卡申请人交存现金开卡的，银行转账的会计分录为：

借：库存现金

贷：保证金存款——申请人信用卡户

手续费及佣金收入

此后，个人卡用户在该行续存时，银行的会计分录为：

借：库存现金

贷：保证金存款——申请人信用卡户

（二）信用卡直接消费业务的核算手续

直接消费是信用卡的主要功能。持卡人凭卡在特约单位购物或消费之后，无需支付现金。由于银行为特约单位介绍了客户，因而特约单位要向银行支付一定比例的结算手续费。

1. 特约单位接受信用卡的处理手续

特约单位受理客户信用卡，经审查无误后，在签购单上压卡，并填写实际结算金额、用途、持卡人身份证件号码、单位名称和编号。对于超过支付限额的，应向发卡银行索权并填写授权号码，交持卡人签名确认，同时核对其签名与卡片背面签名是否一致。无误后，由持卡人在签购单上签名确认，并将信用卡、身份证件和第一联签购单还给持卡人。

每日营业终了，特约单位应将当日受理的信用卡签购单汇总，并按规定比率计算出应交给银行的手续费用，在交易总额中扣除手续费用后得出净额；然后将总额、银行手续费、净额、签购单张数、结算日期等记入汇计单；最后将汇计单、签购单、进账单一并送交收单银行办理进账。

2. 款项清算的账务处理

信用卡资金的清算分为以下几种情况。

（1）特约单位与持卡人在同一城市不同银行开户。对特约单位交来的进账单、三联汇计单及第二联、第三联签购单，收单银行应认真审查。经审查无误后，收单银行将第一联进账单加盖转讫章作为收账通知，第一联汇计单加盖业务公章作为交费收据，退给特约单位。

收单银行应将第二联进账单作为贷方凭证，第三联签购单作为其附件，并根据第二联计单的手续费金额填制一联特种转账贷方凭证；然后，收单银行将第二联签购单加盖业务公章连同第三联汇计单向持卡人开户银行提出票据交换（对跨系统银行发行的信用卡需待款项收妥才能办理转账）。会计分录为：

借：存放中央银行款项

贷：吸收存款——特约单位户

手续费及佣金收入

持卡人开户银行收到交换提入的第三联汇计单，经审核无误后办理转账。会计分录为：

　　借：保证金存款——持卡人户

　　　　贷：存放中央银行款项

（2）发卡银行是异地跨系统银行。在发卡行是异地某家跨系统银行的情况下，特约单位开户银行（收单银行）应向本地的跨系统发卡银行的通汇行按上述手续提出票据交换，会计分录同（1）。通汇行接到收单银行交换来的签购单和汇计单，随联行借方报单寄持卡人开户银行。其会计分录为：

　　借：联行科目

　　　　贷：存放中央银行款项

发卡银行收到同城交换来的第二联签购单和第三联汇计单，应认真进行审查。经审查无误后，发卡银行将第二联签购单作为借方凭证，第三联汇计单留存。会计分录为：

　　借：信用卡备用金存款——持卡人户

　　　　贷：联行科目

（3）特约单位与持卡单位不在同一城市，但两者在同一系统银行开户。收单银行应将第二联进账单作为贷方凭证，第三联签购单作为其附件，根据第二联汇计单的手续费金额填制一联特种转账贷方凭证作为其附件；第二联签购单加盖转讫章后，连同第三联汇计单随联行借方报单寄持卡人开户银行。会计分录为：

　　借：联行科目

　　　　贷：吸收存款——特约单位户

　　　　　　手续费及佣金收入

发卡银行收到联行寄来的报单及第二联签购单和第三联汇计单时，应认真进行审查。经审查无误后，发卡银行将第二联签购单作为借方凭证，第三联汇计单留存。会计分录为：

　　借：保证金存款——持卡人户

　　　　贷：联行科目

（三）信用卡存取现金的核算手续

1. 持卡人在开户城市其他银行同城存入现金

持卡人存入现金时，银行审核无误后填制存款单，存款单一式四联，第一联为回单，第二联为贷方凭证，第三联为借方凭证，第四联为存根。填妥凭证后，交持卡人签字确认，核对无误后办理转账。会计分录为：

　　借：库存现金

　　　　贷：存放中央银行款项

该银行应当日向持卡人开户银行提出票据交换。

持卡人的同城开户银行收到交换付款的票据后办理转账，会计分录为：

　　借：存放中央银行款项

　　　　贷：保证金存款——持卡人户

2. 持卡人在异地系统内银行存入现金

异地系统内银行收到持卡人存入现金后，经审核无误办理转账，会计分录为：

借：库存现金

　　贷：联行科目

然后，该银行通过行内支付系统清算资金。

持卡人开户银行受理系统内银行转来报单信息后办理转账，会计分录为：

借：联行科目

　　贷：保证金存款——持卡人户

3. 持卡人凭卡支取现金的业务

代理银行需要认真审核取款人的身份证件及信用卡的真伪、有效期等信息，并填制取现单。不同情况下的会计分录与存入现金时相反。如需收取手续费，则在"手续费及佣金收入"账户核算。

【例 4-8】信用卡的核算

持卡人张华（工商银行）向同城特约商户三联商场购买计算机一台，价款 4 500 元，三联商场将汇计单、签购单、进账单提交开户行（农业银行）办理转账，并按 1%向三联商场收取手续费。编制工商银行与农业银行会计分录如下：

农业银行：

　　借：清算资金往来　　　　　　　　　　　　　　　　　　　　4 500

　　　　贷：吸收存款——活期存款——三联商场　　　　　　　　　4 455

　　　　　　手续费及佣金收入　　　　　　　　　　　　　　　　　45

工商银行：

　　借：吸收存款——信用卡存款——张华　　　　　　　　　　　　4 500

　　　　贷：清算资金往来　　　　　　　　　　　　　　　　　　　4 500

思 考 题

1．什么是支付结算？支付结算包括哪些种类？

2．什么是票据？它包括哪几种？

3．什么是信用卡？简述其业务流程。

4．简述商业承兑汇票和银行承兑汇票的相同点和不同点。

5．比较银行本票与银行汇票的适用范围和核算流程。

6．各种支付结算方式中，哪些只能同城交易？哪些只能异地交易？哪些都可以？

第五章 往来业务的核算

【教学目标】

通过本章教学，能使学生了解往来业务的意义、管理体制、基本做法；熟悉手工和电子条件下，系统内联行往来业务的账务处理；熟悉手工和电子联行条件下，办理同业往来业务的账务处理；掌握人民银行系统电子联行往来的账务处理。

【引例】

一国支付清算体系的发展状况取决于经济金融的发展水平和计算机网络、电子通信技术的发展和应用水平。自中华人民共和国成立以来，中国支付清算体系的建设和发展经历了几个重要阶段。在计划经济时期，中国人民银行集清算、结算、监督于一身，承担了"正确组织清算，准确及时办理结算，做好结算监督和综合反映"的职能。在这一阶段，中国支付清算体系的特点是一切转账结算集中于银行，结算对公对私分开，建立高度集中的"全国大联行"清算体系，具有鲜明的计划经济及国家银行体制色彩。支付系统等基础设施在改革开放初期开始建设，中国人民银行开发建设了以专业卫星通信为依托的全国电子联行系统。目前，我国已初步建成以中国人民银行现代化支付系统为核心，银行业金融机构行内支付系统为基础，票据交换系统、银行卡支付系统、外币支付系统为重要组成部分的支付清算网络体系，对于加快社会资金周转、提高支付清算效率、促进国民经济健康平稳发展发挥着越来越重要的作用。

第一节 金融企业往来业务概述

商业银行作为金融企业，根据国家的金融方针、政策，对社会办理各项存贷款业务。而中央银行要运用货币政策工具实现对货币供应量和信贷规模的控制，它为实现金融调控和监管的目标所运用的一系列货币政策工具，在发挥作用中必然引起商业银行与中央银行之间的资金往来。与此同时，中国人民银行作为我国的中央银行，也有责任为商业银行之间资金存欠提供资金清算服务，这也会引起商业银行与中央银行之间的资金往来。

商业银行与中央银行之间发生的资金往来必须通过准备金存款账户实现资金划拨。准备金存款账户既是中央银行执行货币政策的需要，也是商业银行通过中央银行办理资金收付的需要。通过准备金存款账户，商业银行可以办理系统内资金调拨、商业银行跨系统的资金清算和资金调剂、向人民银行办理借款与再贴现等。中央银行可以通过商业银行的准备金存款账户考核法定存款准备金等。

一、金融机构往来的概念及内容

金融机构往来是指不同系统银行之间的账务往来，具体来说，金融机构往来是商业银行与商业银行之间、商业银行与中央银行之间、商业银行与非银行金融机构之间，由于办理资金划拨、结算等业务而引起的资金账务往来。

目前，金融机构往来核算的内容有以下几方面。

（1）商业银行之间的往来，包括同城票据交换及清算、异地跨系统汇划款项相互转汇、同业拆借等。

（2）商业银行和中央银行的往来，包括商业银行向中央银行送存或提取现金、缴存存款准备金、向中央银行借款、办理再贴现及通过中央银行汇划款项。

（3）商业银行系统内部的往来有如下几方面。

① 同一银行系统异地各行处之间彼此互称联行。

② 联行之间因发生国内外支付结算业务，或内部资金调拨而引起的资金账务往来称为联行往来。

③ 与联行对比，不同系统的各银行之间则互称代理行或同业，人们习惯上把国内不同系统的金融机构称为同业。

二、金融机构往来核算要求

金融机构往来的核算，既涉及中央银行的核算，又涉及各金融机构的核算，在核算过程中应遵循以下要求。

（一）严格执行会计制度，树立全局观念

金融机构往来都是由工作、业务、资金发生往来关系引起的，中央银行和各金融机构都必须严格执行基本制度和各自的会计制度，在科目的设置上、凭证的使用上、报表的编制与汇总上都必须按制度规定办理，保证会计核算的统一性、衔接性。要树立全局观念，不要只图自己省事、自己方便；要考虑对方，在操作上密切配合，保证双方账务的正确性。如有差错或不符，要及时查明情况，为对方提供便利。各商业银行在中央银行开立的往来账户应严格掌握，要有利于资金分开。

（二）及时传递凭证，迅速办理业务

及时传递凭证是处理业务核算的基础和前提。业务凭证要在中央银行与各商业银行之间进行传递，无论是代收、代付，还是划收、划付，都应当及时传送，不能随意拖延、压票。收到凭证后要及时处理账务，加速资金周转。即要有利于畅通汇路。

（三）及时清算资金，防止相互拖欠

中央银行与各金融机构之间的往来以及各金融机构之间的往来都是在及时划分各方资金的基础上进行的，相互往来的资金存欠必须及时清偿，要求各金融机构必须在中央银行保留足够的存款，便于清算使用；如果在清算前资金不足，要采取措施及时调入资金，以防止相互拖欠。

第二节
商业银行与中国人民银行往来的核算

商业银行与中央银行的往来是指各商业银行与中央银行之间因资金融通、调拨、汇划款项等引起的资金账务往来。商业银行与中央银行之间的资金往来密切而频繁。商业银行与中央银行往来的

业务内容主要有以下几点。

（1）商业银行经收的国家金库款以及财政性存款全部缴存中央银行。

（2）各商业银行吸收的一般性存款必须按规定比例缴存中央银行。

（3）商业银行在核定的额度内向中央银行借入信贷资金。

（4）商业银行通过中央银行进行同城票据交换清算。

（5）商业银行通过中央银行进行跨系统转汇。

（6）商业银行之间通过中央银行办理同业拆借。

（7）其他业务。

商业银行向中央银行缴存的存款包括财政性存款和一般性存款两部分。

一、商业银行准备金存款账户的开立

商业银行的准备金包括法定存款准备金和支付准备金。

（1）法定存款准备金，是根据商业银行吸收存款的增减变化，按照法定比例，必须保留在中央银行的存款准备金。

（2）支付准备金，也称备付金，是保证日常资金支付的备用金。

商业银行为满足通过中央银行办理各种业务、资金清算以及考核法定存款准备金的需要，各级机构都在中央银行开立准备金存款账户。

各商业银行总行或总部开立的准备金存款账户，属于支付准备金和法定存款准备金合一的账户，除用以考核法定存款准备金以外，还用于向中央银行存取现金、调拨资金、清算资金以及其他日常支付款项。该账户余额应大于或等于最低规定的法定存款准备金的规定余额。

各商业银行分支机构在中央银行开立的准备金存款账户，准备付金存款账户，不用于考核法定存款准备金，仅用于向中央银行存取现金、调拨资金、清算资金和其他日常支付款项，不允许透支；如果账户资金不足，可以通过向上级行调入资金或向同业拆借补充。

商业银行在中央银行的准备金存款账户，属于资产性质，商业银行用"存放中央银行款项"科目核算；中央银行对商业银行的准备金存款账户，属于负债性质，中央银行用"××银行存款"科目核算。

二、向中央银行缴存（支取）现金

根据中国人民银行规定，商业银行必须在中国人民银行开立存款账户，其各级行处的经营资金要全部存入当地中国人民银行，并以"先存后用，不得透支"的原则进行管理和运用。商业银行设置"存放中央银行款项"科目，核算本行存放中央银行款项的增减变化。商业银行向中央银行存取资金的方式主要分为现金和转账两种方式。

商业银行只设立现金业务库，业务库存现金核定有库存限额。库存现金不足限额时，向中央银行提取，中央银行从发行库出库，作为货币发行。发行货币会引起中央银行发行库里的发行基金减少、流通中货币增加、商业银行库存现金增加和准备金存款减少。商业银行业务库存现金超过限额时应缴存中央银行；中央银行交入发行库，作为货币回笼。回笼货币会引起人民银行发行库的发行基金增加、流通中货币减少、商业银行库存现金减少和准备金存款增加。

金融企业向中央银行支取和缴存现金必然会引起中央银行的货币发行或货币回笼。

（一）向中央银行缴存现金的核算

商业银行填制"现金缴款单"，连同现金一并交中央银行发行库。发行库将款项收妥后，将缴款单的回单联退缴款的商业银行，同时填制发行基金入库凭证，办理入库手续。其会计分录为：

借：存放中央银行款项——备付金存款

    贷：库存现金

（二）向中央银行支取现金的核算

商业银行向中央银行填送现金支票，待取回现金后，填制现金收入传票，原现金支票存根作为附件。其会计处理方式与存入现金相反，会计分录为：

借：库存现金

    贷：存放中央银行款项——备付金存款

三、商业银行向中央银行缴存存款的核算

缴存存款包括缴存财政性存款和缴存一般性存款。它们之间性质不同，应注意严格划分，不得混淆。商业银行按规定向中央银行缴存存款时，应根据有关存款账户余额，填制"缴存存款各账户余额表"一式二份，然后按规定的比例计算出应缴存金额，分别填制"缴存（或调整）财政性存款划拨凭证"和"缴存（或调整）一般性存款划拨凭证"。商业银行在规定时间内向中央银行缴存或调整缴存存款时，如其在中央银行的存款账户余额不足，无法足额缴存时，就造成了部分欠缴款，对欠缴的金额，商业银行应该另行填制"财政性存款（或一般性存款）欠缴凭证"。

在账户设置中，使用"存放中央银行款项"账户。该账户是资产类账户，用以核算商业银行存入中央银行的各种存款。解缴现金、转账存入款项时，记入该账户的借方；提取现金、转账支付款项时，记入该账户的贷方，期末余额在借方，表示本行在中央银行存款的实有数。该账户下设"存放中央银行款项""缴存中央银行财政性存款""缴存中央银行一般性存款"三个明细账户。实际工作中，常将二级账户提升为一级账户使用。

（一）缴存财政性存款的核算

1. **财政性存款缴存的范围**

财政性存款主要是指商业银行代办的中央预算收入、地方金库存款和代理发行国债（抵减代理兑付国债款）款项等吸收的财政性存款，属于中央银行的资金来源，应全额就地划缴中央银行。

2. **缴存财政性存款的一般规定**

（1）缴存存款的比例。财政性存款，属于中央银行信贷资金，要全额缴存当地中央银行，商业银行不得占用。

（2）调整缴存款的时间。商业银行向中央银行缴存存款的时间，除第一次按规定时间外，城市分支行（包括所属部、处）每旬调整一次，于每旬后5日内办理；县支行及其所属处所，每月调整

一次，于每月后 8 日内办理，如遇调整日最后一天为节假日，则可顺延。

（3）调整缴存款的计算方法。在办理缴存存款时，采取首次缴存后定期调整缴存存款差额的办法。即应按本旬（月）末缴存科目余额总数与上期同类科目旬（月）末余额总数对比，按实际增加或减少数进行调整，计算应缴存金额。存款增加即调增补缴，存款减少即调减退回，缴存（调整）金额以千元为单位，千元以下四舍五入。

3. 调整缴存财政性存款的账务处理

商业银行按时间规定向中央银行缴存（或调整）存款时，缴存财政性存款科目余额表如为调增补缴，其会计分录为：

借：存放中央银行款项——财政性存款

贷：存放中央银行款项——备付金存款

如为调减退回，则会计分录相反。

【例 5-1】工商银行广州某营业处，6 月 20 日财政性存款科目余额为 83 525 000 元。经查，6 月 10 日财政性存款科目余额为 70 283 800 元。

经计算则应补缴财政性存款为：

83 525 000-70 283 800=13 241 200（元）

编制会计分录如下。

借：存放中央银行款项——财政性存款　　　　　　　　　　　　13 241 200

贷：存放中央银行款项——备付金存款　　　　　　　　　　　　13 241 200

4. 欠缴财政性存款的核算

商业银行在调整应缴存款时，如果在中央银行存款账户余额不足，必须在规定的时间内及时筹集资金，办理调整缴存存款手续。如果在规定的期限内不能调入资金，其不足支付的部分即构成欠缴存款。

（1）发生欠缴的核算。对欠缴的存款，编制财政性存款欠缴凭证一式四联（各联用途与缴存凭证相同）和"待清算凭证"表外科目收入传票，逐笔记入待清算凭证登记簿。其会计分录为：

收入：待清算凭证——中央银行户

（2）扣收欠缴款项的核算。中央银行对商业银行的欠缴存款，待商业银行调入资金时，将欠缴金额全额收回。同时，中央银行对商业银行超过期限的欠缴存款，应按规定处以罚款。其会计分录为：

借：存放中央银行款项——财政性存款

贷：存放中央银行款项——备付金存款

借：营业外支出——罚款支出户

贷：存放中央银行款项——备付金存款

付出：待清算凭证——中央银行户

【例 5-2】工商银行本期应向中央银行补增财政性存款 500 万元，按期填制划拨凭证，办理转账，请编制工商银行和中央银行的会计分录。

工商银行：

借：存放中央银行款项——财政性存款　　　　　　　　　　　　5 000 000

　　贷：存放中央银行款项——备付金存款　　　　　　　　　　　5 000 000

中央银行：

借：工商银行准备金存款——金融机构存款　　　　　　　　　　5 000 000

　　贷：工商银行财政性存款　　　　　　　　　　　　　　　　　5 000 000

若工商银行此次财政性存款发生欠缴，10 日后，在中央银行的存款账户存入足够的资金，由中央银行扣收欠缴款项，并交罚款 25 000 元。请编制发生欠缴和由中央银行扣收款项时工商银行的会计分录。

发生欠缴时：

收入：待清算凭证——中央银行户　　　　　　　　　　　　　　5 000 000 元

扣收款项时：

借：存放中央银行款项——财政性存款　　　　　　　　　　　　5 000 000

　　贷：存放中央银行款项——备付金存款　　　　　　　　　　　5 000 000

借：营业外支出——罚款支出　　　　　　　　　　　　　　　　　25 000

　　贷：存放中央银行款项——备付金存款　　　　　　　　　　　　25 000

付出：待清算凭证——中央银行户　　　　　　　　　　　　　　5 000 000 元

（二）缴存一般性存款的核算

一般性存款是指除财政性存款以外，商业银行吸收的其他各项存款，包括机关团体存款、财政预算外存款、个人储蓄存款、单位存款等其他各项存款。一般性存款是商业银行的信贷资金来源，应按规定的比率上缴中央银行，由中央银行统一调度使用。缴存一般性存款也称缴存法定存款准备金，是商业银行吸收的存款必须按一定比例存入中央银行，一般情况下不能动用。一般性存款的缴存比率由中央银行根据市场银根状况调整确定，是中央银行进行货币调控的重要政策工具之一。其主要作用在于：限制派生存款，以调节和控制贷款规模；扩大商业银行的提存准备，增强资金后备力量。

1. 缴存一般性存款的范围

各商业银行应缴存法定存款准备金的一般存款包括：吸收的机关团体存款、财政预算外存款、单位存款、个人储蓄存款及其他一般存款、商业银行办理的委托及代理业务的负债项目减去资产后的贷方余额（如委托存贷款轧差后的贷方余额）、代理发行与兑付债券轧差后的贷方余额、国家与地方委托贷款基金与贷款轧差的贷方余额等。

2. 一般性存款的缴存比例

法定存款准备金的缴存比例，由中央银行根据调整和控制信用规模及货币供应量的需要确定，并根据经济与金融发展状况及需要进行调整。

按法人、按日统一考核，按旬进行调整。

3. 缴存法定存款准备金的核算

各商业银行缴存的法定存款准备金，由各商业银行分行按规定比例逐级汇总到总行，再由总行

（法人）集中向中央银行缴存。

各商业银行在每日营业终了，自下而上编制"一般存款余额表"，由商业银行总行统一汇总后报送法定存款准备金账户开户的中央银行。中央银行于每日营业终了，按一般存款余额的一定比例考核法定存款准备金。

法定存款准备金=一般存款余额表合计余额×缴存比例

法定存款准备金迟缴和少缴时，中央银行按日计收的罚息，商业银行通过"营业外支出"核算。

商业银行总行根据应调整缴存一般存款的金额，缴存或调增的会计分录为：

借：存放中央银行款项——法定存款准备金

　　贷：存放中央银行款项——备付金存款

【例5-3】工商银行某支行于2013年9月成立，至9月末该银行财政性存款余额为500 000元，一般性存款余额为6 000 000元。9月末该银行第一次办理缴存手续。假设一般性存款缴存比例为8%，则该银行：

应缴存财政性存款=500 000×100%=500 000

应缴存一般性存款=6 000 000×8%=480 000

借：存放中央银行款项——财政性存款　　　　　　　　　　　500 000

　　存放中央银行款项——法定存款准备金　　　　　　　　　480 000

　　贷：存放中央银行款项——备付金存款　　　　　　　　　980 000

【例5-4】承上题：本期末，该工商银行分支机构财政性存款余额为400 000元，上期期末为500 000元，一般性存款余额为9 000 000元，上期期末为6 000 000元，假设一般性存款缴存比例为8%，需要调整缴存存款额计算如下：

应缴存财政性存款=400 000×100%-500 000 = -100 000

借：存放中央银行款项——备付金存款　　　　　　　　　　　100 000

　　贷：存放中央银行款项——财政性存款　　　　　　　　　100 000

应缴存一般性存款=9 000 000×8% 480 000= 240 000

借：存放中央银行款项——法定存款准备金　　　　　　　　　240 000

　　贷：存放中央银行款项——备付金存款　　　　　　　　　240 000

对于首次缴存存款，商业银行按时间规定向中央银行缴存存款时，应根据有关存款账户余额，按规定的比例计算出应缴存金额，分别填制"缴存（或调整）财政性存款划拨凭证"和"缴存（或调整）一般性存款划拨凭证"。两种划拨凭证均一式四联，其中第一联、第二联由商业银行使用，代记账凭证；第三联、第四联由中央银行使用，代记账凭证。转账后，将划拨凭证的第三联、第四联连同"缴存存款各账户余额表"一份，一并交中央银行；另一份余额表留存。

商业银行首次缴存存款以后，在规定的时间内对已缴存的存款进行调整时，也应根据有关存款账户的余额，填制"缴存存款各账户余额表"一式两份，并计算出财政性存款和一般性存款本次调整时应调增或调减的金额，如系调增缴存款，其分录与首次缴存相同；如系调减缴存款，则会计分录相反。凭证的用途和处理与首次缴存时相同。

对于欠缴存款，商业银行在规定时间内向中央银行办理缴存款或调增缴存款时，如其在中央银行存款账户余额不足，无法足额缴存时，即造成了部分欠款。按规定，商业银行应首先足额缴存财政性存款，如有剩余再部分缴存一般性存款。商业银行对本次能实缴的金额，按正常缴存或调整的核算手续办理，只是在划拨凭证上的"本次应补缴金额"栏中填上本次实缴金额数，并在凭证备注栏内注明本次应补缴金额和本次欠缴的金额数；对欠缴的金额，商业银行应另填"财政性存款(或一般性存款)欠缴凭证"一式四联，第一联、第二联留存，第三联、第四联连同"缴存存款各账户余额表"送交中央银行。另按欠缴金额编表外科目收入传票，通过"待清算凭证"表外科目核算，登记"待清算凭证登记簿"。

中国人民银行待商业银行准备金存款账户有足够资金时，应立即将欠缴存款一次性收回，并按规定对欠缴存款按欠缴天数每天收万分之六的罚款。商业银行收到中央银行转来的扣收欠缴存款的特种转账借方、贷方传票后，抽出原保管的欠缴凭证第一联、第二联做转账借方、贷方传票办理转账，账务处理与首次缴存时相同。被罚款金额记作"营业外支出"。同时编制表外科目付出传票，销记"待清算凭证登记簿"。

对于迟缴和少缴的存款，商业银行未在规定期限内办理缴存（调增），即为迟缴。对迟缴的金额应按每日万分之五计收罚息。商业银行实际缴存金额小于根据"缴存存款各存款账户余额表"计算出的应缴存款金额，即为少缴，应予补缴，并按少缴金额每日收取万分之六的罚款。对迟缴、少缴的补缴手续，商业银行及中央银行处理时同正常调增手续相同。迟缴、少缴存款的罚款核算手续与欠缴的罚款核算手续相同。

四、向中央银行借款的会计处理

向中央银行借款是指商业银行因资金短缺而向中央银行申请的借款。商业银行在执行信贷计划过程中，若遇到资金短缺，可以向中央银行申请再贷款和再贴现。中央银行通过对商业银行再贷款，既可以弥补商业银行因发放贷款而产生的计划内或临时性的资金短缺，还可以通过放松或紧缩再贷款的规模，调节货币供应，从而达到宏观调控金融的目的。

中央银行根据商业银行的借款计划向其发放的贷款，称为再贷款。金融企业向中央银行借款是解决金融企业资金不足的一种办法。一般是由金融企业总行（公司）集中向中央银行总行借款，分支机构不得向中央银行借款。

（一）借款账户的开立

1. 年度性贷款户

年度性贷款户是指因经济合理增长而引起的年度信贷资金不足向中央银行的借款。此种贷款期限一般为一年，最长不超过两年。

2. 季节性贷款户

季节性贷款户是指因信贷资金先支后收或存款季节性下降，贷款季节性上升等原因引起的资金暂时不足而向中央银行的借款。此种贷款期限一般为两个月，最长不超过四个月。

3. 日拆性贷款户

日拆性贷款户是指由于汇划款项未达等原因发生临时性资金短缺而向人民银行的借款。此种贷款的期限一般为 10 天，最长不超过 20 天。

4. 再贴现户

再贴现户是指以已贴现而未到期的商业汇票向中央银行办理转让，通过此账户核算。

另外，再贷款按发放有无保障分为信用贷款和质押贷款。信用贷款是指以商业银行的信誉而对其发放的贷款。质押贷款是指以商业银行持有的有价证券作质押而对其发放的贷款。

凡经中央银行批准，持有《经营金融业务许可证》，在中央银行单独开立基本账户的商业银行和其他金融企业，均可作为发放再贷款的对象。目前，再贷款发放方式主要是逐笔核贷，是指商业银行逐笔申请立据，中央银行逐笔审查发放，约定期限，到期由商业银行归还的贷款方式。

（二）账户设置

1. "向中央银行借款"账户

"向中央银行借款"是负债类账户，用于商业银行向中央银行申请贷款和归还贷款的核算。商业银行向中央银行申请贷款的数额记入该账户的贷方，商业银行向中央银行归还贷款的数额则记入该账户的借方，期末余额在贷方，表示商业银行向中央银行借款的实际数额。

2. "金融企业往来支出"账户

"金融企业往来支出"是损益类账户中的费用类账户，用于金融企业往来利息支出的核算。金融企业往来产生的利息支出数额记入该账户的借方，期末结转入"本年利润"时则记入该账户的贷方，期末若有余额在借方，表示金融企业之间往来产生的利息支出的实际数额。

（三）再贷款的核算

1. 商业银行向中央银行申请贷款

商业银行向中央银行申请贷款时，应提交借款申请书，经中央银行计划部门审核批准后可以一次或分次办理借款手续。借款时，商业银行填制一式五联借款凭证，加盖印鉴后，提交中央银行。经中央银行审核无误后，根据退回的第三联借款凭证代转账借方传票，并另编转账贷方传票办理转账。会计分录为：

借：存放中央银行款项

　　贷：向中央银行借款

2. 商业银行归还借款

贷款到期，商业银行归还时，应填制一式四联还款凭证，加盖预留银行印鉴后，提交中央银行办理还款手续。经中央银行审核无误后，根据退回第四联还款凭证代转账贷方传票，并另编制转账借方传票办理转账。会计分录为：

借：向中央银行借款（借款本金）

　　金融企业往来支出——中央银行往来支出户（借款利息）

　　　贷：存放中央银行款项（借款本息）

如果借款银行在贷款到期后无款偿还，中央银行应于到期日将该笔贷款转入逾期贷款账户，并按规定标准计收逾期贷款利息，待商业银行存款账户有款支付时再一并扣收。

【例 5-5】3 月 5 日，某行向中央银行申请 1 000 万元再贷款，期限 3 个月，于 6 月 5 日到期，利率为 6.6‰，试编制该行获得贷款时、归还时的会计分录。

3 月 5 日：

借：存放中央银行款项——备付金存款　　　　　　　　　10 000 000

　　贷：向中央银行借款——借款户　　　　　　　　　　　　10 000 000

6 月 5 日：

借：向中央银行借款　　　　　　　　　　　　　　　　　10 000 000

　　利息支出——中央银行往来支出户　　　　　　　　　　　　198 000

　　　　贷：存放中央银行款项——备付金存款　　　　　　　　10 198 000

五、再贴现的会计处理

再贴现是金融企业以已贴现尚未到期的商业汇票转让给中央银行，中央银行从汇票面额中扣除从再贴现之日起到票据到期日止的利息后，以其差额向金融企业融通资金的业务。

中央银行办理再贴现的对象，是在中央银行开立账户的商业银行。中央银行可以通过再贴现率的调整，影响商业银行对其他企业办理贴现业务，从而达到放松或紧缩银根的目的。因此，再贴现是中央银行调节货币供应量与加强宏观调控的重要手段。

再贴现汇票到期，再贴现中央银行作为持票人直接向商业汇票付款人办理委托收款。如果再贴现中央银行收到付款人开户银行或承兑银行退回的委托收款凭证、汇票和拒付理由书或付款人未付款项通知后，应追索票款，从申请再贴现的商业银行账户收取，并通知申请再贴现的商业银行。

"贴现负债"账户是负债类账户，用于核算银行办理商业票据的再贴现业务所融入的资金。银行持贴现票据向中央银行办理再贴现业务时，记入该账户的贷方；贴现票据到期支付款项时，记入该账户的借方。期末余额在贷方，表示办理再贴现业务融入的资金。

1. 办理再贴现的核算

商业银行持未到期的商业汇票向中央银行申请贴现时，应在汇票背面背书，并根据汇票填制一式五联的再贴现凭证（第一联为借方传票，第二联为贷方传票，第三联为利息传票，第四联为收账通知，第五联为到期检查卡）。在第一联上加盖预留印鉴，连同商业汇票一并交中央银行计划部门。

经中央银行计划部门审批同意后，转交中央银行会计部门，中央银行会计部门复核无误后，按规定的贴现率计算出再贴现利息和实付再贴现金额（其计算方法与一般贴现的计算方法相同"再贴现利息＝汇票金额×再贴现天数×日再贴现率""实付再贴现金额＝汇票金额-再贴现利息"），转账后，将第四联再贴现凭证退还商业银行。商业银行会计部门根据退回的再贴现凭证第四联，编制转账借、贷方传票办理转账。会计分录为：

借：存放中央银行款项（贴现金额）

　　金融企业往来支出——中央银行往来支出户（贴现利息）

　　　贷：贴现负债（票面金额）

2. 再贴现到期的核算

再贴现汇票到期时，再贴现中央银行作为持票人直接向付款人收取票款，会计分录为：

借：贴现负债
　　贷：存放中央银行款项

第三节 | 同业往来的会计处理

商业银行往来是指各商业银行之间由于资金划拨、款项汇划以及货币结算业务而相互代收付款项发生的资金账务往来。同城的商业银行往来，一般可通过同城票据交换进行。异地的商业银行往来，有的需通过中央银行划转，有的通过系统内联行往来完成。同业往来就是金融企业之间由于办理跨系统结算、相互拆借等业务所引起的资金账务往来。它包括跨系统汇划款、同业拆借和同城票据交换。

一、异地跨系统转汇的处理

跨系统转汇是指由于客户办理异地结算业务而引起的各商业银行之间相互汇划款项的业务，可以通过两种方法办理：一是通过人民银行转汇，二是通过商业银行间转汇。

为了加强资金管理，中国人民银行《支付结算办法》规定：各商业银行跨系统汇划款项达到 10 万元或 10 万元以上和系统内汇划款项达到 50 万元及以上的大额汇划，应通过中国人民银行清算资金和转汇。在此限额以下的，可采取相互转汇的办法。

科目设置包括"同业存放"和"存放同业"。"同业存放"科目属于负债类科目，用以核算其他商业银行在本行开户存放的款项。他行向本行存入款项时，记入该账户的贷方；他行从本行提现或转账支付时，记入该账户的借方；期末余额在贷方，表示他行在本行存款的实有数额。"存放同业"科目属于资产类科目，用以核算本行在其他商业银行开户存放的款项。本行向他行存入款项时，记入该账户的借方；本行从他行提现或转账支付时，记入该账户的贷方；期末余额在借方，表示本行在其他商业银行存款的实有数额。这两个科目均按往来单位设明细账。

跨系统转汇至少要涉及两家银行系统，参与的行处至少有三个行处，同时中央银行必须介入两个银行系统的横向清算。跨系统转汇涉及横向往来，也涉及纵向往来。横向往来是指不同银行系统之间的划汇往来与清算；纵向往来是指系统内联行的汇划往来与清算。在实际工作中，横向往来简称为"横"，纵向往来简称为"直"。通过商业银行间转汇，具体有三种方法是"先横后直""先直后横"和"先直后横再直"。

（一）汇出行所在地为双设机构地区——"先横后直"

双设机构地区是指汇出行所在地设有汇入行系统内的银行机构。当跨系统汇划款项业务发生时，汇出行将汇划款项凭证提交跨系统转汇行办理转汇。由转汇行通过本系统联行将款项划往汇入行，即采取"先横后直"的转汇方法。即汇出行先通过同城票据交换将款项划至汇入行在当地的联行机构（转汇行），由其通过系统内电子汇划款项汇往汇入行。"先横后直"的业务流程如图5-1所示。

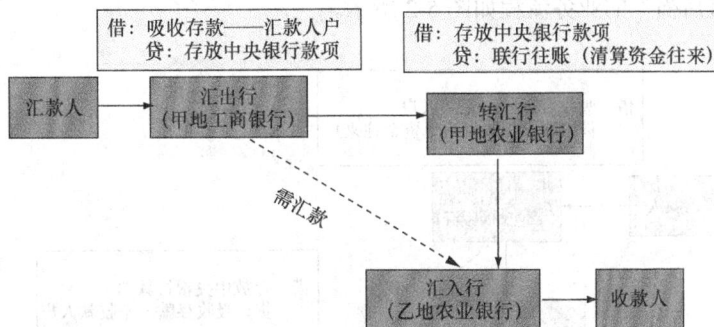

图5-1 "先横后直"的业务流程图

以付款业务为例，各行会计分录如下。

（1）汇出行的核算，会计分录为：

借：吸收存款——活期存款——付款人户

　　贷：存放中央银行款项（或：同业存放——转汇行）

（2）转汇行的核算，会计分录为：

借：存放中央银行款项（或：存放同业——汇出行）

　　贷：联行往账——汇入行

（3）汇入行的核算，会计分录为：

借：联行来账——转汇行

　　贷：吸收存款——活期存款——收款人户

如为收款业务，则各行的会计分录相反。

【例5-6】甲地农业银行的开户单位市农机公司办理电汇业务，汇往乙地工商银行的开户单位南财机械厂支付货款78 000元，通过同城工商银行将款项汇出。做出甲地农业银行（汇出行）、甲地工商银行（转汇行）和乙地工商银行（汇入行）的会计分录。

甲地农业银行（汇出行）

　　借：吸收存款——活期存款——农机公司　　　　　　　　　　　　　78 000

　　　　贷：存放中央银行款项　　　　　　　　　　　　　　　　　　　78 000

甲地工商银行（转汇行）

　　借：存放中央银行款项　　　　　　　　　　　　　　　　　　　　　78 000

　　　　贷：联行往账　　　　　　　　　　　　　　　　　　　　　　　78 000

乙地工商银行（汇入行）

　　借：联行来账　　　　　　　　　　　　　　　　　　　　　　　　　78 000

　　　　贷：吸收存款——活期存款——机械厂　　　　　　　　　　　　78 000

（二）汇出行所在地为单设机构地区，且汇入行所在地为双设机构地区——"先直后横"

异地跨系统转汇业务发生时，汇出行应将跨系统汇划款项先通过本系统联行划转汇入行所在地的系统内转汇行，由转汇行转划给汇入行，即采取"先直后横"的转汇方法，资金存欠由汇入地人民银行清算。"先直后横"的业务流程如图 5-2 所示。

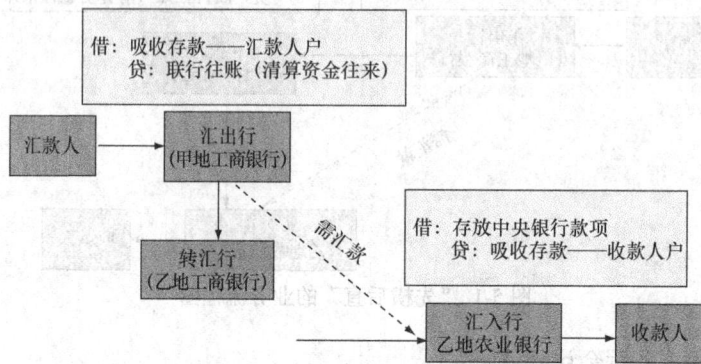

图 5-2 "先直后横"的业务流程图

以付款业务为例，各行会计分录如下。

（1）汇出行的核算，会计分录为：

借：吸收活期存款——付款人户

  贷：联行往账——转汇行

（2）转汇行的核算，会计分录为：

借：联行来账——汇出行

  贷：存放中央银行款项（或：同业存放——汇入行）

（3）汇入行的核算，会计分录为：

借：存放中央银行款项（或：存放同业——转汇行）

  贷：吸收活期存款——收款人户

如为收款业务，则各行的会计分录相反。

【例 5-7】甲地农业银行开户单位××纺织厂电汇 20 000 元，收款单位是乙地中国银行开户单位××进出口公司。因甲地没有中国银行机构，通过乙地农业银行转汇。作出甲地农业银行、乙地农业银行和中国银行的会计分录。

甲地农业银行（汇出行）：

  借：吸收存款——活期存款——纺织厂　　　　　　　　　　　　　 20 000

    贷：联行往账　　　　　　　　　　　　　　　　　　　　　　 20 000

乙地农业银行（转汇行）：

  借：联行来账　　　　　　　　　　　　　　　　　　　　　　　　 20 000

    贷：存放中央银行款项　　　　　　　　　　　　　　　　　　 20 000

乙地中国银行（汇入行）：

　　借：存放中央银行款项　　　　　　　　　　　　　　　　　20 000

　　　　贷：吸收存款——活期存款——进出口公司　　　　　　　20 000

（三）汇出行、汇入行所在地均为单设机构地区——"先直后横再直"

汇出行、汇入行所在地均为单设机构地区，在办理跨系统汇划款项时，应通过附近双设机构地区的商业银行办理转汇，即采取"先直后横再直"的办法。"先直后横再直"的业务流程如图5-3所示。

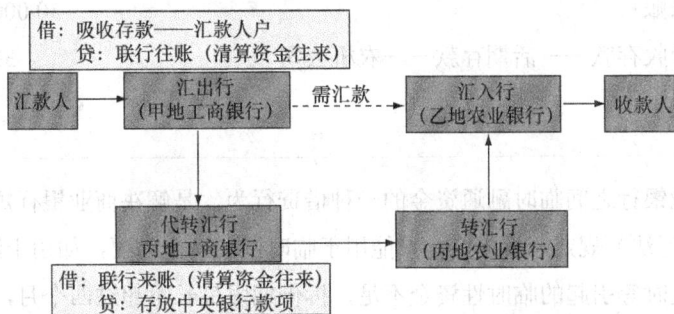

图5-3　"先直后横再直"的业务流程图

仍以付款业务为例，各行会计分录如下。

（1）汇出行的核算，会计分录为：

借：吸收活期存款——付款人户

　　贷：联行往账——转汇行1

（2）转汇行1的核算，会计分录为：

借：联行来账——汇出行

　　贷：存放中央银行款项（或：同业存放——转汇行2）

（3）转汇行2的核算，会计分录为：

借：存放中央银行款项（或：存放同业——转汇行1）

　　贷：联行往账——汇入行

（4）汇入行的核算，会计分录为：

借：联行来账——转汇行2

　　贷：吸收活期存款——收款人户

如为收款业务，则各行分录相反。

【例5-8】甲地农业银行开户单位××粮油公司电汇3万元给乙地中国银行开户的××农机公司，因甲、乙两地均为单设机构地区，通过附近丙地双设机构地区转汇。编制甲地农业银行、丙地农业银行、丙地中国银行和乙地中国银行的会计分录。

甲地农业银行：

　　借：吸收存款——活期存款——粮油公司　　　　　　　　　　30 000

　　　　贷：联行往账　　　　　　　　　　　　　　　　　　　　30 000

丙地农业银行：

借：联行来账   30 000

  贷：存放中央银行款项   30 000

丙地中国银行：

  借：存放中央银行款项   30 000

    贷：联行往账   30 000

乙地中国银行：

  借：联行来账   30 000

    贷：吸收存款——活期存款——农机公司   30 000

二、同业拆借

同业拆借是商业银行之间临时融通资金的一种借贷行为，是解决商业银行短期资金不足的一种有效方法。《商业银行法》规定，拆借资金只能用于临时性的资金需要，如由于清算票据交换差额、系统内资金调拨不及时等引起的临时性资金不足，拆借期限最长不超过四个月，禁止利用拆入资金发放固定资产贷款或用于投资。

同业拆借可以在中央银行组织的资金市场进行，也可以在同城商业银行之间进行，或在异地商业银行之间进行，但都必须通过中央银行划拨资金。资金拆出与拆入的商业银行，应商定拆借条件，如拆借金额、利率、期限等，并签订协议，由双方共同履行。对相互拆借的资金，不能用现金方式进行直接拆借，一律通过双方在中央银行的存款账户进行。

（一）会计科目的设置

1. "拆出资金"科目

本科目属于资产类科目，核算商业银行拆借给境内、境外其他金融机构的款项。商业银行拆出资金时，借记本科目；收回资金时，贷记本科目。期末余额若在借方，反映商业银行按规定拆放给其他金融机构的款项。本科目可按拆放的金融机构进行明细核算。

2. "拆入资金"科目

本科目属于负债类科目，核算商业银行从境内、境外金融机构拆入的款项。商业银行拆入资金时，应按实际收到的金额，贷记本科目；归还拆入资金时，借记本科目。期末余额若在贷方，反映商业银行尚未归还的拆入资金余额。本科目可按拆入资金的金融机构进行明细核算。

3. "金融企业往来收入"科目

"金融企业往来收入"账户是损益类账户中的收入类账户，用于金融企业往来利息收入的核算。金融企业往来产生的利息收入数额记入该账户的贷方；期末结转入"本年利润"时则记入该账户的借方。期末若有余额在贷方，表示金融企业之间往来产生的利息收入的实际数额。该账户应按照往来的内容设明细账。

（二）同城拆借的核算

1. 资金拆借的处理

（1）拆放行以拆入行借据为依据，向中央银行填交进账单及转账支票，并编制特种转账借贷传票予以转账。会计分录如下。

借：拆出资金

　　贷：存放中央银行款项

中央银行收到拆入行送存的支票及进账单后，经审核无误后，办理款项划转。会计分录为：

借：××银行准备金存款——拆出行户

　　贷：××银行准备金存款——拆入行户

（2）商业银行拆入行根据进账回单联，编制特种转账借贷传票各一联，进行账务处理。会计分录为：

借：存放中央银行款项

　　贷：拆入资金

2. 到期归还借款的处理

商业银行之间的资金拆借，应恪守信用，履约还款。拆入行归还借款时，应按事先规定的利率，计算应付利息，将本息一并通过人民银行划转拆放行。

（1）拆入行处理。拆入行归还到期借款时，应根据本息，填制进账单和转账支票送往中央银行。会计分录为：

借：拆入资金

　　利息支出——同业拆借利息支出

　　贷：存放中央银行款项

（2）拆放行的处理。商业银行拆放行根据进账单回单联，编制特种转账借方传票和贷方传票，予以转账。会计分录为：

借：存放中央银行款项

　　贷：拆出资金

　　利息收入——拆借利息收入

【例5-9】 某市农业银行因季节性需要向同城市工商银行拆借资金 100 000 元，经中央银行批准，同意办理拆借手续。请编制市农业银行、市工商银行、市人民银行的会计分录。

市农业银行：

借：存放中央银行款项　　　　　　　　　　　　　100 000

　　贷：拆入资金——工商银行户　　　　　　　　　　100 000

市工商银行：

借：拆出资金——农业银行户　　　　　　　　　　100 000

　　贷：存放中央银行款项　　　　　　　　　　　　100 000

市人民银行：

借：工商银行准备金存款——某市工商银行　　　　100 000

　　贷：农业银行准备金存款——某市农业银行　　　100 000

（三）异地拆借的核算

商业银行异地间拆借资金，经双方协商后，由拆出行通过开户的人民银行将款汇往拆入行开户的人民银行，转入拆入行账户。归还借款时，由拆入行将款项汇给拆出行。拆出行与拆入行账务处理的会计分录与同城拆借相同，而双方开户的人民银行则需要通过联行往来划拨款项。

三、同业存放的会计处理

同业存放款项是指商业银行与其他金融机构之间，因资金往来、代理等业务需要而互相存放的资金。

（一）存放同业的核算

（1）商业银行增加在同业的存款，应按照实际增加存款金额，会计分录为：

借：存放同业

贷：存放中央银行款项

（2）商业银行减少在同业的存款，会计分录为：

借：存放中央银行款项

贷：存放同业

（二）同业存放的核算

（1）金融企业增加在本行的存款，会计分录为：

借：存放中央银行款项

贷：同业存放

（2）金融企业减少在本行的存款，会计分录为：

借：同业存放

贷：存放中央银行款项

四、同城票据交换

同城票据交换是指同一城市（包括郊区县和毗邻地区）各商业银行相互代收、代付的票据，定时、定点集中相互交换并清算资金存欠的方法。以前同城票据交换是局限于一个城市的范围，这个城市可以是直辖市，也可以是县级市。现在票据交换已经不仅局限于一个城市的范围，随着交通的发达、交通工具的发展、计算机与网络系统的飞速发展以及票据无纸化的开拓应用，使票据交换的概念发生变化，其交换的地域范围也不断延伸。

在同城结算业务中，与结算业务有关的收付款单位大都不在同一行处开户，如果每笔票据业务都采用逐笔送交对方行转账或逐笔清偿存欠款的做法结算，不仅增加核算工作量，而且手续繁琐，影响及时入账，不利于社会资金周转。同城各行处间的资金账务往来都采取集中票据交换的办法，即定时、定点，集中交换代收、代付的票据，然后轧计差额，清算存欠。集中交换票据的场所称为票据交换所，由中央银行主办，参加票据交换的银行须经中央银行批准并颁发交换行号，方可按时间规定参加交换。

票据交换是由银行结算而产生的。在同城结算中，既包括收付款单位双方同在一个行处开户的结算，也包括双方单位不在同一行处开户的结算。在同一行处开户的结算业务，银行只要为双方单位的账户办理转账即可，不涉及两个行处或两家不同的商业银行之间的账务往来，也就不必进行票据交换。而对不在同一行处开户的结算业务，双方开户行除了为双方单位办理转账外，还必须办理银行之间的汇划往来和银行之间的资金清算。而且，按照银行清算的基本原理，不在同一行处开户的结算业务，还必须分别采取两种不同的清算方法和途径。如果两个开户行之间是同一银行系统的，在票据交换后，可通过辖内联行系统清算差额，用填制报单的方式，记入辖内联行科目的借方或贷方，由管辖行负责清算。如果两个开户行之间是不同的银行系统，这时清算的途径不同，其资金清算最佳的途径是通过"存放中央银行款项"账户进行清算。这是实质性的清算称为资金的交割，可引发资金的增减变化，也可以采取过渡性的办法，通过相互对开账户，设置"存放同业"和"同业存放"两个科目。过渡性科目并没有实质的清算，而是待达到一定的额度时，通过存放在中央银行的超额存款准备金账户由中央银行负责清算。

（一）同城票据交换的基本做法

参加票据交换的银行均应在中央银行开立备付金存款账户，由中央银行负责对各银行之间的资金存欠进行清算。同城票据交换一般由本市中国人民银行主持进行，并派总清算员组织资金清算。参加同城票据交换的各商业银行机构（称为清算行）必须经中国人民银行批准并核发交换行号，指定专人为票据交换员，每天派票据交换员按时进行交换。一般每一营业日规定两场交换，上午和下午各一场，各行处在票据交换所当场提出票据和提回票据，并按轧抵后的差额清算。

在票据交换中提出票据给他行的行处叫提出行；凡是通过票据交换从他行提入票据的行处叫提入行。在实际工作中，每个行处既要向他行提出票据，同时也要接受他行的票据，因此，每个行处既是提出行，也是提入行，在不同的业务中，扮演不同的角色。

各行提出交换的票据可分为两类。

（1）由本行开户单位提交，委托本行向他行开户单位付款的各种结算凭证，如由签发人提交的支票、代发工资、划转税款凭证等，称为代收票据或贷方凭证。

（2）由本行开户单位提交的应由他行开户单位付款的各种结算凭证，如收款人解入的支票、银行本票、商业汇票等，称为代付票据或借方凭证。

提出行提出代收票据、贷方凭证则表示为本行应付款项；提出代付票据、借方凭证则表示为本行应收款项。提入行提入代收票据、贷方凭证则表示为本行应收款项；提入代付票据、借方凭证则表示为本行应付款项。

参加票据交换的行处将要提出交换的票据，按借方凭证和贷方凭证分开，并根据提入行交换号码整理，然后交由本行交换员在规定的时间到中央银行票据交换所统一提出交换，同时，也点收从他行提入的票据。核对无误后，计算本场次交换本行应收金额和应付金额。本行交换员将已汇总的应收金额、应付金额及应收或应付差额与中央银行总清算员打印的相应数据核对一致后，总清算员轧平本场交换账务，宣布本场交换结束，交换员才将本场交换提入票据带回本行进行账务处理。其相关计算公式为：

（1）本行应收款=本行代付+他行代收=提出借方票据+提入贷方票据

（2）本行应付款=他行代付+本行代收=提入借方票据+提出贷方票据

（3）本行应收/应付差额=本行应收款-本行应付款

若本次交换为应收差额，应向票据交换所填制中央银行存款账户送款单。其会计分录为：

借：存放中央银行款项

贷：清算资金往来——同城票据清算

若本次交换为应付差额，应向票据交换所填制中央银行转账支票。其会计分录为：

借：清算资金往来——同城票据清算

贷：存放中央银行款项

（二）同城票据交换的核算

1. 提出行的处理

提出行将提出的票据，按代收票据、代付票据分别登记"代收票据交换登记簿"和"代付票据交换登记簿"，并结出金额合计数。然后按代收票据、代付票据所属行别的交换号（即提入行的交换代号）整理、汇总，加计票据的张数、金额，填制"提出交换借、贷方凭证计算表"并将代收票据、代付票据附在后面。同时根据计算表登记"清算总数表"的"提出代收款"和"提出代付款"栏。由交换员将清算总数表，连同计算表和提出的代收票据、代付票据带到票据交换所进行交换。

（1）提出贷方凭证（代收票据：暂收应付）时，直接办理转账。其会计分录为：

借：吸收存款——××存款（付款人户）

贷：清算资金往来——同城票据清算

（2）提出借方凭证（代付票据：暂付应收）时，根据"收妥入账"原则，分不同情况处理。

① 对于即时抵用的票据，如本票等，应及时将资金划入客户账内。其会计分录为：

借：清算资金往来——同城票据清算

贷：吸收存款——××存款（收款人户）

② 对于收妥抵用的票据，如支票等，先将应收票款记入"其他应付款"账户。其会计分录为：

借：清算资金往来——同城票据清算

贷：其他应付款

若超过规定的退票时间，未发生退票，再将资金划入客户账内。其会计分录为：

借：其他应付款

贷：吸收存款——××存款（收款人户）

2. 提入行的处理

票据交换员将提入的各项单证、票据，按规定交接手续，移交票据交换专柜。核对无误后，进行账务处理。

（1）对提入的借方凭证（代收票据：应收款项），如提入凭证正确无误，则直接办理转账。其会计分录为：

借：清算资金往来——同城票据清算

贷：吸收存款——××存款（收款人户）

（2）对提入的贷方凭证（代付票据：应付款项），如提入凭证正确无误，并经审核可以付款，则办理转账。其会计分录为：

借：吸收存款——××存款（付款人户）

  贷：清算资金往来——同城票据清算

3. 票据交换差额的轧计与清算

应收金额合计为提出的借方凭证金额（提出的代付票据）与提入的贷方凭证金额（提入的代收票据）之和。而应付金额合计为提出的贷方凭证金额（提出的代收票据）与提入的借方凭证金额（提入的代付票据）之和。应收差额或应付差额是将加计的应收款项总金额与应付款项总金额进行比较，如应收款项大于应付款项，即为应收差额；如果应付款项大于应收款项，即为应付差额。

票据交换员应根据清算总数表中的应收差额、应付差额填制"票据清算差额专用凭证"，将资金差额向当地中央银行当场清算。

若本次交换为应收差额，应向票据交换所填制中央银行存款账户送款单。其会计分录为：

借：存放中央银行款项

  贷：清算资金往来——同城票据清算

若本次交换为应付差额，应向票据交换所填制中央银行转账支票。其会计分录为：

借：清算资金往来——同城票据清算

  贷：存放中央银行款项

【例 5-10】6 月 5 日，工商银行重庆某支行票据交换清算总数表如表 5-1 所示。

表 5-1　　　　　　　　　　　　　　　　　　　清算总数表

项目	笔数	金额	项目	笔数	金额
提出代付票据	12	924 000	提出代收票据	14	853 000
收回代收票据	8	854 000	收回代付票据	7	1 133 000
合计		1 778 000			1 986 000

根据票据交换清算总数表，工商银行重庆某支行账务处理如下。

（1）提出票据的核算。

① 根据提出代付票据金额，编制会计分录如下：

借：清算资金往来——同城票据清算   924 000

  贷：吸收存款——××存款（各收款人户）   924 000

② 根据提出代收票据金额，编制会计分录如下：

借：吸收存款——××存款（各收款人户）   853 000

  贷：清算资金往来——同城票据清算   853 000

（2）提入票据的核算。

① 根据提入代收票据金额，编制会计分如下：

借：清算资金往来——同城票据清算   854 000

  贷：吸收存款——××存款（各收款人户）   854 000

② 根据提入代付票据金额，编制会计分录如下：

借：吸收存款——××存款（各收款人户） 　　　　　　　　1 133 000

　　贷：清算资金往来——同城票据清算 　　　　　　　　　　　　1 133 000

（3）资金清算的核算。

工商银行重庆某支行应收金额合计=924 000+854 000=1 778 000（元）

工商银行重庆某支行应付金额合计=853 000+1 133 000=1 986 000（元）

工商银行重庆某支行应付差额=1 986 000-1 778 000=208 000（元）

编制会计分录如下：

借：清算资金往来——同城票据清算 　　　　　　　　　　　208 000

　　贷：存放中央银行款项 　　　　　　　　　　　　　　　　　　208 000

第四节　联行往来的会计处理

一、联行往来业务概述

（一）联行往来的概念

联行往来是同一银行系统内所属各行处间由于办理结算业务以及资金调拨等，相互代收、代付所发生的资金账务往来，是实现资金划拨的工具。同属一个总行的各个分支机构间的资金账务往来为联行往来。

对于共同隶属于一个总行的相互往来的两个银行来说，双方互称为联行，使用联行账户系统。目前，我国有6大联行系统：中国人民银行、中国工商银行、中国农业银行、中国建设银行、中国银行、交通银行。联行系统内的各分支机构应由总行批准，统一编制联行行号，纳入联行往来业务网络管理体系，才可具备联行资格。没有建立联行系统的银行，其联行业务可委托上述银行代理。

与联行对比，不同系统的各银行之间则互称代理行或同业，人们习惯上把国内不同系统的金融机构称为同业。

（二）联行往来的特点

（1）联行往来在银行各项业务中具有特殊的地位。

（2）联行往来核算划分往账和来账两大系统。往账与来账一一对应，构成一个完整的账务核算体系。

（3）联行往来关系从实质上说，是行与行之间的资金清算关系，也就是银行间的债权、债务关系。其数值反映联行占用资金或占用联行资金。对联行往来的核算，就是对联行间债权或债务的发生与清偿的核算。

（三）联行往来的组织体系

我国现行的联行管理模式是各家银行自成系统，各联行内核算方法均由各系统自行决策执行。

各联行系统彼此独立、平行运作，从而形成我国阵容庞大的纵向资金传送通道。

我国现行联行制度是"统一领导，分级管理"采取总行、分行、支行 3 级管理体制。各行建立独立的联行系统，同一系统联行实行分级管理。

联行往来的种类按地区可以分为全国联行往来、分行辖内往来和支行辖内往来。

1. 全国联行往来包括

不同省各行处总行——省分行、省分行——省分行两种情况。全国联行往来指总行与所属各级分支机构之间以及不同省、自治区、直辖市各行处之间的资金账务往来。由总行监督管理，参加全国联行往来的行处必须有经总行核准颁发的全国联行行号和联行专用章。

2. 分行辖内往来包括

同省各行处省分行——下属支行、下属支行——下属支行两种情况。分行辖内往来指省、自治区、直辖市分行与所辖各级分支机构之间以及同一省、直辖市、自治区辖内各行处的资金账务往来。由分行监督并办理辖内联行资金清算。参加分行辖内往来各机构必须有管辖分行统一颁发的辖内联行行号和联行专用章。

3. 支行辖内往来包括

同市县各行处。支行辖内往来指县、市支行与所属各机构之间以及同一县、市各行处之间的资金账务往来。由县、市支行监督并办理辖内联行资金清算。参加支行辖内往来各机构必须有支行辖内联行行号和联行专用章。

二、全国联行往来业务的核算

（一）联行凭证、会计科目

1. 联行凭证

联行往来的凭证称为联行报单，是反映全国联行间资金划拨、记载联行往来账务的依据。联行报单按传递方式不同可以分为邮划报单和电划报单。其中邮划报单包括邮划借方报单、邮划贷方报单。电划报单包括电划借方报单、电划贷方报单、电划借方补充报单和电划贷方补充报单。

发报行指发出报单的银行，收报行指收到报单的银行，如银行汇款受理汇出汇款时为发报行而收到汇款时为收报行。具体为发报行或收报行要视业务而定。

借方报单和贷方报单的使用均由发报行的业务性质和会计分录来决定，当发报行借记往来科目时，即填发借方报单；当发报行贷记往来科目时，即填发贷方报单。

2. 会计科目

（1）"联行往账"，发报行使用；填发贷方报单（代收报行收款，从开户单位划出款项）时记贷方，填发借方报单（代收报行付款，为开户单位划入款项）时记借方。

（2）"联行来账"，收报行使用，收到贷方报单记借方，收到借方报单记贷方。

（3）"上年联行往账"，新年开始，将上年度"联行往账"余额不通过分录，转入本科目。

（4）"上年联行来账"，新年开始，将上年度"联行来账"余额不通过分录，转入本科目。

其中"联行往账"和"联行来账"两个科目在日常核算中使用；"上年联行往账"和"上年联行

来账"两个科目仅在年初对上年联行往来账务进行清查时使用。

3. 联行行号、联行密押和联行专用章

（1）联行行号是办理联行业务的行处使用的行名代号。（行号为五位数，由总行颁发。其中，第一位数字为各家银行系统的代号，数字 1 代表中央银行，数字 2 代表工商银行，数字 3 代表农业银行，数字 4 代表中国银行，数字 5 代表建设银行，以此类推。后四位为每家银行系统的顺序号。）

（2）联行专用章是证明联行资金划拨凭证真实性的图章，由总行统一刻制。

（3）联行密押是联行间汇划款项时辨别汇（划）款真伪，保证联行资金安全的重要工具，由总行统一编制。

（4）联行专用凭证是总行制定样式、规定，一级分行统一印刷，由经办行领用的。

（二）全国联行往来的账务处理

全国联行往来的基本做法是：直接往来，分别核算；集中监督，逐笔对账；轧计汇差，逐级清算；查清未达，年度结清。具体流程如图 5-4 所示。

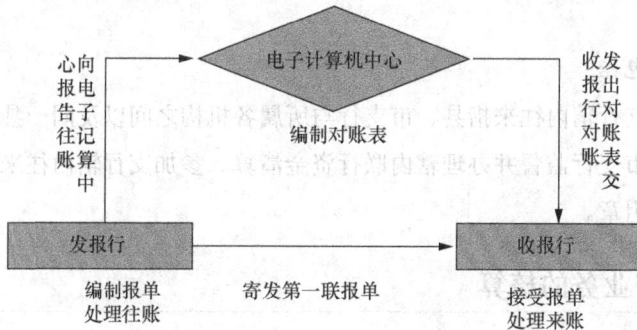

图 5-4　全国联行往来的账务处理流程图

1. 经办行直接往来，往账、来账分别核算

（1）发报行的核算。发报行是联行往来的起始行，负责编制和及时向收报行寄发联行报单，并向总行电子计算中心编报联行往账报告表。联行业务发生时，发报行按规定签发联行报单，并加盖联行专用章，需要编密押的，还应加编密押。经审核无误后，将第一、第二联报单连同有关附件寄收报行；如属电划报单，则根据第四联报单向收报行拍发电报。同时，以第四联报单作联行往账卡片，办理转账。

① 填写和寄送联行报单。

填制贷方报单分录如下。（代收划出——债务）

借：吸收存款——活期存款——付款人户
　　贷：联行往账

【例 5-10】农业银行广东省分行营业部 5 月 15 日通过信汇代开户单位某商场支付货款 8 000 元。

在汇兑结算中，汇出行是发报行，汇兑业务是汇出行的代收业务，汇出行应编制贷方报单。编制会计分录如下：

借：吸收存款——活期存款——某商场户　　　　　　　　　　　　8 000
　　贷：联行往账　　　　　　　　　　　　　　　　　　　　　　8 000

填制借方报单分录如下。（代付划入——债权）

借：联行往账

贷：吸收存款——活期存款——收款人户

【例 5-11】农业银行佛山市分行向开户单位美的集团兑付河南省农业银行签发的银行汇票 15 000 元。

银行汇票结算中，兑付行是发报行，代理兑付银行汇票的业务是兑付行的代付业务，兑付行应编制借方报单。编制会计分录如下：

借：联行往账　　　　　　　　　　　　　　　　　　　　　15 000

贷：吸收存款——活期存款——美的集团　　　　　　　15 000

【例 5-12】某行仓山支行 8 月 16 日受理开户单位麦顶商场邮划到期承付的雨花亭灯泡厂托收的货款一笔 60 000 元，收报行是异省系统内江南支行。

根据这一业务，仓山支行应编制邮划贷方报单。编制会计分录如下：

借：吸收存款——活期存款——麦顶商场存款户　　　　　60 000

贷：联行往账　　　　　　　　　　　　　　　　　　　　60 000

② 编写联行往账报告表。每日营业终了编制往账报告表，是发报行向总行汇总报告当日往账情况的工作报告，也是总行监督控制发报行正确办理联行业务的重要依据。

每日营业终了，发报行根据当日编发的报单第三联，先按借、贷方分开，再按收报行行号的顺序排列（电划在前，邮划在后），并分别将借、贷方加计总笔数及总金额，凭以编制联行往账报告表一式两份。第一联附第三联报单寄总行电子计算中心，第二联与第四联报单留存。

（2）收报行的核算。收报行是联行往来报单的接收行，负责审查报单和附件，应认真审核有关内容是否齐全，核对无误后，即可办理转账。

① 审查报单。收报行收到联行邮划报单，应先审核，审核无误后，根据邮划报单第一联办理转账。若收到电报或电子信息，审核无误后，编制电划补充报单，凭以转账。电划补充报单是收报行代发报行编制的，当收到电划借方报单时，应编电划借方补充报单；当收到贷方报单时，应编电划贷方补充报单。

收报行对完整报单、不完整报单及有错误的报单，要分别情况进行处理。

② 对完整报单的处理。完整报单即审查合格，当时可以转账的报单。

对贷方报单，收报行的会计分录如下：

借：联行来账

贷：××科目

【例 5-13】北京农业银行收到某商场开户行邮划贷方报单 8 000 元。

借：联行来账　　　　　　　　　　　　　　　　　　　　　8 000

贷：吸收存款——活期存款——收款人户　　　　　　　8 000

对借方报单，会计分录如下：

借：××科目

贷：联行来账

【例5-14】河南农业银行收到美的集团开户行农业银行佛山市分行解付汇票的邮划借方报单15 000元。

借：吸收存款——汇出汇款   15 000

  贷：联行来账   15 000

【例5-15】工商银行北京东城办事处收到持票人北京东方电子公司银行汇票第二联、第三联，是工商银行西安新建路办事处出票，结算金额6万元。北京东城办事处审核无误后，编制邮划借方报单。（该业务属于东城办事处代新建路办事处付款）

东城办事处编制会计分录如下：

借：联行往账   60 000

  贷：吸收存款——活期存款——东方电子公司   60 000

工商银行西安新建路办事处接到工商银行北京东城办事处寄来的邮划借方报单和汇票解讫通知，经抽卡核对无误后，记来账。

新建路办事处编制会计分录如下：

借：吸收存款——汇出汇款   60 000

  贷：联行来账   60 000

2. 总行集中监督，逐笔对账

联行往来对账是对联行间往来账务进行核对的重要手段，是保证联行资金划拨及时、准确、安全的监督系统。每日营业终了，参加全国联行往来的各经办行将各自编制的联行往账、来账报告表连同报告卡寄管辖分行，管辖分行审核无误后代为录磁，并传递经总行电子中心。总行电子中心对收到的报告表和报告卡应认真审核，无误后将其输入总行对账系统运行。

（1）以各分行和经办行为对象，设立报告表登录系统和报告卡登录系统，报告卡登录系统内应按报告卡的日期分月设置"未配对""已配对""待查对"三个账户。

（2）往账和来账分别设置相应的"全国汇总总账""管辖分行汇总分户账""经办行明细账"。总账、分户账和明细账之间，相互制约、控制和保持平衡。

总行计算机自动将输入的往账和来账报告卡进行逐笔配对，完全相符的，转入"已配对"账户；对未配对的错误报单和待查对的末达报单，次日向分行和经办行查询。当某月"未配对""待查对"账户发生额、余额全部转入"已配对"账户时，即表明全国联行往来账务全部核对相符。

3. 及时轧计汇差，逐级清算资金

联行汇差对某一经办行而言，就是其在办理联行业务中汇入资金和汇出资金的差额，反映了联行间相互占用资金的关系。对联行汇差要及时轧计和清算，并计算应付汇差和应收汇差的利息，以保证联行业务的顺利进行。

4. 查清未达，年度结清

（1）划清年度。新年度开始，各行应将"联行往账""联行来账"科目余额，不通过会计分录，直接转入"上年联行往账""上年联行来账"与新年度联行账务分别核算，不得混淆。

发报行于新年度开始起，不得再签发上年度的联行报单。收报行于新年度开始起，收到发报行上年度签发的联行报单，应在"上年联行来账"科目核算，向总行报送联行来账报告表也应分别上年度和本年度。

总行于新年度开始起，将报告表和报告卡的总账、分户账，以及未配对、已配对、待查对明细账全部结转上年户，与本年度发生的账务严格分开。

（2）上年度联行账务查清的标志。

① 全国联行往账与来账的全年累计发生额、最后余额平衡一致。

② 联行往账与来账报告卡全部配对，没有来配对、待查对的情况。

③ 总行、管辖分行、经办行的联行往、来账发生额、余额全部核对相符。

（3）上年联行账务的核对与上划。

总行在上年度联行未达账项查清后，按各经办行的行号编制"往账与来账余额核对通知单"，发送管辖分行。由管辖分行印发给所辖各经办行核对，信息反馈无误后，汇总编制全辖"往账与来账余额核对报告单"上报总行。总行全部收齐并核对无误后，即可通知各行上划上年度联行各科目余额。各经办行接到通知后，应填制本年联行报单将余额上划管辖分行。

上划"上年联行往账""上年联行来账"借方余额时，会计分录为：

借：联行往账

　　贷：上年联行往账

或　贷：上年联行来账

上划贷方余额时，作相反会计分录。

总行收到各管辖分行上划的上年联行科目余额，经核对无误后，办理转账。

假设收到的报单为贷方报单，其会计分录为：

借：联行来账（或有关科目）

　　贷：上年联行往账（上年联行来账）

全国各分行余额全部划齐后，"上年联行往账"和"上年联行来账"科目余额相等，即可对转结平。至此，全国上年度的联行账务全部结清。

思 考 题

1．什么是再贴现？什么是再贷款？它们有何异同？

2．什么是同城票据清算？什么是提出行、提入行？简述同城票据交换的基本做法。

3．商业银行跨系统转汇有哪几种情况？这些情况时如何处理的？

4．什么是同业拆借？什么是同业存放？简述同业拆借的特征。

5．什么是法定存款准备金？它是怎样计提的？

第六章 外汇业务的核算

【教学目标】

通过本章教学，了解外汇业务的主要内容和会计核算方法，掌握外汇买卖业务、外汇存款业务、外汇贷款业务以及国际结算业务的账务处理。

【引例】

随着 2014 年国际油价持续走低，卢布对美元汇率接连出现大幅下跌，美元/卢布从年中的 34 跌至 2014 年 12 月 18 日超过 60 的水平，其间最低甚至突破了 80 一线。有观点认为，从过去的经验来看，卢布暴跌可能带动新兴市场国家资金流出、货币贬值。据网易财经报道，截至北京时间 2014 年 18 日 20 时，俄罗斯 MICEX 股指大幅上涨 5.53%，美元兑卢布汇率下跌至 61.5183。2015 年 1 月交货的布伦特原油期货价格上涨 2.58%，至每桶 62.76 美元，纽约商品交易所 2015 年 1 月交货的原油期货价格上涨 2.32%，至每桶 57.78 美元，欧元区斯托克 50 指数上涨 2.23%，英国富时 100 指数上涨 0.98%，法国 CAC40 指数上涨 2.28%，德国 DAX 指数上涨 1.91%。普京指出，在面临外部形势严峻的背景下，俄罗斯经济依然保持了增长。2014 年前 10 个月俄罗斯 GDP 增长了 0.7%。从全年来看，2014 年俄罗斯财政将处于盈余状态，财政盈余约 1.2 万亿卢布（约合 200 亿美元），占俄罗斯全年 GDP 的 1.9%。俄罗斯拥有充足的外汇储备，卢布汇率能够走强。此外，俄罗斯失业率依然较低。当前油价下跌引起的经济困境，为俄罗斯优化经济结构提供了契机，俄罗斯可以借此实现各个行业的全面发展。

第一节 外汇业务概述

一、外汇及外汇业务

（一）外汇及其分类

1. 外汇的概念

外汇的概念可以从动态和静态两个方面去理解。外汇的静态概念，又分为广义的外汇概念和狭义的外汇概念。

外汇的动态概念，是指货币在各国间的流动，以及把一个国家的货币兑换成另一个国家的货币，借以清偿国际间债权、债务关系的一种专门性的经营活动。它是国际间汇兑的简称。

广义的外汇，是指一国拥有的一切以外币表示的资产。狭义的外汇，是指以外国货币表示的，为各国普遍接受的，可用于国际间债权债务结算的各种支付手段。它必须具备三个特点：

（1）可支付性，即必须是以外国货币表示的资产。以本国货币表示的信用工具和有价证券不属于外汇；

（2）可获得性，即必须是在国外能够得到补偿的债权。空头支票和拒付的汇票不能作为外汇；

（3）可换性，即必须是可以自由兑换为其他支付手段的外币资产。不可自由兑换的货币不能作为外汇。

《中华人民共和国外汇管理条例》（简称《外汇管理条例》）第三条规定：外汇是指下列以外币表示的、可以用作国际清偿的支付手段和资产：

（1）外国货币，包括纸币、铸币等；

（2）外币支付凭证，包括票据、银行存款凭证、邮政储蓄凭证等；

（3）外币有价证券，包括政府债券、公司债券、股票等；

（4）特别提款权、欧洲货币单位（自 1999 年 1 月 1 日起由欧元按 1∶1 的比例取代）；

（5）其他外汇资产。

2. 外汇的分类

外汇可以按不同的标准进行分类。

（1）按外汇来源和用途的不同，分为贸易外汇和非贸易外汇。贸易外汇是指一国进出口贸易所收、付的外汇及其从属费用外汇。如贷款、运输费、保险费、佣金、广告费等。非贸易外汇是指除进出口贸易以外所收付的各项外汇。如侨汇、旅游、航运、邮电、海关银行、对外承包工程收入和支出的外汇，以及图书、电影、邮票、代理及服务、出国旅游费等。

（2）按外汇交割期的不同，分为即期外汇和远期外汇。即期外汇是指即期交付的外汇，一般即期外汇交易的成交双方在 2 个营业日内办理交割。远期外汇是指银行同业间和客户间预先签订合同，商定外汇买卖数量、汇率和期限，到约定日期进行交割（2 个营业日以后的某一天）而收付的外汇。交割期限一般在 1～6 个月，最长不超过 1 年，多为 3 个月。

（3）按外汇形态的不同，分为现钞和现汇。现钞是指各种外币钞票、铸币。现汇又称转账外汇，主要由国外汇入，或由境外携入、寄入的外汇票据，经银行托收收妥后存入，可用以清偿国际间债权、债务的外汇，属于账面上的外汇。

外币现钞和外币现汇是不等值的。当客户要把现钞转移出境时，可以通过携带方式或汇出。但是当客户采取"汇出"时，由于现钞有实物的形式，银行必须将其运至国外，运输费用将由客户承担，表现为"钞卖汇买"（客户卖出现钞、买入现汇）。可见，现钞不能变成等额的现汇，如果要把现钞变成现汇，客户将在外汇金额上遭受一定的损失。

（4）按外汇能否自由兑换，分为自由外汇和记账外汇。自由外汇又称多边结算外汇，是指无需经货币发行国货币管理部门批准，在国际金融市场上可以随时自由兑换成其他国家的货币，或可以随时自由买卖并可以对任何国家自由支付的货币。记账外汇又称协定外汇、双边外汇，是指不经货币发行国批准，不能自由兑换成其他国家货币，或对第三国进行支付，只能在两国政府间签订的支付协定项目所使用的外汇。

（二）外汇业务

外汇业务是指以记账本位币以外的货币进行的款项收付、往来结算及计价等业务，是金融企业业务的重要组成部分，也是国家开展对外政治、经济联系的重要手段。商业银行可以经营的外汇业务主要有：外汇存款；外汇贷款；外汇汇款；外币兑换；外汇同业拆借；外汇借款；发行或代理发行股票以外的外币有价证券；买卖或代理买卖股票以外的外币有价证券；外汇票据的承兑和贴现；贸易、非贸易结算；外汇担保；自营及代客外汇买卖；外汇信用卡的发行和代理国外信用卡的发行及付款；资信调查、咨询和鉴证业务；以及国家外汇管理局批准的其他外汇业务。本章主要介绍外汇买卖、外汇存贷款、国际贸易结算等外汇业务的账务处理。

二、外汇汇率和标价方法

（一）外汇汇率与分类

汇率，又称汇价或外汇牌价，是指一国货币以另一国货币表示的价格，或者说是两国货币间的比价，或外汇市场买卖外汇的价格。外汇汇率可按不同标准进行分类。

（1）按外汇管制的松紧程度来分，可分为官定汇率和市场汇率。官定汇率是指官方如财政部、中央银行或经指定的外汇专业银行所规定的汇率。在外汇管制比较严格的国家禁止自由市场的存在，官定汇率就是实际汇率，而无市场汇率。市场汇率是指在自由外汇市场上买卖外汇的实际汇率。外汇管制较松的国家，官定汇率往往只是形式，有价无市，实际外汇交易均按市场汇率进行。

（2）按外汇资金性质和用途来划分，可分为贸易汇率和金融汇率。贸易汇率是指用于进出口贸易及其从属费用方面的汇率。金融汇率主要指资金转移、旅游等方面的汇率。

（3）按汇率是否适用于不同的来源与用途，可分为单一外汇汇率和多种外汇汇率。凡是一国对外仅有一个汇率，各种不同来源与用途的收付均按此计算，称为单一汇率。一国货币对某一外国货币的汇价因用途及交易种类的不同而规定有两种或两种以上汇率，称为多种汇率，也叫复汇率。

（4）按银行买卖外汇的角度来划分，可分为买入汇率、卖出汇率以及中间汇率。买入汇率是指银行买进外汇时使用的汇率，卖出汇率是指银行卖出外汇时使用的汇率，中间汇率是指买入汇率与卖出汇率的平均数。

（二）汇率的标价方法

1. 直接标价法

直接标价法又称应付标价法，是以外币做基准货币，本币做报价货币的标价方法。即以一定单位（一个单位或 100 个单位）的外国货币为标准，来计算应付多少单位的本国货币。我国以及世界上绝大多数国家目前都采用直接标价法。

在直接标价法下，若一定单位的外币折合的本币数额多于前期，则说明外币币值上升或本币币值下跌，叫做外汇汇率上升；反之，如果要用比原来较少的本币即能兑换到同一数额的外币，这说明外币币值下跌或本币币值上升，叫做外汇汇率下跌，即外币的价值与汇率的涨跌成正比。

2. 间接标价法

间接标价法又称应收标价法，是以本币做基准货币，外币做报价货币的标价方法。即以一定单位的本国货币为标准，来计算应收多少单位的外国货币。

在间接标价中，本国货币的数额保持不变，如果一定数额的本币能兑换的外币数额比前期少，这表明外币币值上升，本币币值下降，即外汇汇率下降；反之，如果一定数额的本币能兑换的外币数额比前期多，则说明外币币值下降、本币币值上升，即外汇汇率上升，即外币的价值和汇率的升跌成反比。

可见，直接标价法和间接标价法汇率涨跌的含义正好相反，所以必须事先明确采用哪种标价法。

三、外汇业务的核算方法

我国《企业会计准则》规定："会计核算以人民币为记账本位币。业务收支以外币为主的企业，也可以选定某种外币作为记账本位币，但编制的会计报表应当折算为人民币。"外币业务的记账方法有外币统账制和外币分账制两种方法。企业在对外币业务进行会计核算时，可以选择外币统账制或者外币分账制。一般情况下，银行、保险、证券、财务公司等金融机构采用外币分账制。

1. 外币统账制

外币统账制又称本币记账法，是指当企业发生外币业务时必须及时折算为记账本位币记账，并以此编制会计报表。外汇统账制是一种以本国货币为记账本位币的记账方法，即以人民币为记账单位来记录所发生的外汇交易业务，将发生的多种货币的经济业务，折合成人民币加以反映，外币在账上仅作辅助记录。我国除了有外币业务的金融企业外，其他企业一般都采用外汇统账制。

2. 外币分账制

外汇分账制又称原币记账法，它是指商业银行处理外汇业务所采用的一种专门记账方法。它是在外汇业务发生时，对有关外币的账务，从填制凭证，登记账簿到编制报表，都直接以外币核算，各种外币都自成一套独立的账务系统。外币分账制的主要特点有如下几个方面。

（1）以各种原币分别立账。所谓的各种原币是指年终有决算牌价的货币，分别立账是指各种外币都自成一套独立的账务系统，日常每一笔外汇业务都按原币金额填制凭证、登记账簿、编制报表，形成独立的外币账务体系。

（2）设置"货币兑换"科目。"货币兑换"科目是适应外汇分账制要求的特设会计科目，其性质为资产负债共同类。买入外汇时，外币金额记入该科目的贷方，相应的人民币金额记入该科目的借方。卖出外汇时，外币金额记入该科目的借方，相应的人民币金额记入该科目的贷方。

（3）年终决算编制本外币合并会计报表。年终决算时，先分别编制各币种的会计报表，再将各种外币的会计报表按照年终决算牌价和规定的折算程序折合成人民币，与原人民币会计报表合并，形成本外币汇总的会计报表，用人民币统一反映经营状况和成果。

第二节 外汇买卖业务的核算

根据我国现行《外汇管理条例》的规定，对各单位的外汇收入和外汇支出实行结汇、售汇制度，即经常项目外汇收入可以按照国家有关规定保留，或者卖给经营结汇、售汇业务的金融机构；经常项目外汇支出应当按照国务院外汇管理部门关于付汇与购汇的管理规定，凭有效单证以自有外汇支付，或者向经营结汇、售汇业务的金融机构购汇支付。因此，外汇指定银行办理的外汇业务就需要进行外汇买卖。外汇买卖，又称外币兑换，是指按照一定的汇率把一种货币兑换成另一种货币的业务，主要包括结汇业务、售汇业务和套汇业务。

一、结汇业务的核算

结汇是指境内所有企事业单位、机关和社会团体将其外汇收入按照银行挂牌汇率出售给外汇指定银行，从而获取等值人民币的行为。从外汇指定银行角度来看，结汇是按挂牌的汇率买入外汇并支付相应人民币的外汇业务。编制会计分录如下：

借：吸收存款——汇入汇款 　　　　　　　　　　　　　　　　　　外币

（或：吸收存款——活期外汇存款）　　　　　　　　　　　　　外币

（或：库存现金）　　　　　　　　　　　　　　　　　　　　　外币

贷：货币兑换 　　　　　　　　　　　　　　　　　　　　　　　外币

借：货币兑换 　　　　　　　　　　　　　　　　　　　　　　　人民币

贷：吸收存款——活期存款 　　　　　　　　　　　　　　　　　人民币

（或：库存现金）　　　　　　　　　　　　　　　　　　　　　人民币

【例 6-1】1 月 28 日客户李某持港币现钞 5 000 元要求兑换成人民币现金，当日港币钞买价 HKD100=CNY98.4300，编制会计分录如下：

借：库存现金 　　　　　　　　　　　　　　　　　　　　HKD5 000

贷：货币兑换 　　　　　　　　　　　　　　　　　　　HKD5 000

借：货币兑换 　　　　　　　　　　　　　　　　　　　CNY4921.50

贷：库存现金 　　　　　　　　　　　　　　　　　　　CNY4921.50

【例 6-2】2 月 28 日南方公司将国外汇款 USD2 000 结汇，转入其人民币存款户，当日美元汇买价为：USD100=CNY626.4300，编制会计分录如下：

借：吸收存款——汇入汇款 　　　　　　　　　　　　　　USD2 000

贷：货币兑换 　　　　　　　　　　　　　　　　　　　USD2 000

借：货币兑换 　　　　　　　　　　　　　　　　　　CNY12 528.60

贷：吸收存款——活期存款——南方公司 　　　　　　CNY12 528.60

二、售汇业务的核算

售汇，又称购汇，是指境内企事业单位、机关、社会团体和个人因对外支付需用外汇时，可按照国家外汇管理条例规定，持有关证件、文件材料等，用人民币到外汇指定银行购买所需外汇。从外汇指定银行角度来看，售汇是按挂牌的汇率卖给企事业单位或个人外汇，并收取相应人民币的外汇业务。编制会计分录如下：

借：库存现金 　　　　　　　　　　　　　　　　　　　　　人民币

（或：吸收存款——活期存款）　　　　　　　　　　　　　人民币

贷：货币兑换 　　　　　　　　　　　　　　　　　　　　人民币

借：货币兑换 外币

    贷：吸收存款——活期外汇存款 外币

    （或：吸收存款——汇出汇款） 外币

    （或：库存现金） 外币

【例6-3】3月12日南方公司向银行购入80万美元以支付货款，经银行审核，符合外汇管理规定，同意售汇，当日美元卖出价为：USD100=CNY628.9100。编制会计分录如下：

借：吸收存款——活期存款——南方公司 CNY5 031 280

    贷：货币兑换 CNY5 031 280

借：货币兑换 USD800 000

    贷：吸收存款——汇出汇款 USD800 000

【例6-4】4月28日客户张某因前往中国香港地区旅游，需兑换港币现钞5 000元，当日港币钞卖价HKD100=CNY99.4300，编制会计分录如下：

借：库存现金 CNY4 971.5

    贷：货币兑换 CNY4 971.5

借：货币兑换 HKD5 000

    贷：库存现金 HKD5 000

三、套汇业务的核算

套汇是指外汇银行按挂牌人民币汇率，以一种外汇通过人民币折算，兑换成另一种外汇的业务活动。其包括两种情况：一是两种外币之间的套算，即一种外币兑换为另一种外币，如美元与英镑之间的套算。两种外币之间进行套算时，必须通过人民币进行套汇，也就是先买入一种外币，按买入价折成人民币数额，再卖出另一种外币，把人民币数额按卖价折算为另一种外币。二是同种货币之间的套算，包括钞兑汇或汇兑钞，如美元现汇与美元现钞之间的套算。由于同一外币现钞和现汇价值有所差异，所以也必须按套汇方法处理。在套算时，也必须通过人民币进行。

（一）两种不同币种现汇之间的套汇及其账务处理

A、B两种不同币种现汇之间进行套汇时，关键是要套算出卖出币种的金额，计算公式如下。

    卖出B币种金额=买入A币种金额×买入A币种汇买价／卖出B币种汇卖价

A、B两种不同币种现汇之间进行套汇时的账务处理如下。

（1）买入A币种外汇时：

借：库存现金 A外币

    或：吸收存款——活期存款 A外币

    贷：货币兑换 A外币

（2）通过人民币套换时：

借：货币兑换 人民币

    贷：货币兑换 人民币

（3）卖出 B 币种外汇：

借：货币兑换 外币

　贷：吸收存款——活期外汇存款 外币

　　（或：吸收存款——汇出汇款） 外币

　　（或：库存现金） 外币

【例 6-5】某公司用美元存款 20 万元兑换成所需要的欧元，以备支付货款。银行受理审核各种有效商业单据和有效凭证无误后，为该公司办理此项业务，当日美元买入价 100 美元=700 人民币，欧元卖出价 100 欧元=1 000 人民币。

（1）买进美元现汇时：

借：吸收存款——活期外汇存款——某公司 USD200 000

　贷：货币兑换 USD200 000

（2）通过人民币套算时：

借：货币兑换 CNY1 400 000

　贷：货币兑换 CNY1 400 000

（3）卖出欧元现汇时：

借：货币兑换 EUR140 000

　贷：吸收存款——活期外汇存款——某公司 EUR140 000

【例 6-6】2 月 10 日大华外贸进出口公司拥有现汇活期存款 USD200 000，要求兑换成港币现汇，并存入港币现汇活期存款户以备支付货款。银行按美元汇价买入美元，按港币汇价卖出港币。当天的外汇牌价为：美元的买入价为 1 美元=8.2567 人民币，港币卖出价 1 港币=1.0628 人民币。

（1）买进美元现汇时：

借：吸收存款——活期外汇存款——大华公司 USD200 000

　贷：货币兑换 USD200 000

（2）通过人民币套算时：

借：货币兑换 CNY1 651 340

　贷：货币兑换 CNY1 651 340

（3）卖出港币现汇时：

借：货币兑换 HKD1 553 763.64

　贷：吸收存款——活期外汇存款——大华 HKD1 553 763.64

（二）现钞与现汇之间的套汇及其账务处理

同一外币现钞与现汇之间进行套汇时，关键是要套算出卖出币种的金额，计算公式如下。

（1）汇买钞卖的计算公式：

卖出币种现钞额=现汇币种金额×汇买价／钞卖价

（2）钞买汇卖的计算公式：

卖出币种现汇额=现钞币种金额×钞买价／汇卖价

【例 6-7】刘芳因公出国，要求从其现汇账户上支取 20 000 美元，银行审核各种出国手续无误后，卖出现钞，买进现汇，美元现汇买入价是 6.80 元，现汇卖出价为 7.00 元。

银行应付美元现钞金额=20 000×6.80／7.00

=USD19 428.57

（1）买进美元现汇时：

借：吸收存款——活期外汇储蓄存款——刘芳　　　　　　　USD20 000

　　贷：货币兑换　　　　　　　　　　　　　　　　　　USD20 000

（2）通过人民币套算时：

借：货币兑换　　　　　　　　　　　　　　　　　　　　CNY136 000

　　贷：货币兑换　　　　　　　　　　　　　　　　　　CNY13 6000

（3）卖出美元现钞时：

借：货币兑换　　　　　　　　　　　　　　　　　　　　USD19428.57

　　贷：库存现金　　　　　　　　　　　　　　　　　　USD19428.57

【例 6-8】大华公司要将货款现钞 USD100 000（已经外汇管理部门批准）兑换成美元现汇存入公司的美元活期账户，当天的外汇牌价现钞买入价 CNY642.69／USD100，美元现汇卖出价 CNY650.48／USD100，做出银行外汇买卖的会计处理。

（1）买进美元现钞时：

借：库存现金　　　　　　　　　　　　　　　　　　　　USD100 000

　　贷：货币兑换　　　　　　　　　　　　　　　　　　USD100000

（2）通过人民币套算时：

借：货币兑换　　　　　　　　　　　　　　　　　　　　CNY642 690

　　贷：货币兑换　　　　　　　　　　　　　　　　　　CNY642 690

（3）卖出美元现汇时：

借：货币兑换　　　　　　　　　　　　　　　　　　　　USD98 802.4

　　贷：吸收存款——活期外汇存款　　　　　　　　　　USD98 802.4

第三节　外汇存款业务的核算

一、外汇存款的概念和种类

外汇存款是指单位或个人将其所有的外汇资金，包括国外汇入汇款，外币以及其他外币票据等，在我国境内办理的、以外国货币作计量单位的存款，并随时或约期支取的一种业务。外汇存款是银行吸收社会闲散外汇资金的信用活动，是银行的主要负债之一。

二、外汇存款的核算

（一）单位活期外汇存款的核算

1.存入款项的核算

开立活期外汇存款存折户的，存款时填制存款凭条；开立支票户存入时填制交款单；如果存款者通过汇入或国内外联行划入款项等方式办理现汇存款的，使用有关结算凭证、联行报单等办理存款手续。

（1）单位以外币现钞存入现汇户。

① 按开户对象的不同，可分为单位外汇存款和个人外汇存款。

单位外汇存款是指在我国境内的机关、团体、企业（包括外国驻华机构及外商投资企业）及在境外的中外企业、团体等单位存放在我国外汇指定银行里的外汇存款。个人外汇存款是指在我国境内的居民（包括中国居民及在华的外国人、海外华侨、港澳台同胞等）及我国派驻国外及我国港澳台地区从事学习、工作、进修等人员以及居住在国外或我国港澳台地区的外国人、华侨及港澳台同胞等人员存入我国外汇指定银行的外汇存款。

② 根据对外汇存款的管理要求不同，分为甲种外币存款、乙种外币存款、丙种外币存款。

甲种外币存款，是指外汇专业银行为外国驻华机构、中外合资企业及国内企业单位、城乡集体经济组织设立的外币存款。乙种外汇存款是指外汇专业银行为居住在境外或港澳台地区的外国人、外籍华人、华侨、港澳台同胞开立的外币存款。丙种外币存款是指外汇专业银行为境内居民开立的外币存款。

甲种外币存款主要是单位外汇存款，乙种外币存款和丙种外币存款主要是个人外汇存款。

③ 按存款的期限不同，可分为活期外汇存款和定期外汇存款。

活期外汇存款是指存期不固定，客户无需预先通知银行，可随时存取款，存取金额不限的一种外汇存款务。根据存取方式的不同，活期外汇存款又分为支票户存款和存折户存款，支票户凭送款单或其他收款凭证存入，凭支票或其他付款凭证支取。存折户存款则凭存折和存取款凭条存取。

定期外汇存款是指事先约定存期，到期后一次性支取本息的外汇存款。目前，定期外汇存款主要是采取整存整取的方式，存期主要有一个月、三个月、半年、一年、二年五个期限。

④ 从存入的资金形态不同来划分，可分为外钞户存款和外汇户存款。

外钞户存款，即外币现钞的存款，一般可以随时支取外币现钞，但要通过审批和钞买汇卖手续予以汇出。外汇户存款可随时委托存款银行根直接予以汇出。单位外汇存款一般都属外汇户存款，而个人的外汇存款则有外汇户存款和外钞户存款的区别。

由于单位外汇存款只有现汇户，所以要通过货币兑换进行钞买汇卖处理。银行应以当日的现钞买入价和现汇卖出价折算成外汇入账。其会计分录为：

借：库存现金　　　　　　　　　　　　　　　　　　　　外币
　　贷：货币兑换　　　　　　　　　　　　　　　　　　　　外币
借：货币兑换　　　　　　　　　　　　　　　　　　　　人民币
　　贷：货币兑换　　　　　　　　　　　　　　　　　　　　人民币

借：货币兑换 外币

  贷：吸收存款——活期外汇存款 外币

【例6-9】南平公司持现钞10 000港元，要求存入其外汇活期存款港元现汇户。假设当天钞买价HKD100=CNY103.60，卖出价HKD100=CNY106.70。编制会计分录如下：

借：库存现金 HKD10 000

  贷：货币兑换 HKD10 000

借：货币兑换 CNY10 360

  贷：货币兑换 CNY10 360

借：货币兑换 HKD9 709.47

  贷：吸收存款——活期外汇存款——南平公司 HKD9 709.47

（2）直接以国外汇入汇款或国内转汇款。直接以国外汇入汇款或国内转汇款存入，应根据结算专用凭证办理存入核算。

① 以汇入原币种存入时，编制会计分录如下：

借：吸收存款——汇入汇款 外币

  贷：吸收存款——活期外汇存款 外币

② 汇入币种与存入币种不同时，通过套汇处理，编制会计分录如下：

借：吸收存款——汇入汇款 A外币

  贷：货币兑换 A外币

借：货币兑换 人民币

  贷：货币兑换 人民币

借：货币兑换 B外币

  贷：吸收存款——活期外汇存款 B外币

【例6-10】某银行收到香港大华银行汇入汇款HKD5 000，收款人东方公司在银行开有美元现汇账户，套汇存入。当天汇买价为HKD100=CNY105.20，卖出价为USD100=CNY827.30。编制会计分录如下：

借：吸收存款——汇入汇款 HKD5 000

  贷：货币兑换 HKD5 000

借：货币兑换 CNY5 260

  贷：货币兑换 CNY5 260

借：货币兑换 USD635.80

  贷：吸收存款——活期外汇存款——东方公司 USD635.80

2. 支取款项的核算

（1）支取外币现钞，通过套汇处理，编制会计分录如下：

借：吸收存款——活期外汇存款 外币

  贷：货币兑换 外币

借：货币兑换　　　　　　　　　　　　　　　　　　　　　　　人民币
　　贷：货币兑换　　　　　　　　　　　　　　　　　　　　　人民币

借：货币兑换　　　　　　　　　　　　　　　　　　　　　　　外币
　　贷：库存现金　　　　　　　　　　　　　　　　　　　　　外币

支取外币现钞与存入外汇币种不同时，同样通过套汇处理，会计分录略。

（2）支取原币汇往境外或国内异地，编制会计分录如下：

借：吸收存款——活期外汇存款　　　　　　　　　　　　　　　外币
　　贷：吸收存款——汇出汇款　　　　　　　　　　　　　　　外币
　　　　手续费及佣金收入　　　　　　　　　　　　　　　　　外币

或是按规定收取等值本币邮电费、手续费，编制会计分录如下：

借：吸收存款——活期存款　　　　　　　　　　　　　　　　　人民币
　（或：库存现金）　　　　　　　　　　　　　　　　　　　　人民币
　　贷：手续费及佣金收入　　　　　　　　　　　　　　　　　人民币

【例 6-11】盛元外贸公司从其活期外汇存款账户中支取 USD20 000 汇往国外，银行收取汇费 USD100，编制会计分录如下：

借：吸收存款——活期外汇存款　　　　　　　　　　USD20 100
　　贷：吸收存款——汇出汇款　　　　　　　　　　USD20 000
　　　　手续费及佣金收入——汇费　　　　　　　　USD100

（3）支取外汇存款兑换成人民币，编制会计分录如下：

借：吸收存款——活期外汇存款　　　　　　　　　　　　　　　外币
　　贷：货币兑换　　　　　　　　　　　　　　　　　　　　　外币

借：货币兑换　　　　　　　　　　　　　　　　　　　　　　　人民币
　　贷：吸收存款——活期存款　　　　　　　　　　　　　　　人民币
　　　　或：库存现金　　　　　　　　　　　　　　　　　　　人民币

（4）支取货币与原存款货币不同时，通过套汇处理，以存港元取美元为例，编制会计分录如下：

借：吸收存款——活期外汇存款　　　　　　　　　　　　　　　HKD
　　贷：货币兑换　　　　　　　　　　　　　　　　　　　　　HKD

借：货币兑换　　　　　　　　　　　　　　　　　　　　　　　人民币
　　贷：货币兑换　　　　　　　　　　　　　　　　　　　　　人民币

借：货币兑换　　　　　　　　　　　　　　　　　　　　　　　USD
　　贷：吸收存款——汇出汇款（或其他科目）　　　　　　　　USD

【例 6-12】大华公司委托银行汇付佣金 1 600 英镑给一英国商人，华信公司在银行开有美元现汇存款账户。当天汇买价为 USD100=CNY827.20，汇卖价为 GBP100=CNY1278.20。编制会计分录如下：

借：吸收存款——活期外汇存款——大华　　　　　　USD2 472.34
　　贷：货币兑换　　　　　　　　　　　　　　　　USD2 472.34

借：货币兑换 CNY20 451.20

　　贷：货币兑换 CNY20 451.20

借：货币兑换 GBP1 600

　　贷：吸收存款——汇出汇款 GBP1 600

3. 单位活期外汇存款利息的计算方法

单位活期外汇存款计结息规则与单位活期人民币存款计结息规则相同，即按日计息，按季结息，每季末月 20 日为结息日，结息次日主动将利息记入原活期外汇存款账户转作存款本金。计息期间遇利率调整，则需分段计息。

资产负债表日，商业银行对吸收的单位活期外汇存款应按规定计提利息。计提时，按计算确定的利息费用和应付未付利息。

借：利息支出 外币

　　贷：应付利息 外币

结息日次日，主动将利息记入原活期外汇存款账户，会计分录为：

借：应付利息 外币

　　贷：吸收存款——活期外汇存款 外币

（二）单位定期外汇存款的核算

1. 开户存入的核算

（1）活期存款转定期存款的核算。

借：吸收存款——活期外汇存款 外币

　　贷：吸收存款——定期外汇存款 外币

（2）收到单位汇入汇款或国内转汇款项直接存入定期的核算。

借：吸收存款——汇入汇款 外币

　　贷：吸收存款——定期外汇存款 外币

2. 到期支取的核算

单位定期外汇存款到期后，不能直接支取，应转入活期存款账户，会计分录为：

借：吸收存款——定期外汇存款 外币

　　应付利息 外币

　　贷：吸收存款——活期外汇存款 外币

3. 单位定期外汇存款利息的计算方法

单位定期外汇存款计结息规则与单位定期人民币存款计结息规则相同，按照对年对月对日法计算到期日，如遇到期日是节假日，银行不对外办公，则可提前一日支取，视同到期计算利息。存款到期，利随本清，一次计付利息。 资产负债表日，商业银行对吸收的单位定期外汇存款应按规定计提利息。计提时，按计算确定的利息费用和应付未付利息，借记"利息支出"科目，贷记"应付利息"科目。

单位定期外汇存款部分提前支取时，其提前支取部分按活期计息，未支取部分仍按原利率执行，全部提前支取时按活期存款利率计息。逾期支取时，对存期内部分按存入日利率计息，逾期部分改按支取日活期利率计息，会计分录与到期支取相同。

第四节 外汇贷款业务的核算

一、外汇贷款的概念

外汇贷款是商业银行发放的以外币为计量单位的贷款，是商业银行信贷业务的重要组成部分。与本币贷款相比，外汇贷款具有如下特点：借外汇还外汇，收取原币利息；外汇贷款专款专用；实行浮动利率和优惠利率；政策性强，涉及面广，工作要求高。

二、短期外汇贷款的核算

按外汇贷款期限长短的不同，可分为短期外汇贷款和中长期外汇贷款。短期外汇贷款是指 1 年以内（含 1 年）的外汇贷款。中长期外汇贷款是指 1 年以上的外汇贷款。下面主要介绍短期外汇贷款的核算，包括短期外汇贷款的发放、收回以及利息的计算。

1. 短期外汇贷款的发放

（1）用贷款货币直接对外付汇，不经过存款账户，编制会计分录如下：

借：贷款——短期外汇贷款　　　　　　　　　　　　　　外币
　　贷：吸收存款——汇出汇款　　　　　　　　　　　　　　外币

（2）将贷款直接存入借款单位的存款账户，编制会计分录如下：

借：贷款——短期外汇贷款　　　　　　　　　　　　　　外币
　　贷：吸收存款——活期外汇存款　　　　　　　　　　　　外币

【例 6-13】开源公司向银行申请美元短期贷款 100 000 元，以备对外支付货款。经银行审查同意后，为其办理发放贷款手续。编制会计分录如下：

借：贷款——短期外汇贷款　　　　　　　　　　　　USD100 000
　　贷：吸收存款——活期外汇存款　　　　　　　　　USD 100 000

（3）以非贷款货币对外付汇或存入借款单位的存款账户，作套汇处理，编制会计分录如下：

借：贷款——短期外汇贷款　　　　　　　A 外币（贷款货币）
　　贷：货币兑换　　　　　　　　　　　A 外币（贷款货币）
借：货币兑换　　　　　　　　　　　　　　　　　　人民币
　　贷：货币兑换　　　　　　　　　　　　　　　　　人民币
借：货币兑换　　　　　　　　　　B 外币（非贷款货币）
　　贷：吸收存款——活期外汇存款　　B 外币（非贷款货币）
　　或：吸收存款——汇出汇款　　　　B 外币（非贷款货币）

【例6-14】鸿源公司向开户银行申请美元贷款，但需兑换成 50 万元港币汇出。美元汇买价 681.4 元，港币汇卖价 88.19 元，要求编制相应的会计分录。

以非贷款货币对外付汇，应作汇买汇卖的处理，编制会计分录如下：

借：贷款——短期外汇贷款——鸿源公司　　　　　　　　　USD64 712.36

　　贷：货币兑换　　　　　　　　　　　　　　　　　　　　USD64 712.36

借：货币兑换　　　　　　　　　　　　　　　　　　　　　CNY440 950

　　贷：货币兑换　　　　　　　　　　　　　　　　　　　　CNY440 950

借：货币兑换　　　　　　　　　　　　　　　　　　　　　HKD500 000

　　贷：吸收存款——汇出汇款——鸿源公司户　　　　　　　HKD500 000

2. 短期外汇贷款收回

（1）用外汇存款偿还外汇贷款，编制会计分录如下：

借：吸收存款——活期外汇存款　　　　　　　　　　　　　　外币

　　贷：贷款——短期外汇贷款　　　　　　　　　　　　　　　外币

（2）经批准用本币偿还外汇贷款本息，作售汇处理，编制会计分录如下：

借：吸收存款——活期存款　　　　　　　　　　　　　　　　人民币

　　贷：货币兑换　　　　　　　　　　　　　　　　　　　　人民币

借：货币兑换　　　　　　　　　　　　　　　　　　　　　外币

　　贷：贷款——短期外汇贷款　　　　　　　　　　　　　　外币

　　　　利息收入　　　　　　　　　　　　　　　　　　　　外币

（3）用非贷款外币 A 偿还外汇贷款本息 B，作套汇处理，编制会计分录如下：

借：吸收存款——活期外汇存款　　　　　　　　　　　　　　A 外币

　　贷：货币兑换　　　　　　　　　　　　　　　　　　　　A 外币

借：货币兑换　　　　　　　　　　　　　　　　　　　　　人民币

　　贷：货币兑换　　　　　　　　　　　　　　　　　　　　人民币

借：货币兑换　　　　　　　　　　　　　　　　　　　　　B 外币

　　贷：贷款——短期外汇贷款　　　　　　　　　　　　　　B 外币

　　　　利息收入　　　　　　　　　　　　　　　　　　　　B 外币

【例6-15】大华公司从银行取得一笔美元短期贷款，金额 50 万美元，到期以港币归还，假设利息为 6 000 美元，请编制归还该笔贷款的会计分录。假设归还日美元汇卖价为 684.14 元，港币汇买价为 87.86 元。

偿还美元贷款需港币金额为：

$$506\ 000 \times 6.8414 \div 0.8786 = 3\ 940\ 073.3（港币）$$

借：吸收存款——活期外汇存款　　　　　　　　　　　　　HKD3 940 073.3

　　贷：货币兑换　　　　　　　　　　　　　　　　　　　　HKD3 940 073.3

借：货币兑换　　　　　　　　　　　　　　　　　　　　　CNY3 461 748.4

　　贷：货币兑换　　　　　　　　　　　　　　　　　　　　CNY3 461 748.4

借：货币兑换   USD506 000

    贷：贷款——短期外汇贷款   USD500 000

        利息收入   USD6 000

3. 短期外汇贷款利息的核算

短期外汇贷款的利息实行浮动利率，浮动期分为 1 个月、3 个月、6 个月不等。短期外汇贷款每季末月 20 日为计息日，在一个季度内按浮动利率的变动时期实行分段计息。对于到期不能支付的利息，银行将应收利息转入贷款户，计收复利。

【例 6-16】某外汇指定银行 2014 年 4 月 10 日贷出 200 万港币，期限 6 个月，10 月 10 日借款人用其在该银行港币存款偿还全部贷款本息。利率采用 3 个月浮动利率，利息全部转入贷款本金。假定 4 月 10 日港币 3 个月浮动利率为 5%，7 月 10 日港币 3 个月浮动利率为 4.5%。相关账务处理如下。

（1）4 月 10 日发放贷款时，编制会计分录如下：

借：贷款——短期外汇贷款   HKD200 万

    贷：吸收存款——活期外汇存款   HKD200 万

（2）6 月 20 日为结息日，计算 4 月 10 日至 6 月 20 日的利息：

HKD200 万×72×5% / 360= HKD2 万

（3）6 月 21 日将贷款利息转入贷款本金，编制会计分录如下：

借：贷款——短期外汇贷款   HKD2 万

    贷：利息收入   HKD2 万

（4）9 月 20 日为结息日，计算 6 月 21 日至 9 月 20 日的利息，由于该期间利率浮动，故应分段计息如下。

① 6 月 21 日至 7 月 9 日的利息：

（HKD200 万 + HKD2 万）×19×5% / 360= HKD0.5331 万

② 7 月 10 日至 9 月 20 日的利息：

（HKD200 万 + HKD2 万）×73×4.5% / 360= HKD1.84325 万

③ 6 月 21 日至 9 月 20 日的利息合计为：

HKD0.5331 万＋HKD1.84325 万＝HKD2.37635 万

（5）9 月 21 日将贷款利息转入贷款本金，编制会计分录如下：

借：贷款——短期外汇贷款   HKD2.37635 万

    贷：利息收入   HKD2.37635 万

（6）9 月 21 日至 10 月 10 日的利息：

（HKD200 万+ HKD2 万+ HKD2.37635 万）×19×4.5% / 360= HKD0.4854 万

（7）10 月 10 日收回贷款时，编制会计分录如下：

借：吸收存款——活期外汇存款   HKD204.86175 万

    贷：贷款——短期外汇贷款   HKD204.37635 万

        利息收入   HKD0.4854 万

三、买方信贷外汇贷款的核算

（一）买方信贷的概念

买方信贷是指由出口商国家的银行向进口商或进口商国家的银行提供的信贷，用以支付进口货款的一种贷款形式。买方信贷分为进口买方信贷和出口买方信贷两种，进口买方信贷是用于支持本国企业从国外引进技术设备而提供的贷款；出口买方信贷是为支持本国船舶和机电设备等产品的出口而提供的贷款。买方信贷涉及的当事人常有四类：出口商、出口国银行、进口商和进口国银行，基本流程如图 6-1 所示。

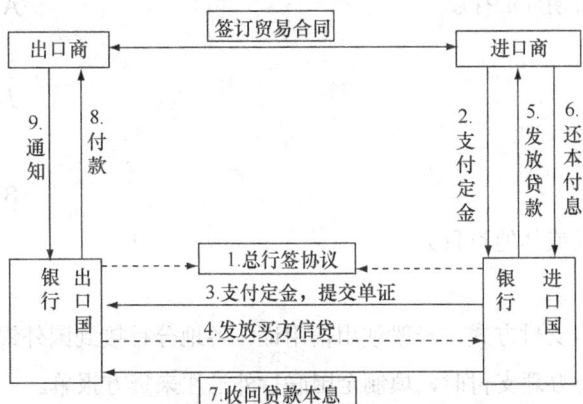

图 6-1　买方信贷外汇贷款基本流转流程图

（二）买方信贷外汇贷款的核算

买方信贷下向国外银行的借入款由总行集中开户，并在"借入买方信贷"科目下，按借款单位分设账户进行核算，该借款利息由总行负责偿还；对各地企业发放买方信贷时，由分行开户，分行在"贷款——买方信贷外汇贷款"科目下核算，分行发放的买方信贷外汇贷款本息，由分行负责按期收回，总行和分行之间款项的发放和归还，经全国联行往来处理。

买方信贷外汇贷款的会计处理主要有对外签定信贷协议、支付定金、使用贷款、对外偿还贷款本息，以及对内收回贷款本息。

1. 对外签订信贷协议

总行根据有关的法规政策规定，统一对外谈判签订买方信贷总协议，也可由总行授权分行谈判签订。总行在签订具体协议时，应通过"买方信贷用款限额"表外科目进行核算，使用贷款时按使用金额逐笔转销表外科目。

2. 支付定金

根据买方信贷协议的规定，需要对外预付一定比例的定金，一般是商务合同金额的 15%。

（1）借款单位使用现汇支付定金，会计分录为：

借：吸收存款——活期外汇存款　　　　　　　　　　　　　　　　　　外币
　　贷：存放同业（或其他科目）　　　　　　　　　　　　　　　　　　外币

（2）借款单位申请现汇外汇贷款用于支付定金，会计分录为：

借：贷款——短期外汇贷款　　　　　　　　　　　　　　　　　　　　外币
　　贷：存放同业（或其他科目）　　　　　　　　　　　　　　　　　　外币

（3）借款单位用人民币购买外汇支付定金，作售汇处理，会计分录为：

借：吸收存款——活期存款　　　　　　　　　　　　　　　　人民币

　　贷：货币兑换　　　　　　　　　　　　　　　　　　　　人民币

借：货币兑换　　　　　　　　　　　　　　　　　　　　　　外币

　　贷：存放同业（或其他科目）　　　　　　　　　　　　　外币

（4）借款单位用非贷款币种外汇 A 支付定金，作套汇处理，会计分录为：

借：吸收存款——活期外汇存款　　　　　　　　　　　　　　A 外币

　　贷：货币兑换　　　　　　　　　　　　　　　　　　　　A 外币

借：货币兑换　　　　　　　　　　　　　　　　　　　　　　人民币

　　贷：货币兑换　　　　　　　　　　　　　　　　　　　　人民币

借：货币兑换　　　　　　　　　　　　　　　　　　　　　　B 外币

　　贷：存放同业（或其他科目）　　　　　　　　　　　　　B 外币

3．使用贷款

买方信贷项下的进口支付方式，一般使用信用证，各地分行接到国外银行寄来的信用证下的有关部门单据，经审核对外办理支付时，填制全国联行外汇往来贷方报单。

分行的会计分录为：

借：贷款——买方信贷外汇贷款　　　　　　　　　　　　　　外币

　　贷：全国联行外汇往来　　　　　　　　　　　　　　　　外币

总行收到贷方报单时，会计分录为：

借：全国联行外汇往来　　　　　　　　　　　　　　　　　　外币

　　贷：借入买方信贷款　　　　　　　　　　　　　　　　　外币

表外科目：

　　　付出：买方信贷用款限额　　　　　　　　　　　　　　外币

4．贷款本息的偿还

买方信贷项下借入国外同业本息的偿还，由总行统一办理。总行按协议规定计算利息，对国外贷款行寄来的利息清单，应认真核对并按规定及时清偿本息。

总行偿还国外贷款的本息时：

借：借入买方信贷款　　　　　　　　　　　　　　　　　　　外币

　　利息支出　　　　　　　　　　　　　　　　　　　　　　外币

　　贷：存放同业　　　　　　　　　　　　　　　　　　　　外币

5．向借款单位收回买方信贷本息

① 借款单位直接以外汇偿还本息。

借：吸收存款——活期外汇存款　　　　　　　　　　　　　　外币

　　贷：贷款——买方信贷外汇贷款　　　　　　　　　　　　外币

　　　　利息收入　　　　　　　　　　　　　　　　　　　　外币

② 借款单位以人民币购买外汇偿还贷款本息，相当于售汇，会计分录为：

借：吸收存款——活期存款 人民币
　　贷：货币兑换 人民币
借：货币兑换 外币
　　贷：贷款——买方信贷外汇贷款 外币
　　利息收入 外币

如果借款单位不能按期归还贷款本息应按贷款合同规定的到期日，将贷款本息转入"短期外汇贷款"科目核算，并按规定利率计算到期应收利息。转入短期外汇贷款科目后，借款单位逾期仍未能偿还贷款，应采取措施，督促贷款单位还款。会计分录为：

借：贷款——短期外汇贷款 外币
　　贷：贷款——买方信贷外汇贷款 外币
　　利息收入 外币

第五节 国际结算业务的核算

一、国际结算概述

国际结算是指不同国家(地区)的当事人之间进行贸易、劳务供应以及其他经济往来而引起的以货币表示的债权债务，通过银行办理清算的行为。根据发生债权债务关系的原因不同，国际结算分为贸易结算和非贸易结算。根据清算方式的不同，国际结算分为现汇结算和记账结算。现汇结算是指使用在国际金融市场上可自由兑换的货币进行债权债务的清算。记账结算是指根据两国政府间签订的支付协定，不必使用现汇而通过指定的清算账户进行债权债务的清算。目前，以现汇结算为主，基本方式有国际汇兑结算、信用证结算和托收结算。

二、信用证结算

（一）信用证结算的概念与特点

信用证结算是指以买卖双方交易合同为基础，由付款人（开证申请人）向所在地银行（开证银行）提出申请，并交付一定数额的保证金后，请求银行给收款人开出信用证以确保收款人按规定条件支付符合信用证规定的单据后，就能从付款人银行取得款项的一种结算方式。信用证是国际贸易中广泛使用的一种结算方式，其基本流程如图 6-2 所示。

信用证结算具有以下特点：（1）开证行负第一付款责任。信用证的开证银行对受益人负责。开证银行保证当受益人在信用证规定的期限内提交符合信用证条款的单据时履行付款义务。（2）信用证是独立文件，不依附于贸易合同。信用证虽然以买卖合同为依据开立，一经开出，就成为独立于买卖合同之外的一种契约，不受买卖合同的约束。开证银行以及其他参与信用证业务的银行只按信

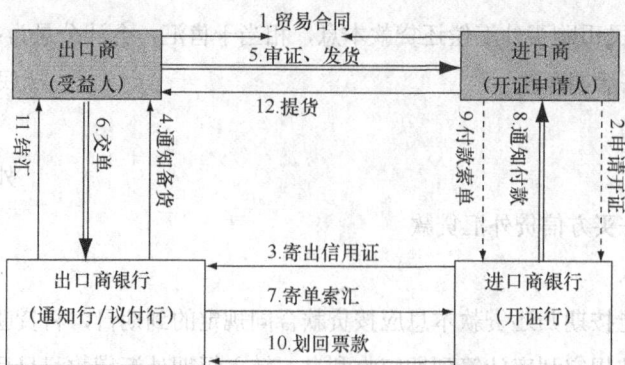

图 6-2　信用证结算的基本流程图

用证的规定办理。（3）信用证业务是一种单据买卖，银行凭表面合格的单据付款，而不以货物为准。银行办理信用证业务只以单据为准，不问货物是否已装船，质量有无问题。

（二）信用证结算的核算

信用证业务的会计核算包括信用证项下进口业务和信用证项下出口业务的核算两个方面。信用证项下进口业务是指银行根据国内进口商的申请，向国外出口商开立信用证或信用证保证书，凭国外银行寄来的全套信用证单据，按照信用证条款规定对外付款并向进口商办理结汇的一种结算方式。信用证项下的出口业务是指出口商根据境外进口商通过境外银行开来的信用证，按条款规定办妥出口业务后，将出口货运单据送交银行办理审单议付，并向境外付款行（开证行）寄单索汇的一种结算方式。

信用证项下进口业务和信用证项下出口业务实际上是同一笔贸易业务的两个方面，就出口商银行方面来说，涉及的是信用证项下出口业务；就进口商有何方面来说，涉及的是信用证项下进口业务。

1. 信用证项下进口业务的核算

信用证项下进口业务的核算主要包括开立信用证、修改信用证和审单付款三个环节。

（1）开立信用证。进口单位向银行提交"信用证申请书"，信用证申请书构成进口单位与银行之间的契约关系。银行在收到进口公司的开证申请时，经审核同意，办理开证手续。为保证开出的信用证切实履行对外付款责任，应收取保证金并专户储存。

开证行的会计分录为：

借：吸收存款——活期外汇存款　　　　　　　　　　　　　　　　　　外币
　　贷：存入保证金　　　　　　　　　　　　　　　　　　　　　　　外币

同时，编制表外科目：

收入：开往国外保证凭信（信用证金额）　　　　　　　　　　　　　　外币

（2）修改信用证。开证行开出信用证后，进口方单位如需修改信用证应提出申请，银行应认真审核印鉴。经审核同意后办理。修改信用证如果涉及增减信用证金额，应通过"开往国外保证凭信"表外科目核算，并根据要求增加或减少保证金。如因减少信用金额需要退还保证金，应在信用证修改书发出若干天（通常为 30 天）国外尚无拒收表示时，方可退给部分保证金。

登记表外科目：

收入：开往国外保证凭信（增加用蓝字减少用红字）　　　　　　　　　外币

（3）审单付款。开证行接到国外寄来的全套进口单据，与原来信用证条款核对，符合"单证一致，单单一致"的要求，即送进口单位审核，银行在进口方单位承付后，即办理付汇手续。

借：吸收存款——活期外汇存款 外币

存入保证金 外币

贷：存放境外同业款项（或其他科目） 外币

同时，登记表外科目：

付出：开往国外保证凭信（信用证金额） 外币

【例6-17】南方公司申请开立信用证，金额USD20 000，并从其活期外汇存款账户支取USD 5 000交存保证金。编制会计分录如下：

借：吸收存款——活期外汇存款 USD5 000

贷：存入保证金——南方公司 USD5 000

同时，登记表外科目：

收入：开往国外保证凭信（信用证金额） USD20 000

【例6-18】接【例6-17】，开证行收到议付行寄来信用证项下USD 20 000汇票及单证，审查合格送交南方公司确认后，当日办理划款，从南方公司活期外汇存款账户中支付。编制会计分录如下：

借：吸收存款——活期外汇存款 USD15 000

存入保证金 USD5 000

贷：存放境外同业款项（或其他科目） USD20 000

表外科目：

付出：开往国外保证凭信 USD20000

2. 信用证项下出口业务的核算

信用证项下出口业务的核算主要包括受证通知、交单议付和出口结汇三个环节。

（1）受证通知。国内出口商银行接到国外进口商银行开来的信用证，经审证核对，对进口商的资信及信用证本身进行审查无误后，即编制信用证通知顺序号，并将信用证正本通知有关出口商，然后根据信用证副本，填制"国外开来保证凭信"表外科目收入传票进行核算，具体如下：

收入：国外开来保证凭信 外币

若接到开证行寄来的信用证修改通知书，应以正本通知受益人，将副本与来证一并保管，并在登记簿上记录修改内容。如修改信用证金额，则应编制表外科目如下：

收入：国外开来保证凭信（增加用蓝字减少用红字） 外币

另外，对于开证行汇入的信用证押金，授权我行在议付单据后进行抵扣，会计分录为：

借：存放境外同业款项 外币

贷：存入保证金 外币

（2）交单议付。出口商按信用证条款的要求交来全套出口单据后，银行应逐项审核，根据"单证一致，单单一致"的要求，审核无误后，应在信用证上批注议付日期并编制银行出口押汇编号，填制"出口寄单议付通知书",按一定的索汇方法向国外银行收取款项。

议付行寄出代表物权的出口单证后,即表明境外开来的信用证已经使用,并与开证行形成了应收债权关系,应通过有关表外科目进行核算。编制表外科目如下:

付出:国外开来保证凭信　　　　　　　　　　　　　　　　　　　外币

　　收入:应收信用证出口款项　　　　　　　　　　　　　　　　外币

(3)出口结汇。出口结汇是指议付行在收妥出口方货款外汇的同时,对出口方单位办理人民币结汇,即议付行按当日现汇买入价买入外汇,再折算成相应的人民币支付出口公司,以结清代收妥的出口外汇。会计分录为:

借:存放境外同业款项　　　　　　　　　　　　　　　　　　　　外币

　　贷:货币兑换　　　　　　　　　　　　　　　　　　　　　　外币

借:货币兑换　　　　　　　　　　　　　　　　　　　　　　　　人民币

　　贷:吸收存款——活期存款　　　　　　　　　　　　　　　　人民币

同时,编制表外科目:

付出:应收信用证出口款项　　　　　　　　　　　　　　　　　　外币

【例6-19】中国人民银行南京分行2011年7月4日接到纽约某银行开来的信用证,金额为USD60 000,受益人为中国华贸进出口公司。来证规定单到开证行验单付款,该行审证后当天通知中国华贸进出口公司。7月20日中国华贸进出口公司备货出运后,送来全套出口单据及跟单汇票USD60 000,该行审查合格,于8月2日寄单索汇。8月20日该行收到纽约某银行的已贷记通知金额USD60 000,并于当日对中国华贸进出口公司结汇入账。结汇当日美元汇买价为:1美元=8.2800人民币。

(1)7月4日受理通知时,应通过表外科目核算:

收入:国外开来保证凭信　　　　　　　　　　　　　　　　　　　USD60 000

(2)8月2日寄单索汇,通过表外科目核算:

付出:国外开来保证凭信　　　　　　　　　　　　　　　　　　　USD60 000

　　收入:应收信用证出口款项　　　　　　　　　　　　　　　　USD60 000

(3)8月20日收汇解付,编制会计分录如下:

借:存放境外同业款项　　　　　　　　　　　　　　　　　　　　USD60 000

　　贷:货币兑换　　　　　　　　　　　　　　　　　　　　　　USD60 000

借:货币兑换　　　　　　　　　　　　　　　　　　　　　　　　CNY496 800

　　贷:吸收存款——活期存款——华贸公司　　　　　　　　　　CNY496 800

同时,转销表外科目:

付出:应收信用证出口款项　　　　　　　　　　　　　　　　　　USD60 000

三、托收和代收结算业务的核算

托收,又称出口托收,是指出口商根据贸易合同的规定,在发运货物后,委托我国外汇银行向国外进口商收取货款的一种结算方式。代收,又称进口代收,是指我国外汇银行受国外行的委托,代向国内付款人（进口商）收取款项的一种结算方式。托收和代收实际上是同一笔贸易业务的两个方面，就出口商银行方面来说是出口托收，就进口商银行方面来说是进口代收。

根据汇票是否附有出口货物单证，托收可分为光票托收和跟单托收两种。光票托收是指汇票不附带货运（商业）单据的托收方式，即客户（出口商）将不附带商业单据的票据如银行汇票、银行本票等提交我国外汇银行，委托其向境外付款行办理收取票款的一种结算业务。跟单托收是指汇票连同附带商业单据的金融单据一起交银行委托代收，即客户（出口商）将出口商业单据连同其签发的跟单汇票提交我行，委托我行代其从境外付款人收取款项的一种结算业务。跟单托收按照放单方式的不同，又分为付款交单和承兑交单两种。付款交单指被委托的代收银行必须在进口商付清票款之后，才能将货运单据交给进口商的一种方式。承兑交单指被委托的代收银行于付款人承兑汇票之后，将货运单据交给付款人，付款人、汇款人在汇票到期时履行付款义务的一种方式。

托收业务涉及的当事人包括委托人、委托行、代收行及付款人，其基本业务流程如图6-3所示。

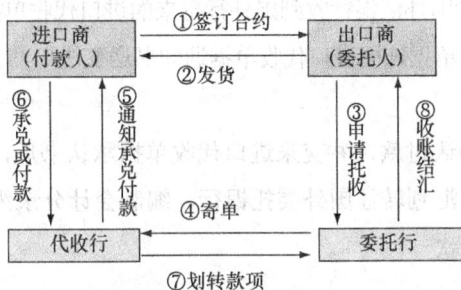

图6-3　托收结算业务的基本流程图

（一）托收的核算

出口托收结算业务主要包括发出托收单证的核算和收妥结汇两个环节。

（1）发出托收单证的核算。出口商根据贸易合同发货后，编制托收单据，填写"无证出口托收申请书"，委托我国外汇银行办理托收。银行审单后，根据托收申请书的要求，编制"出口托收委托书"，编列出口托收号码。经复核无误后，寄给国外代收银行。发出托收单证时，应编制表外科目如下：

收入：应收外汇托收款项　　　　　　　　　　　　　　　　　　外币

（2）收妥结汇。

借：存放同业　　　　　　　　　　　　　　　　　　　　　　　外币
　　贷：货币兑换　　　　　　　　　　　　　　　　　　　　　　外币
借：货币兑换　　　　　　　　　　　　　　　　　　　　　　　人民币
　　贷：吸收存款——活期存款　　　　　　　　　　　　　　　人民币

同时，转销表外科目：

付出：应收外汇托收款项　　　　　　　　　　　　　　　　　　外币

【例6-20】中国银行苏州分行受开源外贸进出口公司委托，向马来西亚华侨银行办理出口托收，金额为HKD60 000，收到贷方报单办理结汇，当日牌价汇买价HKD100=CNY105.96。

（1）发出托收单证时，通过表外科目核算：

收入：应收外汇托收款项   HKD60 000

（2）收到贷方报单对委托人办理结汇，编制会计分录如下：

借：存放同业   HKD60 000

    贷：货币兑换   HKD60 000

借：货币兑换   CNY63 576

    贷：吸收存款——活期存款——开源公司   CNY63 576

同时，转销表外科目：

付出：应收外汇托收款项   HKD60 000

（二）代收的核算

进口代收结算业务主要包括代收国外寄来单证、承付交单、拒付退单等环节。

（1）收到国外寄来单证。我国外汇银行收到国外行寄来的进口代收单据后，应编列顺序号，填制"进口代收单据通知书"，将汇票和单据连同进口代收单据通知书送交进口商。同时，编制表外科目如下：

收入：代收外汇托收款项   外币

（2）承付交单。进口商确认付款，并交来进口代收单据承认书后，我国外汇银行应立即办理售汇付款的手续，从进口商账户汇划转往国外委托银行。编制会计分录为：

借：吸收存款——活期存款   人民币

    贷：货币兑换   人民币

借：货币兑换   外币

    贷：同业存放   外币

同时，转销表外科目：

付出：代收外汇托收款项   外币

（3）拒付退单。若进口商拒绝付款，应提出拒付理由，连同单据退交银行，通知国外委托行。同时，转销表外科目：

收入：代收外汇托收款项   外币（红字）

【例6-21】南京开源进出口公司收到开户行送交的进口代收单据通知书及所附单据，金额USD200 000，确认无误后，通知银行办理售汇和对外付款，当日汇卖价为USD100=CNY827.39，办理转账。

（1）送交代收通知，编制表外科目：

收入：代收外汇托收款项   USD200 000

（2）承付交单，编制会计分录如下：

借：吸收存款——活期存款——华太进出口公司   CNY1 654 780

    贷：货币兑换   CNY1 654 780

借：货币兑换   USD200 000

    贷：同业存放   USD200 000

       付出：代收外汇托收款项   USD200 000

四、汇兑结算业务的核算

汇兑是指由汇款人委托银行,将款项汇给境外收款人的一种结算方式。在国际贸易中,汇款结算方式主要用于支付贸易从属费用或某些先款后货的贸易结算。根据汇款选用的方式不同,可分为信汇、电汇和票汇。

汇兑结算涉及四个当事人:汇款人、收款人、汇出行以及汇入行,其基本业务流程如图 6-4 所示。

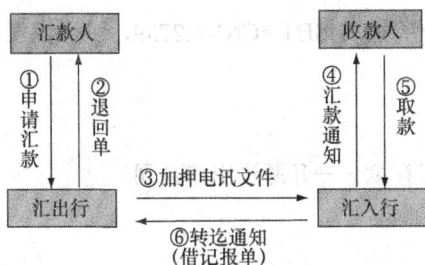

图 6-4 汇兑结算的基本业务流程图

汇兑结算业务包括汇出国外汇款和国外汇入汇款两个方面。汇出国外汇款是指应汇款人要求,将款项汇给境外收款人的结算方式。国外汇入汇款是指国外或我国港、澳、台地区汇款人将款项通过境外银行汇入款项给境内收款人的。从汇出行的角度来看是汇出国外汇款业务;从汇入行的角度来看是国外汇入汇款业务。

1. 汇出国外汇款的核算

(1)以人民币售汇汇出,会计分录为:

借:库存现金 人民币

或:吸收存款——活期存款 人民币

　　贷:货币兑换 人民币

　　　　手续费及佣金收入 人民币

借:货币兑换 外币

　　贷:吸收存款——汇出汇款 外币

(2)以外币存款汇出,会计分录为:

借:吸收存款——活期外汇存款 外币

　　贷:吸收存款——汇出汇款 外币

　　　　手续费及佣金收入 外币

(3)套汇汇出,会计分录为:

借:吸收存款——活期外汇存款 A 外币

　　贷:货币兑换 A 外币

借:货币兑换 人民币

　　贷:货币兑换 人民币

借：货币兑换   B 外币

    贷：吸收存款——汇出汇款   B 外币

        手续费及佣金收入   B 外币

款项汇出后，在接到国外汇入行的解付通知书时，汇出行进行核销转账，会计分录为：

借：吸收存款——汇出汇款   外币

    贷：存放同业   外币

【例 6-22】开源进出口公司从其美元存款账户支出 USD30 000 兑换港币电汇国外，按规定收取 1‰的手续费。当日美元的汇买价为：USD1 =CNY8.2739，港元汇卖价为：HKD1 =CNY1.0628，汇出行收到汇入行解讫通知。

（1）汇出汇款时：

借：吸收存款——活期外汇存款——开源进出口公司   USD30 000

    贷：货币兑换   USD30 000

借：货币兑换   CNY248 217

    贷：货币兑换   CNY248 217

借：货币兑换   HKD233 550.06

    贷：吸收存款——汇出汇款   HKD233 550.06

借：吸收存款——活期存款   CNY248.217

    贷：手续费及佣金收入   CNY248.217

（2）收到解讫通知的账务处理：

借：吸收存款——汇出汇款   HKD233 550.06

    贷：存放同业   HKD233 550.06

2．国外汇入汇款的核算

（1）电汇和信汇的核算。收到国外汇出行的汇款电报或信汇支付委托书正本时，应首先验押或验印，审核无误后填制汇款通知书，在收妥汇款后，通知收款人来行取款。

收到汇款时，编制会计分录如下：

借：同业存放   外币

    贷：吸收存款——汇入汇款   外币

汇款解付时，办理结汇，编制会计分录如下：

借：吸收存款——汇入汇款   外币

    贷：货币兑换   外币

借：货币兑换   人民币

    贷：吸收存款——活期存款   人民币

若收款人要求原币存储，编制会计分录如下：

借：吸收存款——汇入汇款   外币

    贷：吸收存款——活期外汇存款   外币

（2）票汇的核算。办理票汇业务时，汇入行收到汇出行寄来的汇票通知书时，经核对印鉴及各项内容无误后，转入"汇入汇款"科目，待持票人前来兑取，编制会计分录如下：

借：同业存放 外币

贷：吸收存款——汇入汇款 外币

当持票人持汇票来行取款时，会计分录同信汇、电汇。

【例 6-23】中国银行南京分行收到国外汇出行的电汇款后，通知开源进出口公司前来取款，开源公司要求将其收到的汇入汇款 USD10 000 存入其在中国银行开立的港币存款户，当日美元汇买价为：USD100=CNY826.43，港币汇卖价为：HKD100=CNY162.80。编制会计分录如下：

借：同业存放 USD10 000

贷：吸收存款——汇入汇款 USD10 000

汇款解付时，账务处理如下：

借：吸收存款——汇入汇款 USD10 000

贷：货币兑换 USD10 000

借：货币兑换 CNY82 643

贷：货币兑换 CNY82 643

借：货币兑换 HKD50 763.28

贷：吸收存款——活期外汇存款 HKD50 763.28

思 考 题

1. 什么是外汇？如何对外汇进行分类？

2. 什么是汇率？汇率的标价方法有哪几种？

3. 什么是外汇贷款？外汇贷款业务有何特点？

4. 什么是国际结算业务？有哪几种方式？

5. 如何进行外汇买卖交易业务的核算？

6. 进口和出口信用结算业务各包括哪几个环节？

7. 出口托收和进口代收的具体核算程序有哪几个方面？

8. 外汇存款业务按存款对象分为哪几种类型？具体内容是什么？

第七章 | 保险公司业务的核算

【教学目标】

通过本章教学，能使学生了解保险会计的特点，掌握不同保险业务中收入的核算、支出和费用的核算以及保险责任准备金的核算。

【引例】

据东方财富网报道，2014年以来，国务院连续发文支持商业健康保险的发展。保监会日前在落实国务院意见的动员会上指出，从2014年至2020年的7年间，健康保险年均增速预计可以达到25%以上，2020年全国健康保险保费收入将达到6 000亿元。在促进商业健康保险发展新思路上，越来越多的保险公司正在试水O2O模式，即融合线上咨询和线下买药或就诊，以此为客户提供增值服务，同时拉动健康保险业务发展。例如，在2014年"双十一"期间，阳光财险推出"天猫医药险"，用户通过医疗专家电话健康咨询，根据医生建议去天猫医药馆购买药品，确认收货后由保险公司赔付药款。越来越多的保险公司利用线上咨询方便快捷的特点低调布局互联网医疗领域。业内人士指出，传统零售业已经开启O2O模式，在商业健康险领域，这一模式的市场前景给人极大的想象空间。

第一节 | 保险会计概述

一、保险的概念与分类

（一）保险的概念

根据《中华人民共和国保险法》的规定，保险是指投保人根据合同约定，向保险人支付保险费，保险人对于合同约定的可能发生的事故因其发生所造成的财产损失承担赔偿保险金责任，或者当被保险人死亡、伤残、疾病或者达到合同约定的年龄、期限等条件时承担给付保险金责任的商业保险行为。保险中主要当事人包括投保人与保险人。投保人是指与保险人订立保险合同，并按照合同约定负有支付保险费义务的人。投保人可以是自然人也可以是法人。保险人（又称"承保人"）是指与投保人订立保险合同，并按照合同约定承担赔偿或者给付保险金责任的保险公司。保险人是法人，公民个人不能作为保险人。此外，还涉及被保险人、受益人、保单所有人，他们有可能与投保人是同一人。

保险的基本职能是转移风险、补偿损失，即投保人通过交纳少量保险费，将风险转由保险人承担；一旦发生风险，则进行损失分摊，由众多的企业和个人共同分摊少数遭受灾害事故的企业和个人的损失。因此，保险具有以下特征。

（1）互助性。保险具有"一人为众，众为一人"的互助特性。保险在一定条件下，分担了单位和个人所不能承担的风险，从而形成了一种经济互助关系。这种经济互助关系通过保险人用多数投保人缴纳的保险费建立的保险基金对少数遭受损失的被保险人提供补偿或给付而得以体现。

（2）法律性。从法律角度看，保险是一种合同行为，是一方同意补偿另一方损失的一种合同安排，同意提供损失赔偿的一方是保险人，接受损失赔偿的一方是投保人或被保险人。

（3）经济性。保险是通过保险补偿或给付而实现的一种经济保障活动。其保障对象财产和人身都直接或间接属于社会再生产中的生产资料和劳动力两大经济要素；其实现保障的手段，大多最终都必须采取支付倾向的形式进行补偿或给付；其保障的根本目的，无论从宏观的角度，还是微观的角度，都是与社会经济发展相关的。

（4）商品性。保险体现了一种对价交换的经济关系，也就是商品经济关系。这种商品经济关系直接表现为个别保险人与个别人之间交换关系；间接表现为在一定时期内全部保险人与全部投保人之间的交换关系，即保险人销售保险产品，投保人购买保险产品的关系；具体表现为，保险人提供保险的补偿或给付，保障社会生产的正常进行和人们生活的安定。

（5）科学性。保险经营以概率论和大数法则等科学的数理理论为基础，保险费率的厘定、保险准备金的提存等都是科学的数理计算为依据的。

（二）保险的分类

（1）根据保险标的不同，保险可分为人身保险和财产保险两大类。

人身保险是以人的生命和身体为保险标的的保险。当投保人遭受不幸事故或因疾病、年老以致丧失工作能力、伤残、死亡或年老退休后，根据保险合同的规定，保险人对被保险人或受益人给付保险金或年金，以解决病、残、老、死所造成的经济困难。人身保险业务包括人寿保险、健康保险、意外伤害保险等保险业务。财产保险广义上讲，是除人身保险外的其他一切险种，包括财产损失保险、责任保险、信用保险、保证保险、农业保险等。

（2）根据保险业务承办方式的不同，保险可分为原保险、再保险和共同保险。

原保险是指投保人与保险人直接签订保险合同而成立保险关系的一种保险。

再保险简称分保，是指保险人将其承担的保险业务部分或全部转移给其他保险人的一种保险。分出自己承保业务的保险人称为原保险人，接受再保险业务的保险人称为再保险人。共同保险是指投保人与两个以上保险人之间，就同一可保利益，对同一危险缔结保险合同的一种保险。

（3）以"是否以盈利为目标"作为划分标准，保险可分为商业保险和社会保险两类。

社会保险是指在既定的社会政策下，由国家通过立法手段对全体社会公民强制征缴保险费，形成保险基金，用以对其中因年老、疾病、生育、伤残死亡和失业而导致丧失劳动能力或失去工作机会的成员提供基本生活保障的一种社会保障制度。社会保险不以盈利为目标，运行中若出现赤字，国家财政将给给予支持。商业保险指保险公司所经营的各类保险业务。商业保险以盈利为目标，进行独立经济核算。

此外，按保障的主体分，保险可分为个人保险和团体保险。按保险实施方式分，保险又可分为自愿保险和强制保险。

二、保险公司会计的概念与特点

保险公司会计是以货币为主要计量单位，采用专门的方法，对保险公司经营过程及其经营结果进行连续、系统、全面、综合、准确的核算和监督，并向公司的投资者及相关利益人提供财务信息的一种行业会计。

保险企业是经营保险业务的经济组织。保险业务是一种特殊的业务，它是以集中起来的保险费建立保险基金，用于补偿因自然灾害以外事故所造成的经济损失或对个人的死亡、伤残等给付保险金的一种方法。与一般企业会计比较，保险公司会计具有以下特点。

（1）按照保险业务分类核算。国际上，按照寿险和非寿险实行分险经营是保险界的惯例。我国保险法规定："保险人不得兼营人身保险业务和财产保险业务。但是，经营财产保险业务的保险公司经国务院保险监督管理机构批准，可以经营短期健康保险业务和意外伤害保险业务。" 在保险财务会计工作中，也普遍强调按照保险业务分类核算。我国新企业会计准则明确规定寿险业务和非寿险业务分别建账、分别核算损益。

（2）提存各种业务准备金。保险公司保单的有效期与会计年度往往不一致。保险公司对于会计年度末尚未到期的保单应承担的责任称为未到期责任。由于保费收入是在保单时入账的，而保险责任要延续到保险期终，按照权责发生制原则的要求，为了正确计算各个会计年度的经营成果，要把不属于当年收益的保费以未到期责任准备金的形式，从当年收益中提取，作为下一年收入。同理，应将上年度提存的未到期责任准备金转作本年收入。这种未到期责任准备金的提存是保险企业会计核算的一个重要特点。

（3）损益计算具有的特殊性。第一，保险企业利润的计算与一般企业不同。一般企业的利润是以当年收入减当年支出或费用后的余额，而计算保险公司的利润应以当年收入减当年支出后，同时再调整年度的计算有很大的影响。第二，保险企业年度之间的利润可比性较差。一般企业只要经营管理上没有大的变化，各年的利润就会保持相对稳定。但在保险公司，由于保险费是按概率论和大数法则计处的各年灾害损失的平均数收取的，而赔款支出是按当年的实际损失支付的，而灾害事故的发生率各年很不平衡，从而使保费收入与赔款支出在年度间相差很大。因此保险公司各年的保险利润只有相对的可比性。

（4）年终决算的重点在于估算负债。保险公司年终决算的重点是正确估算负债。这是因为保险公司的资产大部分以货币资金形态存在，年末无须核定；另有一部分投资，由于其投资收益在年终时已基本确定，因而不必作为决算时的重点。保险公司的负债主要是未到期责任准备金和未决赔款等。其中未决赔款的估算比较困难，特别是涉及责任范围、损害程度的比例存在争议或需要由法庭判决等情况时，往往要经过时间，因此负债数额的估算存在较大的不确定性。

（5）会计核算与业务处理同步。对一般企业而言，业务活动与会计处理活动是分离的，如工业企业的原材料采购、产品销售等业务活动是由专门的业务部门及业务人员负责处理，而相应的会计核算由企业的会计部门负责。而保险公司则不同，由于其经营的对象就是货币，所以保险公司在处理其业务的同时，必须进行会计核算，通过会计进行记录、报告、反映和监督，业务处理与会计处理具有同步性特点。

三、保险公司会计的核算对象

会计要素是对会计对象所做的基本分类，是对会计对象的具体化。按照新企业会计准则的规定，保险公司会计的核算对象包括资产、负债、所有者权益、收入、费用和利润六大要素。与其他金融企业的会计要素类似。

（一）资产

保险公司的资产，是指过去的交易、事项形成并由企业拥有或者控制的资源，该资源预期会给企业带来经济利益，包括各种财产、债权和其他权利。资产反映保险公司在某一特定日期所拥有的经济资源总额，按照流动性的强弱可分为流动资产和非流动资产。

流动资产包括现金、银行存款、短期投资、拆出资金、保户质押贷款、应收利息、应收保费、应收分保账款、预付赔款、存出分保准备金、存出保证金、其他应收款、物料用品、低值易耗品、待处理流动资产净损失和1年内到期的长期债券投资等。其中，拆出资金、保户质押贷款、应收分保账款、存出分保准备金、存出保证金等项目是保险公司特有的流动资产类项目。

非流动资产包括长期投资、固定资产、在建工程、无形资产及其他资产等。其中，其他资产项目包括长期待摊费用、存出资本保证金、抵债物资和其他长期资产等。其中，存出资本保证金是保险公司特有的非流动资产类项目。

（二）负债

保险公司的负债，是指过去的交易、事项形成的现时义务，履行该义务预期会导致经济利益流出企业。负债反映保险公司在某一特定日期所承担的债务总额，按偿还期限长短可分为流动负债和长期负债。

流动负债包括短期借款、拆入资金、应付手续费、应付佣金、应付分保账款、预收保费、预收分保赔款、存入分保准备金、存入保证金、应付工资、应付福利费、应付保户红利、应付利润、应交税金、其他应付款、预提费用、未决赔款准备金、未到期责任准备金、保户储金和1年内到期的长期负债等。其中，拆入资金、应付分保账款、存入分保准备金、存入保证金、应付保户红利、未决赔款准备金、未到期责任准备金、保户储金等项目是保险公司特有的流动负债类项目。

长期负债包括长期责任准备金、寿险责任准备金、长期健康险责任准备金、保险保障基金、长期借款、长期应付款、住房周转金和其他长期负债。其中，长期责任准备金、寿险责任准备金、长期健康险责任准备金、保险保障基金等项目是保险公司特有的长期负债类项目。

（三）所有者权益

保险公司的所有者权益，是指所有者在保险公司资产中享有的经济利益，其金额为资产减去负债后的余额。所有者权益项目包括实收资本、资本公积、盈余公积、总准备金和未分配利润。其中，总准备金是保险公司特有的所有者权益类项目。

（四）收入

保险公司的收入是保险公司在销售保险产品、提供与之相关的代理服务以及运用保险资金等日常活动中形成的经济利益总流入。包括销售保险产品取得的保费收入和分保费收入，提供保险代理、代理勘查等服务取得的手续费、代勘查收入等劳务收入，运用保险资金取得的利息收入、投资收益等。

（五）费用

保险公司的费用指保险公司在开展业务过程中所必须发生的活劳动和物化劳动的耗费，以及虽不具有劳动耗费性质但与开展保险公司业务密切相关的必要开支。具体包括保险公司业务成本和营业费用两部分。保险公司业务成本是指保险公司在日常活动中发生的与保险公司业务有关的支出，是保险公司的主营业务成本。营业费用是指保险公司在业务经营及管理工作中发生的除手续费、佣金支出以外的其他各项费用。

（六）利润

利润是保险公司一定期间的经营成果，利润总额包括营业利润和营业外收支净额两部分，营业利润是保险公司利润的主要来源。营业利润由承保利润和投资利润及利息收支等构成。承保利润，它等于保险业务收入减保险业务支出，再减准备金提转差。准备金提转差是指当期提存的准备金减去上期转回的准备金，这就是保险利润最大的特点，各种责任准备金的估计影响承保利润的形成。投资利润作为营业利润的组成部分，是因为保险费收入产生资金，运用资金产生孳息，孳息回馈业务，所以保险经营和资金运作是相辅相成的，投资利润在营业利润中占有比较重要的地位。

第二节　财产保险业务的核算

一、财产保险的种类与会计核算的特点

（一）财产保险的种类

广义的财产保险：是指以财产或其他有关利益为标的的各种保险，这里的财产是指建筑物、货物、运输工具、农作物等有形财产，有关利益是指运费、预期收益、权益、责任、信用等无形财产。狭义的财产保险：是指以财产为标的的各种保险，如企业财产、家庭财产、运输货物、运物工具等保险。

（1）普通财产保险：是以物质财产及其有关利益为保险标的，以火灾及其他自然灾害、意外事故为保险责任的保险。

（2）运输工具保险：是承保运输工具因受自然灾害和意外事故造成的运输工具本身的损失及第三方责任。

（3）货物运输保险：是承保货物运输过程中因自然灾害和意外事故引起的财产物资损失，主要有海洋货物运输保险、陆上货物运输保险、航空货物运输保险等。

（4）农业保险：是承保农业生产过程中因自然灾害和意外事故所致的损失。

（5）工程保险：是对建筑工程、安装工程及各种机器设备因自然灾害和意外事故造成的物质财产损失和第三方责任进行赔偿的保险，包括建筑工程一切险、安装工程一切险、机器损坏险、船舶建造险等。

（6）责任保险：是以被保险人的民事损害赔偿责任或经过特别约定的合同责任为保险标的的保险。

（7）特殊风险保险：是指以高新技术开发与应用过程中可能产生的高风险为保险责任的一个新开发的险种。

（8）信用保险：投保人和被保险人作为权利人为了维护自己的利益，避免因债务人违约而受损、而以债务人的信用为保险标的向保险公司投保。

（9）意外伤害保险：是指保险期限在 1 年或 1 年以下的以被保险人的身体作为保险标的的保险。

（10）短期健康保险：是指保险期限在 1 年或 1 年以下的以被保险人的疾病、分娩所致残疾或死亡为保险标的的保险。

（二）财产保险业务会计核算的特点

与人身保险业务的会计核算相比较，财产保险业务的会计核算具有以下 4 个特点。

（1）保费收入在签订保单时确认。由于财产保险合同是签单生效，财产保险保费收入的确认是在无论是否收到保费情况下，只要保险公司签发保单，就以保单签订日期为确认保费之日。人身保险合同是收费生效，因此，人身保险的保费收入则是在收到保费时确认。

（2）只发生手续费支出。财产保险公司除了依靠本保险公司的职员直接招揽保险业务外，还广泛地利用保险代理人争取保险业务。根据保险监管部门的要求，人寿保险公司可以发生手续费和佣金支出；财产保险公司只能发生手续费支出；再保险公司不能发生上述手续费和佣金支出。

（3）不涉及保户利差支出和保户质押贷款核算。由于财产保险保险期限一般都是在一年或一年以内，期限短，不具储蓄性质和现金价值，因而不涉及利差支出核算，也不能向保户提供保单质押贷款。

（4）责任准备金的提存基础与人身保险业务不同。如财产保险的未到期责任准备金在各年度内的分摊是假设风险责任在保险期限内均匀分布，与时间成正比，采用分数计提比例法；未决赔款准备金的数字是根据过去的统计资料、理赔经验或对未来的趋势进行预计，依照个案法或由统计模型估算得出；而人寿保险的责任准备金则需专门的精算师进行精算。

二、财产保险业务会计核算的内容

财产保险业务会计核算的内容主要包括：财产保险营业收入的核算，主要包括各个险种的保费收入；财产保险业务营业支出核算，主要包括各个险种的保险赔偿支出、手续费支出、营业费用支出和营业税金及附加等；各种业务准备金的核算，包括未到期责任准备金、未决赔款准备金等的计提与调整等。此外，还涉及损余物资和代位追偿款的业务核算等。

三、财产保险保费收入的核算

（一）保费收入的概念与确认

保费收入是保险公司为了承担一定的风险责任而向投保人收取的保险费，或者是投保人为将其风险转嫁给保险公司而支付的代价。保费收入是保险公司的主要收入项目，由保险金额、保险费率和保险期限 3 个因素决定，即保费=保费金额×保险费率×保险期限。

保费收入确认应同时满足以下 3 个条件。

（1）保险合同成立并承担相应的保险责任。保险合同成立是先决条件，但是保险合同成立并不意味着保险公司开始承担相应的保险责任，例如，货运险合同，签订合同是一个日期，合同条款规定保险公司开始承担保险责任可能是另外一个日期，在这种情况下，签订合同时，不能将收到的保费作为保费收入，只能作为预收款处理，待承担保险责任时再转为保费收入。

（2）与保险合同相关的经济利益能够流入公司。保险公司只有在有把握收取保费时，才能确认保费收入，如果有确凿证据表明投保人不能按保险合同规定的期限和金额交纳保费，则不能确认保费收入。例如，某保险公司为某一企业财产承保，假设该企业经营状况不佳，属于破产清算范围，有证据表明没有把握收到保费，在这种情况下，公司本期不应作为保费收入，而应于实际收到保费时确认。

（3）与保险合同相关的收入和成本能够可靠地计量。假设承保条件改变或保险标的保险价值发生变化，造成收入和相关的成本难以确定，公司不能将其作为保费收入。

（二）科目设置

1. 保费收入

"保费收入"科目核算公司直接承保业务所取得的保费收入。保险业务以储金实现的利息收入作为保费收入，也在本科目核算。本期实现的保费收入，借记"银行存款""应收保费"等科目，贷记本科目。保险业务储金实现的利息收入，借记"银行存款"等科目，贷记本科目。本科目应按险种设置明细账。期末，应将本科目的余额转入"本年利润"科目，结转后本科目应无余额。

2. 应收保费

"应收保费"科目核算公司应向投保人收取但尚未收到的保险费。公司发生的应收保费，借记本科目，贷记"保费收入"科目；收回应收保费，借记"库存现金""银行存款"科目，贷记本科目。经确认为坏账的应收保费，冲销坏账准备，借记"坏账准备"科目，贷记本科目。已确认坏账并转销的应收保费，以后又收回的，按收回的金额，借记本科目，贷记"坏账准备"科目；同时，借记"银行存款"科目，贷记本科目。该科目应按投保人设置明细账，期末借方余额，反映公司尚未收回的保险费。

3. 预收保费

"预收保费"科目核算公司在保险责任生效前向投保人预收的保险费。人寿保险业务的趸交保费在"保费收入"科目核算，不在本科目核算。发生预收保费时，借记"库存现金""银行存款"科目，贷记本科目；保费收入实现时，借记本科目，贷记"保费收入"科目。本科目应按投保人设置明细账。本科目期末贷方余额，反映公司向投保人预收的保险费。

4．保户储金

"保户储金"科目核算公司以储金利息作为保费收入的保险业务，收到保户缴存的储金。公司收到保户储金时，借记"库存现金""银行存款"科目，贷记本科目；返还储金时，借记本科目，贷记"库存现金""银行存款"科目。该科目应按保户设置明细账。期末贷方余额，反映保户缴存的尚未返还的储金。

（三）会计核算

1．签发保单时缴纳保费的核算

当客户在签订保险合同的同时缴纳保险费时，会计分录为：

借：库存现金（或银行存款）

　　贷：保费收入

【例 7-1】平安财产保险公司会计部门收到业务部门交来货运险保费日报表、保费收据存根和银行收账通知 200 000 元，该业务为签单生效时收到全部保费，编制会计分录如下：

借：银行存款　　　　　　　　　　　　　　　　　　　　　　200 000

　　贷：保费收入　　　　　　　　　　　　　　　　　　　　200 000

如果会计部门收到业务部门交来的保费日报表或保费收据等有关单证，但保费尚未收到。由于保单签订后，双方的权利和义务均即确立，在会计上应记入"应收保费"科目，实际收到保费时冲减该科目，编制会计分录如下：

借：应收保费　　　　　　　　　　　　　　　　　　　　　　200 000

　　贷：保费收入　　　　　　　　　　　　　　　　　　　　200 000

待收到保费时，编制结转分录如下：

借：银行存款（库存现金）　　　　　　　　　　　　　　　　200 000

　　贷：应收保费　　　　　　　　　　　　　　　　　　　　200 000

2．预收保费时的核算

向投保人预收保费时，会计分录为：

借：银行存款

　　贷：预收保费

保费收入实现时，会计分录为：

借：预收保费

　　贷：保费收入

【例 7-2】东盛公司为其 100 位管理人员投保 1 年期团体人身意外伤害险，保额为 800 000 元，每人交保费 800 元。合计 80 000 元。经核保部门核保，保险公司同意承保，会计部门收到业务部门交来的团体意外伤害险保费日报表和保费收据存根以及银行收款通知单 80 000 元。该业务自下年度 1 月 1 日起承担保险责任。

（1）收到预收保费，编制会计分录如下：

借：银行存款　　　　　　　　　　　　　　　　　　　　　　80 000

　　贷：预收保费　　　　　　　　　　　　　　　　　　　　80 000

（2）次年 1 月 1 日，将预收保费转为实现的保费收入，编制会计分录如下：

借：预收保费 80 000

　　贷：保费收入 80 000

3. 分期缴费的保费核算

首期收款并发生应收保费时，会计分录为：

借：银行存款

　　应收保费

　　　贷：保费收入

以后每期收到应收保费时，会计分录为：

借：银行存款

　　　贷：应收保费

4. 储金保费的核算

保户储金是指公司以储金利息作为保费收入的保险业务，收到保户缴存的储金。保户储金具有保险和储蓄双重性质。

对于客户投的两全保险，在投保时，投保人按规定的储金比例一次缴存保险储金，保险企业将该保险储金存入银行或进行债券投资，将从银行取得的利息收入或投资收益作为保费收入，保险期满，投保人领取其所缴纳的全部保险储金。在这种情况下，会计核算分为收取储金、确认保费收入、退还储金等内容。

收取储金时，会计分录为：

借：银行存款——储金专户

　　　贷：保户储金——××两全险

各期末，按预定年利率计算出保户储金利息并转作保费收入时，会计分录为：

借：应收利息

　　　贷：保费收入——××两全险

保单到期时，会计分录为：

借：银行存款——活期户

　　　贷：银行存款——储金专户

　　　　　应收利息

　　　　　保费收入——××两全险

退还储金时，会计分录为：

借：保户储金——××两全险

　　　贷：银行存款——活期户

【例 7-3】中华财产保险公司会计部门收到业务部门交来 5 年期家财两全保险户储金日汇总表，储金收据及银行储金专户收账通知计 300 000 元，预定年利率为 2.45%，单利计算，5 年后一次还本付息。

（1）收到保户储金存入银行，编制会计分录如下：

借：银行存款——储金专户 300 000

贷：保户储金 300 000

（2）按会计期间与预定利率计算保户储金应收到利息 7 350 元，转做保费收入，编制会计分录如下：

借：应收利息 7 350

贷：保费收入 7 350

（3）第 5 年，家庭财产两全保险的保单到期，5 年期专户存储的定期存单转为活期存款，并将银行存款归还保户储金，编制会计分录如下：

借：银行存款——活期户 336 750

贷：银行存款——储金专户 300 000

应收利息 29 400

保费收入 7 350

借：保户储金 300 000

贷：银行存款——活期户 300 000

5. 中途加保的核算

保险合同成立并开始承担保险责任后，在保单有效期内，保险事项若有变动，如保险标的升值、财产重估等原因，保户有可能中途会要求加保。中途加保的保费收入核算，与投保时保费收入的账务处理相同。

【例 7-4】保险公司会计部门收到业务部门传来的批单、保费收据存根及银行收账通知，由于某企业投保的资产因重估增值而引起保险金额上升，按保费率计算应追加保费 50 000 元，则需编制如下分录：

借：银行存款 50 000

贷：保费收入 50 000

6. 中途退保的核算

中途退保或部分退保，应按已保期限与剩余期限的比例计算退保费，退保费直接冲减保费收入。退保时保户必须将保费收据、保险单正本退回，尚结欠的应收保费，则从退保费中扣除。

借：保费收入

贷：应收保费

银行存款

【例 7-5】某企业投保了财产保险综合险，由于经营环境发生变化，企业决定将厂址迁移至外地，以增强企业的综合竞争力，故申请退保。根据业务部门传来的批单，应退保 200 000 元，但尚有 140 000 元的保费未缴纳，会计部门开出 60 000 元，则需编制如下分录：

借：保费收入 200 000

贷：应收保费 140 000

银行存款 60 000

四、财产保险赔款支出的核算

（一）赔款支出的内容

赔款支出是指短险业务（包括财产保险业务、意外伤害保险业务和短期健康保险业务），因保险标的遭受损失或发生意外伤害、疾病，按保险合同约定偿付保险事故损失支付给保单持有人的赔款及处理保险事故的相关费用支出。赔款支出包括直接赔款、直接理赔查勘费、间接理赔查勘费、收回错赔骗赔赔款及损余物资折价应冲减赔款支出以及代位追偿款等。

（二）科目设置

1. 赔付支出

"赔付支出"科目核算企业（保险）支付的原保险合同赔付款项和再保险合同赔付款项，可按保险合同和险种进行明细核算。企业（保险）可以单独设置"赔款支出""满期给付""年金给付""死伤医疗给付""分保赔付支出"等科目。

企业在确定支付赔付款项金额或实际发生理赔费用的当期，借记本科目，贷记"银行存款""库存现金"等科目。承担赔付保险金责任后应当确认的代位追偿款，借记"应收代位追偿款"科目，贷记本科目。收到应收代位追偿款时，应按实际收到的金额，借记"库存现金""银行存款"等科目，按应收代位追偿款的账面余额，贷记"应收代位追偿款"科目，按其差额，借记或贷记本科目。已计提坏账准备的，还应同时结转坏账准备。承担赔偿保险金责任后取得的损余物资，应按同类或类似资产的市场价格计算确定的金额，借记"损余物资"科目，贷记本科目。处置损余物资时，应按实际收到的金额，借记"库存现金""银行存款"等科目，按损余物资的账面余额，贷记"损余物资"科目，按其差额，借记或贷记本科目。已计提跌价准备的，还应同时结转跌价准备。期末，应将该科目余额转入"本年利润"科目，结转后无余额。

2. 应付赔付款

"应付赔付款"科目核算保险公司应付未付的保险赔款，一般按照债权人进行明细核算。公司确认赔付但尚未付款时，借记"赔付支出"科目，贷记"应付赔付款"科目。实际支付赔款时，借记"应付赔付款"科目，贷记"库存现金"或"银行存款"科目。期末贷方余额，反映公司应付未付的赔款。

3. 预付赔款

"预付赔款"科目核算公司在处理各种理赔案件过程中按照保险合同约定预先支付的赔款，应按险种或分保分出人设置明细账。公司分入分保业务预付的赔款也在本科目核算。公司预付赔款时，借记本科目，贷记"库存现金""银行存款"科目。结案后将预付赔款转为赔款支出时，借记"赔款支出"科目，贷记本科目；按照分出公司分保业务账单转销预付赔款时，借记"分保赔款支出"科目，贷记本科目。期末借方余额，反映公司实际预付的赔款。

4. 应收代位追偿款

"应收代位追偿款"科目核算企业（保险）按照原保险合同约定承担赔付保险金责任确认的应收代位追偿款，应当按照对方单位（或个人）进行明细核算。承担赔付保险金责任应当确认的代位追偿款，借记本科目，贷记"赔付支出"科目。收回应收代位追偿款时，应按收到的金额，借记"库存现金""银行存款"等科目，已计提坏账准备的，借记"坏账准备"科目，按其账面余额，贷记本科目，按其差额，借记或贷记"赔付支出"科目。应收代位追偿款的核销和转回，应当比照"坏账准备"科目的相关规定进行处理。该科目期末借方余额，反映企业已确认但尚未收回的应收代位追偿款。

5. 损余物资

"损余物资"科目核算企业（保险）按照原保险合同约定承担赔偿保险金责任后取得的损余物资成本，可按损余物资种类进行明细核算。损余物资发生减值的，可以单独设置"损余物资跌价准备"科目，比照"存货跌价准备"科目进行处理。企业承担赔偿保险金责任后取得的损余物资，按同类或类似资产的市场价格计算确定的金额，借记本科目，贷记"赔付支出"科目。处置损余物资时，按实际收到的金额，借记"库存现金""银行存款"等科目，按其账面余额，贷记本科目，按其差额，借记或贷记"赔付支出"科目。已计提跌价准备的，还应同时结转跌价准备。期末借方余额，反映企业承担赔偿保险金责任后取得的损余物资成本。

（三）保险业务支出的账务处理

1. 当时结案赔款支出的核算

发生保险企业能够当时确认的赔款事项时，其会计分录为：

借：赔付支出

　　贷：银行存款（或库存现金）

2. 预付赔款的核算

如果预计保险赔案的理赔过程会很长，为了使被保险人能及时恢复生产或生活，保险企业可预先赔付部分款项，其余的待结案时再行结算。

预付时，会计分录为：

借：预付赔款

　　贷：银行存款（或库存现金）

结案时，会计分录为：

借：赔付支出

　　贷：预付赔款

　　　　银行存款

3. 理赔勘查费用的核算

在理赔过程中，保险企业可能要聘请保险公估机构进行公估，会发生一定的费用。按照规定，这些费用在"赔款支出"中核算。其会计分录为：

借：赔付支出

　　贷：银行存款

4. 损余物资的核算

保险财产遭受保险事故后，损余物质一般应合理作价归于被保险人，并在赔款中予以扣除。如果被保险人不愿接受，保险企业应全额赔偿，损余物质则归保险企业处理，出售损余物质款项抵减赔款支出。

保险公司一时无法处理损余物资而收回公司，估价入库，会计分录为：

借：损余物资

　　贷：赔付支出

以后将该损余物资变卖，价款存入银行时，其会计分录为：

借：银行存款

借或贷：赔款支出

　　贷：损余物资

5. 应收代位追偿款的核算

确认应收代位追偿款时，其会计分录为：

借：应收代位追偿款

　　贷：赔付支出

收到追偿款时，其会计分录为：

借：银行存款

　　贷：应收代位追偿款

6. 错赔或骗赔案件的核算

在保险理赔过程中，有时会发生错赔或骗赔案件，保险公司发现后应依法查处并追回赔款，会计上采取冲减赔款支出的账务处理。其会计分录为：

借：库存现金（或银行存款）

　　贷：赔付支出

（四）核算举例

1. 当时结案的赔款支出

【例 7-6】某企业投保的一台机器设备出险，承保的东方保险公司会计部门收到业务部门交来的赔款计算书和被保险人签章的赔款收据，应赔款 500 000 元，经审核，开出转账支票支付赔款。编制会计分录如下：

借：赔付支出——赔款支出　　　　　　　　　　　　　　　　　　500 000

　　贷：银行存款　　　　　　　　　　　　　　　　　　　　　　500 000

【例 7-7】某财经大学投保 1 年期学生住院医疗险，每人保额为 500 000 元，投保后该校有一学生因患疾病住院治疗，发生保单责任范围内的医疗费用 40 000 元，保险人按照分级累进计算给付保险金 335 000 元，以银行支票支付，编制会计分录如下：

借：赔付支出——赔款支出——医疗险　　　　　　　　　　　　335 000

　　贷：银行存款　　　　　　　　　　　　　　　　　　　　　335 000

2. 预付赔款的核算

【例 7-8】某公司厂房失火，造成重大损失，一时不能结案，为了使工厂能尽快恢复生产，保险公司按预计损失的 50%，以支票预付赔款 1 800 000 元。编制会计分录如下：

借：预付赔款——企业财产险 1 800 000

　　贷：银行存款 1 800 000

保险公司调查核实确定该厂损失为 4 400 000 元，于是开出支票 2 600 000 元结清此案，编制会计分录如下：

借：赔付支出——赔款支出——企业财产险 4 400 000

　　贷：预付赔款——企业财产险 1 800 000

　　　　银行存款 2 600 000

【例 7-9】某企业投保的财产综合险出险，因保险双方对实际损失存在争议，一时难以结案。承保该企业的东方财产保险公司先预付赔款 800 000 元，以银行转账支票付讫。后经双方调查协商，得出保险损失为 1 600 000 元，公司再以转账支票 800 000 元补足赔款。

预付赔款时，编制会计分录如下：

借：预付赔款——财产综合险 800 000

　　贷：银行存款 800 000

补付赔款及结案时，编制会计分录如下：

借：赔付支出——财产综合险 1 600 000

　　贷：预付赔款——财产综合险（××赔案） 800 000

　　　　银行存款 800 000

3. 理赔勘查费用的核算

【例 7-10】某商场发生火灾，财产保险公司请来某知名评估机构进行评估，以银行支票支付评估费 50 000 元，编制会计分录如下：

借：赔付支出——赔款支出——企业财产险 50 000

　　贷：银行存款 50 000

4. 损余物资

【例 7-11】某商场发生火灾，经计算财产损失应赔款 2 910 000 元，保险公司应得的损余物资折价 10 000 元归商场所有，其余赔款由保险公司全部支付。编制会计分录如下：

借：赔付支出 2 900 000

　　贷：银行存款 2 900 000

5. 应收代位追偿款

【例 7-12】中华保险公司承保的货物损失 400 万元，但是船运公司负有直接责任，需要承担赔偿责任 320 万元，保险公司在赔付了 400 万元的保险金后，享有向船运公司代位追偿的权利，满足确认条件，编制会计分录如下：

借：赔付支出 4 000 000

　　贷：银行存款 4 000 000

借：应收代位追偿款 3 200 000

　　贷：赔付支出 3 200 000

收到追偿款时，编制会计分录如下：

借：银行存款   3 200 000

  贷：应收代位追偿款   3 200 000

6. 错赔或骗赔案件的核算

【例 7-13】某机动车保险赔款案发生后被发现是错赔案，由于工作失误多赔了 8 000 元，经与保户交涉，退回了多收的赔款，编制会计分录如下：

借：库存现金   8 000

  贷：赔付支出   8 000

五、财产保险准备金的核算

财产保险准备金是指财产保险公司为履行未到期保险责任，按规定提取或转回各种准备金。财产保险提取的准备金有两种：未到期责任准备金和未决赔款准备金。

（一）未到期责任准备金

1. 未到期责任准备金的概念与估算

未到期责任准备金也称"未满期责任准备金"或"未满期保险费准备金"，它是指公司为承担一年期以内（含一年）保险业务的未来保险责任，从本期尚未到期责任的保费中提取的、以备下年度发生赔款的准备金，它是由保险年度与会计年度不一致造成。对于未到期责任准备金，目前主要采用百分比估算法，它包括 1/2 法、1/8 法、1/24 法、1/365 法。

（1）1/2 法。假设全年（365 天）每天所签单起保收取的保险费都是相等的。

  未到期责任准备金=自留保费×50%

  自留保费=保费收入−分出保费+分入保费

（2）1/8 法（1/8, 3/8, 5/8, 7/8）。假设全年 4 个季度，每个季度在本季承保时保单在本季的有效天数都是一个半月。

  未到期责任准备金=（签发保单季度×2−1）/8×当季自留保费

例如，某财产保险公司 2014 年第二季度的自留保费为 100 万元，则

  未到期责任准备金=100 万元×3/8=37.5 万元

（3）1/24 法。假设全年 12 个月，本月承保时，保单在当月内的有效天数都是 15 天，即半个月。

  未到期责任准备金=（签发保单月份×2−1）/24×当月自留保费

例如，中华财产保险公司 2014 年 8 月保费收入 100 万元，按规定进行法定分保，另从其他公司分入保费 10 万元，法定分保比例为 10%，则

  未到期责任准备金=（100 万元−100 万元×10%+10 万元）×15/24=62.5 万元

（4）1/365 法。根据所签保单，在第二年的有效天数提取。

  未到期责任准备金=第二年有效天数/保险期天数×当日自留保费

例如，中华保险公司 2014 年 6 月 30 日，承保一年期保险业务，共收保费 375 000 元（自留保费），则

  未到期责任准备金=375 000×181/365=181 000 元

2. 科目设置与财务处理

保险企业应设置"未到期责任准备金"和"提取未到期责任准备金"两个科目。"未到期责任准备金"科目核算企业（保险）提取的原保险合同未到期责任准备金，属于负债类。期末贷方余额，反映企业提取的未到期责任准备金结余。"提取未到期责任准备金"科目核算当期提取的未到期责任准备金数额，是损益类科目。期末，应将"提取未到期责任准备金"余额转入"本年利润"科目，结转后本科目无余额。相关财务处理如下。

（1）确认保费收入的当期，根据估算确定的未到期责任准备金金额，其会计分录为：

借：提取未到期责任准备金

　　贷：未到期责任准备金

（2）资产负债表日，按重新计算确定的未到期责任准备金金额与已提取的未到期责任准备金金额的差额，借记或贷记"未到期责任准备金"，贷记或借记"提取未到期责任准备金"科目（即多退少补，允许冲回）。

（3）如原保险合同提前解除，按相关未到期责任准备金余额（合同撤销），其会计分录为：

借：未到期责任准备金

　　贷：提取未到期责任准备金

（4）期末，将"提取未到期责任准备金"转入"本年利润"，其会计分录为：

借：本年利润

　　贷：提取未到期责任准备金

【例 7-14】发生保费收入时，保险公司计算出提存未到期责任准备 400 000 元，在资产负债表日计算出应提取的未到期责任准备金金额为 500 000 元。

确认时计提，编制会计分录如下：

借：提取未到期责任准备金——财产险　　　　　　　　　　400 000

　　贷：未到期责任准备金——财产险　　　　　　　　　　　　400 000

资产负债表日补提，编制会计分录如下：

借：提取未到期责任准备金——财产险　　　　　　　　　　100 000

　　贷：未到期责任准备金——财产险　　　　　　　　　　　　100 000

期末，结转提存的未到期责任准备金，编制会计分录如下：

借：本年利润　　　　　　　　　　　　　　　　　　　　　500 000

　　贷：提取未到期责任准备金——财产险　　　　　　　　　　500 000

【例 7-15】某公司 8 月 13 日承保了一笔保费收入为 200 万元的 1 年期非寿险保单，按 1/24 法提取未到期责任准备金。

计算未到期责任准备金并编制会计分录如下：

未到期责任准备金＝（8×2-1）/24×200=125（万元）

借：提取未到期责任准备金　　　　　　　　　　　　　　1250 000

　　贷：未到期责任准备金　　　　　　　　　　　　　　　　1250 000

假设会计期末重新精算确定的未到期责任准备金金额为 5 000 万元，而当期已经提取的金额为 5 005 万元，则应编制调整会计分录如下：

借：未到期责任准备金　　　　　　　　　　　　　　　　　50 000
　　贷：提取未到期责任准备金　　　　　　　　　　　　　　　　　50 000

最后，应将提取未到期责任准备金余额结转"本年利润"冲减收益，编制会计分录如下：

借：本年利润　　　　　　　　　　　　　　　　　　　　50 000 000
　　贷：提取未到期责任准备金　　　　　　　　　　　　　　　　　50 000 000

（二）未决赔款准备金

未决赔款准备金是指保险公司因为投保人已经发生保险事故并已提出保险赔款以及已发生保险事故但尚未提出保险赔款而按规定提存的准备金。未决赔款准备金包括已发生已报案赔款准备金、已发生未报案赔款准备金和理赔费用准备金。

未决赔款准备金的提取采用差额补提的方法，按月分别计提已报案赔款准备金、未报案赔款准备金，直接计入各险种的成本费用，年末根据精算结果进行调整。

1. 科目设置

应设置"未决赔款准备金"和"提取未决赔款准备金"两个科目。"未决赔款准备金"科目核算提取的未决赔款准备金。该科目应当按照保险责任准备金类别、原保险合同进行明细核算。期末贷方余额，反映企业提取的未决赔款准备金结余。"提取未决赔款准备金"科目核算期末未决赔款准备金与期初未决赔款准备金的差。按照保险责任准备金类别、险种和原保险合同进行明细核算。期末，应将本科目余额转入"本年利润"科目，结转后本科目无余额。

2. 账务处理

（1）非寿险保险事故发生的当期，应按保险精算确定的未决赔款准备金金额，其会计分录为：

借：提取未决赔款准备金
　　贷：未决赔款准备金

（2）对保险责任准备金进行充足性测试时，应按补提的保险责任准备金金额，其会计分录为：

借：提取未决赔款准备金
　　贷：未决赔款准备金

【例 7-16】中华保险公司经估算，应提取财产保险未决赔款准备金 350 000 元，补提准备金 200 000 元，本期发生赔款支出 100 000 元，冲减准备金 300 000 元。

提存未决赔款准备金时，编制会计分录如下：

借：提取未决赔款准备金　　　　　　　　　　　　　　　350 000
　　贷：未决赔款准备金　　　　　　　　　　　　　　　　　　350 000

补提未决赔款准备金时：

借：提取未决赔款准备金　　　　　　　　　　　　　　　100 000
　　贷：未决赔款准备金　　　　　　　　　　　　　　　　　　10 000

冲减当期准备金，编制会计分录如下：

借：未决赔款准备金 300 000

    贷：提取未决赔款准备金 300 000

转入本年利润，编制会计分录如下：

借：本年利润 150 000

    贷：提取未决赔款准备金 150 000

【例 7-17】中华保险公司 2014 年已提取已发生已报案赔款准备金 5 000 000 元，已提取已发生未报案赔款准备金 2 400 000 元，根据精算部门的计算，本年应提取已发生已报案赔款准备金 5 600 000 元，应提取已发生未报案赔款准备金 2 000 000 元，则应编制会计分录如下：

借：提取未决赔款准备金——已报案 600 000

    贷：未决赔款准备金 600 000

第三节 人身保险业务核算

一、人身保险业务的概述

人身保险是以人的生命或身体作为保险标的的一种保险。人身保险按照保险范围，可分为人寿保险、意外伤害保险和健康保险三大类。与财产保险比较，财产保险是以财产作为保险标的，财产有客观的标准并能用货币计量，可以确定其经济价值。而寿险则是以人的生命或身体作为保险标的。

人身保险和财产保险有着共同的保障目的，都是为了弥补保险事故造成的损失，为被保险人解除经济上的困难和忧虑。但是，与财产保险相比，人身保险有其自身的特征，表现在如下方面：人身保险的保险金额具有定额给付的确定性；人身保险的期限具有长期性；人身保险具有储蓄性；人身保险所保风险具有规则性，保险经营稳定；人身保险的保险费率根据危险程度制定；人身保险不存在超额投保、重复保险和代位求偿权等问题。

二、人身保险业务的核算内容与特点

人身保险业务的核算主要包括各个险种的保费收入；赔款或给付的核算，包括各个险种的保险赔款支出、手续费支出、佣金支出、营业费用支出和营业税金及附加等；各种业务准备金核算，包括寿险责任准备金、长期健康险准备金的计提与期末调整。

人身保险业务核算除具有保险会计的一般特点外，与财产保险比较，还具有以下特点：强调保险精算的重要性；责任准备金性质不同；退保业务核算不同，关心远期比关心近期更重要；盈利计算有其特殊性；手续费支出和佣金支出不同。

三、人寿保险业务的核算

（一）寿险保费收入的核算

1. 实收保费时的核算

对于在保险业务发生时收取保费的情况下，由于保险业务已经发生，所收的部分就是即期保费收入，编制会计分录如下：

借：库存现金（或银行存款）

　　贷：保费收入

【例7-18】某客户投保人寿保险，采用分期付款的方式，按照合同约定当期应收取的保费金额为1 000元，并以现金缴纳，编制会计分录如下：

借：库存现金　　　　　　　　　　　　　　　　　　　　　　　1 000

　　贷：保费收入——人寿险　　　　　　　　　　　　　　　　　　1 000

【例7-19】某保险公司收到银行转来的收账通知，是某大型汽车制造企业交来的团体养老金保险，合计为2 000 000元，编制会计分录如下：

借：银行存款　　　　　　　　　　　　　　　　　　　　　　2 000 000

　　贷：保费收入——养老金险　　　　　　　　　　　　　　　　2 000 000

2. 预收保费的核算

对于分期缴费的保险业务，由于投保人一次性缴纳以后若干期保费，对于不属于当期收入的多缴部分作为预收保费处理，到以后年度应缴费时再分期确认保费收入。

预收保费时，编制会计分录如下：

借：库存现金

　　贷：保费收入

　　　　预收保费

以后每月将预收保费转为实现的保费收入时，其会计分录为：

借：预收保费

　　贷：保费收入

【例7-20】李四投保个人养老金保险，约定每月交费1 000元，为了方便节省时间，1月5日，他预交了全年的保费12 000元。则预收保费时，编制会计分录如下：

借：库存现金　　　　　　　　　　　　　　　　　　　　　　　12 000

　　贷：保费收入——年金保险（个人养老金险）　　　　　　　　　1 000

　　　　预收保费——李四　　　　　　　　　　　　　　　　　　11 000

以后每个月，将预收保费转为实现的保费收入，编制会计分录如下：

借：预收保费——李四　　　　　　　　　　　　　　　　　　　1 000

　　贷：保费收入——年金保险（个人养老金险）　　　　　　　　　1 000

3. 应收保费的核算

对于寿险保费，保单宽限期内欠缴的保费，应作为应收保费处理，而这也正是寿险区别于非寿险合同的地方。实际收到且属于约定金额范围的保费时冲减应收保费。保单失效后，将应收保费冲减当期保费收入。同时，将冲减的应收保费和超过宽限期后的应收保费转作表外项目核算。其会计分录为：

借：银行存款

应收保费

贷：保费收入

【例 7-21】某保户投保 10 年期终身寿险，约定每年交保费 20 000 元，经特别约定分两次交清，投保时缴纳保费的 40%，两个月后缴纳剩余保费的 60%，编制会计分录如下：

借：库存现金 8 000

应收保费 12 000

贷：保费收入——终身寿险 20 000

4. 失效保单的核算

根据人寿保险条款的约定，宽限期外仍未缴费的保单则丧失保单效力。如果投保人在 2 年之内缴付欠缴的保费和相应的利息，该保单可以恢复效力。在实际收到投保人补缴的保费时确认保费收入，补缴的利息作为利息收入。如果投保人在 2 年之内仍未补缴保费及其欠缴的利息，根据保险条款规定，该保单永久失效。该类保单在寿险责任准备金项下按失效保单现金价值提列准备金。

复效期内保户申请复效时，其会计分录为：

借：库存现金

贷：保费收入

利息收入

【例 7-22】某保户投保养老保险，因经济困难未能按期缴纳保费使得保单失效，1 年后即在复效期内该保户申请复效，保险公司同意并要求保护补交保费 15 000 元和利息 500 元，投保人当日交来现金，编制会计分录如下：

借：库存现金 15 500

贷：保费收入——年金保险 15 000

利息收入 500

（二）保险金给付的核算

1. 满期给付

满期给付指寿险业务被保险人生存到保险期满，按保险合同条款约定支付给被保险人或受益人的保险金。

发生满期给付时，其会计分录为：

借：赔付支出——满期给付

贷：库存现金（或银行存款）

若在满期给付时贷款本息未还清，应将其从应支付的保险金中扣除，其会计分录为：

借：赔付支出——满期给付

　　贷：贷款——保户质押贷款

　　　　利息收入

　　　　库存现金（或银行存款）

【例7-23】某简易人身保险保户保险期满，持有关证件向保险公司申请领取保险金 6 000 元。经审核无误后给付保险金 6 000 元，编制会计分录如下：

借：赔付支出——满期给付 　　　　　　　　　　　　　　　　　　　6 000

　　贷：库存现金 　　　　　　　　　　　　　　　　　　　　　　　　　　6 000

【例7-24】某保户投保生死两全险，保险金额 50 万元。10 年后保险期满，持有关单证申请满期给付，会计人员审核后，发现保户尚有 10 万元的保单质押贷款没有归还，利息为 6 000 元。会计部门将贷款及利息扣除后办理了给付。编制会计分录如下：

借：赔付支出——满期给付——生死两全险 　　　　　　　　　　500 000

　　贷：保单质押贷款 　　　　　　　　　　　　　　　　　　　　　100 000

　　　　利息收入 　　　　　　　　　　　　　　　　　　　　　　　　6 000

　　　　银行存款 　　　　　　　　　　　　　　　　　　　　　　394 000

2. 死伤医疗给付

（1）死亡给付指寿险业务被保险人在保险期内发生保险责任范围内的死亡事故，保险公司按保险合同条款约定支付给被保险人或受益人的保险金。

发生死亡给付时，其会计分录为：

借：赔付支出——死亡给付

　　贷：库存现金（或银行存款）

若在死亡给付时贷款本息未还清，应将其从应支付保险金中扣除，其会计分录为：

借：赔付支出——死亡给付

　　贷：贷款——保户质押贷款

　　　　利息收入

　　　　库存现金（或银行存款）

若在保险合同规定的缴费宽限期内发生死亡给付时，其会计分录为：

借：赔付支出——死亡给付

　　贷：保费收入（或应收保费）

　　　　库存现金（或银行存款）

若在死亡给付时有保户预交保费，其会计分录为：

借：赔付支出——死亡给付

　　　预收保费

　　贷：库存现金（或银行存款）

（2）伤残给付是指寿险和长期健康险业务被保险人在保险期内发生保险责任范围内的伤残事故，保险公司按保险合同条款约定支付给被保险人或受益人的保险金。

发生伤残给付时，其会计分录为：

借：赔付支出——伤残给付

  贷：库存现金（或银行存款）

若在给付时贷款本息未还清，应将其从应支付保险金中扣除，其会计分录为：

借：赔付支出——伤残给付

  贷：贷款——保户质押贷款

    利息收入

    库存现金（或银行存款）

若在保险合同规定的缴费宽限期内发生伤残给付时，其会计分录为：

借：赔付支出——伤残给付

  贷：保费收入（或应收保费）

    库存现金（或银行存款）

若在伤残给付时有保户预交保费，其会计分录为：

借：赔付支出——伤残给付

  预收保费

  贷：库存现金（或银行存款）

（3）医疗给付指寿险和长期健康险业务被保险人在保险期内发生保险责任范围内的医疗事故，保险企业按保险合同条款约定支付给被保险人或受益人的保险金。

发生医疗给付时，其会计分录为：

借：赔付支出——医疗给付

  贷：库存现金（或银行存款）

若在给付时贷款本息未还清，应将其从应支付保险金中扣除，其会计分录为：

借：赔付支出——医疗给付

  贷：贷款——保户质押贷款

    利息收入

    库存现金（或银行存款）

若在保险合同规定的缴费宽限期内发生医疗给付时，其会计分录为：

借：赔付支出——医疗给付

  贷：保费收入（或应收保费）

    库存现金（或银行存款）

若在医疗给付时有保户预交保费，其会计分录为：

借：赔付支出——医疗给付

  预收保费

  贷：库存现金（或银行存款）

【例 7-25】某长期意外伤害险保户因意外事故伤残，其家属持有关单证向保险公司申请领取医疗费，核赔部门调查后同意给付 200 000 元，会计部门核对无误后支付现金，编制会计分录如下：

借：赔付支出——医疗给付

    ——长期意外险   200 000

  贷：库存现金   200 000

3. 年金给付

年金给付是指保险公司经营的长期人寿保险业务中，被保险人生存至保险合同规定的年限，按合同规定支付给被保险人保险金。

发生年金给付时，其会计分录为：

借：赔付支出——年金给付

  贷：库存现金（或银行存款）

若在给付时贷款本息未还清，应将其从应支付保险金中扣除，其会计分录为：

借：赔付支出——年金给付

  贷：贷款——保户质押贷款

    利息收入

    库存现金（或银行存款）

若在保险合同规定的缴费宽限期内发生年金给付时，其会计分录为：

借：赔付支出——年金给付

  贷：保费收入（或应收保费）

    库存现金（或银行存款）

若在年金给付时有保户预交保费，其会计分录为：

借：赔付支出——年金给付

  预收保费

  贷：库存现金（或银行存款）

【例 7-26】某保户投保养老金 15 年，现已到合同约定年金领取的年限，本月被保险人持有关单证向保险公司办理领取手续，按规定每月领取养老金 1 000 元，会计部门审核无误后支付现金。编制会计分录如下：

借：赔付支出——年金给付——养老金险   1 000

  贷：库存现金   1 000

（三）加保与退保业务的核算

1. 加保的核算

在投保人要求增加保险金额即增加保费时，保险公司需要对原保险合同进行变更。加收保费业务的业务手续及核算方法与新投保寿险的保费收入业务手续是一样的，所不同的是需要针对原保单做出标记，以保证原保单以后各年保费收取数额以加保后的数额为准。

2. 退保的核算

支付退保金时，其会计分录为：

借：退保金

　　贷：库存现金（或银行存款）

若在退保时贷款本息未还清，应将其从应支付保险金中扣除，其会计分录为：

借：退保金

　　贷：贷款——保户质押贷款

　　　　利息收入

若在保险合同规定的缴费宽限期内发生退保时，其会计分录为：

借：退保金

　　贷：保费收入（或应收保费）

若在退保时有保户预交保费，其会计分录为：

借：退保金

　　预收保费

　　贷：库存现金（或银行存款）

【例 7-27】某简易人身险保户因工作调动迁移外地要求退保，业务部门按规定标准计算应退 21 000 元，假设其中属于保单现金价值的为 15 000 元，不属于保单现金价值的为 6 000 元，且该保户尚有一期保费未交，金额为 300 元，编制会计分录如下：

借：退保金——简易人身险　　　　　　　　　　　　　　　　15 000

　　保费收入——简易人身险　　　　　　　　　　　　　　　6 000

　　贷：库存现金　　　　　　　　　　　　　　　　　　　　20 700

　　　　应收保费——简易人身险　　　　　　　　　　　　　300

四、意外伤害保险与健康保险业务

根据期限的不同，意外伤害保险分为短期意外伤害险和长期意外伤害险，健康保险分为短期健康险和长期健康险。

短期意外伤害险是指保险期限在 1 年或 1 年以下的以被保险人的身体作为保险标的的保险。短期健康保险是指保险期限在 1 年或 1 年以下的以被保险人的疾病、分娩所致残疾或死亡为保险标的的保险。

短期意外伤害险和短期健康险的核算参照财产保险业务的核算办法，长期意外伤害险和长期健康险的核算可以参照寿险业务的核算办法。

【例 7-28】南方保险公司会计部收到业务部传来的"公路旅客人身意外伤害险日结单"及所附收据存根和现金 3 000 元，经审核后编制会计分录如下：

借：库存现金　　　　　　　　　　　　　　　　　　　　　3 000

　　贷：保费收入——意外伤害险（公路旅客）　　　　　　3 000

【例7-29】 某中学投保团体人身意外伤害险，保额每人 100 000 元，投保后不久，该校学生张三因意外事故身亡，经协商，保险公司同意给付保险金 100 000 元，以银行存款支付。编制会计分录如下：

借：赔付支出——赔款支出——团体意外伤害险　　　　　　　100 000
　　贷：银行存款　　　　　　　　　　　　　　　　　　　　　　100 000

【例7-30】 某长期健康险的被保险人患重大疾病，提出给付申请，保险人同意给付保险金 160 000 元，但须扣除宽限期内欠缴的保费 9 000 元和保户质押贷款 21 800 元，其中 1 800 元是利息。编制会计分录如下：

借：赔付支出——死伤医疗给付——长期健康险　　　　　　　160 000
　　贷：保费收入　　　　　　　　　　　　　　　　　　　　　　9 000
　　　　保户质押贷款　　　　　　　　　　　　　　　　　　　　20 000
　　　　利息收入　　　　　　　　　　　　　　　　　　　　　　1 800
　　　　库存现金　　　　　　　　　　　　　　　　　　　　　　129 200

五、人身保险准备金的核算

（一）概念与种类

1. 人身保险准备金的概念

人身保险准备金是指公司售出的保单中约定的保险责任，在向受益人支付赔偿或给付以前，公司提取的偿付准备。它是在任何时候为保证保险给付所需要准备的金额，是对保险单所有人的负债，也是人寿保险公司的一项主要负债。

2. 人身保险准备金的种类与性质

人身保险业务提存的准备金包括寿险责任准备金、长期健康险责任准备金、未到期责任准备金和未决赔款准备金 4 种。其中，短期人身保险业务提存的准备金包括未决赔款准备金和未到期责任准备金，长期人身保险业务提存的准备金包括寿险责任准备金和长期健康险责任准备金。人寿保险业务的准备金具有责任准备金和偿付准备金双重性质；意外伤害保险和短期健康保险业务的准备金只有责任准备金的性质，是调整账务的需要；由于长期寿险和长期健康险的风险不同，有关责任准备金的精算方法也不同。短期人身保险业务提存的准备金包括未决赔款准备金和未到期责任准备金，其提存、转回的账务处理与财产保险业务相应准备金的账务处理方法基本相同。

（二）科目设置与核算

1. 科目设置

人身保险准备金可设置的科目有寿险责任准备金、长期健康险责任准备金、未决赔款准备金、提取寿险责任准备金、提取长期健康险责任准备金、提取未决赔款准备金和未到期责任准备金。

2. 寿险责任准备金的计算与核算

寿险责任准备金是指人寿保险业务为了承担将来未到期责任而提存的准备金。从实质上来看，寿险责任准备金本质就是将早期多收的保费提存出来，用以弥补晚期少收的保费，以便将来履行给付的义务。寿险责任准备金的计算包括过去法和将来法。

（1）过去法又称已缴纳保费推算法，是在时点 t 以后预计支出超过收入的差额。公式如下：

寿险责任准备金=以前年度已收纯保费在 t 年度的终值-以前年度已付保险金在 t 年度的终值

（2）将来法又称未缴纳保费推算法，其原理是对于某一时刻，从将来预期支出的现值中减去将来预期收入的现值。公式如下：

寿险责任准备金=t 年度后未付保险金在 t 年度的现值-t 年度后未收纯保费在 t 年度的现值

期末，公司按规定提存的寿险责任准备金，其会计分录为：

借：提取寿险责任准备金

　　贷：寿险责任准备金

同时，将"提取保险责任准备金"科目余额转入"本年利润"科目，其会计分录为：

借：本年利润

　　贷：提取寿险责任准备金

3. 长期健康险责任准备金的核算

长期健康险是介于短期健康险与普通寿险之间的一类业务，其责任准备金有类似于寿险责任准备金的性质。长期健康险责任准备金的计算方法也分为过去法和未来法。

期末，公司按规定提存的长期健康险责任准备金，编制会计分录如下。

借：提取长期健康险责任准备金

　　贷：长期健康险责任准备金

同时，将"提取保险责任准备金"科目余额转入"本年利润"科目，编制会计分录为：

借：本年利润

　　贷：提取长期健康险责任准备金

4. 未决赔款准备金的核算

未决赔款准备金是指公司 1 年以内（含 1 年）的人身意外伤害险、健康险业务由于已经发生保险事故并已提出保险赔款以及已经发生保险事故但尚未提出保险赔款而按规定提存的未决赔款准备金。未决赔款准备金，包括已发生已报案未决赔款准备金和已发生未报案未决赔款准备金。对于已发生已报案未决赔款准备金中，对已提出保险赔付金额要求的，按照提出的保险赔付金额提取，但不超过该保单对该保险事故所承诺的保险金额。对未提出保险赔付金额要求的，按该保单对该保险事故所承诺的保险金额提取。已发生未报案未决赔款准备金根据保险公司经验数据计提，但不得高于本会计年度赔款实际支出额的 4%。

期末，公司按规定提存未决赔款准备金，其会计分录为：

借：提取未决赔款准备金——已发生已报案

　　　　　　　　　　　——已发生未报案

　　贷：未决赔款准备金

5. 未到期责任准备金

未到期责任准备金是指公司 1 年以内（含 1 年）的人身意外伤害险、健康险业务按规定提存的未到期责任准备金。寿险公司未到期责任准备金的计算方法与财产保险公司相同，包括 1/2 法、1/8 法、1/24 法、1/365 法。

期末，按规定提存直接业务的未到期责任准备金，其会计分录为：

借：提取未到期责任准备金

贷：未到期责任准备金

【例 7-31】期末由精算部门计算，本年度应提存的养老保险寿险责任准备金 2 400 000 元，本年度已经提取 2 300 000 元。

则本年度期间提取时，编制会计分录如下：

借：提取寿险责任准备金	2 300 000
贷：寿险责任准备金	2 300 000

期末补提时，编制会计分录如下：

借：提取寿险责任准备金	100 000
贷：寿险责任准备金	100 000

最后，将"提取保险责任准备金"科目余额转入"本年利润"科目，编制会计分录如下：

借：本年利润	2 400 000
贷：提取寿险责任准备金	2 400 000

【例 7-32】东方人寿保险公司根据精算结果在本年度提取了 3 000 000 元的长期健康险责任准备金。年末有一保户申请退保。假设公司为这一业务所提取的准备金为 30 000 元，则提取准备金时应编制如下会计分录：

借：提取长期健康险责任准备金	3 000 000
贷：长期健康险责任准备金	3 000 000
借：长期健康险责任准备金	30 000
贷：提取长期健康险责任准备金	30 000

第四节 再保险业务的核算

一、再保险业务概述

（一）再保险的概念

再保险（也称分保）是保险公司将其经营业务的一部分分给其他保险公司或再保险公司的保险业务，是一种间接保险业务。分出业务的保险公司称为分出公司、分保分出人或原保险人；接受再保险业务的保险公司称为分入公司或分保接受人。分保接受人将接受的再保险业务再分保出去，叫作转分保，分出方为转分保分出人，接受方为转分保接受人。一个保险人既可以是分保分出人，又可以是分保接受人。

对于再保险分出人来说，主要涉及确认分出保费收入、确认分出（摊回）赔付支出以及分回计提的准备金的核算。对于再保险分入人来说，主要涉及确认分保费收入、确认赔付支出以及计提准备金的核算。

（二）再保险的种类

再保险按照原保险人与再保险人之间保险责任的分配方式，可分为比例再保险和非比例再保险两种。

1. 比例再保险

比例再保险（又称保额再保险）即再保险双方事先以总保险金额和原保险人自留份额为基础确定一个责任分担比例，双方按照该比例确定各自责任额，危险事故发生后，双方依据这个比例分摊赔款。比例再保险的比例就表现在不管将来的赔款额具体有多少，再保险双方都是按比例分担的。比例再保险又分为成数再保险和溢额再保险两种。

成数再保险是指原保险人将每一风险单位的保险金额，按约定的比率向再保险人分保的方式。溢额再保险是指分出公司对每一风险单位的保额确定一个自留额，而只将保额超过自留额部分即溢额，分给再保险人承租，并分别按照自留额和溢额对保额的比例来分配保费和分摊赔款的再保险业务方式。

【例7-33】有一份成数再保险合同，每一风险单位的最高限额规定为600万元，自留部分为40%，分出部分为60%，则双方的责任分配如表7-1所示。

表7-1　　　　　　　　　　　　　　保险合同保险费和赔款表

保险金额（万元）	自留部分40%	分出部分60%	其他
80	32	48	0
300	120	180	0
600	240	360	0
800	240	360	200

【例7-34】某一船舶溢额再保险合同，分出公司自留额为2 000 000元，分入公司的分入限额为4倍，即8 000 000元，则双方的责任分配如表7-2所示。

表7-2　　　　　　　　　　　　　　保险合同保险费和赔款表

船名	总额			自留部分			分保部分		
	保额	保费	赔款	保额	保费	赔款	保额	保费	赔款
A	2 000 000	20 000	40 000	2 000 000 100%	20 000 100%	40 000 100%	0	0	0
B	4 000 000	40 000	100 000	2 000 000 50%	20 000 50%	50 000 50%	2 000 000 50%	20 000 50%	50 000 50%
C	6 000 000	60 000	0	2 000 000 33.33%	20 000 33.33%	0	4 000 000 66.67%	40 000 66.67%	0
D	8 000 000	80 000	30 000	2 000 000 25%	20 000 25%	7 500 25%	600 000 75%	60 000 75%	22 500 75%
E	10 000 000	100 000	50 000	2 000 000 20%	20 000 20%	10 000 20%	8 000 000 80%	80 000 80%	40 000 80%

2. 非比例再保险

非比例再保险是指原保险人和再保险人以危险事故损失为基础来确定各自的保险责任，因此也被称为损失再保险、超损失再保险。采用这种再保险方式，只有当原保险人对投保人的赔款超过一定标准时，再保险人才对原保险人进行补偿，所以又被称为第二危险再保险，以示责任的先后。非比例再保险是一种以赔款作为再保险双方当事人确定责任基础的再保险业务方式，又分为超额赔款再保险和赔付率超赔再保险两种。

（1）超额赔款再保险（简称超赔分保），即对原保险人因同一原因所发生的任何一次损失，或因同一原因所导致的各次赔款的总和，超过约定的自负赔款责任额时，其超过部分由接受公司负责到一定额度。超额赔款再保险又分为险位超赔再保险和事故超赔再保险两种。

险位超赔再保险，以每一风险单位所发生的赔款金额来计算自负责任额和再保险责任额。事故超赔再保险是以一次事故所造成的赔款总额为基础来计算自负责任额与分保责任额的一种超额赔款再保险方式。

【例7-35】有一份超过100 000美元以上200 000美元的火险险位超赔合同。在一次事故中有4个风险单位受损，损失金额为300 000美元、400 000美元、500 000美元和600 000美元。如果每次事故对危险事故没有限制，则赔款的分摊如表7-3所示。

表7-3　　　　　　　　　　　保险合同保险费和赔款表

风险单位	发生赔款	分出公司承担赔款	分入公司承担赔款	其他
A	300 000	100 000	200 000	
B	400 000	100 000	200 000	100 000
C	500 000	100 000	200 000	200 000
D	600 000	100 000	200 000	300 000
共计	1 800 000	400 000	800 000	600 000

【例7-36】有一超过100 000欧元以后500 000欧元的火险事故超赔再保险合同，在一次事故中有4个风险单位发生损失，损失金额见表7-3，分出公司和分入公司赔款分摊金额的计算如表7-4所示。

表7-4　　　　　　　　　　　保险合同保险费和赔款表

危险单位	发生赔款	分出公司承担赔款	分入公司承担赔款	其他
A	300 000			
B	400 000			
C	500 000			
D	600 000			
共计	1 800 000	100 000	500 000	1 200 000

（2）赔付率超赔再保险，是指在某特定期间内（通常为1年），分出公司某一特定部门业务的赔付率超过约定自负责任的标准时，超过部分的赔款由分入公司负责一定的额度。

【例7-37】有一赔付率超赔合同，规定赔付率在70%以下由分出公司负责，超过70%至120%，即超过70%以后的50%，由接受公司负责，并规定赔付金额以1 200 000元为责任限制，两者以较小者为准。假设年净保费收入2 000 000元，已发生赔款1 600 000元。则

赔付率=80%，（=1 600 000/2 000 000），

分出公司负责70%，即1 400 000元；

接受公司负责 10%，即 1 000 000 元。

假设上例的合同当年已发生赔款为 2 700 000 元，赔付率为 135%，则

年净保费收入 2 000 000 元，已发生赔款 2 700 000 元

赔款分担如下。

分出公司负责 70%，即 1 400 000 元；

接受公司负责 50%，即 1 000 000 元（低于 1 200 000 元）。

另外，还有 300 000 元（15%）赔款将仍由分入公司负责。

（三）再保险业务核算的特点

再保险业务与直接承保业务相比较，在会计核算上具有以下特点。

（1）再保险业务涉及分入业务和分出业务，针对不同的会计核算主体可以采取不同的核算方式。对于同一笔再保险业务，同时涉及分保分出人的核算和分保接受人的核算。

对于没有直接承保业务的专业再保险公司，因没有直接业务，只涉及分入业务和转分出业务，应统一核算盈亏；对于兼营再保险业务的保险公司，一般将分入业务单独核算，而将分出业务与直接业务一并核算，以便考核经营业绩。

（2）由于再保险业务资金结算的特点，需要进行摊回分保赔款和摊回分保费用的核算。直接承保业务的资金结算是在保险公司与投保人或被保险人或其受益人之间进行的。而再保险业务是保险人之间开展的业务，采用"风险共担、利益共享"的原则，与原保险业务的最大区别在于：在发生赔款以及手续费、佣金、营业税金及附加等相关税费的情况下，分保接受人不直接向保险受益人支付赔款、向保险代理人或寿险业务个人营销员支付手续费和佣金、与税务部门结算有关税费，而是事先由分保分出人支付赔款和有关税费，分保接受人按分保比例事后再与分保分出人结算应负担的份额。这样，就存在摊回分保赔款和摊回分保费用的核算问题。保险公司会计制度规定：应将摊回分保赔款作为赔款支出项目的调整，将摊回分保费用作为手续费支出（佣金支出）、营业费用和营业税金及附加项目的调整处理。

（3）再保险业务不涉及手续费支出和佣金支出的核算。由于再保险业务不是委托保险代理人进行，而是在保险公司之间进行的，因此，分保接受人不涉及向保险代理人或保险经纪人支付手续费或佣金的问题，相应地，也就不涉及手续费支出和佣金支出的核算。

（4）再保险业务收支核算具有特殊性。对于分保分出人而言，再保险业务的核算主要是分出保费、摊回分保赔款、摊回分保费用、存入分保准备金、分保业务往来等内容，对于分保接受人而言，再保险业务的核算主要是分保费收入、分保赔款支出、分保费用支出、存出分保准备金、分保业务往来等内容。上述核算内容均根据分保分出人编制的分保账单进行。此外，对于分保接受人而言，再保险业务另一项主要核算内容是未决赔款准备金、长期责任准备金的核算。

（5）分保账单是分保分出人与分保接受人核算再保险业务的主要凭证。再保险是在保险公司之间进行的，再保险业务对保费、赔款等的会计核算主要依据分出公司提供的分保账单，分保账单是再保险业务会计核算的主要原始凭证。分保账单一般按季编制，账单中一般载明分保手续费、分保赔款、分保准备金、分保费等内容，根据账单中借贷方的差额确定是应收还是应付。

二、分保业务会计科目的设置及账务处理

（一）科目设置

1. 应收分保账款

"应收分保账款"科目核算保险公司开展分保业务而发生的应收未收的各种款项。该科目属于资产类科目，其借方登记分保业务中应收未收款项的发生数，贷方登记收回数，余额在借方反映应收尚未收回的分保账款。本科目可按再保险分出人或再保险接受人和再保险合同进行明细核算。

2. 应收分保合同准备金

"应收分保合同准备金"科目核算企业（再保险分出人）从事再保险业务确认的应收分保未到期责任准备金，以及应向再保险接受人摊回的保险责任准备金。企业（再保险分出人）可以单独设置"应收分保未到期责任准备金""应收分保未决赔款准备金""应收分保寿险责任准备金""应收分保长期健康险责任准备金"等科目。本科目可按再保险接受人和再保险合同进行明细核算。

3. 应付分保账款

"应付分保账款"科目核算保险公司开展分保业务而发生的应付未付的各种款项。该科目属于负债类科目，其贷方登记分保业务中应付未付款项的发生数，借方登记支付数，余额在贷方，反映应付尚未支付的分保账款。本科目可按再保险分出人或再保险接受人和再保险合同进行明细核算。

4. 摊回赔付支出

"摊回赔付支出"科目核算企业（再保险分出人）向再保险接受人摊回的赔付成本。企业（再保险分出人）也可以单独设置"摊回赔款支出""摊回年金给付""摊回满期给付""摊回死伤医疗给付"等科目。本科目可按险种进行明细核算。

5. 摊回分保费用

"摊回分保费用"科目核算企业（再保险分出人）向再保险接受人摊回的分保费用。该科目属于损益类（收入）科目，其贷方登记向分入人摊回的费用，借方登记期末结转"本年利润"的数额，结转后该科目无余额。该科目要求按险种设置明细账。

6. 分出保费

"分出保费"科目核算企业（再保险分出人）向再保险接受人分出的保费。该科目属于费用类损益科目，其借方登记分出保费，贷方登记转入本年利润数额，结转后该科目无余额。该科目要求按险种设置明细账。

7. 摊回保险责任准备金

"摊回保险责任准备金"科目核算企业（再保险分出人）从事再保险业务应向再保险接受人摊回的保险责任准备金，包括未决赔款准备金、寿险责任准备金、长期健康险责任准备金。企业（再保险分出人）也可以单独设置"摊回未决赔款准备金""摊回寿险责任准备金""摊回长期健康险责任准备金"等科目。本科目可按保险责任准备金类别和险种进行明细核算。

（二）账务处理

1. 应收分保账款

（1）再保险分出人。

① 在确认原保险合同保费收入的当期，按相关再保险合同约定计算确定的应向再保险接受人摊回的分保费用，其会计分录为：

借：应收分保账款

　　贷：摊回分保费用

② 在确定支付赔付款项金额或实际发生理赔费用而冲减原保险合同相应未决赔款准备金、寿险责任准备金、长期健康险责任准备金余额的当期，按相关再保险合同约定计算确定的应向再保险接受人摊回的赔付支出金额，其会计分录为：

借：应收分保账款

　　贷：摊回赔付支出

③ 在因取得和处置损余物资，确认和收到应收代位追偿款等而调整原保险合同赔付成本的当期，按相关再保险合同约定计算确定的摊回赔付支出的调整金额，其会计分录为：

借：摊回赔付支出

　　贷：应收分保账款

或做相反分录。

④ 在原保险合同提前解除的当期，按相关再保险合同约定计算确定的摊回分保费用的调整金额，其会计分录为：

借：摊回分保费用

　　贷：应收分保账款

（2）再保险接受人。

① 确认保费收入时，其会计分录为：

借：应收分保账款

　　贷：保费收入

② 收到分保业务账单时，按账单标明的金额对保费收入进行调整，其会计分录为：

借：应收分保账款

　　贷：保费收入

③ 收到分保业务账单时，按账单标明的再保险分出人扣存本期分保保证金，其会计分录为：

借：存出保证金

　　贷：应收分保账款

按账单标明的再保险分出人返还上期扣存分保保证金，其会计分录为：

借：应收分保账款

　　贷：存出保证金

④ 计算存出分保保证金利息时，其会计分录为：

借：应收分保账款

  贷：利息收入

2. 应收分保合同准备金

（1）在确认非寿险原保险合同保费收入的当期，按相关再保险合同约定计算确定的相关应收分保未到期责任准备金金额，其会计分录为：

借：应收分保合同准备金

  贷：提取未到期责任准备金

资产负债表日，调整原保险合同未到期资产准备金余额时，按相关再保险合同约定计算确定的应收分保未到期责任准备金的调整金额，其会计分录为：

借：提取未到期责任准备金

  贷：应收分保合同准备金

（2）在提取原保险合同保险责任准备金的当期，按相关再保险合同约定计算确定的应向再保险接受人摊回的保险责任准备金金额，其会计分录为：

借：应收分保合同准备金

  贷：摊回保险责任准备金

（3）在确定支付赔付款项金额或实际发生理赔费用而冲减原保险合同相应未决赔款准备金、寿险责任准备金，长期健康险责任准备金余额的当期，按相关应收分保保险责任准备金的相应冲减金额，编制会计分录为：

借：摊回保险责任准备金

  贷：应收分保合同准备金

（4）在对原保险合同保险责任准备金进行充足性测试补提保险责任准备金时，按相关再保险合同约定计算确定的应收分保保险责任准备金的相应增加额，其会计分录为：

借：应收分保合同准备金

  贷：摊回保险责任准备金

（5）在原保险合同提前解除而转销相关未到期责任准备金余额的当期，其会计分录为：

借：提取未到期责任准备金

  贷：应收分保合同准备金

在原保险合同提前解除而转销相关寿险责任准备金、长期健康险责任准备金余额的当期，按相关应收分保保险责任准备金余额，其会计分录为：

借：摊回保险责任准备金

  贷：应收分保合同准备金

本科目期末借方余额，反映企业从事再保险业务应向再保险接受人摊回的保险责任准备余额。本科目应在资产负债表中单独列示，并分类详细列示"应收分保未到期责任准备金""应收分保未决赔款准备金""应收分保寿险责任准备金""应收分保长期健康险责任准备金"等项目。

3. 应付分保账款

（1）再保险分出人。

① 在确认原保险合同保费收入的当期，按相关再保险合同约定计算确定的分出保费金额，其会计分录为：

借：分出保费

贷：应付分保账款

在原保险合同提前解除的当期，按相关再保险合同约定计算确定的分出保费的调整金额，其会计分录为：

借：应付分保账款

贷：分出保费

② 发出分保业务账单时，按账单标明的扣存本期分保保证金金额，其会计分录为：

借：应付分保账款

贷：存入保证金

按账单标明的返还上期扣存分保保证金金额，其会计分录为：

借：存入保证金

贷：应付分保账款

按期计算存入分保保证金利息时，其会计分录为：

借：利息支出

贷：应付分保账款

（2）再保险接受人。

① 在确认分保费用收入的当期，按相关再保险合同约定计算确定的分保费用金额，其会计分录为：

借：分保费用

贷：应付分保账款

收到分保业务账单时，按账单标明的金额对分保费用进行调整，按调整增加额，其会计分录为：

借：分保费用

贷：应付分保账款

② 收到分保业务账单的当期，按账单标明的分保赔款项金额处理，其会计分录为：

借：赔付支出

贷：应付分保账款

本科目期末贷方余额，反映企业从事再保险业务应支付但尚未支付的款项，应单独列示在资产负债表上。

4. 摊回保险责任准备金

（1）企业在提取原保险合同保险责任准备金的当期，应按相关再保险合同约定计算确定的应向再保险接受人摊回的保险责任准备金金额，其会计分录为：

借：应收分保合同准备金

　　贷：摊回保险责任准备金

（2）在确定支付赔付款项金额或实际发生理赔费用而冲减原保险合同相应保险责任准备金余额的当期，应按相关应收分保保险责任准备金的相应冲减金额，其会计分录为：

借：摊回保险责任准备金

　　贷：应收分保合同准备金

（3）在寿险原保险合同提前解除而转销相关寿险准备金，长期健康险责任准备金余额的当期，应按相关应收分保保险责任准备金余额，其会计分录为：

借：摊回保险责任准备金

　　贷：应收分保合同准备金

期末，应将本科目余额转入"本年利润"科目，结转后本科目无余额，但是本科目应在利润表中单独列示，并按保险责任准备金类别进行明细列示。

5. 摊回赔付支出

（1）企业在确定支付赔付款项金额或实际发生理赔费用而确认原保险合同赔付成本的当期，应按相关再保险合同约定计算确定的向再保险接受人摊回的赔付成本金额，其会计分录为：

借：应收分保账款

　　贷：摊回赔付支出

（2）在因取得和处置损余物资，确认和收到应收代位追偿款等而调整原保险合同赔付成本的当期，应按相关再保险合同约定计算确定的摊回赔付成本调整余额，其会计分录为：

借：摊回赔付支出

　　贷：应收分保账款

期末，应将本科目余额转入"本年利润"科目，结转后本科目无余额，但是本科目的当期发生额应在利润表中单独列示。

6. 摊回分保费用

（1）企业在确定原保险合同保费收入的当期，应按相关再保险合同约定计算确定的，向再保险接受人摊回分保费用，其会计分录为：

借：应收分保账款

　　贷：摊回分保费用

（2）在原保险合同提前解除的当期，应按相关再保险合同约定计算确定的摊回分保费用来调整余额，其会计分录为：

借：摊回分保费用

　　贷：应收分保账款

期末，应将本科目余额转入"本年利润"科目，结转后本科目无余额，其当期发生额应在利润表中单独列示。

7. 分保费用

企业在确定分保费用收入的当期，应按相关再保险合同约定计算确定的分保费用金额，其会计分录为：

借：分保费用

　　贷：应付分保账款

收到分保业务账单时，按账单标明的金额对分保费用进行调整，借记或贷记本科目，贷记或借记"应付分保账款"科目。

期末，应将本科目余额转入"本年利润"科目，结转后本科目无余额，分保费用的当期发生额应在利润表中单独列示。

8. 分出保费

企业在确定原保险合同保费收入的当期，应按再保险合同约定计算确定的分出保费金额，其会计分录为：

借：分出保费

　　贷：应付分保账款

调整分出保费时，借记或贷记本科目，贷记或借记"应付分保账款"科目。

期末，应将本科目余额转入"本年利润"科目，结转后本科目无余额，分出保费的当期发生额应在利润表中单独列示。

三、业务核算举例

【例 7-38】A 保险公司当期航空险业务保费收入为 1 600 万元，将其中的 40%分保给 B 公司，在分保期间，根据分保账单，需要从 B 公司摊回分保赔款 240 万元，同时假设未到期责任准备金提取比例为 50%，摊回分保费用 50 万元，并向 B 公司支付结算资金，则其账务处理如下。

（1）计算分出保费、分保准备金和结算资金。

　　　分出保费=保费收入×分保比例

　　　　　　=1 600×40%=640 万元

　　　分保准备金=分出保费×准备金提取比例

　　　　　　=640×50%=320 万元

　　　结算资金=640-240-50=350 万元

（2）当 A 公司分出保费时，编制会计分录如下：

借：分出保费——B 公司　　　　　　　　　　　　　　　　6 400 000

　　贷：应付分保账款——B 公司　　　　　　　　　　　　　　　6 400 000

（3）当 A 公司按规定摊回未到期责任准备金时，编制会计分录如下：

借：应收分保合同准备金——B 公司　　　　　　　　　　　　3 200 000

　　贷：提取未到期责任准备金——航空险　　　　　　　　　　　3 200 000

（4）摊回分保费用时，编制会计分录如下：

借：应收分保账款——B公司　　　　　　　　　　　　500 000

　　贷：摊回分保费用——B公司　　　　　　　　　　　　　500 000

（5）摊回分保赔款时，编制会计分录如下：

借：应收分保账款——B公司　　　　　　　　　　　　2 400 000

　　贷：摊回赔付支出——赔款支出　　　　　　　　　　　　2 400 000

（6）结算资金时，编制会计分录如下：

借：应付分保账款——B公司　　　　　　　　　　　　6 400 000

　　贷：应收分保账款——B公司　　　　　　　　　　　　　2 900 000

　　　　银行存款　　　　　　　　　　　　　　　　　　　　3 500 000

（7）分出业务并入公司直接业务按会计年度核算损益时，编制会计分录如下：

借：摊回赔付支出——赔款支出　　　　　　　　　　　2 400 000

　　摊回分保费用——B公司　　　　　　　　　　　　　500 000

　　贷：本年利润　　　　　　　　　　　　　　　　　　　2 900 000

借：本年利润　　　　　　　　　　　　　　　　　　　6 400 000

　　贷：分出保费——B公司　　　　　　　　　　　　　　　6 400 000

上述业务本年利润借贷相抵后为借方余额，表明该笔分保业务亏损额为175万元。

【例7-39】假定宝丽公司是一家珠宝经销商，2014年3月与东方保险公司签定一份珠宝保险合同，对宝丽公司所有的珠宝（总价值为19.2亿元）进行保险，约定期限为一年。保费536万元于合同生效当日一次性支付。经精算确定，东方保险公司针对未到期责任准备金的提取金额为200万元。考虑到珠宝的高风险性，东方保险公司遂与一家再保险公司乙签订了再保险合同，合同规定乙承担40%的风险。东方保险公司发生与分保相关的费用20万元。

2014年12月，宝丽公司意外遭到歹徒袭击，被劫珠宝价值11.4亿元。东方保险公司根据合同进行全额理赔，2015年1月按理赔方案结案，同时享有对赃物珠宝的代位追偿权，理想估计能追回2.4亿元的珠宝。假如2015年5月警方将歹徒抓捕归案，获得赃款7.2亿元。

1. 东方保险公司分出业务的会计处理

（1）2014年3月，按照再保险合同确定分出保费、应收未到期责任准备金及向再保险接受人摊回的分保费用，需要编制如下会计分录：

借：分出保费——乙公司　　　　　　　　　2 142 000（536×40%）

　　贷：应付分保账款——乙公司　　　　　　　2 142 000

借：应收分保合同准备金——乙公司　　　　400 000（1 000 000×40%）

　　贷：提取未到期责任准备金——财产保险　　400 000

借：应收分保账款——乙公司　　　　　　　40 000（100 000×40%）

　　贷：摊回分保费用——财产保险　　　　　　40 000

（2）2017 年 12 月事故发生，按照再保险合同确定应收的未决赔款准备金，编制会计分录如下：

借：应收分保合同准备金——乙公司　　　　　　　　228 000 000（570 000 000×40%）

　　贷：摊回保险责任准备金——未决赔款准备金　　228 000 000

（3）2018 年 1 月结案，冲减应收的未决赔款准备金，编制会计分录如下：

借：摊回保险责任准备金——未决赔款准备金　　　　228 000 000

　　贷：应收分保合同准备金——乙公司　　　　　　228 000 000

（4）摊回赔付成本：

借：应收分保账款——乙公司　　　　　　　　　　　228 000 000

　　贷：摊回赔付支出——赔款支出　　　　　　　　228 000 000

（5）确认应收代位追偿款，编制会计分录如下：

借：摊回赔付支出——赔款支出　　　　　　　　　　48 000 000（120 000 000×40%）

　　贷：应收分保账款——乙公司　　　　　　　　　48 000 000

（6）2018 年 5 月实际收到代位追偿款，编制会计分录如下：

借：摊回赔付支出——赔款支出　　　　　　96 000 000（360 000 000×40%-48 000 000）

　　贷：应收分保账款——乙公司　　　　　　　　　96 000 000

2．乙保险公司分入业务的会计处理

（1）2014 年 3 月，按照再保险合同确定分保费用收入、分保费用及未到期责任准备金，编制会计分录如下：

借：应收分保账款——甲公司　　　　　　　　　　　2 142 000（536×40%）

　　贷：保费收入　　　　　　　　　　　　　　　　2 142 000

借：分保费用——财产保险　　　　　　　　　　　　80 000（200 000×40%）

　　贷：应付分账款——甲公司　　　　　　　　　　80 000

借：提取未到期责任准备金　　　　　　　　　　　　800 000

　　贷：未到期责任准备金　　　　　　　　　　　　800 000

（2）2014 年 12 月事故发生，按照再保险合同提取确定应付的未决赔款准备金，编制会计分录如下：

借：提取未决赔款准备金　　　　　　　　　　　　　456 000 000（114 000×40%）

　　贷：保险责任准备金——赔款准备金　　　　　　456 000 000

（3）2015 年 1 月，转回分保未到期责任准备金及冲销应付的分保未决赔款准备金，编制会计分录如下：

借：未到期准备金　　　　　　　　　　　　　　　　800 000

　　贷：提取未到期准备金　　　　　　　　　　　　800 000

借：保险责任准备金——未决赔款准备金　　　　　　456 000 000

　　贷：提取未决赔款准备金　　　　　　　　　　　456 000 000

（4）2015 年 5 月，结算分担的赔付成本，其会计分录如下：

借：赔付支出——赔款支出   168 000 000

  [（11.4-7.2）×40%] =1.68（亿元）

     贷：应付分保账款——甲公司   168 000 000

本章思考题

1. 什么叫保险？保险业务的特征是什么？

2. 保险业务种类如何划分？

3. 保险业务会计核算的特点有哪些？

4. 财产保险业务有何特点？与人身保险业务有何不同？

5. 财产保险的保费收入如何确定？

6. 财产保险业务应计的准备金主要有哪些？其主要内容是什么？如何进行核算？

7. 人身保险保费收入如何确认？

8. 人身保险业务需计提哪些准备金？其含义分别是什么？

9. 再保险会计核算的内容及特点有哪些？

10. 再保险业务核算使用的科目主要有哪些？分别反映的内容是什么？

证券公司业务的核算 第八章

【教学目标】

通过本章的学习，能使读者了解证券和证券公司的概念，熟悉证券公司证券业务的种类，掌握证券公司自营业务、经纪业务、承销业务以及其他业务的核算方法。

【引例】

证监会 2014 年 12 月披露的信息显示，A 证券公司在推荐 B 公司首次公开募股（IPO）过程中未勤勉尽责，未按规定对该公司 IPO 申请文件进行审慎核查，从而未能发现公司虚构收回应收账款和虚增收入的事实，其所出具的保荐书存在虚假记载。据此，证监会决定对平安证券给予警告，没收保荐业务收入 400 万元，没收承销股票违法所得 2 867 万元，并处以 440 万元罚款，合计 3 707 万元；对 A 证券公司具体负责该公司保荐工作的保荐代表人等给予警告，并分别处以 30 万元罚款，撤销证券从业资格，认定两人为证券市场禁入者。据有关报道，在保荐项目上因涉及相关公司财务造假，A 证券公司已多次"触雷"。此案是保荐的上市公司出现财务问题的又一例证。

第一节 证券公司业务核算概述

一、证券的概念及分类

（一）证券的概念及特征

证券是以证明或设定权利为目的所作成的书面凭证。证券有广义和狭义之分。广义的证券是证明持券人享有一定经济权益的书面凭证，包括资本证券、货币证券和商品证券。资本证券是证明持有人享有所有权或债权的书面凭证，持券人对一定本金带来的收益享有请求权，如股票、债券等；货币证券是证明持券人享有货币请求权的书面凭证，如银行卡、汇票、本票、支票等；商品证券是证明持券人享有商品请求权的书面凭证，如货单、货运单、栈单等。狭义的证券专指资本证券，是指具有票面金额，证明持券人享有所有权和债权的书面凭证，以及具有等同于书面效力的凭证。

证券具有以下特征。

第一，证券的产权性。证券的产权性是指有价证券记载着权利人的财产权内容，代表着一定的财产所有权，拥有证券就意味着享有财产的占有、使用、收益和处置的权利。在现代经济社会里，财产权利和证券已密不可分，财产权利与证券两者融为一体，证券已成为财产权利的一般形式。虽然证券持有人并不实际占有财产，但可以通过持有证券，拥有有关财产的所有权或债权。

第二，证券的收益性。证券的收益性是指持有证券本身可以获得一定数额的收益，这是投资者转让资本使用权的回报。证券代表的是对一定数额的某种特定资产的所有权，而资产是一种特殊的价值，它要在社会经济运行中不断运动、不断增值，最终形成高于原始投资人价值的价值。由于这种资产的所有权属于证券投资者，投资者持有证券也就同时拥有取得这部分资产增值收益的权利，因此，证券本身具有收益性。有价证券的收益表现为利息收入、红利收入和买卖证券的差价。收益的多少通常取决于该资产增值数额的多少和证券市场的供求状况。

第三，证券的流通性。证券的流通性又称变现性，是指证券持有人可按自己的需要灵活地转让证券以换取现金。流通性是证券的生命力所在。流通性不但可以使证券持有人随时把证券转变为现金，而且还使持有人根据自己的偏好选择持有证券的种类。证券的流通是通过承兑、贴现、交易实现的。

第四，证券的风险性。证券的风险性是指证券持有者面临着预期投资收益不能实现，甚至使本金也受到损失的可能。这是由未来经济状况的不确定性所致。在现有的社会生产条件下，未来经济的发展变化有些是投资者可以预测的，而有些则无法预测，因此，投资者难以确定他所持有的证券将来能否取得收益和能获得多少收益，从而就使持有证券具有风险。

（二）证券的种类

我国目前发行和流通的证券主要有以下几类。

1. 股票

股票是股份有限公司签发的证明股东所持股份的凭证。股票具有权利性、非返还性、风险性和流通性等特点。目前，我国境内发行的或者境外发行但涉及境内主体或权益的股票按照投资主体的不同，可分为国家股、法人股、内部职工股和社会公众个人股；按照认购股票投资者身份和上市地点的不同，可以分为境内上市内资股（A股）、境内上市外资股（B股）和境外上市外资股三类。

2. 债券

债券是政府、金融机构、公司企业等单位依照法定程序发行的、约定在一定期限还本付息的有价证券。债券是一种债权凭证，是一种到期还本付息的有价证券，它具有风险性小和流通性强的特点。债券按发行主体不同可分为三大类。

（1）企业、公司债券，是指一般企业和公司依照法定程序发行、约定在一定期限还本付息的有价证券。

（2）金融债券，是指依法在境内设立的金融机构法人为筹集资金补偿流动资金的不足，而在全国银行间债券市场发行的、按约定还本付息的有价证券。

（3）政府债券，是指政府或政府授权的代理机构基于财政或其他目的而发行的、按约定还本付息的有价证券，包括国库券、财政债券、建设公债、特种国债、保值公债等。

3. 基金券

基金券或称基金受益凭证，是证券投资信托基金发给投资者，用以记载投资者所持基金单位数的凭证。投资者按其所持基金券在基金中所占的比例来分享基金盈利、分担基金亏损。与股票、债券相比，基金券的特点如下：

（1）基金券是一种无面额证券；

（2）基金券的持有人一般不直接参与基金管理，基金的具体业务活动由经纪公司承担，也即"专家理财"；

（3）通常认为，基金券的市场价格波动风险较股票低，但是比债券尤其是政府债券高。

此外，我国证券市场还存在认股权证。认股权证是股份有限公司给予持证人的无限期或在一定期限内，以确定价格购买一定数量普通股份的权利凭证。这是持证人认购公司股票的一种长期选择权，它本身不是股权证书。认股权证能依法转让，给持有人带来很大收益，因而也是一种有价证券。

二、证券公司及其业务

证券公司是指依照公司法和证券法规定，并经国务院证券监督管理机构审查批准的从事证券经营业务的有限责任公司或股份有限公司。证券公司设立的方式可分为两类：审批制和注册制。审批制又称特许制，即国家证券监督管理机构对证券公司的设立规定了条件，由证券主管部门进行实质审查后方可予以设立；注册制是指国家证券监督管理机构只要求设立证券公司的申请人依法提供全面、真实、可靠的资料，而没有实质性的限制条件，凡符合证券公司设立基本条件者，通过向证券主管部门登记注册，即可申请经营证券业务。我国证券实行的是审批制。

我国的证券公司分为综合类证券公司和经纪类证券公司两类。综合类证券公司的证券业务分为证券经纪业务、证券自营业务、证券承销业务以及国务院证券监督管理机构核定的其他证券业务 4 种。经纪类证券公司只允许专门从事证券经纪业务。

（1）证券经纪业务，是指证券公司代理客户（投资者）买卖证券的活动，包括代理买卖证券业务，代理兑付证券业务和代理保管证券业务。

（2）证券自营业务，是指证券公司以自己的名义，用公司的资金买卖证券以达到获利目的的证券业务，包括买入证券和卖出证券。

（3）证券承销业务，是指在证券发行过程中，证券公司接受发行人的委托，代理发行人发行证券的活动，包括代国家发售国库券、国家重点建设债券、代企业发行集资债券和股票、基金等。

（4）其他证券业务，是指证券公司经批准在国家许可的范围内进行的除经纪、自营和承销业务以外的，如买入返售证券、卖出回购证券及受托资产管理等与证券业务有关的业务。

根据《证券法》的规定，除证券公司外，任何单位和个人不能在证券交易所直接从事证券买卖。投资者应当与证券公司签订证券交易委托协议，并在证券公司开立证券交易账户，以书面、电话以及其他方式，委托该证券公司代其买卖证券。证券公司根据投资者的委托，按照证券交易规则提出交易申报，参与证券交易所场内的集中交易，并根据成交结果承担相应的清算交收责任；证券登记结算机构根据成交结果，按照清算交收规则，与证券公司进行证券和资金的清算交收，并为证券公司客户办理证券的登记过户手续。

证券公司必须将其证券经纪业务、证券承销业务、证券自营业务和证券资产管理业务分开办理，不得混合操作。

三、证券业务核算的特点

（一）业务的针对性强

证券业务的核算不具有普遍性。不同类型的证券公司对相同的证券业务核算存在差异；同一类证券公司对不同的证券业务也要根据需要确定特定的处理方法。这导致核算证券业务所用的会计科目多。

（二）价值变动频繁

证券公司的主要流动资产是各种证券，证券的真正价值是市价，而不是反映在表内会计科目的账面价值。证券的流通性强、价格波动频繁，导致证券业务的价值变动频繁。如何准确、真实、及时地反映各类证券的实际价值，并且能实事求是地反映证券经营机构的实际经营状况，是一个至关重要的问题。

（三）清算关系复杂

在证券业务经营中，证券公司与银行、证券交易机构及客户存在多重债权债务关系和资金清算关系。而且，由于证券交易很频繁，证券公司在证券交易中无论是作为经纪人的证券经营机构，还是作为客户的投资人，在整个证券市场中的地位是不稳定的。一会儿买入某种证券，一会儿卖出某种证券，他们不断地充当应收证券者，或者应付证券者，给资金或证券的清算带来了难度。

第二节 证券自营业务的核算

一、证券自营业务的种类

证券自营业务，就是证券经营机构以自己的名义和资金买卖证券从而获取利润的证券业务。证券公司的自营业务按交易场所分为场外（如柜台）自营买卖和场内（交易所）自营买卖。场外自营买卖是指证券公司通过柜台交易等方式，与客户直接洽谈成交的证券交易。场内自营买卖是证券公司自己通过集中交易场所（证券交易所）买卖证券的行为。我国的证券自营业务，一般是指场内自营买卖业务。在我国，证券自营业务专指证券公司为自己买卖证券产品的行为。买卖的证券产品包括在证券交易所挂牌交易的 A 股、基金、认股权证、国债、企业债券等。证券公司买入证券后，应根据《企业会计准则第 22 号——金融工具确认和计量》的规定，对取得的证券根据持有意图进行分类。按持有证券的意图不同，可分为交易性金融资产、持有至到期投资和可供出售金融资产。

二、证券自营业务设置的会计科目

证券自营业务应设置"结算备付金""交易性金融资产""持有至到期投资""可供出售金融资产""资产减值损失"等科目。

结算备付金核算企业（证券）为证券交易的资金清算与交收而存入指定清算代理机构的款项。企业（证券）向客户收取的结算手续费、向证券交易所支付的结算手续费也通过本科目核算。企业（证券）因证券交易与清算代理机构办理资金清算的款项等，可以单独设置"证券清算款"科目。本科目可按清算代理机构，分别对"自有""客户"等进行明细核算。

证券公司将款项存入清算代理机构，借记"结算备付金"科目，贷记"银行存款"科目；从清算代理机构收回资金，借记"银行存款"科目，贷记"结算备付金"科目。

"交易性金融资产""持有至到期投资""可供出售金融资产"以及"资产减值损失"等科目的核算内容与一般企业会计相同，故不再赘述。

三、证券自营业务的核算

（一）自营买入证券的核算

1. 买入时划分为交易性金融资产的核算

（1）金融资产满足下列条件之一的，应当划分为交易性金融资产。

① 取得该金融资产的目的，主要是为了近期内出售或回购。

② 属于进行集中管理的可辨认金融工具组合的一部分，且有客观证据表明企业近期采用短期获利方式对该组合进行管理。

③ 属于衍生工具。但是，被指定且为有效套期工具的衍生工具、属于财务担保合同的衍生工具、与在活跃市场中没有报价且其公允价值不能可靠计量的权益工具投资挂钩并须通过交付该权益工具结算的衍生工具除外。

（2）交易性金融资产各种情况核算如下。

① 进行自营证券的买卖，需要通过清算代理机构进行结算。公司将自有资金存入清算代理机构时，按实际存入金额入账。其会计分录为：

借：结算备付金——自有

　　贷：银行存款

从清算代理机构收回资金，做相反的会计分录。

② 证券公司取得交易性金融资产，在初始确认时，按照公允价值入账，发生的相关交易费用，直接计入当期损益。支付的价款中如果有已宣告但尚未发放的现金股利或已到付息期但尚未领取的利息时，作为应收股利或应收利息反映。按照实际支付的金额，减少结算备付金的余额。其会计分录为：

借：交易性金融资产——成本

　　投资收益

　　应收股利或应收利息

　　贷：结算备付金——自有

③ 收到属于取得交易性金融资产支付价款中包含的已宣告发放的现金股利或债券利息时，其会计分录为：

借：结算备付金——自有

　　贷：应收股利或应收利息

④ 交易性金融资产持有期间被投资单位宣告发放的现金股利或在资产负债表日按分期付息、一次还本债券投资的票面利率计算的利息，确认为投资收益，其会计分录为：

借：应收股利或应收利息

　　贷：投资收益

⑤ 实际收到现金股利或应收利息时，其会计分录为：

借：银行存款

　　贷：应收股利（应收利息）

⑥ 资产负债表日，交易性金融资产公允价值变动形成的利得或损失，计入当期损益，其会计分录如下。

a．交易性金融资产的公允价值高于其账面余额的，按其差额编制如下分录：

借：交易性金融资产——公允价值变动

　　贷：公允价值变动损益

b．低于其账面余额的，按其差额做相反的会计分录。

【例8-1】2014年7月1日，南方证券公司购买开源公司发行的债券，以银行存款支付98万元（含已到期付息但尚未领取的利息3万元），另外以银行存款方式支付了交易费用1万元。7月10日，收到利息3万元。该债券面值100万元，剩余期限为1年，票面利率为年利率6%，每半年支付利息一次。大华证券公司购买此项金融资产是以赚取债券的差价为目的，应将其划分为交易性金融资产。

（1）2014年7月1日，购入债券时，编制计分录如下：

借：交易性金融资产——成本　　　　　　　　　　　　950 000

　　应收利息　　　　　　　　　　　　　　　　　　　30 000

　　投资收益　　　　　　　　　　　　　　　　　　　10 000

　　贷：结算备付金　　　　　　　　　　　　　　　　　　990 000

（2）2014年7月10日，收到上半年利息3万元，编制会计分录如下：

借：结算备付金　　　　　　　　　　　　　　　　　　30 000

　　贷：应收利息　　　　　　　　　　　　　　　　　　　30 000

（3）2014年12月31日，该债券的公允价值为105万元（不含利息），编制会计分录如下：

借：交易性金融资产——公允价值变动　　　　　　　100 000

　　贷：公允价值变动损益　　　　　　　　　　　　　　100 000

借：应收利息　　　　　　　　　　　　　　　　　　　30 000

　　贷：投资收益　　　　　　　　　　　　　　　　　　　30 000

（4）2015年1月10日，将该债券出售，取得110万元（含下半年利息3万元）收益，编制会计分录如下：

借：结算备付金　　　　　　　　　　　　　　　　　1 100 000

　　公允价值变动损益　　　　　　　　　　　　　　　100 000

　　贷：交易性金融资产——成本　　　　　　　　　　　　950 000

　　　　　　　　　　——公允价值变动　　　　　　　　100 000

　　　　投资收益　　　　　　　　　　　　　　　　　　150 000

【例8-2】南方证券公司2014年11月20日，以每股5元的价格买入上海证券交易所上市的陆家嘴股票10万股，合计50万元。交易费用2万元。2014年12月31日，该股票交易的市场价格是

3.8 元。2015 年 2 月 1 日，南方证券公司以每股 4.5 元抛售了全部陆家嘴股票。

（1）2014 年 11 月 20 日，每股 5 元的价格买入时，编制会计分录如下：

借：交易性金融资产——成本（陆家嘴股票）　　　　　　　　　　　　500 000

　　投资收益　　　　　　　　　　　　　　　　　　　　　　　　　　 20 000

　　　贷：银行存款　　　　　　　　　　　　　　　　　　　　　　　　　　520 000

（2）2014 年 12 月 31 日，股票价格波动，编制会计分录如下：

借：公允价值变动损益　　　　　　　　　　　　　　　　　　　　　　120 000

　　　贷：交易性金融资产——公允价值变动（陆家嘴股票）　　　　　　　　120 000

（3）2015 年 2 月 1 日，抛售该股票，编制会计分录如下：

借：银行存款　　　　　　　　　　　　　　　　　　　　　　　　　　450 000

　　交易性金融资产——公允价值变动（陆家嘴股票）　　　　　　　　120 000

　　投资收益　　　　　　　　　　　　　　　　　　　　　　　　　　 50 000

　　　贷：交易性金融资产——成本（陆家嘴股票）　　　　　　　　　　　　500 000

　　　　　公允价值变动损益　　　　　　　　　　　　　　　　　　　　　　120 000

2. 买入时划分为可供出售金融资产的核算

可供出售金融资产各种情况核算如下。

（1）证券公司取得可供出售金融资产时，按可供出售金融资产的公允价值与交易费用之和作为初始入账金额，支付的价款中包含的已宣告但尚未发放的现金股利，应单独确认为应收项目。按照实际支付的金额，减少结算备付金的金额。其会计分录为：

借：可供出售金融资产——成本

　　应收股利

　　　贷：结算备付金——自有

对于可供出售金融资产为债券投资的，由于债券票面利率和实际利率的差异，导致债券的公允价值与面值不相等。因此，在会计处理上，一方面在"可供出售金融资产——成本"账户中反映债券的面值，另一方面应用"可供出售金融资产——利息调整"账户将面值调整为公允价值。对支付的价款中包含的已到付息期但尚未领取的债券利息，应确认为应收利息，按照实际支付的金额，减少结算备付金的金额。在初始确认时，其会计分录为：

借：可供出售金融资产——成本

　　应收利息

借或贷：可供出售金融资产——利息调整

　　　贷：结算备付金——自有

（2）证券公司收到属于取得可供出售金融资产支付价款中包含的已宣告发放的现金股利或债券利息时，其会计分录为：

借：结算备付金——自有

　　　贷：应收股利或应收利息

（3）证券公司取得的可供出售权益工具，在持有期间被投资单位宣告发放现金股利时，证券公司按应享有的份额，其会计分录如下。

借：应收股利

　　贷：投资收益

（4）证券公司取得的可供出售债券投资，在持有期间计提的利息，应当确认为投资收益。证券公司应当按照摊余成本和实际利率计算确定投资收益。

① 资产负债表日，可供出售债券为分期付息、一次还本债券投资的，按票面利率计算确定的应收未收利息，借记"应收利息"科目，按可供出售债券的摊余成本和实际利率计算确定的利息收入，贷记"投资收益"科目，按其差额，借记或贷记"可供出售金融资产——利息调整"科目。其会计分录为：

借：应收利息

借或贷：可供出售金融资产——利息调整

　　贷：投资收益

② 可供出售债券为一次还本付息债券投资的，应于资产负债表日按票面利率计算确定的应收未收利息，借记"可供出售金融资产——应计利息"科目，按可供出售债券的摊余成本和实际利率计算确定的利息收入，贷记"投资收益"科目，按其差额，借记或贷记"可供出售金融资产——利息调整"科目。其会计分录为：

借：可供出售金融资产——应计利息

借或贷：可供出售金融资产——利息调整

　　贷：投资收益

③ 对已确定发生减值损失的可供出售债券投资，在资产负债表日，应按减值可供出售债券投资的摊余成本和实际利率计算确定的利息收入，借记"可供出售金融资产减值准备"科目，贷记"投资收益"科目。同时，将按合同本金和合同利率计算确定的应收利息金额进行表外登记。其会计分录为：

借：可供出售金融资产减值准备

　　贷：投资收益

　　收入：应收未收利息——××户

（5）实际收到现金股利或应收利息时，其会计分录为：

借：银行存款

　　贷：应收股利（应收利息）

（6）资产负债表日，可供出售金融资产应当以公允价值计量，且公允价值变动计入资本公积（其他资本公积）。另外，在新会计准则中，新增"其他综合收益"科目，下例沿用科目

资产负债表日，可供出售金融资产的公允价值高于其账面余额的，按其差额，其会计分录为：

借：可供出售金融资产——公允价值变动

　　贷：资本公积——其他资本公积

低于其账面余额的，按其差额做相反的会计分录。

【**例 8-3**】南方证券公司 4 月 5 日购入 M 公司股票 200 万股作为可供出售金融资产，每股 20 元（含已宣告但尚未发放的现金股利 2 元），另支付相关费用 20 万元。5 月 15 日收到现金股利 400 万元。6 月 30 日每股公允价值为 17.4 元，南方公司预计该下跌是暂时的；9 月 30 日由于市场环境恶化，M 上市公司的股票急剧下跌，至 9 月 30 日该股票的公允价值为每股 10 元，如果 M 公司不采取新的措施，预期还可能持续下跌，12 月 31 日由于 M 公司应对措施得当，M 公司股票逐渐回升，至 12 月 31 日，回升至每股公允价值 17.2 元。

要求：根据上述资料编制 A 公司有关会计分录。

（1）4 月 5 日，购入股票 200 万股，编制会计分录如下：

借：可供出售金融资产——成本 36 200 000

　　应收股利 4 000 000

　　　贷：结算备付金——自有 40 200 000

（2）5 月 15 日，收到现金股利 400 万元，编制会计分录如下：

借：结算备付金——自有 4 000 000

　　　贷：应收股利 4 000 000

（3）6 月 30 日，股票价格波动，每股 17.4 元，编制会计分录如下：

借：资本公积——其他资本公积 1 400 000

　　　贷：可供出售金融资产——公允价值变动 1 400 000

（4）9 月 30 日，股票价格波动，每股 10 元，编制会计分录如下：

借：资产减值损失 16 200 000

　　　贷：资本公积——其他资本公积 1 400 000

　　　　　可供出售金融资产——公允价值变动 14 800 000

（5）12 月 31 日，股价回升，每股 17.2 元，编制会计分录如下：

借：可供出售金融资产——公允价值变动 14 400 000

　　　贷：资本公积——其他资本公积 14 400 000

（二）自营卖出证券的核算

1. 出售交易性金融资产的核算

处置交易性金融资产时，其公允价值与账面余额之间的差额应确认为投资收益；同时将原计入该交易性金融资产的公允价值变动转出，计入投资损益。其会计分录为：

借：结算备付金——自有

　　借或贷：投资收益

　　　贷：交易性金融资产

同时，借或贷：公允价值变动损益

　　　　　贷或借：投资收益

2. 出售可供出售金融资产的核算

处置可供出售金融资产时，将取得的价款与该金融资产账面价值之间的差额，计入投资损益；

同时，将原直接计入所有者权益的公允价值变动累计额对应处置部分的金额转出，计入投资损益。

其会计分录为：

  借：结算备付金——自有

   借或贷：投资收益

    贷：可供出售金融资产

   同时，借或贷：资本公积——其他资本公积

     贷或借：投资收益

  出售自营证券需要转出证券的账面余额，并且将记入"公允价值变动损益"和"资本公积（其他资本公积）"明细科目的金额转入投资收益。实际成本结转时，主要采用先进先出法、加权平均法、个别计价法等方法计算出应结转的证券账面余额。

  【例 8-4】大华证券公司的自营证券中，A 股票被作为交易性金融资产进行核算和管理，年初结存的数量为 60 万股，成本户 6 500 000 元，公允价值变动户 20 000 元，本月 6 日购进 20 万股，支付实际价款 2 200 000 元，15 日购进 20 万股，支付价款 2 300 000 元，本月 28 日售出 70 万股，获取价款 8 300 000 元。要求：根据上述资料编制有关会计分录。

  出售证券时，自营证券成本结转的会计分录如下：

  借：结算备付金——自有   8 300 000

    贷：交易性金融资产——成本   7 600 000

           （6 500 000+2 200 000÷20×10）

      交易性金融资产——公允价值变动   20 000

      投资收益   680 000

  同时，结转公允价值变动损益，编制会计分录如下：

  借：公允价值变动损益   20 000

    贷：投资收益   20 000

  【例 8-5】如在**【例 8-4】**中，本月 28 日售出 A 股票 100 万股，获取价款 12 000 000 元，其他资料不变，编制会计分录如下：

  借：结算备付金——自有   12 000 000

    贷：交易性金融资产——成本   11 000 000

         （6 500 000+2 200 000+2 300 000）

      交易性金融资产——公允价值变动   20 000

      投资收益   980 000

  借：公允价值变动损益   20 000

    贷：投资收益   20 000

（三）自营证券减值准备的核算

  证券公司应当在资产负债表日对以公允价值计量且其变动计入当期损益的金融资产以外的金融资产的账面价值进行检查，有客观证据表明该金融资产发生减值的，应当确认减值损失。可供出售金融资产发生减值的，在确认减值损失时，应当将原直接计入所有者权益的公允价值下降形成的累计损失一并转出，计入减值损失。

确定可供出售金融资产发生减值的，按应减记的金额，借记"资产减值损失"科目，按应从所有者权益中转出原计入资本公积的累计损失金额，贷记"资本公积——其他资本公积"科目，按其差额，贷记"可供出售金融资产——公允价值变动"。对于已确认减值损失的可供出售金融资产，在随后会计期间内公允价值已上升且客观上与确认原减值损失事项有关的，原确认的减值损失应当予以转回，计入当期损益。但是，该转回后的账面价值不应当超过假定不计提减值准备情况下该金融资产在转回日的摊余成本。其会计分录为：

借：可供出售金融资产——公允价值变动

　　贷：资产减值损失

但可供出售金融资产为股票等权益工具投资的（不含在活跃市场上没有报价、公允价值不能可靠计量的权益工具投资），借记"可供出售金融资产（公允价值变动）"，贷记"资本公积——其他资本公积"科目。

持有至到期投资发生减值时，应当将该金融资产的账面价值减记至预计未来现金流量现值，减记的金额确认为资产减值损失，计入当期损益。如有客观证据表明该金融资产价值已恢复，原确认的减值损失应当予以转回，计入当期损益（冲减资产减值损失）。

【例 8-6】2015 年 5 月 1 日，大华证券公司以每股 15 元（含已宣告股利 0.2 元）的价格购入甲公司发行的股票 200 万股，划分为可供出售金融资产。

（1）2015 年 5 月 10 日，收到上年现金股利 400 000 元。

（2）2015 年 12 月 31 日，该股票的市价 13 元。预计该股票的价格下跌是暂时的。

（3）2016 年，甲公司因违反相关证券法规，受查处，其股票的价格发生下挫。至 2016 年 12 月 31 日，该股票的市场价格下跌到每股 6 元。

（4）2017 年，甲公司整改完成，加之市场宏观面好转，股票价格有所回升，至 12 月 31 日，该股市价 10 元。

要求：根据上述资料编制有关会计分录。

（1）2015 年 1 月 1 日，购入股票，编制会计分录如下：

借：可供出售金融资产——成本　　　　　　　　　　　29 600 000

　　应收股利　　　　　　　　　　　　　　　　　　　　400 000

　　贷：银行存款　　　　　　　　　　　　　　　　　30 000 000

（2）2015 年 5 月 10 日，确认现金股利，编制会计分录如下：

借：银行存款　　　　　　　　　　　　　　　　　　　400 000

　　贷：应收股利　　　　　　　　　　　　　　　　　　400 000

（3）2015 年 12 月 31 日，确认股票公允价值变动，编制会计分录如下：

借：资本公积——其他资本公积　　　　　　　　　　　3 600 000

　　贷：可供出售金融资产——公允价值变动　　　　　　3 600 000

（4）2016 年 12 月 31 日，确认股票投资的减值损失，编制会计分录如下：

借：资产减值损失　　　　　　　　　　　　　　　　　　17 600 000

　　贷：资本公积——其他资本公积　　　　　　　　　　　　3 600 000

　　　　可供出售金融资产——公允价值变动　　　　　　　　14 000 000

（5）2017 年 12 月 31 日，确认股票价格上涨，编制会计分录如下：

借：可供出售金融资产——公允价值变动　　　　　　　　　8 000 000

　　贷：资本公积——其他资本公积　　　　　　　　　　　　8 000 000

第三节 ｜ 证券经纪业务的核算

证券经纪业务是指证券公司作为证券代理人，根据客户委托代理客户（投资者）买卖证券的活动，包括代理买卖证券业务、代理兑付证券业务和代理保管证券业务。

一、代理买卖证券业务的核算

代理买卖证券业务是指金融证券企业接受客户委托，代理客户进行证券买卖的业务并收取手续费和佣金的行为。该业务可分为代理买入证券和代理卖出证券业务。

代理买卖证券业务的核算涉及的会计科目主要包括"代理买卖证券款""结算备付金""手续费及佣金收入"等。

"代理买卖证券款"科目核算证券公司接受客户委托，代理客户买卖股票、债券和基金等有价证券，而由客户交存的款项，属于负债类科目。借方登记证券公司代理客户买卖证券、认购新股、办理配股业务而减少的代理买卖证券款项，以及因客户提取存款而减少的代理买卖证券款项；贷方登记收到客户交来的代理买卖证券及代理认购新股的款项等；期末贷方余额反映证券公司接受客户存放的代理买卖证券资金。公司代理客户认购新股的款项、代理客户领取的现金股利和债券利息，代客户向证券交易所支付的配股款等，也在该科目核算。

"结算备付金"科目核算证券公司为证券交易的资金清算与交收而存入指定清算代理机构的款项，属于资产类科目，借方登记证券公司存入清算代理机构的款项；贷方登记从清算代理机构收回资金的数额；期末借方余额反映证券公司存入指定清算代理机构但尚未使用的款项余额。企业向客户收取的结算手续费、向证券交易所支付的结算手续费，也在该科目核算。本科目可按清算代理机构，分别"自有""客户"等进行明细核算。

"手续费及佣金收入"科目核算金融企业确认的手续费及佣金收入，包括办理结算业务、咨询业务、担保业务、代理买卖证券、代理兑付证券、代理承销证券、代理保管证券、代理保险等代理业务，以及办理受托贷款及投资业务等取得的手续费及佣金，属于资产类科目。本科目可按手续费及佣金收入类别进行明细核算。

（一）代理认购新股的核算

公司代理客户买卖证券收到的款项，应在"银行存款"科目中单设明细科目进行核算，不能与本公司的存款相混淆。

1. 收取认购款

根据开户银行的收账通知编制会计分录为：

借：银行存款——客户

　　贷：代理买卖证券款

2. 划转认购资金

新股认购开始，证券公司应将款项划转清算代理机构，其会计分录为：

借：结算备付金——客户

　　贷：银行存款——客户

3. 清算资金

（1）客户向证券公司办理申购手续时，公司与证券交易所清算资金。其会计分录为：

借：代理买卖证券款

　　贷：结算备付金——客户

（2）证券交易所完成中签认定工作，将未中签资金退给公司代理的客户，其会计分录为：

借：结算备付金——客户

　　贷：代理买卖证券款

（3）证券公司将未中签的款项划回。其会计分录为：

借：银行存款——客户

　　贷：结算备付金——客户

（4）证券公司将未中签的款项退给客户。其会计分录为：

借：代理买卖证券款

　　贷：银行存款——客户

【例 8-7】 南方证券公司代理客户认购新股，收到客户认购款项 2 000 万元，为客户办理申购手续，证券交易所完成中签认定工作后，将未中签资金 1 980 万元退给客户。中签交付的认股款项为 20 万元，手续费率为 0.35%，由发行公司支付并已收到。

（1）收到客户认购款项时，编制会计分录如下：

借：银行存款　　　　　　　　　　　　　　　　　　　20 000 000

　　贷：代理买卖证券款　　　　　　　　　　　　　　　　20 000 000

（2）将款项划付交易所时，编制会计分录如下：

借：结算备付金——客户　　　　　　　　　　　　　　20 000 000

　　贷：银行存款　　　　　　　　　　　　　　　　　　20 000 000

（3）办理申购手续，与证券交易所清算时，编制会计分录如下：

借：代理买卖证券款　　　　　　　　　　　　　　　　20 000 000

　　贷：结算备付金——客户　　　　　　　　　　　　　　20 000 000

（4）证交所完成中签认定工作，将未中签资金退给客户，编制会计分录如下：

借：结算备付金——客户　　　　　　　　　　　　　19 800 000

　　贷：代理买卖证券款　　　　　　　　　　　　　　　19 800 000

（5）公司将未中签款项划回，编制会计分录如下：

借：银行存款　　　　　　　　　　　　　　　　　　19 800 000

　　贷：结算备付金——客户　　　　　　　　　　　　　19 800 000

（6）公司将未中签款项退给客户，编制会计分录如下：

借：代理买卖证券款　　　　　　　　　　　　　　　19 800 000

　　贷：银行存款　　　　　　　　　　　　　　　　　　19 800 000

（7）收到证交所转来发行公司支付的发行手续费时，编制会计分录如下：

借：银行存款　　　　　　　　　　　　　　　　　　　　700

　　贷：手续费及佣金收入——代购新股手续费收入　　　　　700

（二）代理买卖证券的核算

1. 接受委托

证券公司受客户委托买卖证券，客户存入款项，以及向证券交易所为客户开立买卖证券资金清算专户等业务其会计分录编制均与新股认购相同。

2. 代理买卖

证券公司接受客户委托，通过证券交易所代理买卖证券，与客户清算时，如果买入证券成交总额大于卖出证券成交总额，应按清算日买卖证券成交价的差额，加上代扣代缴的印花税等相关税费和应向客户收取的佣金等费用之和，借记"代理买卖证券款"科目，贷记"结算备付金——客户""银行存款"等科目；按公司应负担的交易费用，借记"手续费及佣金支出——代买卖证券手续费支出"科目，按应向客户收取的佣金及手续费，贷记"手续费及佣金收入"科目，按其差额，借记"结算备付金——自有""银行存款"等科目。其会计分录为：

借：代理买卖证券款

　　贷：结算备付金——客户

借：手续费及佣金支出——代买卖证券手续费支出

　　结算备付金——自有

　　贷：手续费及佣金收入——代买卖证券手续费收入

【例8-8】长江证券公司接受客户委托，通过证券交易所代理买卖证券，买进股票成交总额为1 600 000元，卖出股票成交总额为1 000 000元，买入证券成交总额大于卖出证券成交总额600 000元。代扣代缴的交易税费为2 600元，应向客户收取的佣金为7 800元，证券公司应负担的交易费用为300元。该公司编制会计分录如下：

借：代理买卖证券款　　　　　610 400（1 600 000−1 000 000+2 600+7 800）

　　贷：结算备付金——客户　　　　610 400

借：手续费及佣金支出	300
结算备付金——自有	7 500
贷：手续费及佣金收入	7 800

证券公司接受客户委托，通过证券交易所代理买卖证券，与客户清算时，如果卖出证券成交总额大于买入证券成交总额，应按清算日买卖证券成交价的差额，减去代扣代缴的印花税等相关税费和应向客户收取的佣金等费用后的余额，借记"结算备付金——客户"科目，贷记"代理买卖证券款"等科目；按公司应负担的交易费用，借记"手续费及佣金支出——代买卖证券手续费支出"科目，按应向客户收取的佣金及手续费，贷记"手续费及佣金收入——代买卖证券手续费收入"科目，按其差额，借记"结算备付金——自有""银行存款"等科目。其会计分录为：

借：结算备付金——客户

　　贷：代理买卖证券款

借：手续费及佣金支出——代买卖证券手续费支出

　　结算备付金——自有

　　贷：手续费及佣金收入——代买卖证券手续费收入

【例8-9】若【例8-8】中，长江证券公司的交易为净卖出 600 000 元，其他数据不变，编制会计分录如下：

借：结算备付金——客户	589 600（1 600 000-1 000 000-2 600-7 800）
贷：代理买卖证券款	589 600
借：手续费及佣金支出	300
结算备付金——自有	7 500
贷：手续费及佣金收入	7 800

【例8-10】南方证券公司3月2日代理客户买进股票成交总额为 140 万元，卖出股票成交总额为 120 万元，应代扣代缴的印花税为 10 400 元，证券公司应负担的交易费用为 260 元，应向客户收取的佣金为 9 100 元。编制会计分录如下：

借：代理买卖证券款	210 400（1 400 000-1 200 000+10 400）
贷：结算备付金——客户	210 400
借：手续费及佣金支出	260
贷：结算备付金——证券公司	260
借：代理买卖证券款	9 100
贷：手续费及佣金收入——代买卖证券手续费收入	9 100

（三）代理配股派息的核算

（1）采用当日向证券交易所解交配股款的，在客户提出配股要求时，其会计分录为：

借：代理买卖证券款

　　贷：结算备付金——客户

（2）采用定期向证券交易所解交配股款的，在客户提出配股要求时，其会计分录为：

借：代理买卖证券款

贷：其他应付款——应付客户配股款

（3）与证券交易所清算配股款时，按配股金额编制会计分录为：

借：其他应付款——应付客户配股款

贷：结算备付金——客户

（4）代理客户领取现金股利和利息时，其会计分录为：

借：结算备付金——客户

贷：代理买卖证券款

（5）按规定向客户统一结息时，其会计分录为：

借：利息支出

应付利息

贷：代理买卖证券款

【例 8-11】王某持有 A 公司股票 20 000 股，可增配新股 6 000 股，每股配股价 3 元，委托南方证券公司代理。南方证券公司应收由发行公司支付的 40 元配股手续费，编制会计分录如下：

借：代理买卖证券款——王某		18 000
贷：结算备付金——客户		18 000
借：应收手续费及佣金		40
贷：手续费及佣金收入		40

【例 8-12】南方证券公司代理客户张某领取大华公司现金股利 100 000 元，另外，南方证券公司应收由大华公司支付的 50 元代理发放现金股利的手续费。编制会计分录如下：

借：结算备付金——客户		100 000
贷：代理买卖证券款——张某		100 000
借：应收手续费及佣金		50
贷：手续费及佣金收入		50

二、代理兑付证券业务的核算

代理兑付证券是金融企业接受国家或企业等债券发行单位的委托，兑付到期债券，兑付结束后，将已兑付证券集中交给发行单位，同时向发行单位收取手续费的业务。该业务需要设置的会计科目主要有 "代理兑付证券" "代理兑付证券款"。

"代理兑付证券"科目核算证券公司接受委托代理兑付到期的证券。本科目可按委托单位和证券种类进行明细核算，属于资产类科目，期末借方余额反映公司接受委托代理兑付到期的证券实际已兑付的金额。

"代理兑付证券款"科目核算证券公司接受委托代理兑付证券收到的兑付资金。本科目可按委托单位和证券种类进行明细核算，属于负债类科目，期末贷方余额，反映公司已收到但尚未兑付的代兑证券款余额。

（一）代理兑付无记名证券的核算

由于无记名债券（一般为实物券）兑付时，需要持券人将债券交给证券公司，因此有必要设置"代理兑付证券"科目。

（1）收到委托企业拨来的兑付证券款时，其会计分录为：

借：银行存款

　　贷：代理兑付证券款

（2）兑付无记名证券，收到客户交来的实物券时，按兑付金额（证券本息）支付资金，其会计分录为：

借：代理兑付证券（本金与利息）

　　贷：库存现金（或银行存款）

（3）清算款项。兑付期结束，将已兑付的证券集中交给发行单位，按代理兑付的证券本息与委托单位办理结算。其会计分录为：

借：代理兑付证券款

　　贷：代理兑付证券

（二）代理兑付记名证券的核算

（1）收到兑付资金时，其会计分录为：

借：银行存款

　　贷：代理兑付证券款

（2）收到客户交来的证券，兑付证券本息时，按兑付金额编制会计分录为：

借：代理兑付证券款

　　贷：银行存款

证券公司代理兑付证券时，若委托单位尚未拨付兑付资金而由公司垫付的，在收到客户交来的证券时，按兑付金额编制会计分录为：

借：代理兑付证券

　　贷：银行存款（或其他科目）

向委托单位交回已兑付的证券并收回垫付的资金时编制会计分录为：

借：银行存款（或其他科目）

　　贷：代理兑付证券

（三）手续费收入的核算

（1）向委托单位单独收取代理兑付证券手续费的，按应收或已收取的手续费金额编制会计分录为：

借：应收手续费及佣金（或银行存款、结算备付金等科目）

　　贷：手续费及佣金收入

（2）手续费与兑付款一并汇入的，在收到款项时，应按实际收到的金额，借记"银行存款""结算备付金"等科目，按应兑付的金额，贷记"代理兑付证券款"科目，按事先取得的手续费，贷记"其他应付款——预收代理兑付证券手续费"科目；待兑付证券业务完成后，确认手续费收入，借记"其他应付款——预收代兑付证券手续费"科目，贷记"手续费及佣金收入"科目。

收到手续费与兑付款时，其会计分录为：

借：银行存款（或结算备付金等科目）（实际收到的金额）

　　贷：代理兑付证券款（应兑付的金额）

　　　　其他应付款——预收代兑付证券手续费（手续费金额）

兑付证券业务完成后，确认手续费收入时，其会计分录为：

借：其他应付款——预收代兑付证券手续费

　　贷：手续费及佣金收入

【例 8-13】华北证券公司代理大地公司兑付到期的无记名证券（实物券），4 月 1 日收到大地公司的兑付资金 640 万元，其中手续费 1.5 万元，至 4 月底共兑付证券金额 318.5 万元。

（1）收到大地公司兑付资金时，编制会计分录如下：

借：银行存款　　　　　　　　　　　　　　　　　　　　　6 400 000

　　贷：代理兑付证券款——大地公司　　　　　　　　　　　6 370 000

　　　　其他应付款——预收代兑付证券手续费　　　　　　　　　30 000

（2）兑付证券时，编制会计分录如下：

借：代理兑付证券——大地公司　　　　　　　　　　　　　6 370 000

　　贷：银行存款　　　　　　　　　　　　　　　　　　　　6 370 000

（3）兑付期结束，向大地公司交回已兑付证券时，编制会计分录如下：

借：代理兑付证券款——大地公司　　　　　　　　　　　　6 370 000

　　贷：代理兑付证券——大地公司　　　　　　　　　　　　6 370 000

同时，确认手续费收入，编制会计分录如下：

借：其他应付款——预收代兑付手续费　　　　　　　　　　　30 000

　　贷：手续费及佣金收入——代兑付证券手续费　　　　　　　30 000

【例 8-14】华盛证券南方公司代开源公司兑付其到期的无记名债券（实物券），2013 年 1 月 2 日收开源公司的兑付资金 2 005 万元，其中手续费 5 万元。截至 2013 年 1 月底，代理兑付的债券共计 1 996 万元。

（1）收到开源公司的兑付资金时，编制会计分录如下：

借：银行存款　　　　　　　　　　　　　　　　　　　　20 050 000

　　贷：代理兑付证券款——开源公司　　　　　　　　　　20 050 000

（2）兑付期结束，已兑付债券，编制会计分录如下：

借：代理兑付证券——开源公司　　　　　　　　　　　　19 960 000

　　贷：银行存款　　　　　　　　　　　　　　　　　　19 960 000

（3）向开源公司交回已兑付债券以及剩余款项，编制会计分录如下：

借：代理兑付证券款——开源公司 20 000 000

　　贷：代理兑付证券——开源公司 19 960 000

　　　　银行存款 40 000

（4）确认手续费收入时，编制会计分录如下：

借：代理兑付证券款——开源公司 50 000

　　贷：手续费及佣金收入 50 000

【例 8-15】东方证券公司代理兑付南洋公司记名债券（无纸化债券），5 月 7 日收到南洋公司的兑付资金 6 000 万元，截至 5 月底，共兑付客户债券 6 000 万元，由公司另行向南洋公司收取 20 万元手续费。

（1）收到南洋公司兑付资金时，编制会计分录如下：

借：银行存款 60 000 000

　　贷：代理兑付证券款——南洋公司 60 000 000

（2）兑付债券结束，编制会计分录如下：

借：代理兑付证券款——南洋公司 60 000 000

　　贷：银行存款 60 000 000

借：应收账款——代兑付债券手续费 200 000

　　贷：手续费及佣金收入——代兑付债券手续费收入 200 000

借：银行存款 200 000

　　贷：应收账款——代兑付债券手续费 200 000

【例 8-16】东方证券公司代理海鸿公司兑付到期的无记名债券，2014 年 4 月 13 日收到海鸿公司的兑付资金 1004 万元，其中手续费 4 万元，截至 4 月底，代理兑付的债券共计 1 000 万元。

（1）收到海鸿公司的兑付资金时，编制会计分录如下：

借：银行存款 10 040 000

　　贷：代理兑付证券款——海鸿公司 10 040 000

（2）兑付期结束，债券全部兑付，编制会计分录如下：

借：代理兑付证券——海鸿公司 10 000 000

　　贷：银行存款 10 000 000

（3）向海鸿公司交回已兑付债券，编制会计分录如下：

借：代理兑付证券款——海鸿公司 10 000 000

　　贷：代理兑付证券——海鸿公司 10 000 000

（4）确认手续费收入时，编制会计分录如下：

借：代理兑付证券款——海鸿公司 40 000

　　贷：手续费及佣金收入——代兑付债券手续费收入 40 000

三、代保管证券业务的核算

代保管证券业务是证券公司为方便客户开展的一项服务性项目，目前主要是债券。证券公司在收到代保管的证券时，不将其纳入表内核算，而只在专设的备查簿中设置"代保管证券"这一表外科目记录。其中，预先收取的手续费，作为预收账款处理，代管服务完成后再确认为收入；公司代客户保管的证券不收取手续费，则只在备查簿中进行登记。

【例8-17】3月15日，南方证券公司收到甲公司委托其代理保管中华电力债券400张，面值4 000 000元，同时预收保管费1 000元存入银行，同年6月30日债券到期，公司保管服务完成。

（1）3月15日，收到代保管债券时，公司应当在表外账簿中登记如下：

收入：代保管债券——甲公司（长江电力债券，400张，面值4 000 000）

同时，对于预先取得的手续费，编制会计分录如下：

借：银行存款　　　　　　　　　　　　　　　　　　　　　1 000
　　贷：预收账款　　　　　　　　　　　　　　　　　　　　　　1 000

（2）6月30日，到期归还债券时，在表外账簿中登记如下：

付出：代保管证券——某公司（中华电力证券，400张，面值4 000 000元）

（3）业务完成确认手续费收入时，编制会计分录如下：

借：预收账款　　　　　　　　　　　　　　　　　　　　　1 000
　　贷：手续费及佣金收入——代保管证券手续费收入　　　　　　　1 000

第四节

证券承销业务的核算

一、证券承销业务概述

（一）证券承销业务的概念与种类

证券承销业务是指证券公司在一级市场接受发行单位的委托，代其发售各类证券的业务，如代国家发售国库券、国家重点建设债券，代企业发行债券、股票和基金等。

按照《中华人民共和国证券法》规定，证券承销业务采取代销或者包销方式。

1. 代销

证券代销是指证券公司代发行人发售证券，在承销期结束时，将未售出的证券全部退还给发行人的承销方式。证券公司只向委托人收取手续费，不承担任何发行风险。

2. 包销

证券包销是指证券公司将发行人的证券按照协议全部购入或者在承销期结束时将售后剩余证券全部自行购入的承销方式。按照包销方式的不同，又可分为全额包销和余额包销两种方式。

（1）全额包销是证券公司与证券发行单位签订合同或协议，由公司按合同或协议规定的价格将证券全部购入，并向发行单位支付全部款项，然后公司按市场价格将证券转售给投资者。

采用全额包销方式，公司要承担全部发行风险，但可确保发行单位及时获得所需资金。证券发售价格由公司确定，发行单位不得干预。

（2）余额包销是证券公司与证券发行单位签订合同或协议，由公司代理发行其证券，在发行期内如果证券没有全部售出，则剩余部分由公司购入，公司按照约定时间向发行单位支付全部证券款项。

采用余额包销方式，公司要承担部分发行风险，但可保证发行单位筹资计划的顺利实现。

目前，较常用的方式是余额包销和代销，全额包销方式较少使用。

（二）证券承销业务的科目设置

证券公司承销记名证券分为网上发行和柜台发行，网上发行目前较为普遍。本节主要讲述网上发行的会计核算。需要设置的会计科目主要有"代理承销证券款""代理发行证券款"。

"代理承销证券款"科目属于负债类科目，本科目核算公司接受委托采用承购包销方式承销证券所形成的应付证券发行人的承销资金。本科目按委托单位和承销证券的种类设置明细账。期末贷方余额，反映公司承销证券尚未支付给委托单位的款项。

"代理发行证券款"科目核算公司接受委托，采用余额承购包销方式或代销方式代发行证券所形成的应付证券资金。

二、证券承销业务的核算

（一）全额承购包销方式承销证券的核算

全额承购包销是指证券公司与证券发行单位签订合同或协议，由证券公司按合同或协议确定的价格将证券从发行单位购进，并向发行单位支付全部款项，然后按一定价格在证券一级市场发售的一种代理发行方式。证券公司主要是从中赚取证券发售价格与证券承购价格的差价。

证券公司在按承购价格购入待发售的证券时，确认为一项金融资产；将证券转售给投资者时，按发行价格进行价款结算，按已发行证券的承购价格结转代发行证券的成本并确认投资收益。发行期结束后，如有未售出的证券，应按自营证券进行核算与管理。

1. 认购证券

证券公司根据协议认购全部证券，按承购价向委托发行单位支付全部证券款项时，其会计分录为：

借：交易性金融资产（或可供出售金融资产）

　　贷：银行存款

2. 发售证券

证券公司将证券向市场发售或转售给投资者，按发行价办理核算。同时按照承购价结转售出证券的实际成本，差额确认为投资收益。其会计分录为：

借：银行存款

　　贷：交易性金融资产（或可供出售金融资产）

　　　　投资收益

3. 未售证券转自营

发行期结束，未售出的证券按自营证券进行管理，按照自营证券有关规定进行会计核算。

（二）余额承购包销方式承销证券的核算

余额承购包销是指发行人委托承销机构在约定期限内发行证券，到销售截止日期，未售出的余额由承销商按协议价格认购。

证券公司收到代发行单位发售的证券时，在备查簿中进行登记。证券承销期内，按承销价格销售证券。承销期结束后，与发行单位结算承销证券款项和手续费，如果有未发售完的证券，按规定由企业认购。

代发行证券收取的手续费，应于发行期结束后，与发行单位结算发行价款时确认为手续费及佣金收入。

1. 承销无记名证券的核算

（1）收到委托发行的证券。证券公司收到委托单位委托发行的证券时，应作为重要凭证保管，并在备查簿中进行登记。

（2）承销期内发售证券。在约定的期限内售出证券时，按承销价格记账，其会计分录为：

借：银行存款（或库存现金）

贷：代理承销证券款

（3）承销期结束，认购未售证券。承销期结束，对未售出的证券，应按承销价格认购。其会计分录为：

借：交易性金融资产（或可供出售金融资产）

贷：代理承销证券款

（4）承销期结束划转销售款项。承销期结束，将募集资金付给委托单位并收取手续费。

按承销价格，借记"代理承销证券款"科目，按实际支付给委托单位的金额，贷记"银行存款"科目，按应收取的手续费，贷记"手续费及佣金收入"科目；同时，冲销备查簿中登记的承销证券。其会计分录为：

借：代理承销证券款

贷：银行存款

手续费及佣金收入——代承销证券手续费收入

2. 承销记名证券的核算

（1）上网发行证券。证券公司通过证券交易所上网发行的，在证券上网发行日，根据承销合同确认的证券发行总额，按承销价格，在备查簿中记录承销证券的情况。

（2）交割清算。与证券交易所交割清算，按实际收到的金额，借记"结算备付金"等科目，贷记"代理承销证券款"科目。

（3）承销期结束划转销售款项。承销期结束，将承销证券款项交付委托单位并收取承销手续费，按承销价款，借记"代理承销证券款"科目，按应收取的承销手续费，贷记"手续费及佣金收入"科目，按实际支付给委托单位的金额，贷记"银行存款"等科目。

（4）承销期结束，认购未售证券。承销期结束，对未售出的证券由公司认购，按承销价款，借记"交易性金融资产""可供出售金融资产"等科目，贷记"代理承销证券款"科目。

（三）代销方式承销证券的核算

代销方式承销证券是指证券公司接受发行单位委托，按照规定的条件，在约定的期限内，代为向投资者销售证券，发行期结束，证券未按原定发行额售出，未售部分退回发行单位，代销证券的证券公司向委托人收取手续费，不承担任何发行风险。

证券公司收到代发行单位发售的证券时，在备查簿中进行登记。证券承销期内，按承销价格销售证券。承销期结束后，与发行单位结算承销证券款项和手续费，如果有未发售完的证券，应退还给发行单位。

代发行证券收取的手续费，于发行期结束后，与发行单位结算发行价款时确认为手续费及佣金收入。

证券公司收到代销证券、承销期内发售证券、承销期结束划转销售款项及收取手续费的账务处理与采用余额包销方式承销证券相同，只是在承销期结束后，如有未售出的证券，应退还给委托单位，并冲销备查簿中登记的承销证券。

【例 8-17】大华证券公司接受委托，采用余额承购包销方式代理开源公司发行股票 20 000 万股，每股面值 1 元，每股承销价 8.4 元。承销期结束，剩余 1 000 万股，根据协议，以承销价购入作为交易性证券。在与证券交易所进行清算时，大华证券公司代垫上网费用 40 万元。在与开源公司进行清算时，大华证券公司应收按实际承销价计算的 0.5% 的发行手续费和代垫上网费用。

（1）上网发行日在备查账簿中记录承销情况。

（2）网上发行结束后，与证券交易所清算交割，编制会计分录如下：

借：结算备付金　　　　　　　　　　　　　　　　1 595 600 000

　　应收款项——代垫网费　　　　　　　　　　　4 000 000 000

　　贷：代理发行证券款　　　　　　　　　　　　1 596 000 000

（3）承销期结束，未售出股票按承销价认购时，编制会计分录如下：

借：交易性金融资产　　　　　　　　　　　　　　8 400 000

　　贷：代理发行证券款　　　　　　　　　　　　8 400 000

（4）公司与委托单位结算款项，编制会计分录如下：

借：代理发行证券款　　　　　　　　　　　　　　1 680 000 000

　　贷：应收款项——代垫上网费　　　　　　　　　400 000

　　　　手续费及佣金收入　　　　　　　　　　　8 400 000

　　　　银行存款　　　　　　　　　　　　　　　1 671 200 000

第五节

其他证券业务的核算

其他证券业务是指证券公司经批准在国家许可的范围内进行的除经纪、自营和承销业务以外的其他与证券有关的业务，如买入返售证券业务、卖出回购证券业务、受托资产管理业务等。

一、买入返售证券业务的核算

买入返售证券业务是证券公司与客户签订合同或协议，按合同规定的价格买入客户持有的有价证券，在合同规定的到期日再按固定的价格将该批证券返售给客户，以获取买入价与卖出价差价的业务。

公司应于买入某种证券时，按实际支付的价款确认为公司的一项资产；证券到期返售时，按返售价格与买入价格之间的差额，确认为公司的收入。

（一）设置的会计科目

"买入返售金融资产"科目核算金融企业按照返售协议约定先买入再按固定价格返售的票据、证券、贷款等金融资产所融出的资金。本科目可按买入返售金融资产的类别和融资方进行明细核算。

（二）买入返售证券业务的处理

（1）公司根据返售协议买入证券，按实际支付的金额记账。其会计分录为：

借：买入返售金融资产
  贷：结算备付金（或银行存款、存放中央银行款项等）

（2）资产负债表日，按规定计算确定利息收入。其会计分录为：

借：应收利息
  贷：利息收入——买入返售证券差价收入

（3）证券返售日，其会计分录为：

借：结算备付金（或银行存款、存放中央银行款项等）
  贷：买入返售金融资产
    应收利息
    利息收入——买入返售证券差价收入

【例8-18】东方证券公司从上海证券交易所买入返售国债R0001共计1 000 000元，91天期限，年利率8%。

买入返售金融资产时，编制会计分录如下：

借：买入返售金融资产——国债R0001　　　　　　　　　　　1 000 000
  贷：结算备付金——自有　　　　　　　　　　　　　　　　　　　1 000 000

到期返售时，编制会计分录如下：

借：结算备付金——自有　　　　　　　　　　　　　　　　1 020 000
  贷：买入返售金融资产——国债R091　　　　　　　　　　　　　1 000 000
    利息收入　　　　　　　　　　　　　　　　　　　　　　　　　20 000

二、卖出回购证券业务的核算

卖出回购证券业务是证券公司与客户签订合同或协议，按合同规定的价格卖给客户一定数量的证券，在合同规定的到期日再按固定的价格买回该批证券，以获得该时期内资金使用权的业务。

公司应于卖出证券时，按实际收到的款项确认为公司的一项负债；到期回购时，按实际支付的价款与卖出实际收到的款项之间的差额，确认为当期的费用。

（一）设置的会计科目

"卖出回购金融资产款"科目核算金融企业按照回购协议先卖出再按固定价格买入的票据、证券、贷款等金融资产所融入的资金。本科目可按卖出回购金融资产的类别和融券方进行明细核算。

（二）卖出回购证券业务的处理

（1）公司根据回购协议卖出证券，按实际收到的金额记账。其会计分录为：

借：结算备付金（或银行存款、存放中央银行款项等）

　　贷：卖出回购金融资产款

（2）资产负债表日，按规定计算确定利息费用。其会计分录为：

借：利息支出——卖出回购证券差价支出

　　贷：应付利息

（3）证券回购日，其会计分录为：

借：卖出回购金融资产款

　　应付利息

　　利息支出——卖出回购证券差价支出

　　贷：结算备付金（或银行存款、存放中央银行款项等）

【例8-19】南方证券公司通过上海证券交易所卖出回购国债R0001共计800 000元，年利率8%，期限三个月。要求，根据上述资料编制有关会计分录。

卖出回购金融资产时，编制会计分录如下：

借：结算备付金——自有　　　　　　　　　　　　　　800 000

　　贷：卖出回购金融资产款　　　　　　　　　　　　　　800 000

到期购回该批国债时，编制会计分录如下：

借：卖出回购金融资产款　　　　　　　　　　　　　　800 000

　　利息支出　　　　　　　　　　　　　　　　　　　　16 000

　　贷：结算备付金——自有　　　　　　　　　　　　　816 000

三、受托资产管理业务的核算

受托资产管理业务是指证券公司作为代理业务资产管理人，依据有关法律、法规和投资委托人（以下简称"委托人"）的投资意愿，与委托人签订代理业务资产管理合同，把委托人委托的资产在证券市场上从事股票、债券等金融工具的组合投资，以实现委托资产收益最大化的行为。

公司受托经营管理资产时，应按实际受托资产的金额，同时确认为一项资产和一项负债；公司对受托的资产进行证券买卖，按代理买卖证券业务的会计核算进行账务处理；合同到期，与委托单位结算收益或损失时，按合同规定的时间和比例计算应由公司享有的收益或承担的损失，确认为公司的收益或损失。如果合同中规定公司按固定比例收取管理费，公司应当在合同期内分期确认损益。期末，公司应当按照代理业务资产管理合同的规定，合理的确认和计量预计负债。

（一）设置的会计科目

在对受托资产管理业务进行会计处理时，必须设置"代理业务资产""代理业务负债""手续费及佣金收入"科目。"代理业务资产"科目用以核算证券公司不承担风险的代理业务形成的资产，包括受托理财业务进行的证券投资和受托贷款等。它是一个资产类科目，期末一般为借方余额，反映公司受托资产的实际成本和已实现未结算损益。应当在本科目下设置"成本"和"已实现未结算损益"两个明细科目进行核算。

"代理业务负债"是用以核算公司不承担风险的代理业务收到的款项，它是一个负债类科目，期末一般为贷方余额，反映公司接受委托进行资产管理所形成的资金。

（二）受托资产管理业务的处理

（1）证券公司收到委托单位汇入的款项，其会计分录为：

借：银行存款——客户
　　贷：代理业务负债

（2）将款项存入清算代理机构，其会计分录为：

借：结算备付金——客户
　　贷：银行存款——客户

（3）证券公司用其资金购买证券，其会计分录为：

借：代理业务资产（成本）
　　贷：结算备付金——客户

（4）将购买的证券卖出，其会计分录为：

借：结算备付金——客户
借或贷：代理业务资产（已实现未结算损益）
　　贷：代理业务资产（成本）

（5）定期或在委托合同到期与委托人结算时，按合同约定的比例计算代理业务资产收益，并结转已实现未结算收益，其会计分录为：

借：代理业务资产（已实现未结算收益）
　　贷：代理业务负债
　　　　手续费及佣金收入

如果发生损失，按应减少代理业务负债的金额，借记"代理业务负债"科目，按损失的金额，贷记"代理业务资产（已实现未结算收益）"科目。

（6）调整公司自有资金和客户资金余额时，其会计分录为：

借或贷：结算备付金——自有
　　贷或借：结算备付金——客户

（7）从清算代理机构收回资金时，其会计分录为：

借：银行存款——客户

  贷：结算备付金——客户

（8）到期退还委托单位委托管理的资金及损益，其会计分录如下：

借：代理业务负债

  贷：银行存款——客户

【例 8-20】东方证券公司接受开源公司的委托为其进行资产管理。2014 年 3 月 1 日收到开源公司汇入的款项 1 000 000 元。3 月 20 日，公司用委托资金买入股票实际成本共计 600 000 元。4 月 18 日将购入的股票售出，扣除佣金和印花税后实际收入共计 640 000 元。4 月底合同到期与开源公司结算时，公司按受托资产管理合同享受收益的 30%，开源公司享有 70%，公司将委托资金与收益退还开源公司。要求：根据上述资料编制有关会计分录。

（1）收到开源公司汇来的款项时，编制会计分录如下：

借：银行存款——客户   1 000 000

  贷：代理业务负债——开源公司   1 000 000

（2）将款项存入清算机构时，编制会计分录如下：

借：结算备付金——客户（开源公司）   1 000 000

  贷：银行存款——客户   1 000 000

（3）购买股票时，编制会计分录如下：

借：代理业务资产——开源公司（成本）   600 000

  贷：结算备付金——客户（开源公司）   600 000

（4）出售股票时，编制会计分录如下：

借：结算备付金——客户（开源公司）   640 000

  贷：代理业务资产——开源公司（成本）   600 000

    代理业务资产——开源公司（已实现未结算收益）   40 000

（5）与开源公司结算时，编制会计分录如下：

借：代理业务资产——开源公司（已实现未结算收益）   40 000

  贷：手续费及佣金收入   12 000

    代理业务负债——开源公司   28 000

（6）从清算机构收回资金时，编制会计分录如下：

借：银行存款——客户   520 000

  贷：结算备付金——客户（景新公司）   520 000

（7）到期退还景新公司资金及收益时，编制会计分录如下：

借：代理业务负债——景新公司   515 000

  贷：银行存款——客户   515 000

借：银行存款——公司   5 000

  贷：银行存款——客户   5 000

复习思考题

1. 什么是证券？如何对证券进行分类？
2. 什么是证券经纪业务？证券经纪业务有几种？分别如何进行核算？
3. 什么是证券承销业务？证券承销业务有几种？分别如何进行核算？
4. 其他证券业务有哪些？分别如何进行核算？

证券投资基金业务的核算 | 第九章

【教学目标】

通过本章教学可使学生了解证券投资基金的特点和作用，了解证券投资基金与股票、债券的区别和联系；熟悉证券投资基金的分类和当事人，掌握证券投资基金的交易方式和相关费用，以及证券投资基金发行、增减和投资的会计核算。

【引例】

据统计，2013 年年底，世界范围内证券投资基金的总资产是 26.3 万亿美元，美国一个国家的基金总资产是 14.2 万亿美元，在这其中，证券投资基金的总资产为 13.7 万亿美元，占到全球的52%。一共有七百多家金融机构在美国基金市场上博弈。它们是基金市场的主力和主要玩家，是整个证券基金市场的完整生态链的重要组成部分。我国的证券投资基金业还处于初期发展阶段。从我国证券投资基金发展历程来看，1998 年成立第一只封闭式基金，从那时开始，我国的证券投资基金就开始了稳步向前发展的阶段。从 2001 年到 2013 年，证券投资基金的资产从 80.9 亿元增加到2.1 万亿元，基金公司的数量从 16 家扩大到 59 家，基金总数量从 56 只增加到 710 只。从我国证券投资基金业的整体发展路径来讲，整个行业都发生了翻天覆地的变化。

第一节 | 证券投资基金概述

证券投资基金起源于 1868 年的英国，是 18 世纪末 19 世纪初产业革命的推动后产生的，而后兴盛于美国，现在已风靡于全世界。在不同的国家，投资基金的称谓有所区别，但其内涵和运作上无太大区别。在西方国家投资基金早已成为一种重要的融资、投资手段，并得到了长足的发展。20 世纪 60 年代以来，一些发展中国家积极仿效，更多地运用投资基金这一形式吸收国内外资金，促进本国经济的发展。在我国，随着金融市场的发展，20 世纪 80 年代末期出现了投资基金形式，并从 20世纪 90 年代以后得到了较快的发展，这不仅支持了我国经济建设和改革开放事业，还为广大投资者提供了一种新型的金融投资选择，活跃了金融市场促进了金融市场的发展和完善。

简单地讲，证券投资基金是集中众多投资者的资金，交由专业的基金管理公司对股票、债券等进行分散投资，以谋求投资风险最小化和投资收益最大化的一种金融工具。

一、证券投资基金的特点和作用

（一）证券投资基金的特点

1. 从产品属性角度看

从产品属性角度看，证券投资基金特点如下。

（1）证券投资基金是一种集合投资制度。证券投资基金是一种积少成多的整体组合投资方式，它从广大的投资者那里聚集巨额资金，组建投资管理公司进行专业化管理和经营。在这种制度下，资金的运作受到多重监督。

（2）证券投资基金是一种信托投资方式。它与一般金融信托关系一样，主要有委托人、受托人、受益人3个关系人，其中受托人与委托人之间订有信托契约。但证券基金作为金融信托业务的一种形式，又有自己的特点。如从事有价证券投资主要当事人中还有一个不可缺少的托管机构，不能由同一机构担任受托人（基金管理公司），而且基金托管人一般是法人；基金管理人并不单独运作每笔资金，而是将其集合起来，形成一笔巨额资金再加以运作。

（3）证券投资基金是一种金融中介机构。它存在于投资者与投资对象之间，能够把投资者的资金转换成金融资产，通过专门机构在金融市场上再投资，从而使货币资产得到增值的作用。证券投资基金的管理者对投资者所投入的资金负有经营、管理的职责，而且必须按照合同（或契约）的要求确定资金投向，保证投资者的资金安全和收益最大化。

（4）证券投资基金是一种证券投资工具。它发行的凭证即基金券（或受益凭证、基金单位、基金股份）与股票、债券一起构成有价证券的三大品种。投资者通过购买基金券完成投资行为，并凭之分享证券投资基金的投资收益，承担证券投资基金的投资风险。

2. 从投资理财角度看

从投资理财角度看，证券投资基金主要具有以下3个特征。

（1）集合投资。基金是这样一种投资方式：它将零散的资金巧妙地汇集起来，交给专业机构投资于各种金融工具，以赚取资产的增值。基金对投资的最低限额要求不高，投资者可以根据自己的经济能力决定购买数量，有些基金甚至不限制投资额，完全按份额计算收益的分配，因此，基金可以最广泛地吸收社会闲散资金，汇成规模巨大的投资资金。在参与证券投资时，资本越雄厚，优势越明显，而且可能享有大额投资在降低成本上的相对优势，从而获得规模效益的好处。

（2）分散风险。以科学的投资组合降低风险，提高收益是基金的另一大特点。在投资活动中，风险和收益总是并存的，因此，"不能将所有的鸡蛋都放在一个篮子里"是证券投资的箴言。但是，要实现投资资产的多样化，需要一定的资金实力，对小额投资者而言，由于资金有限，很难做到这一点，而基金则可以帮助中小投资者解决这个困难。基金可以凭借其雄厚的资金，在法律规定的投资范围内科学组合，分散投资于多种证券，借助于资金庞大和投资者众多的公有制使每个投资者面临的投资风险变小，另一方面又利用不同的投资对象之间的互补性，达到分散投资风险的目的。

（3）专业理财。基金实行专家管理制度，这些专业管理人员都经过专门训练，具有丰富的证券投资和其他项目投资经验。他们善于利用基金与金融市场的密切联系，运用先进的技术手段分析各种信息资料，能对金融市场上各种品种的价格变动趋势做出比较正确的预测，最大限度地避免投资决策的失误，提高投资成功率。对于那些没有时间，或者对市场不太熟悉，没有能力专门研究投资决策的中小投资者来说，投资于基金，实际上就可以获得专家们在市场信息、投资经验、金融知识和操作技术等方面所拥有的优势，从而尽可能地避免盲目投资带来的失败。

（二）证券投资基金的作用

1. 基金为中小投资者拓宽了投资渠道

对中小投资者来说，存款或购买债券较为稳妥，但收益率较低；投资于股票可能获得较高收益，但风险较大。证券投资基金作为一种新型的投资工具，将众多投资者的小额资金汇集起来进行组合投资，由专家来管理和运作，经营稳定，收益可观，为中小投资者提供了较为理想的间接投资工具，大大拓宽了中小投资者的投资渠道。在美国，有50%左右的家庭投资于基金，基金占所有家庭资产的40%左右。因此可以说，基金已进入寻常百姓家，成为大众化的投资工具。

2. 有利于证券市场的稳定与发展

基金的发展有利于证券市场的稳定，证券市场的稳定与否同市场的投资者结构密切相关。基金的出现和发展，能有效地改善证券市场的投资者结构。基金由专业投资者经营管理，其投资经验比较丰富，收集和分析信息的能力较强，投资行为相对理性，客观上能起到稳定市场的作用。同时，基金一般注重资本的长期增长，多采取长期的投资行为，较少在证券市场频繁进出，能减少证券市场的波动。另外，基金作为一种主要投资于证券市场的金融工具，它的出现和发展增加了证券市场的投资品种，扩大了证券市场的交易规模，起到了丰富和活跃证券市场的作用。随着基金的发展壮大，它已成为推动证券市场发展的重要动力。

（三）证券投资基金与股票、债券的区别和联系

证券投资基金与常见的投资工具股票、债券相比，存在以下区别。

1. 投资者地位不同

股票持有人是公司的股东，有权参与公司的重大决策；债券的持有人是债券发行人的债权人，享有到期收回本息的权利；基金份额的持有人是基金的受益人，与基金管理人和托管人之间体现的是信托关系。

2. 风险程度不同

一般情况下，股票的风险大于基金。对中小投资者而言，由于受可支配资产总量的限制，只能直接投资于少数几只股票，当其所投资的股票因股市下跌或企业财务状况恶化时，资本金有可能化为乌有；而基金的基本原则是组合投资，分散风险，把资金按不同的比例分别投于不同期限、不同种类的有价证券，把风险降至最低程度；债券在一般情况下，本金得到保证，收益相对固定，风险比基金要小。

3. 收益情况不同

基金和股票的收益是不确定的，而债券的收益通常是确定的。

4. 投资方式不同

与股票、债券的投资者不同，证券投资基金是一种间接的证券投资方式，基金的投资者不再直接参与有价证券的买卖活动，而是由基金管理人具体负责投资方向的确定、投资对象的选择。

5. 价格取向不同

在宏观政治、经济环境一致的情况下，基金的价格主要决定于资产净值，而影响债券价格的主要因素是利率，股票的价格则受供求关系和公司基本面（经营、财务状况等）的影响巨大。

6. 投资回收方式不同

债券有一定的存续期限，期满后收回本金。股票一般无存续期限，除公司破产、清算等法定情形外，投资者不得从公司收回投资，如要收回，只能在证券交易市场上按市场价格变现。投资者投资基金则要视所持有的基金形态不同而有区别；封闭式基金有一定的期限，期满后，投资者可按持有的份额分得相应的剩余资产，在封闭期内还可以在交易市场上变现；开放式基金一般没有期限，但投资者可随时向基金管理人要求赎回。

虽然几种投资工具有以上的不同，但是彼此间也存在着联系：

基金、股票、债券都是有价证券，对它们的投资均为证券投资。基金份额的划分类似于股票：股票是按"股"划分，计算其总资产；基金资产则划分为若干个"基金份额"或"单位"，投资者按持有基金份额或单位分享基金的增值收益。另外，股票、债券是证券投资基金的主要投资对象。

二、证券投资基金的分类和当事人

（一）证券投资基金的分类

1. 按组织形式的不同，分为契约型基金和公司型基金

（1）契约型基金又称为单位信托基金，是指把投资者、管理人、托管人三者作为基金的当事人，通过签订基金契约的形式，发行受益凭证而设立的一种基金。契约型基金起源于英国，后在新加坡、印度尼西亚等国家以及中国香港等地区十分流行。

契约型基金是基于契约原理而组织起来的代理投资行为，没有基金章程，也没有董事会，而是通过基金契约来规范三方当事人的行为。基金管理人负责基金的管理操作。基金托管人作为基金资产的名义持有人，负责基金资产的保管和处置，对基金管理人的运作实行监督。

（2）公司型基金是按照公司法以公司形态组成的，该基金公司以发行股份的方式募集资金，一般投资者则为认购基金而购买该公司的股份，也就成为该公司的股东，凭其持有的股份依法享有投资收益。这种基金要设立董事会，重大事项由董事会讨论决定。

公司型基金的特点是：基金公司的设立程序类似于一般股份公司，基金公司本身依法注册为法人，但不同于一般股份公司的是，它是委托专业的财务顾问或管理公司来经营与管理；基金公司的组织结构也与一般股份公司类似，设有董事会和持有人大会，基金资产由公司所有，投资者则是这家公司的股东，承担风险并通过股东大会行使权利。

2. 按基金单位是否可以增加或赎回，分为封闭式基金和开放式基金

（1）封闭式基金是指基金的发起人在设立基金时，限定了基金单位的发行总额，筹足总额（我国规定最低募集数额不少于 2 亿元）后，基金即宣告成立，并进行封闭（我国规定不少于 5 年），在一定时期内不再接受新的投资。基金单位的流通采取在证交所上市的办法，投资者买卖基金单位，都必须通过证券经纪商在二级市场上进行竞价交易。

（2）开放式基金。在国外又称共同基金，指基金发起人在设立基金时，基金份额总规模不固定，可视投资者的需求，随时向投资者出售或赎回基金份额。因此，开放式基金必须有足够的现金或国家债券，以备支付赎金。显然，开放式基金在长期投资方面会受到一定的限制。目前，开放式基金

已成为国际基金市场的主流品种。

3. 按基金经营目标的不同，分为成长型基金、收入型基金和平衡型基金

（1）成长型基金是基金中最常见的一种，它追求的是基金资产的长期增值。为了达到这一目标，基金管理人通常将基金资产投资于信誉度较高、有长期成长前景或长期盈余的所谓成长公司的股票。成长型基金又可分为稳健成长型基金和积极成长型基金。

（2）收入型基金主要投资于可带来现金收入的有价证券，以获取当期的最大收入为目的。收入型基金资产成长的潜力较小，损失本金的风险相对也较低，一般可分为固定收入型基金和股票收入型基金。固定收入型基金的主要投资对象是债券和优先股，因而尽管收益率较高，但长期成长的潜力很小，而且当市场利率波动时，基金净值容易受到影响。股票收入型基金的成长潜力比较大，但易受股市波动的影响。

（3）平衡型基金。平衡型基金将资产分别投资于两种不同特性的证券上，并在以取得收入为目的的债券及优先股和以资本增值为目的的普通股之间进行平衡。这种基金一般将 25%~50%的资产投资于债券及优先股，其余的投资于普通股。平衡型基金的主要目的是从其投资组合的债券中得到适当的利息收益，与此同时又可以获得普通股的升值收益。投资者既可获得当期收入，又可得到资金的长期增值，通常是把资金分散投资于股票和债券。平衡型基金的特点是风险比较低，缺点是成长的潜力不大。

4. 按投资对象的不同，分为债券基金、股票基金、货币市场基金、指数基金、黄金基金、对冲基金

（1）债券基金是一种以债券为主要投资对象的证券投资基金。由于债券的年利率固定，因而这类基金的风险较低，适合于稳健型投资者。

通常债券基金收益会受货币市场利率的影响，当市场利率下调时，其收益就会上升；反之，若市场利率上调，则基金收益率下降。除此以外，汇率也会影响基金的收益，管理人在购买非本国货币的债券时，往往还在外汇市场上做套期保值。

（2）股票基金是指以股票为主要投资对象的证券投资基金。股票基金的投资目标侧重于追求资本利得和长期资本增值。基金管理人拟定投资组合，将资金投放到一个或几个国家，甚至是全球的股票市场，以达到分散投资、降低风险的目的。

投资者之所以钟爱股票基金，原因在于可以有不同的风险类型供选择，而且可以克服股票市场普遍存在的区域性投资限制的弱点。此外，还具有变现性强、流动性强等优点。由于聚集了巨额资金，几只甚至一只基金就可以引发股市动荡，所以各国政府对股票基金的监管都十分严格，不同程度地规定了基金购买某一家上市公司的股票总额不得超过基金资产净值的一定比例，防止基金过度投机和操纵股市。

（3）货币市场基金是以货币市场为投资对象的一种基金，其投资工具期限在一年内，包括银行短期存款、国库券、公司债券、银行承兑票据及商业票据等。通常，货币基金的收益会随着市场利率的下跌而降低，与债券基金正好相反。货币市场基金通常被认为是无风险或低风险的投资。

（4）指数基金是 20 世纪 70 年代以来出现的新的基金品种。为了使投资者能获取与市场平均

收益相接近的投资回报，产生了一种功能上近似或等于所编制的某种证券市场价格指数的基金。其特点是：它的投资组合等同于市场价格指数的权数比例，收益随着当期的价格指数上下波动。当价格指数上升时基金收益增加，反之收益减少。基金因始终保持当期的市场平均收益水平，因而收益不会太高，也不会太低。指数基金的优势是：第一，费用低廉，指数基金的管理费较低，尤其交易费用较低。第二，风险较小。由于指数基金的投资非常分散，可以完全消除投资组合的非系统风险，而且可以避免由于基金持股集中带来的流动性风险。第三，以机构投资者为主的市场中，指数基金可获得市场平均收益率，可以为股票投资者提供更好的投资回报。第四，指数基金可以作为避险套利的工具。对于投资者尤其是机构投资者来说，指数基金是他们避险套利的重要工具。指数基金由于其收益率的稳定性和投资的分散性，特别适用于社保基金等数额较大，风险承受能力较低的资金投资。

（5）黄金基金是指以黄金或者其他贵金属及其相关产业的证券为主要投资对象的基金。其收益率一般随贵金属的价格波动而变化。

（6）对冲基金。又称为衍生证券基金，是指以衍生证券为投资对象的证券投资基金，主要包括：期货基金、期权基金和认购权证基金。由于衍生证券一般是高风险的投资品种，因此，投资这种基金的风险较大，但预期的收益水平比较高。

5. **按基金资本来源和运用地域的不同，分为国内基金、国际基金、离岸基金、海外基金**

（1）国内基金是基金资本来源于国内并投资于国内金融市场的投资基金。一般而言，国内基金在一国基金市场上应占主导地位。

（2）国际基金是基金资本来源于国内但投资于境外金融市场的投资基金。由于各国经济和金融市场发展的不平衡性，因而在不同国家会有不同的投资回报，通过国际基金的跨国投资，可以为本国资本带来更多的投资机会以及在更大范围内分散投资风险，但国际基金的投资成本和费用一般也较高。国际基金有国际股票基金、国际债券基金和全球商品基金等种类。

（3）离岸基金是基金资本从国外筹集并投资于国外金融市场的基金。离岸基金的特点是两头在外。离岸基金的资产注册登记不在母国，为了吸引全球投资者的资金，离岸基金一般都在素有"避税天堂"之称的地方注册，如卢森堡、开曼群岛、百慕大等，因为这些国家和地区对个人投资的资本利得、利息和股息收入都不收税。

（4）海外基金是基金资本从国外筹集并投资于国内金融市场的基金。利用海外基金通过发行受益凭证，把筹集到的资金交由指定的投资机构集中投资于特定国家的股票和债券，把所得收益作为再投资或作为红利分配给投资者，它所发行的受益凭证则在国际著名的证券市场挂牌上市。海外基金已成为发展中国家利用外资的一种较为理想的形式，一些资本市场没有对外开放或实行严格外汇管制的国家可以利用海外基金。

除了上述几种类型的基金，证券投资基金还可以按募集对象不同分为公募基金和私募基金；按投资货币种类不同分为美元基金、英镑基金、日元基金等；按收费与否分为收费基金和不收费基金；按投资计划可变更性分为固定型基金、半固定型基金、融通型基金；还有专门支持高科技企业、中小企业的风险基金；因交易技巧而著称的对冲基金、套利基金以及投资于其他基金的基金中基金等。

（二）证券投资基金的当事人

1. 发起人

指发起设立基金的机构。在我国，基金的主要发起人为按照国家有关规定设立的证券公司、信托投资公司及基金管理公司，基金发起人的数目为两个以上。

2. 持有人

指持有基金单位或基金股份的自然人或法人，也就是基金的投资者，是基金受益凭证的持有者。作为基金的受益人，基金持有人享有基金资产的一切权益。

3. 管理人

即基金管理公司，是指凭借专门的知识与经验，运用所管理基金的资产，根据法律、法规及基金章程或基金契约的规定，按照科学的投资组合原理进行投资决策，谋求所管理的基金资产不断增值，并使基金持有人获取尽可能多的收益的机构。

4. 托管人

托管人是投资人权益的代表，是基金资产的名义持有人或管理机构。为了保证基金资产的安全，基金应按照资产管理和保管分开的原则进行运作，并由专门的基金托管人保管基金资产。在我国，目前只有工商银行、农业银行、中国银行、建设银行、交通银行五家商业银行符合托管人的资格条件。

三、证券投资基金的设立、销售与申购

（一）证券投资基金的设立

我国基金事业的发展尚属初级阶段，而基金的设立又是基金运作的第一步，因此，为了保证基金成立后能够规范正常地管理、运作，需要严把基金设立关，实行严格的"核准制"。

设立程序

1. 基金设立的程序

证券投资基金的设立包括 4 个主要步骤。

（1）确定基金性质。按组织形态不同，基金有公司型和契约型之分；按基金券可否赎回，又可分为开放型和封闭型两种，基金发起人首先应对此进行选择。

（2）选择共同发起人、基金管理人与托管人，制定各项申报文件。根据有关对基金发起人资格的规定慎重选择共同发起人，签订"合作发起设立证券投资基金协议书"，选择基金保管人，制定各种文件，规定基金管理人、托管人和投资人的责、权、利关系。

（3）向主管机关提交规定的报批文件。同时，积极进行人员培训工作，为基金成立做好各种准备。

（4）发表基金招募说明书，发售基金券。一旦招募的资金达到有关法规规定的数额或百分比，基金即告成立，否则，基金发起便告失败。

2. 申请设立基金应提交的文件和内容

根据《证券投资基金管理暂行办法》及其实施细则，基金发起人在申请设立基金时应当向证监会提供的文件有如下几种。

（1）申请报告主要内容包括：基金名称、拟申请设立基金的必要性和可行性、基金类型、基金规模、存续时间、发行价格、发行对象、基金的交易或申购和赎回安排、拟委托的托管人和管理人以及重要发起人签字、盖章。

（2）发起人情况包括发起人的基本情况、法人资格与业务资格证明文件。

（3）发起人协议主要内容包括：拟设立基金名称、类型、规模、募集方式和存续时间；基金发起人的权利和义务，并具体说明基金未成立时各发起人的责任、义务；发起人认购基金单位的出资方式、期限以及首次认购和在存续期间持有的基金单位份额；拟聘任的基金托管人和基金管理人；发起人对主要发起人的授权等。

（4）基金契约与托管协议。

（5）招募说明书。

（6）发起人财务报告包括主要发起人经具有从事证券相关业务资格的会计师事务所及其注册会计师审计的最近 3 年的财务报表和审计报告，以及其他发起人实收资本的验资证明。

（7）法律意见书。具有从事证券法律业务资格的律师事务所及其律师对发起人资格、发起人协议、基金契约、托管协议、招募说明书、基金管理公司章程、拟委任的基金托管人和管理人的资格、本次发行的实质条件、发起人的重要财务状况等问题出具法律意见。

（8）募集方案包括基金发行基本情况及发行公告。

申请设立开放式基金时，除应报送上述材料外，基金管理人还应向中国证监会报送开放式基金实施方案及相关文件。

（二）销售和申购

1. 基金份额的销售

我国封闭式基金都是采用自办发行方式通过证券交易所交易系统进行基金券发行的，但开放式基金由于其交易（认购、申购、赎回）是在投资者与基金管理人或其代理人之间进行的，故开放式基金券除了由基金管理人自办发行外，一般还选择一些机构（如银行、证券公司等）代理销售。

按照规定，证券投资基金的发行只有在符合以下条件时才能成立。

（1）封闭式基金的募集期限为自该基金批准之日起计算的 3 个月，只有在募集期限内募集的资金超过该基金批准规模的 80%时，该基金方可成立。

（2）开放式基金的募集期限也是 3 个月，在募集期限内净销售额超过 2 亿元时，基金方可成立。

如果基金的募集未达到上述要求，基金的发行即告失败，基金发起人应承担募集费用，并将已募集资金加计银行活期存款利息于 30 日内退还给基金认购人。

2. 申购程序

投资者在认购封闭式基金的基金份额时，须开设证券交易账户或基金账户，在指定的发行时间内通过证券交易所的各个交易网点以公布的价格和符合规定的申购数量进行申购。如果有效申购总量超过封闭式基金发行总量，则以抽签配号方式决定投资者实际认购量。改制基金的扩募由原基金持有人按照规定比例和价格在规定时间内配售。投资者投资开放式基金时，应先到基金管理公司或其指定的代销机构开设专用基金账户及相应的资金账户；一名投资者只能在一个销售网点开户，且只能开设一个基金账户；投资由不同基金管理公司管理的不同的开放式基金时，应该到不同的基金管理公司或其代理机构分别办理手续。

四、证券投资基金的变更与终止

（一）基金存续期

我国《证券投资基金管理暂行办法》规定，封闭式基金的存续期不得少于 5 年，在具备下列条件时，经中国证监会审查批准可以扩募或者续期。

（1）年收益率高于全国基金平均收益率。

（2）基金托管人、基金管理人最近 3 年内无重大违法、违规行为。

（3）基金持有人大会或基金托管人同意扩募或者续期。

（4）中国证监会规定的其他条件。

申请基金扩募或续期时，应当按照中国证监会的要求提交有关文件。对开放式基金而言，除非出现导致基金终止的情况，否则基金将长期存续。

（二）基金的变更

以下情况属于基金的变更，但事前必须报经主管机关核准。

（1）改变基金券的认购办法、交易方式及净资产值的计算方法。

（2）基金扩募或续期。

（3）更换基金管理人或基金托管人等。

（三）基金的终止

在下列情况下，经主管机关批准，基金应该终止，结束营业。

（1）基金封闭期满，未获批准续期的。

（2）因原基金管理人或原基金托管人退任而无新的基金管理人或基金托管人承接的，或在基金存续期内有超过基金招募说明书规定的连续数量工作日以上，基金持有人数量不足 100 人或基金资产净额低于 5 000 万元的。

（3）经基金持有人大会表决终止的。

（4）因重大违法违规行为，被中国证监会责令终止的。

（5）由于投资方向变更而引起基金合并、撤销的。

（6）法律、法规或中国证监会允许的其他情况。

（四）基金的清算

基金终止时，必须组成清算小组对基金资产进行清算，清算结果应当报中国证监会批准并予以公告。

五、证券投资基金的交易方式和相关费用

（一）证券投资基金的交易方式

基金交易方式因基金性质不同而不同。封闭式基金因有封闭期规定，在封闭期内基金规模稳定

不变，既不接受投资者的申购也不接受投资者的赎回，因此，为满足投资者的变现需要，封闭式基金成立后通常申请在证券交易所挂牌，交易方式类似股票，即是在投资者之间转手交易。而开放式基金因其规模是"开放"的，在基金存续期内其规模是变动的，除了法规允许自基金成立日始基金成立满 3 个月期间，依基金契约和招募说明书规定，可只接受申购不办理赎回外，其余时间如无特别原因，应在每个交易日接受投资者的申购与赎回。因此，开放式基金的交易方式为场外交易，在投资者与基金管理人或其代理人之间进行交易，投资者可至基金管理公司或其代理机构的营业网点进行基金券的买卖，办理基金单位的随时申购与赎回。

1. 封闭式基金的交易及交易价格

（1）封闭式基金的上市申请及审批。如前所述，封闭式基金的交易方式为在证券交易所挂牌上市，因此，封闭式基金在募集成立后，应及时向证券交易所申请上市。上市申请及主管机关审批的主要内容包括：基金的管理和投资情况；基金管理人提交的上市可行性报告；信息披露的充分性；内部机制是否健全，能否确保基金章程及信托契约的贯彻实施等。上述材料必须真实可靠，无重大遗漏。

（2）封闭式基金的交易规则。

① 基金单位的买卖遵循"公开、公平、公正"的"三公"原则和"价格优先、时间优先"的原则。

② 以标准手数为单位进行集中无纸化交易，电脑自动撮合，跟踪过户。

③ 基金单位的价格以基金单位资产净值为基础，受市场供求关系的影响而波动，行情即时揭示。

④ 基金单位的交易成本相对低廉。

（3）影响封闭式基金价格变动的因素。基金单位净资产和市场供求关系是影响封闭式基金市场价格的主要因素，但其他因素也会导致其价格波动。

① 基金单位净资产值。基金单位净资产值是指某一时点上某一基金每份基金单位实际代表的价值，是基金单位的内在价值。由于基金单位净资产值直接反映一个基金的经营业绩和相对于其他证券品种的成长性，同时，也由于基金单位净资产值是基金清盘时，投资者实际可得到的价值补偿，因此，基金单位净资产值构成影响封闭式基金市场价格的最主要因素。在一般情况下，基金单位的市场价格应围绕基金单位净资产值而上下波动。

② 市场供求关系。由于封闭式基金成立后，在存续期内其基金规模是稳定不变的，因此，市场供求状况存在对基金交易价格产生重要影响。一般而言，当市场需求增加时，基金单位的交易价格就上升；反之，就下跌，从而使基金价格相对其单位净值而言经常出现溢价或折价交易的现象。

③ 市场预期。市场预期通过影响供求关系而影响基金价格。当投资者预期证券市场行情看涨，或基金利好政策将出台，或基金管理人经营水平提高基金净资产值将增加，或基金市场将"缩容"等时，将增加基金需求从而导致基金价格上涨；反之，将减少基金需求从而导致基金价格下跌。

④ 操纵。如同股票市场一样，基金市场也存在着"坐庄"操纵现象。由于封闭式基金的"盘子"是既定的，因此资金实力大户往往通过人为放大交易量或长期单向操作来达到影响市场供求关系及交易价格，从中获利的目的。

⑤ 开放式基金的出现及基金清算。由于开放式基金的交易价格是完全由基金单位净资产值决定的，因此，当同为证券投资基金的开放式基金出现时，封闭式基金的投资将逐渐趋向理性，基金交易价格将逐渐与基金净资产值趋于一致。同样，随着封闭式基金存续期逐渐走向完结，基金终止清算期的来临，基金交易价格也将逐渐回复到其净资产值的水平上。开放式基金的交易及交易价格。

2. 开放式基金的认购、申购和赎回

投资者在开放式基金募集期间，基金尚未成立时购买基金单位的过程称为认购。通常认购价为基金单位面值（1元）加上一定的销售费用。基金初次发行时一般会对投资者有费率上的优惠。投资者在认购基金时，应在基金销售点填写认购申请书，交付认购款项，注册登记机构办现有关手续并确认认购。只有当开放式基金宣布成立后，经过规定的日期，基金才能进入日常的申购和赎回。

在基金成立后，投资者通过基金管理公司或其销售代理机构申请购买基金单位的过程称为申购。投资者办理申购时，应填写申购申请书并交付申购款项。申购基金单位的金额是以申购日的基金单位资产净值为基础计算的。

投资者为变现其基金资产，将手持基金单位按一定价格卖给基金管理人，并收回现金的过程称为赎回。赎回金额是以当日的单位基金资产净值为基础计算的。

（1）开放式基金申购、赎回的限制。根据有关法规及基金契约的规定，开放式基金的申购与赎回主要有如下限制。

① 基金申购限制。基金在刊登招募说明书等法律文件后，开始向法定的投资者进行招募。依据国内基金管理公司已披露的开放式基金方案来看，首期募集规模一般都有一个上限。在首次募集期内，若最后一天的认购份额加上在此之前的认购份额超过规定的上限时，则投资者只能按比例进行公平分摊，无法足额认购。开放式基金除规定有认购价格外，通常还规定有最低认购额。另外，根据有关法律和基金契约的规定，对单一投资者持有基金的总份额还有一定的限制，如不得超过本基金总份额的10%等。

② 基金赎回限制。开放式基金赎回方面的限制，主要是对巨额赎回的限制。根据《开放式证券投资基金试点办法》的规定，开放式基金单个开放日中，基金净赎回申请超过基金总份额的10%时，将被视为巨额赎回。巨额赎回申请发生时，基金管理人在当日接受赎回比例不低于基金总份额的10%的前提下，可以对其余赎回申请延期办理。也就是说，基金管理人根据情况可以给予赎回，也可以拒绝这部分的赎回，被拒绝赎回的部分可延迟至下一个开放日办理，并以该开放日当日的基金资产净值为依据计算赎回金额。当然，发生巨额赎回并延期支付时，基金管理人应当通过邮寄、传真或者招募说明书规定的其他方式，在招募说明书规定的时间内通知基金投资人，说明有关处理方法，同时在指定媒体及其他相关媒体上公告。通知和公告的时间，最长不得超过3个证券交易日。

（2）开放式基金的申购、赎回价格。开放式基金的交易价格即为申购、赎回价格。开放式基金申购和赎回的价格是建立在每份基金净值基础上的，以基金净值再加上或减去必要的费用，就构成了开放式基金的申购和赎回价格。

基金的申购价格，是指基金申购申请日当天每份基金单位净资产值再加上一定比例的申购费所形成的价格，它是投资者申购每份基金时所要付出的实际金额。基金的赎回价格，是指基金赎回申请日当天每份基金单位净资产值再减去一定比例的赎回费所形成的价格，它是投资者赎回每份基金时可实际得到的金额。

【名词辨析】

认购：是指投资者在基金发行募集期内申请购买基金单位的行为。

申购：是指投资者在基金存续期间向基金管理人提出申请购买基金单位的行为。

赎回：是指在开放式基金的存续期间，已持有基金单位的投资者向基金管理人提出卖出基金单位的行为。

（二）证券投资基金的相关费用

基金收取的费用大致为以下几项，费率和费用项目各基金不同。

1. 基金管理费

这是支付给基金管理人（基金公司）的报酬，是基金管理人主要的利润来源。一般公募基金是按照其所管理基金资产净值的一定比例从基金资产中提取，也就是说管理资产的规模越大，管理费收取的越多，和基金的盈利情况无直接关联。私募基金管理费的计算方法灵活多样，很多是通过收取利润提成的方式来实现的。

2. 基金托管费

这是因保管基金资产，基金托管人（如相关的银行）收取的费用。

3. 认购费用

它是在基金发行期内认购基金时收取的费用。

4. 申购费用

在开放式基金续存期内申购基金份额时收取的费用。

5. 赎回费用

在开放式基金续存期内赎回基金份额时收取的费用。

6. 转换费用

在开放式基金续存期内由一个基金转换至另一基金时收取的费用。

第二节 证券投资基金发行和增减的核算

一、会计科目设置

（一）"实收基金"

本科目为持有人权益类科目，核算对外发行基金份额所募集的总金额在扣除平准金分摊部分后的余额。对分级/类基金等特定基金品种，本科目可按不同级/类基金等设置明细账，进行明细核算。实收基金的主要账务处理如下。

（1）基金募集结束，在基金合同生效日，按投资者投入的金额，借记"银行存款"等科目，贷记本科目。对封闭式基金，实际收到的金额中包括了额定募集费用与实际发生募集费用的差额。

如本基金为ETF，在基金合同生效日，按投资者缴纳的现金认购款，借记"银行存款"科目，按与投资者协议的认购股票的价款，借记"股票投资（成本）"科目，按投资者缴纳的认购款和认购股票价款合计，贷记本科目。

（2）基金申购或转换转入确认日，按基金申购款和转换转入款，借记"应收申购款"等科目，按实收基金的余额占基金净值的比例，对基金申购款或转换转入款中含有的实收基金，贷记本科目，按基金申购款或转换转入款与实收基金的差额，贷记"损益平准金"科目。

如本基金为ETF，在投资者申购本基金时，在申购确认日按股票的公允价值，借记"股票投资（成本）"科目，按投资者应缴纳的现金替代及现金差额款，借记或贷记"证券清算款"，按实收基金的余额占基金净值的比例，对确认有效的申购款中含有的实收基金，贷记本科目，按基金申购款与实收基金的差额，贷记"损益平准金"科目。

（3）基金赎回或转换转出确认日，按实收基金的余额占基金净值的比例，对基金赎回款或转换转出款中含有的实收基金，借记本科目，按基金赎回款或转换转出款与实收基金的差额，借记"损益平准金"科目，按应付基金份额持有人赎回款或转换转出款，贷记"应付赎回款"等科目，按赎回费或转换转出费中基本手续费部分，贷记"应付赎回费"科目，按赎回费或转换转出费扣除基本手续费后的余额部分，贷记"其他收入"科目。

如本基金为ETF，在投资者赎回本基金时，按实收基金的余额占基金净值的比例，对确认有效的赎回款中含有的实收基金，借记本科目，按基金赎回款或转换转出款与实收基金的差额，借记"损益平准金"科目，按结转的股票投资成本、估值增值或减值，贷记"股票投资（成本）"，贷记或借记"股票投资（估值增值）"，按应支付给投资者的现金替代或现金差额款，贷记或借记"证券清算款"，按其差额，贷记或借记"投资收益（股票投资收益）"科目。同时，将原计入相关股票的公允价值变动损益转出，借记或贷记"公允价值变动损益"科目，贷记或借记"投资收益（股票投资收益）"科目。

（4）基金红利再投资，按基金红利再投资金额，借记"应付利润"科目，按实收基金的余额占基金净值的比例，对基金红利再投资金额中含有的实收基金，贷记本科目，按基金红利再投资金额与实收基金的差额，贷记"损益平准金"科目。

（5）基金份额拆分业务，应于份额拆分日，按拆分前的基金份额数及确定的拆分比例，计算增加的基金份额数，在本账户"数量"栏进行记录。

本科目期末贷方余额，反映对外发行基金份额所对应的金额。

（二）"应收申购款"

本科目为资产类科目，核算应向办理申购业务的机构收取的申购款项和转换转入款项（不含申购费和转换费）。应收申购款的主要账务处理如下。

（1）投资者申购或转换转入本基金，确认日按基金申购款和转换转入款，借记本科目，按实收基金和损益平准金的余额占基金净值的比例，将确认有效的申购或转换转入款项分割为两部分，对基金申购款或转换转入款中含有的实收基金，贷记"实收基金"科目，按基金申购款或转换转入款与实收基金的差额，贷记"损益平准金"科目。

办理申购或转换转入业务的机构按规定收取的申购费或转换费，如在投资者申购或转换转入基金时收取的，由办理申购业务的机构直接向投资者收取，不纳入基金会计核算范围；如在基金赎回或转出时收取的，待基金投资者赎回或转换转出时从赎回款或转出款中抵扣。

（2）收到有效申购款或转换转入款时，借记"银行存款"科目，贷记本科目。本科目期末借方余额，反映尚未收回的有效申购款和转换转入款。

（三）"应付赎回款"

本科目为负债类科目，核算按规定应付基金份额持有人的赎回款和转换转出款。应付赎回款的主要账务处理如下。

（1）基金份额持有人赎回或转换转出本基金，应在赎回或转换转出确认日，按实收基金余额占基金净值的比例，对基金赎回款或转换转出款中含有的实收基金，借记"实收基金"科目，按赎回款或转换转出款与实收基金的差额，借记"损益平准金"科目，按应付基金份额持有人赎回款或转换转出款，贷记本科目，按赎回费或转换转出费中基本手续费部分，贷记"应付赎回费"科目，按赎回费或转换转出费扣除基本手续费后的余额部分，贷记"其他收入"科目。

（2）支付赎回款或支付转换转出款时，借记本科目，贷记"银行存款"科目。本科目期末贷方余额，反映尚未支付的基金赎回款或转换转出款。

（四）"应付赎回费"

本科目为负债类科目，核算按规定计算的，应付给办理赎回业务或转换业务的机构的赎回费或转换转出费。应付赎回费的主要账务处理如下。

（1）基金份额持有人赎回或转换转出本基金，应在赎回或转换转出确认日，按实收基金余额占基金净值的比例，对基金赎回款或转换转出款中含有的实收基金，借记"实收基金"科目，按基金赎回款或转换转出款与实收基金的差额，借记"损益平准金"科目，按应付基金份额持有人赎回款或转换转出款，贷记"应付赎回款"科目，按赎回费或转换转出费中基本手续费部分，贷记本科目，按赎回费或转换转出费扣除基本手续费后的余额部分，贷记"其他收入"科目。

（2）支付赎回费或转换转出费时，借记本科目，贷记"银行存款"科目。本科目期末贷方余额，反映尚未支付的基金赎回费用或转换转出费用。

（五）"损益平准金"

本科目为持有人权益类科目，核算非利润转化而形成的损益平准项目，如申购、转换转入、赎回、转换转出款中所含的未分配利润和公允价值变动损益。本科目可按损益平准金的种类进行明细核算，分别"已实现"和"未实现"进行明细核算。损益平准金的主要账务处理如下。

（1）基金申购、转入确认日，按基金申购款或转换转入款，借记"应收申购款"科目，按实收基金的余额占基金净值的比例，对确认有效的申购款或转换转入款中含有的实收基金，贷记"实收基金"科目，按利润分配（未分配利润）未实现部分的余额占基金净值的比例，贷记或借记本科目（未实现），按其差额，贷记或借记本科目（已实现）。

（2）基金赎回、转出确认日，按实收基金的余额占基金净值的比例，对基金赎回款或转换转出款中含有的实收基金，借记"实收基金"科目，按利润分配（未分配利润）未实现部分的余额占基金净值的比例，借记或贷记本科目（未实现），按应付投资者赎回款或转换转出款，贷记"应付赎回款"科目，按赎回费或转换转出费中基本手续费部分，贷记"应付赎回费"科目，按赎回费或转换转出费扣除基本手续费后的余额部分，贷记"其他收入"科目，按其差额，借记或贷记本科目（已实现）。

（3）基金红利再投资确认日，按基金红利再投资金额，借记"应付利润"科目，按实收基金的余额占基金净值的比例，对基金红利再投资金额中含有的实收基金，贷记"实收基金"科目，按利润分配（未分配利润）未实现部分的余额占基金净值的比例，贷记或借记本科目（未实现），按其差额，贷记或借记本科目（已实现）。

期末，应将本科目已实现和未实现余额分别转入"利润分配（未分配利润）"相应明细科目，结转后本科目应无余额。

【小提醒】开放式基金的赎回是从发行基金的公司赎回，按规定只能按其净值交易（15：00 以前，按当天的净值算；15：00 以后，按下一交易日的净值算）。股票和封闭式基金是卖给想买股票或基金的人（买股票或基金的投资者，非基金公司），所以是卖出，不是赎回，价格也是撮合成交价。

二、业务举例

（一）封闭式基金发行的核算

【例9-1】中盛祥证券投资基金管理公司发行 8 亿份基金单位，基金单位发行价为 1.01 元，支付费用 500 万元。发行完毕，编制会计分录如下：

借：银行存款	803 000 000
贷：实收基金	800 000 000
其他收入——基金发行费收入	3 000 000

（二）开放式基金发行的核算

【例9-2】3 月 1 日，某开放式基金 CDF 基金募集期满，基金规模为 5 亿元人民币。编制会计分录如下：

借：银行存款	500 000 000
贷：实收基金	500 000 000

（三）开放式基金申购的核算

【例9-3】3 月 2 日，投资者赵明申购 XYZ 开放式基金 100 万元，当日该基金单位资产净值为 1.0029 元，申购费率为 1%。XYZ 开放式基金 3 月 1 日的资产负债表显示，未实现利得为 1 454 250 元，未分配收益为-10 179.28 元。申购后 XYZ 基金为 5 亿份。则

申购费用=100 万元×1%=1 万元

净申购金额=100 万-1 万=99 万元

申购份数=99 万÷1.0029=987 137.30（份）

（基金单位资产净值=（总资产-总负债）÷基金单位总数）

编制会计分录如下：

借：应收申购款　　　　　　　　　　　　　　　　　　　990 000

　　贷：实收基金　　　　　　　　　　　　　　　　　　987 137.30

　　　　损益平准金——未实现　　　　　　　　　　　　2 879.42

　　　　　　　　——已实现　　　　　　　　　　　　　-16.72

其中，

　　未实现 1 454 250×（987 137.30÷500 000 000）=2 879.42

　　已实现-10 179.28×（987 137.30÷500 000 000）=-16.72

目前我国基金采取 T＋1 交割方式，资金收付与证券基金交割只能在成交日的下一个营业日进行，不能在当日从账户中提取现金。则 3 月 3 日款项交割时，编制会计分录如下：

借：银行存款　　　　　　　　　　　　　　　　　　　　990 000

　　贷：应收申购款　　　　　　　　　　　　　　　　　　990 000

【例 9-4】8 月 9 日，甲投资者以 630 万元向中华证券投资基金管理公司申购新发行的开放式基金，每个基金单位市价为 1 元，申购费为 30 万元。编制分录如下：

　　申购份数=（630 万-30 万）÷1=600 万（份）

借：银行存款　　　　　　　　　　　　　　　　　　　6 000 000

　　贷：实收基金　　　　　　　　　　　　　　　　　6 000 000

9 月 2 日，甲投资者又向中华证券投资基金管理公司申购开放式基金 2 050 万元，当日该基金单位资产净值为 2 元，申购费为 50 万元。按照契约规定，高于基金单位的部分在扣除费用后，将 $\frac{3}{5}$ 作为未实现利得，$\frac{2}{5}$ 作为未分配收益。

　　申购份数=（2 050 万-50 万）÷2=1 000 万（份）

　　未实现利得=（2 050 万-50 万-1 000 万）× $\frac{3}{5}$ =600 万

　　未分配收益=（2 050 万-50 万-1 000 万）× $\frac{2}{5}$ =400 万

编制会计分录如下：

借：应收申购款　　　　　　　　　　　　　　　　　　20 000 000

　　贷：实收基金　　　　　　　　　　　　　　　　　10 000 000

　　　　损益平准金——未实现　　　　　　　　　　　　6 000 000

　　　　　　　　——已实现　　　　　　　　　　　　　4 000 000

9 月 3 日款项交割时

借：银行存款　　　　　　　　　　　　　　　　　　　2 0000 000

　　贷：应收申购款　　　　　　　　　　　　　　　　20 000 000

（四）开放式基金赎回的核算

【例 9-5】12 月 6 日，甲投资者申请赎回中华证券投资基金管理公司的开放式基金 50 万份，当日该基金单位资产净值为 1.0032 元，赎回费率为 0.5%，应付给代为办理赎回业务的某银行 300 元。同时按照契约规定，结转未实现利得 1 667.48 元，损益平准金为-8.35 元。

则：

赎回金额=500 000×1.0032×（1-0.5%）

=499 092（元）

编制会计分录如下：

借：实收基金   500 000

  损益平准金——未实现   1 667.48

       ——已实现   -8.35

 贷：应付赎回款   499 092

   应付赎回费——某银行   300

   其他收入——赎回费   2 267.13

12 月 7 日款项交割时

借：应付赎回款   499 092

 贷：银行存款   499 092

如果当日该基金单位资产净值为 0.8 元，其他条件不变，该如何做会计处理？

解答：如果当日该基金单位资产净值为 0.8 元，其他条件不变，则：

赎回金额=500 000×0.8×（1-0.5%）

=398 000（元）

编制会计分录如下：

借：实收基金   500 000

  损益平准金——未实现   1 667.48

      ——已实现   -8.35

 贷：应付赎回款   398 000

   应付赎回费——某银行   300

   其他收入——赎回费   103 359.13

12 月 7 日款项交割时

借：应付赎回款   398 000

 贷：银行存款   398 000

第三节   证券投资基金投资业务的核算

最新修订的《中华人民共和国证券投资基金法》规定：基金管理人运用基金财产进行证券投资，应当采用资产组合的方式。基金财产应当投资于上市交易的股票、债券，国务院证券监督管理机构规定的其他证券及其衍生品种。从目前实践来看，我国的基金主要投资于国内依法公开发行上市的股票、非公开发行股票、国债、企业债券和金融债券、公司债券、货币市场工具、资产支持证券、权证等。

另外，该基金法第七十四条规定，基金财产不得用于下列投资或者活动：①承销证券；②违反规定向他人贷款或者提供担保；③从事承担无限责任的投资；④买卖其他基金份额，但是国务院证券监督管理机构另有规定的除外；⑤向基金管理人、基金托管人出资；⑥从事内幕交易、操纵证券交易价格及其他不正当的证券交易活动；⑦法律、行政法规和国务院证券监督管理机构规定禁止的其他活动。

一、科目设置

（一）"交易性金融资产"

本科目为资产类科目，核算企业持有的以公允价值计量且其变动计入当期损益的金融资产，包括为交易目的所持有的债券投资、股票投资、基金投资、权证投资等和直接指定为以公允价值计量且其变动计入当期损益的金融资产。

（二）"证券清算款"

本科目为资产负债共性科目，核算因买卖证券、回购证券、申购新股、配售股票、ETF 现金替代等业务而发生的，应与证券登记结算机构或证券交易对手方办理资金结算的款项。本科目可按不同证券登记结算机构或证券交易对手方等进行明细核算。本科目所属明细科目期末借方余额，反映尚未收回的证券清算款；本科目所属明细科目贷方余额，反映尚未支付的证券清算款。

（三）"应付佣金"

本科目为负债类科目，指因租用券商的交易席位和接受券商提供的咨询服务等而应付给券商的佣金。

（四）"结算备付金"

本科目为属于资产类科目，核算为证券交易的资金结算而存入证券登记结算机构的款项。本科目可按不同证券登记结算机构进行明细核算。借方反映备付金的增加数，贷方反映备付金的减少数。本科目期末借方余额，反映实际存入证券登记结算机构尚未用于结算的款项。

（五）"公允价值变动损益"

本科目为损益类科目，核算基金持有的采用公允价值模式计量的交易性金融资产、交易性金融负债等公允价值变动形成的应计入当期损益的利得或损失。本科目可按资产的种类进行明细核算。期末，应将本科目余额全部转入"本期利润"科目，结转后本科目应无余额。

二、业务举例

（一）买入证券

【例9-6】3月1日，中胜基金管理公司从登记结算公司购入150万股A股票，购入价格10元/股，应付佣金12 750元，其他各项费用3 000元，印花税率为0.2%。编制会计分录如下：

借：交易性金融资产——A股票（成本）　　　　　　　　15 000 000
　　投资收益　　　　　　　　　　　　　　　　　　　　45 750

| 贷：证券清算款——××登记结算公司 | 15 033 000 |
| 应付佣金 | 12 750 |

其中，投资收益=1 500 000×10×0.2%+12 750+3 000=45 750

3月2日资金交割时，

| 借：证券清算款——××登记结算公司 | 15 033 000 |
| 贷：结算备付金——××证券公司 | 15 033 000 |

（二）申购新股

【例9-7】中胜基金管理公司通过网上认购K股份有限公司发行的新股，证券交易所从该公司的账户中划出200万元作为申购款，中签款项为16万元。编制会计分录如下：

（1）划出申购款项时

| 借：证券清算款——认购新股占用款 | 2 000 000 |
| 贷：结算备付金 | 2 000 000 |

（2）中签认购新股

| 借：交易性金融资产——K股票（成本） | 160 000 |
| 贷：证券清算款——认购新股占用款 | 160 000 |

（3）退回未中签的申购款项

| 借：结算备付金 | 1 840 000 |
| 贷：证券清算款——认购新股占用款 | 1 840 000 |

（三）派发现金股利、股票股利和配股权证

【例9-8】信达黄河基金管理公司持有M公司股票100万股，M公司于4月5日宣布分派现金股利，每股0.15元（税后）。4月10日信达黄河基金管理公司收到M公司发放的现金股利15 000元。

（1）4月5日（宣告日），编制会计分录如下：

| 借：应收股利 | 150 000 |
| 贷：投资收益 | 150 000 |

（2）4月10日（派息日），编制会计分录如下：

| 借：结算备付金 | 150 000 |
| 贷：应收股利 | 150 000 |

【例9-9】长江盛平基金公司持有H上市公司股票100万股，H公司年3月26日宣布分配方案如下：以3月26日为除权日，每10股送3股、转2股、配2股、派发1元现金股利，配股价为5元/股，当日收盘价为8元/股。

（1）实际现金股利所得=100万×[0.1×（1-10%）-0.3×10%]=60 000（元）

| 借：应收股利——H股票 | 60 000 |
| 贷：股利收入 | 60 000 |

（2）股票股利为50万股（即每10股送3股、转2股），在"交易性金融资产"账户数量栏登记。

（3）在配股方面，配股除权日编制分录如下：

借：交易性金融资产——H 股票　　　　　　　　1 000 000（5×1 000 000×2/10）

　　贷：应付配股款——H 股票　　　　　　　　1 000 000

同时按市价高于配股价的差额逐日进行估值

借：配股权证——H 股票　　　　　　　　　　600 000（（8-5）×1 000 000×2/10）

　　贷：公允价值变动损益　　　　　　　　　　600 000

其中，配股除权日指将要配股股票的股权登记日后第一个交易日，这一天或以后购入该股票的股东，不再享有此次配股权。

（四）证券估价

【例 9-10】金山富基金管理公司持有 D 股票 10 万股，持有 E 股票 20 万股。20×8 年 7 月 6 日，D 股票收盘价 5 元/股，E 股票收盘价 11 元/股；7 月 7 日，D 股票收盘价 5.3 元/股，E 股票收盘价 10.8 元/股。编制会计分录如下：

借：交易性金融资产——D 股票（公允价值变动）　　30 000

　　贷：公允价值变动损益　　　　　　　　　　30 000

借：公允价值变动损益　　　　　　　　　　　40 000

　　贷：交易性金融资产——E 股票（公允价值变动）　　40 000

（五）卖出证券

【例 9-11】11 月 2 日，中富华基金管理公司以 12 元/股的价格卖出 A 股票 150 万股，其购入价格为 10 元/股，此期间没有公允价值变动损益，应支付的佣金为 5 100 元，印花税率为 0.2%。编制会计分录如下：

借：证券清算款　　　　　　　　　　　17 964 000（1 500 000×12×（1-0.2%））

　　贷：交易性金融资产——A 股票（成本）　　15 000 000

　　　　应付佣金　　　　　　　　　　　　5100

　　　　投资收益　　　　　　　　　　　2 958 900

资金交收日

借：结算备付金　　　　　　　　　　　17 964 000

　　贷：证券清算款　　　　　　　　　　17 964 000

第四节　证券投资基金损益的核算

一、基金收入

证券投资基金收入是基金资产在运作过程中所产生的各种收入，主要股票差价收入、债券差价收入、债券利息收入、存款利息收入、股利收入、卖出回购证券收入和其他收入。基金的各项收入按下列规定进行确认和计量。

（一）股票差价收入

股票差价收入指买卖股票实现的差价收入。股票差价收入应于卖出股票成交日确认，并按卖出股票成交总额与其成本和相关费用的差额入账。

卖出股票成交日，按应收取的证券清算款，借记"证券清算款"科目，按结转的股票投资成本，贷记"股票投资"科目，按应付券商佣金，贷记"应付佣金"科目，按其差额，贷记或借记"股票差价收入"科目。

股票差价收入应按股票种类设置明细账，进行明细核算。

（二）债券差价收入

债券差价收入核算买卖债券现券实现的差价收入。债券差价收入应分别以下原则进行处理：

（1）卖出上市债券，应于成交日确认债券差价收入，并按应收取的全部价款与其成本、应收利息和相关费用的差额入账。

（2）卖出非上市债券，应于实际收到价款时确认债券差价收入，并按应收取的全部价款与其成本、应收利息的差额入账。

卖出上市债券时，按成交日应收取的证券清算款，借记"证券清算款"科目，按已计利息，贷记"应收利息"科目，按结转的债券投资成本，贷记"债券投资"科目，按其差额，贷记或借记"债券差价收入"科目。

卖出非上市债券，按实际收到的金额，借记"银行存款"科目，按结转的债券投资成本，贷记"债券投资"科目，按已计利息，贷记"应收利息"科目，按其差额，贷记或借记"债券差价收入"科目。

债券差价收入应分别债券种类，如国债、企业债、转换债等设置明细账，进行明细核算。

（三）债券利息收入

债券利息收入是指债券投资而实现的利息收入。债券利息收入应在债券实际持有期内逐日计提，并按债券票面价值与票面利率计提的金额入账。

逐日计提持有期债券利息时，借记"应收利息"科目，贷记"债券利息收入"科目。债券利息收入应按债券种类等设置明细账，进行明细核算。

（四）存款利息收入

存款利息收入是指基金存款实现的利息收入。存款利息收入应逐日计提，并按本金与适用的利率计提的金额入账。逐日计提银行存款、清算备付金存款等各项存款利息时，借记"应收利息"科目，贷记"存款利息收入"科目。

存款利息收入应分别银行存款、清算备付金存款等设置明细账，进行明细核算。

（五）股利收入

股利收入是指上市公司分红派息而确认的股利收入。股利收入应于除息日确认，并按上市公司宣告的分红派息比例计算的金额入账。

基金持有的股票，应于除息日按上市公司宣告的分红派息比例计算确认的股利收入，借记"应收股利"科目，贷记"股利收入"科目。

股利收入应按股票种类设置明细账，进行明细核算。

（六）买入返销证券收入

买入返销证券收入是指基金在国家规定的场所进行融券业务而取得的收入。买入返销证券收入应在证券持有期内采用直线法逐日计提，并按计提的金额入账。买入返销证券收入应按证券种类等设置明细账，进行明细核算。

（七）其他收入

其他收入是指除除上述收入外的其他各项其他收入，如赎回费扣除手续费后的余额、配股手续费返还等。发生的其他收入，借记有关科目，贷记"其他收入"科目。其他收入应按不同种类设置明细账，进行明细核算。

二、基金费用

基金费用包括管理人报酬、基金托管费、卖出回购证券支出、利息支出和其他费用。基金费用应按下列规定进行确认和计量。

（一）管理人报酬

管理人报酬是指按基金契约和招募说明书的规定计提的基金管理人报酬，包括管理费和业绩报酬。管理费是支付给直接管理基金资产的基金管理人的费用，它一般按照基金资产的一定比例定期提取，在美国，每年的管理费不超过基金净资产的 1%，一般为 0.7%左右，而在台湾地区，管理费为基金净资产的 1.5%。目前我国证券投资基金的管理费用按前基金资产净值的 2.5%的年费率计提。

管理人报酬应按照基金契约和招募说明书规定的方法和标准计提，并按计提的金额入账。计提基金管理费和业绩报酬时，借记"管理人报酬"科目，贷记"应付管理人报酬"科目；支付基金管理人报酬时，借记"应付管理人报酬"科目，贷记"银行存款"科目。

管理人报酬应分别管理费和业绩报酬设置明细账，进行明细核算。

（二）基金托管费

基金托管费是基金支付给基金托管人的费用，按照基金净资产值的一定比例定期从基金资产中支付。在美国和我国台湾地区，费用率一般为 0.2%左右。我国的证券投资基金的托管费提取比例为基金净资产的 0.25%。

基金托管费应按照基金契约和招募说明书规定的方法和标准计提，并按计提的金额入账。计提基金托管费时，借记"基金托管费"科目，贷记"应付托管费"科目；支付基金托管费时，借记"应付托管费"科目，贷记"银行存款"科目。

（三）基金卖出回购证券支出

基金卖出回购证券支出应在该证券持有期内采用直线法逐日计提，并按计提的金额入账。卖出回购证券在融资期限内逐日计提的利息支出，借记"卖出回购证券支出"科目，贷记"应付利息"科目。卖出回购证券支出应按卖出回购证券的种类等设置明细账，进行明细核算。

（四）利息支出

利息支出是指基金运作过程中发生的利息支出，如银行借款利息支出。利息支出应在借款期内逐日计提，并按借款本金与适用的利率计提的金额入账。计提利息支出时，借记"利息支出"科目，贷记"应付利息"科目。利息支出应按利息支出的种类设置明细账，进行明细核算。

（五）其他费用

其他费用是指除上述费用以外的其他各项费用，包括注册登记费、上市年费、信息披露费、审计费用、律师费用等。发生的其他费用如果影响基金单位净值小数点后第五位的，即发生的其他费用大于基金净值十万分之一，应采用待摊或预提的方法，待摊或预提计入基金损益。发生的其他费用如果不影响基金单位净值小数点后第五位的，即发生的其他费用小于基金净值十万分之一，应于发生时直接计入基金损益。

发生的其他费用，如不影响估值日基金单位净值小数点后第五位，发生时直接记入基金损益，借记"其他费用"科目，贷记"银行存款"等科目。已经发生的其他费用，如影响估值日基金单位净值小数点后第五位，采用待摊方法的，发生时，借记"待摊费用"科目，贷记"银行存款"科目；摊销时，借记"其他费用"科目，贷记"待摊费用"科目；采用预提方法的，预提时，借记"其他费用"科目，贷记"预提费用"科目；实际支付费用时，借记"预提费用"科目，贷记"银行存款"科目。

其他费用应按费用种类设置明细账，进行明细核算。

三、利润分配

证券投资基金利润分配是指基金在一定会计期间的经营成果。利润包括收入减去费用后的净额、直接计入当期利润的利得和损失等，也称为基金收益。证券投资基金在获取投资收入和扣除费用后，须将利润分配给受益人。基金利润（收益）分配通常有两种方式：一是分配现金，这是最普遍的分配方式；二是分配基金份额，即将应分配的净利润折为等额的新的基金份额送给受益人。

按照《证券投资基金管理公司管理办法》的规定，封闭式基金的收益分配每年不得少于一次，封闭式基金年度收益分配比例不得低于基金年度已实现收益的90%。封闭式基金一般采用现金方式分红。

开放式基金的基金合同应当约定每年基金利润分配的最多次数和基金利润分配的最低比例。开放式基金的分红方式有现金分红和分红再投资转换为基金份额两种。根据规定，基金利润分配应当采用现金方式。开放式基金的基金份额持有人可以事先选择将所获分配的现金利润按照基金合同有关基金份额申购的约定转为基金份额；基金份额持有人事先未做出选择的，基金管理人应当支付现金。

对货币市场基金的利润分配，中国证监会有专门的规定。《货币市场基金管理暂行规定》第九条规定:"对于每日按照面值进行报价的货币市场基金,可以在基金合同中将受益分配的方式约定为红利再投资,并应当每日进行收益分配。"中国证监会下发的《关于货币市场基金投资等相关问题的通知》规定:"当日申购的基金份额自下一个工作日起享有基金的分配权益,当日赎回的基金份额自下一个工作日起不想有基金的分配权益。"具体而言,货币市场基金每周五进行利润分配时,将同时分配周六和周日的利润;每周一至周四进行分配时,则仅对当日利润进行分配。投资者与周五申购或转换转入的基金份额不享有周五和周六、周日的利润;投资者与周五赎回或转换转出的基金份额享有周五和周六、周日的利润。

四、损益核算

1. 收入、收益的结转

借:投资收益

    利息收入

    其他收入

    贷:本期收益

2. 支出、费用的结转

借:本期收益

    贷:利息支出

        管理人报酬

        基金托管费

        其他费用

3. 结转未分配收益及收益分配

借:本期收益

    贷:收益分配——未分配收益

借:收益分配——应付收益

    贷:应付收益

借:收益分配——未分配收益

    贷:收益分配——应付收益

(1)基金本期收入不包括未实现的公允价值变动损益,期末,"公允价值变动损益"科目的余额单独在基金公司经营业绩表中反映。

(2)基金管理费一般按基金资产净值的1.5‰提取,收取方式是逐日累计,按月支付。

(3)托管费的收费标准一般为基金资产净值的0.25‰,计提方式也是逐日累计,按月支付。

(4)基金收益分配应当采用现金分配形式,每年至少一次;分配比例不得低于基金净收益的90%。

思 考 题

1．证券投资基金的特点和作用有哪些？

2．证券投资基金与股票、债券的区别和联系是什么？

3．如何对证券投资基金进行分类？

4．证券投资基金的当事人有哪些？

5．证券投资基金的交易方式是什么？

6．证券投资基金在交易中有哪些相关费用？

7．如何对证券投资基金的发行进行会计核算？

8．如何对证券投资基金的增减进行会计核算？

9．如何对证券投资基金的投资进行会计核算？

第十章 | 租赁业务的核算

【教学目标】

通过本章教学，能使学生了解租赁的特点、分类及经营租赁和融资租赁的主要区别；了解经营租赁、融资租赁和其他租赁形式的会计核算原则；掌握出租人和承租人开展经营租赁和融资租赁的账务处理方法；了解其他租赁形式的会计核算内容。

【引例】

融资租赁行业近年来发展迅速。商务部统计的数据显示，截至 2014 年 11 月底，全国已有外商投资融资租赁公司 1600 家，比 2013 年年底增加 600 余家，该类型公司数量占到全行业的 85%以上。数据还显示，截至 2013 年年底，融资租赁公司资产总额 6112 亿元，同比增长 73%，净利润约 98 亿元，同比增长 60%以上。企业数量和注册资金的狂热聚集，使得融资租赁行业成为了最受瞩目的"蒙头赚大钱"的行业，融资租赁将成为未来金融发展的新的亮点，发展空间较大，因为不管是从融资租赁在 GDP 所占比重还是渗透率来看，我国现阶段和国际社会都有较大的差距，未来提升空间较大。根据前瞻网数据显示，融资租赁在各个国家 GDP 中占比不断波动，整体来看，发达国家占比都较高，金砖四国的占比在 1%左右波动，但是中国的占比一直较低，未来的发展潜力较高。

第一节 | 租赁概述

在租赁的经济行为中，出租人将自己所拥有的某种物品交予承租人使用，承租人由此获得在一段时期内使用该物品的权利，但物品的所有权仍保留在出租人手中。承租人为其所获得的使用权需向出租人支付一定的费用（租金）。最初的租赁物主要是土地、建筑物等不动产。1952 年世界上第一家专业租赁公司——美国租赁公司正式成立。随后，租赁范围逐步扩展到以企业生产、加工、包装、运输、管理所需的机器设备等动产领域。现在，租赁业已成为一个充满生机和活力的产业。

现代租赁就是在企业需要机器设备时，由租赁公司直接购入该项设备之后再转租给企业，以"融物"代替"融资"，为企业开辟了一条获取机器设备的新途径。其主要理念源于"只有通过资产的使用——而不是拥有资产，才能形成利润"。中国的现代租赁业开始于 20 世纪 80 年代的改革开放，为了解决资金不足和从国外引进先进技术、设备和管理的需求，在荣毅仁先生的倡导下，作为增加引进外资的渠道，从日本引进了融资租赁的概念，以中国国际信托投资公司为主要股东，成立了中外合资的东方租赁有限公司和以国内金融机构为主体的中国租赁有限公司开展融资租赁业务，用这种方法从国外引进先进的生产设备、管理方法、技术，改善产品质量，提高中国的出口能力。

一、租赁相关概念

（一）租赁

租赁是取得资产使用权的一种方式。租赁与买卖的区别在于让渡的权利不同，租赁只让渡标的物的占有权、使用权和收益权。而买卖则让渡标的物包括处分权在内的完整所有权。正因为如此，适于买卖的标的物的类别范围远大于适于租赁的标的物的类别范围。例如，水泥可以买卖，却不能租赁；股票可以买卖，但不能租赁。租赁与借贷的区别在于让渡的标的物的类别不同。如果标的物不是有体物而是货币（一般等价物），那就是借贷。

由于租赁将所有权与使用权分离，从而为所有权与使用权各要素间的灵活组合提供了很大的空间和时间，因此各种租赁方式可以根据特定目标灵活组合，以满足多种特定目的的需要，实现购买所不具备的特殊功效。《企业会计准则第 21 号——租赁》中将租赁定义为："在约定的期间内，出租人将资产使用权让与承租人，以获取租金的协议。"

（二）租赁期

租赁期是指租赁合同规定的不可撤销的租赁期间。承租人有权选择续租该资产，并且在租赁开始日就可以合理确定承租人将会行使这种选择权，不论是否再支付租金，续租期也包括在租赁期之内。租赁开始日是指租赁协议日与租赁各方就主要租赁条款做出承诺日中的较早者。在租赁开始日：首先，承租人和出租人应当将租赁认定为融资租赁或经营租赁；其次，确定租赁期开始日应当确认的金额。

（三）租赁期开始日

而租赁期开始日是指承租人有权行使其使用租赁资产权利的开始日。在租赁期开始日，承租人应当对租入资产、最低租赁付款额和未确认融资费用进行初始确认，出租人应当对应收融资租赁款、未担保余值和未实现融资收益进行初始确认。

（四）担保余值

担保余值，就承租人而言，是指由承租人或与其有关的第三方担保的资产余值；就出租人而言，是指就承租人而言的担保余值加上独立于承租人和出租人的第三方担保的资产余值。资产余值是指在租赁开始日估计的租赁期届满时租赁资产的公允价值。未担保余值是指租赁资产余值中扣除就出租人而言的担保余值以后的资产余值。

（五）最低租赁付款额

最低租赁付款额是指在租赁期内，承租人应支付或可能被要求支付的款项（不包括或有租金和履约成本），加上由承租人或与其有关的第三方担保的资产余值。承租人有购买租赁资产选择权，所订立的购买价款预计将远低于行使选择权时租赁资产的公允价值，因而在租赁开始日就可以合理确定承租人将会行使这种选择权的，购买价款应当计入最低租赁付款额。

（六）或有租金

或有租金是指金额不固定、以时间长短以外的其他因素（如销售量、使用量、物价指数等）为依据计算的租金。

（七）履约成本

履约成本是指租赁期内为租赁资产支付的各种使用费用，如技术咨询和服务费、人员培训费、维修费、保险费等。

（八）最低租赁收款额

最低租赁收款额是指最低租赁付款额加上独立于承租人和出租人的第三方对出租人担保的资产余值。

与其他业务相比，租赁业务具有下列特征。

（1）租赁是资产的所有权与使用权相分离的交易。无论是经营租赁还是融资租赁，在租赁期间，出租人始终拥有租赁资产的所有权，承租人只获得相关资产的使用权，从而使资产的所有权与使用权相分离。

（2）租赁以分期支付租金的形式偿付本息。在租赁交易中，出租人将租赁资产使用权让与承租人后，主要通过定期收取租金的方式来完成租赁资产的价值补偿。租赁的这一特征在融资租赁业务中表现得尤为突出。

（3）租赁的形式比较灵活。承租人可以根据实际需要灵活选择租赁形式。从租赁费用高低考虑，可以选择经营租赁或融资租赁；从租期长短考虑，可以选择短期租赁或长期租赁；从租赁资产的处理方式考虑，承租人可以在租赁期满时选择延期续租、退还给出租人或者购买该资产。

二、租赁的分类

租赁可以按照其性质、来源、是否享有纳税优惠、融资货币的种类和服务地区等情况进行不同的分类。

（一）按租赁的性质进行分类

按租赁的性质不同，可以将租赁分为融资租赁和经营租赁。此分类方式是以与租赁资产所有权有关的风险和报酬是否转移为依据来划分的，也是最常用的分类。

1. 融资租赁

（1）融资租赁是指实质上转移了与资产所有权有关的全部风险和报酬的租赁。所谓的"风险"，是指由于资产闲置或技术陈旧而发生的损失以及由于经营情况变化致使有关收益发生的变动。所谓的"报酬"，是指在资产有效使用年限内直接使用它而获得的收益、资产本身的增值以及处置所实现的收益。租赁所有权最终可能转移，也可能不转移。

满足以下一条或数条标准的，应认定为融资租赁。

① 在租赁期届满时，租赁资产的所有权转移给承租人。

② 承租人有购买租赁资产的选择权，所订立的购买价款预计将远低于行使选择权时租赁资产的公允价值，因而在租赁开始日就可以合理确定承租人将会行使这种选择权。

③ 租赁期占租赁资产使用寿命的大部分（租赁期/租赁资产使用寿命≥75%）。但如果租赁资产是一项旧资产，在开始此次租赁前其已使用年限超过该资产全新时可使用年限的 75%，则该条标准不适用。

④ 就承租人而言，租赁开始日最低租赁付款额的现值几乎相当于租赁开始日租赁资产的公允价值（最低租赁付款现值/租赁资产公允价值≥90%）；就出租人而言，租赁开始日最低租赁收款额的现值几乎相当于租赁开始日租赁资产的公允价值（最低租赁收款现值/租赁资产公允价值≥90%）。

⑤ 租赁资产性质特殊，如不做重新改制，只有承租人才能使用。

（2）融资租赁可以细分为以下五种融资租赁。

① 简单融资租赁。简单融资租赁是指由承租人选择需要购买的租赁物件，出租人通过对租赁项目风险评估后出租租赁物件给承租人使用。在整个租赁期间承租人没有所有权但享有使用权，并负责维修和保养租赁物件。出租人对租赁物件的好坏不负任何责任，设备折旧在承租人一方。

② 回租融资租赁。回租租赁是指设备的所有者先将设备按市场价格卖给出租人，然后又以租赁的方式租回原来设备的一种方式。回租租赁的优点在于：一是承租人既拥有原来设备的使用权，又能获得一笔资金；二是由于所有权不归承租人，租赁期满后根据需要决定续租还是停租，从而提高承租人对市场的应变能力；三是回租租赁后，使用权没有改变，承租人的设备操作人员、维修人员和技术管理人员对设备很熟悉，可以节省时间和培训费用。设备所有者可将出售设备的资金大部分用于其他投资，把资金用活，而少部分用于缴纳租金。回租租赁业务主要用于已使用过的设备。

③ 杠杆融资租赁。杠杆租赁的做法类似银团贷款，是一种专门做大型租赁项目的有税收好处的融资租赁，主要是由一家租赁公司牵头作为主干公司，为一个超大型的租赁项目融资。首先成立一个脱离租赁公司主体的操作机构——专为本项目成立资金管理公司提供项目总金额 20%以上的资金，其余部分资金来源则主要是吸收银行和社会闲散游资，利用 100%享受低税的好处"以二搏八"的杠杆方式，为租赁项目取得巨额资金。其余做法与融资租赁基本相同，只不过合同的复杂程度因涉及面广而随之增大。由于可享受税收好处、操作规范、综合效益好、租金回收安全、费用低，一般用于飞机、轮船、通信设备和大型成套设备的融资租赁。

④ 委托融资租赁。一种方式是拥有资金或设备的人委托非银行金融机构从事融资租赁，第一出租人同时是委托人，第二出租人同时是受托人。出租人接受委托人的资金或租赁标的物，根据委托人的书面委托，向委托人指定的承租人办理融资租赁业务。在租赁期内租赁标的物的所有权归委托人，出租人只收取手续费，不承担风险。这种委托租赁的一大特点就是让没有租赁经营权的企业，可以"借权"经营。电子商务租赁即依靠委托租赁作为商务租赁平台。第二种方式是出租人委托承租人或第三人购买租赁物，出租人根据合同支付货款，又称委托购买融资租赁。

⑤ 项目融资租赁。承租人以项目自身的财产和效益为保证，与出租人签订项目融资租赁合同，出租人对承租人项目以外的财产和收益无追索权，租金的收取也只能以项目的现金流量和效益来确定。出卖人（即租赁物品生产商）通过自己控股的租赁公司采取这种方式推销产品，扩大市场份额。通信设备、大型医疗设备、运输设备甚至高速公路经营权都可以采用这种方法。其他还包括返还式租赁，又称售后租回融资租赁；融资转租赁，又称转融资租赁等。

2. 经营租赁

经营租赁是指融资租赁以外的租赁，承租方为生产经营中的短期需要或季节性需要向出租人短期租赁某类资产的租赁。采用经营租赁形式，资产的所有权不转移，租赁期届满后，承租人有退租或续租的选择权，而不存在优惠购买选择权。

经营租赁是没有从实质上转移与租赁资产所有权有关的风险和报酬的租赁行为。经营租赁的租赁期一般比较短，在租赁期满后租赁资产退还出租人，承租人有权在租赁期满前取消租赁合同，出租人承担与租赁资产有关的一切费用。

（二）按出租人资产来源不同分类

1. 直接租赁

直接租赁是指由出租人在资金市场上筹资并向资产的制造商支付货款后取得该项资产，然后直接出租给承租人的一种租赁方式。采用直接租赁方式时，租赁双方应签订租赁合同，并根据承租人的订货要求，出租人与制造商签订资产的买卖合同。

2. 转租赁

转租赁是指由出租人从另一家租赁公司或直接从制造商那里租入资产后，再转租给承租人的一种租赁形式。这种租赁方式通常签订两次合同：一是租赁公司之间签订的租赁合同；二是租赁公司与承租人之间签订的转租赁合同。

3. 回租

回租是指承租人先将自己取得的资产卖给租赁公司，然后再以租赁的形式将资产租回使用的租赁形式。采用这种租赁方式通常是承租人资金比较紧张，而租赁资产又是企业正在使用的资产，因此资产出售只是一种形式，承租人可以通过分期支付租金的形式继续使用原来的资产。

（三）按是否享有纳税优惠进行分类

1. 节税租赁

节税租赁是指一项能够真正享受税收优惠待遇的租赁，出租人和承租人都自自从国家提供的税收优惠中得到好处。例如，在一项租赁行为中，出租人可以获得加速折旧及投资减税等税收优惠政策；承租人支付的租金可以作为当期费用处理，减少了应纳税所得额，从而享受了纳税优惠政策。

2. 非节税租赁

非节税租赁又称销售式租赁，是指出租人通过租赁方式把资产分期售给承租人而获得收益的租赁形式。出租人可以从销售资产和获取利息两个途径获取收益。销售式租赁在合同中通常有承租人享受留购权条款，或者承租人支付的租金中包括获取租赁资产所有权的部分。承租人向出租人支付的租金，不能作为费用从成本中扣除。

（四）按融资货币不同进行分类

（1）本币租赁是指以人民币为基础计算租金的租赁服务。

（2）外币租赁是指以外币为基础计算租金的租赁服务。

（五）按服务地区不同进行分类

（1）境内租赁是指出租人和承租人都在中华人民共和国境内的租赁业务。

（2）跨境租赁是指出租人或承租人有一方在中华人民共和国境外的租赁业务。

第二节 | 承租人的会计处理

出租人处理租赁业务的一整套会计处理的原理、方法和程序。从承租人角度看，租赁可以分为经营租赁和融资租赁两种，会计处理有所不同。至于融资租赁下各种租赁方式的会计处理，在承租人方面看，并无区别。承租人的会计处理，应该按经营租赁和融资租赁两种不同情况，分别进行处理。

一、承租人对经营租赁的会计处理

在经营租赁下，承租人租入资产的主要目的是为了取得资产的使用权，而不是为了在租赁期届满后，取得该项资产的所有权，与租赁资产所有权有关的风险和报酬并没有实质上转移给承租人，承租人不承担租赁资产的主要风险，承租人对经营租赁的账务处理比较简单，承租人不须将所取得的租入资产的使用权资本化。其主要问题是解决应支付的租金与当期费用的关系。承租人在经营租赁下发生的租金应当在租赁期内的各个期间按直线法确认为费用；如果其他方法更合理，也可以采用其他方法。

一般情况下，采用直线法将承租人发生的经营租赁租金确认为费用较为合理，但在某些特殊情况下，则应采用比直线法更系统合理的方法，如根据租赁资产的使用量来确认租金费用。例如，租赁一台起重机，根据起重机的工作小时来确认当时应分摊的租金费用就比按直线法确认更为合理。

某些情况下，出租人可能对经营租赁提供激励措施，如免租期、承担承租人某些费用等。在出租人提供了免租期的情况下，应将租金总额在整个租赁期内，而不是在租赁期扣除免租后的期间内进行分摊；在出租人承担了承租人的某些费用的情况下，应将该费用从租金总额中扣除，并将租金余额在租赁期内进行分摊。其账务处理为：确认各期租金费用时，借记"营业费用""管理费用""待摊费用"等科目，贷记"其他应付款"等科目。实际支付租金时，借记"其他应付款"等科目，贷记"银行存款"等科目。

此外，为了保证租赁资产的安全和有效使用，承租人应设置"经营租赁资产"备查簿作备查登记，以反映和监督租赁资产的使用、归还和结存情况。

承租人发生的初始直接费用或有租金在实际发生时计入当期损益。

1. 承租人应设置的会计科目

（1）"管理费用——租赁费"科目。该科目用来核算应由承租人支付的各种费用。

（2）"其他应付款——应付租赁费"科目。该科目用来核算每期应付而未付的租赁款，在期末支付租金的情况下使用。

2. 承租人的核算过程

（1）对于承租人在经营租赁中发生的初始直接费用，应当计入当期损益。会计分录为：

借：管理费用

　　贷：银行存款

（2）如果该项租金于租赁月份的次月支付，在发生支付租金义务的当月应采用权责发生制计入费用，并确认一笔负债。会计分录为：

借：管理费用

贷：其他应付款——应付租赁费

实际支付时，会计分录为：

借：其他应付款——应付租赁费

贷：银行存款

【例 10-1】经营租赁中承租人的会计核算

丁企业为季节性生产企业，每年 7—9 月为生产月份。企业在生产月份内租入一些设备，以供生产所需。按照租赁协议，租赁期限为 3 个月，应付租金 3 万元，每月支付 1 万元租金。

根据这项经济业务，企业的财务处理如下。

（1）支付 7 月租金时，编制会计分录如下：

借：制造费用 10 000

贷：银行存款 10 000

（2）8 月、9 月支付租金时的会计分录同上。

如果该项租金于租赁月份的次月支付，在发生支付租金义务的当月，应采用权责发生制计入费用，并确认一笔负债，编制会计分录如下：

借：制造费用 10 000

贷：其他应付款——应付租赁费 10 000

实际支付时，编制会计分录如下：

借：其他应付款——应付租赁费 10 000

贷：银行存款 10 000

如果经营租赁资产时双方约定采取预付租金方式，则预付的租金在"待摊费用"科目核算。

如果企业租赁资产采取支付押金，然后再按期支付租金的，则企业支付的押金应在"其他应收款——存出保证金"科目核算。

假如双方协议规定由承租方支付押金 5 000 元，并按期支付租金，待租赁期满后再归还押金。

（1）支付押金和第一个月的租金时，编制会计分录如下：

借：其他应收款——存出保证金 5 000

制造费用 10 000

贷：银行存款 15 000

（2）支付第二个月、第三个月的租金时，编制会计分录如下：

借：制造费用 10 000

贷：银行存款 10 000

（3）收回押金时，编制会计分录如下：

借：银行存款 5 000

贷：其他应收款——存出保证金 5 000

二、承租人对融资租赁的会计处理

融资租赁实质上是融贸易、金融、租借为一体的一项综合性金融产品。融资租赁是出租人根据承租人对租赁物和供货人的选择或认可，将其从供货人处取得的租赁物按合同约定出租给承租人占有、使用，向承租人收取租金的交易活动。适用于融资租赁交易的租赁物为固定资产。

租赁公司开展融资租赁业务，出租人提供的不仅是单纯的租借服务，而且包含了金融服务。承租人通过租入资产，使其在没有资金的条件下取得了资产的使用权，从而扩大了生产。融资租赁所租赁的资产由承租人确定，出租人根据承租人的要求购入资产并拥有租赁资产的所有权，承租人根据租赁合同支付租金并取得资产的使用权。在租赁期间，承租人应承担租赁资产的保险费、维修费及折旧，租赁资产本身及其产生的损益和风险均由承租人承担。

融资租赁业务通常涉及出租人、承租人和供应商三方。租赁资产的价值高、租赁期长，租赁的程序也较为复杂。企业在采用融资租赁时，首先要在对各个租赁公司资信情况有深入了解的基础上，选择信誉好的租赁公司，并向确定的租赁公司提出申请。说明租赁资产的名称、数量、性能、规格、交货期、付款方式等。租赁公司收到承租人的申请后，租赁双方将在租赁的程序及需要办理的相关手续、租金的计算方式、租金的支付期和支付方式等方面达成初步协议，在通过租赁项目审查以后，双方签订租赁合同。租赁资产的供货商根据供货合同规定的日期，将租赁的资产直接转交给承租人，承租人根据合同中规定的租金金额、支付日、支付方式等条款，按期向租赁公司支付租金。在租赁期满时，租赁公司与承租人应根据租赁合同规定的有关条款，对租赁资产采取续租、留购或退还给租赁公司等相应处理措施。

承租人从出租人处租入资产，取得了资产的使用权。在融资租赁方式下，承租人要将租入的资产视同自有的资产予以管理并进行资本化处理，同时确认负债。对于租入的资产价值，按规定列入企业的资产账户。承租人为租入固定资产而发生的运输费、途中保险费、安装调试费等一切与使该租入资产达到使用状态有关的费用，以及为租入资产发生的改扩建支出减去在此过程中发生的变价收入后的差额，均应记入该资产的价值。租赁期满后，若资产的所有权发生转移，承租人应将该固定资产由融资租入固定资产账户转入"固定资产"相应的明细科目中。

承租人应按租赁合同中规定的支付租金的金额、时间和方式，向出租人支付租金。承租人分期支付租金时，应将租金中相当于资产价款的部分冲减长期负债，将利息支出等费用计入当期损益。

在融资租赁方式下，租赁期内发生的各种费用（如租赁资产的维修费、折旧费等）均应由承租人负担，在企业的费用账户中核算，并应在会计报表上予以反映。

1. 承租人应设置的会计科目

（1）"长期应付款——应付融资租赁款"科目。该科目用于核算按规定向出租人缴付的租金总额，贷方登记应付而未付的款项，即"最低租赁付款额"；借方登记已归还的应付融资租赁款，期末贷方余额表示企业尚未偿付的应付融资租赁款。本科目应按长期应付款的种类设置明细分类账户。

（2）"固定资产——融资租入固定资产"科目。该科目用于核算以融资租赁方式租入的固定资产，对于融资租入固定资产的原始价值、安装费用和维修费用的确定，可比照自有资产处理。

在租赁开始日，承租人通常应当将租赁开始日租赁资产原账面价值与最低租赁付款额现值中的较低者作为租入资产的入账价值（这里的"入账价值"相当于固定资产的买价部分，不包括发生的相关费用等)。

(3)"累计折旧——融资租入固定资产折旧"科目。该科目核算企业对融资租入的固定资产所提的折旧。计提时,借记有关成本费用科目,如制造费用、管理费用等,贷记"累计折旧——融资租入固定资产"科目。若期满时承租人购买该资产,则结转"租入资产折旧"科目,借记本账户,贷记"累计折旧"科目。

(4)"财务费用"科目。该科目用于核算已确认利息支出和手续费。当费用发生或确认时,借记本账户,贷记有关账户,期末结转到"本年利润"科目。本科目应按不同的费用项目设置明细科目。

(5)"未确认融资费用"科目。该科目用于核算应付未付的利息和手续费,以待日后分摊。在租赁开始日,按照长期应付款与设备入账价值之间的差额,借记本账户;按合同规定每年确认并支付利息和手续费时,借记"财务费用"科目,贷记本科目。该科目的期末借方余额表示尚未支付的利息和手续费。

2. 承租人的基本账务处理

(1)租入设备时,会计分录为:

借:固定资产——融资租入固定资产(相当于固定资产的买价部分)

　　未确认融资费用

　　　贷:长期应付款　应付融资租赁款

(2)承租人支付其他费用,如运输费用、安装费用和维修费用等,会计分录为:

借:固定资产——融资租入固定资产

　　　贷:银行存款

(3)每期支付租金时,会计分录为:

借:长期应付款——应付融资租赁款

　　　贷:银行存款

(4)确认利息费用时,会计分录为:

借:财务费用

　　　贷:未确认融资费用

(5)计提折旧时,会计分录为:

借:制造费用

　　　贷:累计折旧——融资租入同定资产折旧

(6)租赁期满取得资产所有权时,会计分录为:

借:固定资产

　　　贷:固定资产——融资租入固定资产

第三节 出租人的会计处理

出租人会计,承租人会计的对称,出租人处理租赁业务的一整套会计处理的原理、方法和程序。从出租人角度看，租赁可以分为经营租赁、销售式融资租赁、直接融资租赁和举债经营融资租赁，而其会计处理也有所不同。出租人的会计处理，也应该按经营租赁和融资租赁两种不同情况，分别进行处理。

一、出租人对经营租赁的会计处理

（一）出租人应设置的会计科目

（1）"应收经营租赁款"科目。该科目用来核算企业采用经营租赁方式租出资产而应向承租人收取的租金以及手续费。

（2）"经营租赁资产"科目。该科目用来核算企业为开展经营租赁所购资产的实际成本，包括租赁资产的价款、贸易手续费、银行手续费、运输费、运输保险费、财产保险费、增值税等税款以及租前借款费用等。如果租赁资产是从境外购入的，还应包括境外运输费、境外运输保险费和进口关税。本科目下设"已出租资产"和"未出租资产"两个二级科目，并按照承租单位设置明细账。

（3）"经营租赁资产累计折旧"科目。该科目用来核算企业采用经营租赁方式租出资产的折旧计提情况。折旧发生时记入贷方，在资产最终报废清理时记入借方转销。期末余额在贷方，表明企业开展经营租赁的资产折旧总额。租赁资产的折旧应按同类资产所采用的正常折旧政策进行计提。

（4）"主营业务收入——租金收入"科目。该科目用来核算专门从事租赁业务的企业进行经营租赁而取得的收入。当出租人收取利息和手续费时，记入该科目的贷方，借方表明结转到"本年利润"科目的租赁收入额。

当出租人为非专业从事租赁业务的企业时，可设置"其他业务收入——经营租赁收入"科目。

（二）出租人的核算过程

（1）出租人购置用于租赁的资产时，应按实际支付的成本记账。会计分录为：

借：经营租赁资产——未出租资产

　　贷：银行存款

（2）出租人与承租人签订租赁合同后，应根据租赁合同出租资产。会计分录为：

借：经营租赁资产——已出租资产

　　贷：经营租赁资产——未出租资产

（3）出租人为专业租赁公司的，其基本业务就是从事资产的租赁，因此在确认租赁收益时，应记入主营业务收入科目。会计分录为：

借：应收经营租赁款（或银行存款）

　　贷：主营业务收入——租金收入

出租人为非专业租赁公司的，可将其业务收支在其他业务收支项目中核算。

（4）出租人对购入的租赁资产必须视同自有资产，每期应按企业自有的固定资产计提折旧。会计分录为：

借：营业费用

　　贷：经营租赁资产累计折旧

（5）出租人在租赁期内发生的直接费用（如修理费用等）应记入损益进行核算。会计分录为：

借：管理费用（或营业费用）

贷：银行存款

（6）租赁资产的租金构成因素主要包括租赁资产的原价、租赁资产折旧、租赁期间的利息、租赁资产的维护费用、税金、保险金等。当出租人收到租金时，会计分录为：

借：银行存款

贷：应收经营租赁款

（7）租赁期满出租人收回资产时，会计分录为：

借：固定资产

贷：经营租赁资产——已出租资产

二、出租人对融资租赁的会计处理

（一）出租人核算内容及要求

（1）租赁开始日租赁债权的确认。在租赁开始日，出租人应当将租赁开始日，最低租赁收款额作为应收融资租赁款的入账价值，同时记录未担保余值，将最低租赁收款额与未担保余值之和同其现值之和的差额作为未实现融资收益。

（2）初始直接费用的处理。出租人承担的初始直接费用包括印花税、佣金、律师费和谈判费等，当其发生时确认为当期费用。

（3）未实现融资收益分配的账务处理。出租人收取的租金包含本金和利息两部分，应在租赁期内对租金进行分配。在分配未实现融资收益时，应当采用实际利率法计算当期确认的融资收入。

（4）关于报表的规定。出租人应当对融资租赁做如下披露：

① 资产负债表日后连续三个会计年度每年将收到的最低租赁收款额以及以后年度将收到的最低租赁收款额总额；

② 未实现融资收益的余额；

③ 分摊未实现融资收益所采用的方法。

（二）出租人应设置的会计科目

（1）"融资租赁资产"科目。该科目核算出租人购入、租出以及收回租赁资产。购入时，按其实际成本借记本科目；租出时，将最低租赁收款额与未担保余值的现值之和或原账面价值作为租赁资产成本，贷记本科目。

（2）"租赁保证金"科目。该科目核算企业开展融资性租赁业务时，根据合同规定收到的承租企业交来的保证金。本科目按承租单位设置明细账。

（3）"长期应收款——应收融资租赁款"科目。该科目用于核算采用融资租赁方式出租资产时应向承租人收取的租金金额。在租赁开始时，按最低租赁收款额作为出租人的债权登记在该账户的借方。按合同规定收取租金时，贷记本账户，账户期末余额一般在借方，表示尚待收取的租金总额。本科目按承租人设置明细分类账户。

（4）"未担保余值"科目。该科目核算租赁资产余值中扣除就出租人而言的担保余值以后的资产余值。

（5）"未实现融资收益"科目。该科目核算出租人在租赁期内应收的收益总额，并在租赁期内采用一定的方法进行分配。在租赁开始日，应按最低收款额与最低租赁收款额同未担保余值之和的现值的差额，贷记"递延收益——未实现融资收益"科目，在实际收到租金时，将本期确认的融资收益借记本科目。

（6）"主营业务收入——融资收入"科目。该科目核算租赁公司租赁期内确认的融资收益，按每期确认的融资收益借记"递延收益——未实现融资收益"，贷记本科目，期末结转"本年利润"科目。

（三）出租人的基本账务处理

出租人的租赁业务过程主要包括购入资产、资产租赁、资产到期收回、按期收回租金等环节，具体财务核算如下。

（1）租赁合同签订后，承租人按合同规定向出租人支付租赁保证金，出租人收到保证金后的会计分录如下。

借：银行存款

　　贷：租赁保证金

（2）出租人按照承租人在合同上指定的设备购入租赁资产时，应按实际支付的租赁设备成本入账。购入租赁设备时，会计分录为：

借：融资租赁资产

　　贷：银行存款

（3）在租赁开始日，出租人将租赁资产租给承租人，会计分录为：

借：应收融资租赁款

　　未担保余值

　　贷：融资租赁资产（最低租赁收款额与未担保余值的现值之和或原账面价值）

　　　　未实现融资收益

（4）每期收到租金时，会计分录为：

借：银行存款

　　贷：应收融资租赁款

（5）确认利息收入时，会计分录为：

借：未实现融资收益

　　贷：主营业务收入——融资收入

【例 10-2】经营租赁中出租人的会计核算

2013 年 12 月 1 日正保公司与 B 公司签订了一份租赁合同。合同主要条款如下：

（1）租赁标的物：建筑构件生产线。

（2）起租日：租赁物运抵正保公司生产车间之日（2013 年 12 月 31 日）。

（3）租赁期：2013 年 12 月 31 日—2016 年 12 月 31 日，共 3 年。

（4）租金支付方式：每年年初支付租金 270 000 元。首期租金于 2013 年 12 月 31 日支付。

（5）租赁期届满时建筑构件生产线的估计余值：117 000 元。其中由正保公司担保的余值为 100 000 元；未担保余值为 17 000 元。

（6）该生产线的保险、维护等费用由正保公司自行承担，每年 10 000 元。

（7）该生产线在 2013 年 12 月 31 日的公允价值为 835 000 元，账面价值为 900 000 元。

（8）租赁合同规定的利率为 6%（年利率）。

（9）该生产线估计使用年限为 6 年，采用年数总和法计提折旧（按年）。

（10）2016 年 12 月 31 日，正保公司将该生产线交回 B 公司。

（11）双方均按实际利率法摊销未确认融资费用及收益（按年）。

此外，假设该生产线不需安装。

要求：

（1）判断租赁类型；

（2）分别 A、B 公司编制租赁期开始日、2014 年 12 月 31 日的会计分录。

注：PA（2，6%）=1.833，PV（3，6%）=0.84；假定正保公司的实际利率为 5.5%，B 公司实际利率为 6.5%。

分析：

（1）判断租赁类型。

最低租赁付款额的现值 848 910（计算过程见后）大于租赁资产公允价值的 90% 即 751 500 元（835 000 元×90%），符合判断标准，所以这项租赁应当认定为融资租赁。

（2）正保公司有关财务处理如下。

正保公司 2013 年 12 月 31 日计算租赁期开始日最低租赁付款额的现值，确定租赁资产入账价值。应选择租赁合同规定的利率 6% 作为折现率。

最低租赁付款额=270 000×3+100 000=810 000+100 000=910 000（元）

最低租赁付款额的现值=270 000×（1.833+1）+100 000×0.840=764 910+84 000=848 910（元）＞835 000 元

租入固定资产入账价值应为公允价值 835 000 元。

未确认融资费用=910 000−835 000=75 000（元）

编制会计分录如下：

借：固定资产——融资租入固定资产	835 000
未确认融资费用	75 000
贷：长期应付款——应付融资租赁款	910 000
借：长期应付款——应付融资租赁款	270 000
贷：银行存款	270 000

2014 年 12 月 31 日，支付该生产线的保险费、维护费，编制会计分录如下：

| 借：制造费用 | 10 000 |
| 　　　贷：银行存款 | 10 000 |

分摊未确认融资费用，编制会计分录如下：

| 借：财务费用 | 45 925（835 000×5.5%） |
| 　　　贷：未确认融资费用 | 45 925 |

计提本年折旧，会计分录如下。

2014 年折旧额=（835 000-100 000）×3/6=367 500（元）

借：制造费用——折旧费		367 500
贷：累计折旧		367 500

B 公司有关财务处理如下。

2013 年 12 月 31 日，按最低租赁收款额确认为长期应收款，编制会计分录如下：

借：长期应收款　　　　　　　　　　　　　　　　　　910 000

　　未担保余值　　　　　　　　　　　　　　　　　　17 000

　　营业外支出　　　　　　　　　　　　　　　　　　65 000（900 000-835 000）

　　贷：融资租赁资产　　　　　　　　　　　　　　　　　900 000

　　　　未实现融资收益　　　　　　　　　　　　　　　　92 000

收到第一年的租金，编制会计分录如下：

借：银行存款　　　　　　　　　　　　　　　　　　　270 000

　　贷：长期应收款　　　　　　　　　　　　　　　　　　270 000

2014 年 12 月 31 日，确认融资收入，编制会计分录如下：

借：未实现融资收益　　　　　　　　　　　　　　　　54 275（835 000×6.5%）

　　贷：租赁收入　　　　　　　　　　　　　　　　　　　54 275

第四节　售后租回交易的会计处理

一、售后租回交易概述

售后租回交易是指卖主（即承租人）将自制或外购的资产出售后，又将该项资产从买主（即出租人）处租回。通过售后租回交易，资产的原所有者（即承租人）在保留对资产的占有权、使用权和控制权的前提下，分期支付租金，减少了当前的财务压力。资产的新所有者（即出租人）通过售后租回交易，获得了新的投资机会。它是目前西方发达国家常用的筹资方式之一。在售后租回交易中，承租人与出租人都具有双重身份，进行双重交易，形成资产价值和使用价值的离散现象，具体表现在以下几个方面。

（1）交易业务的双重性。售后租回交易双方具有业务上的双重身份，因而业务处理上具有重叠性。其一，资产销售方同时又是承租人，一方面企业通过销售业务实现资产销售，取得销售收入；另一方面又作为承租方向对方租入资产用于生产过程，从而实现资产价值和交换价值，具有经济业务的双重身份。其二，资产购买者同时又是出租方，企业通过购买对方单位的资产取得资产所有权，同时又作为出租方转移资产使用权，取得资产使用权转让收入，实现资产的使用价值的再循环，具有业务上的双重性，是融资产销售和资产租赁为一体的特殊交易行为。

（2）资产价值转移与实物转移相分离。在售后租回的交易过程中，出售方对资产所有权转让并不要求资产实物发生转移，因而出售方（承租方）在售后租回交易过程中可以不间断地使用资产。

作为购买方即出租方，则只是取得资产的所有权，取得商品所有权上的风险与报酬，并没有在实质上掌握资产的实物，因而形成实物转移与价值转移的分离。

（3）资产形态发生转换。售后租回交易是承租人在不改变其对租赁物占用和使用的前提下，将固定资产及类似资产向流动资产转换的过程，从而增强了长期资产价值的流动性，促进了本不活跃的长期资金发生流动，提高了全部资金的使用效率。这样，一方面解决了企业流动资金困难的问题；另一方面盘活了固定资产，有效地利用现有资产，加速资金再循环，产生资本扩张效应。

（4）资产转让收益的非实时性。《企业会计准则——租赁》规定。卖主（即承租人）不得将售后租回损益确认为当期损益，而应予递延，分期计入各期损益。一般认为，资产转让收益应计入当期损益，而在售后租回交易中，资产的售价与资产的租金是相互联系的，因此，资产的转让损益在以后各会计期间予以摊销，而不作为当期损益考虑。这样做的目的是为了防止承租人利用这种交易达到人为操纵利润的目的，同时避免承租人由于租赁业务产生各期损益的波动。

售后租回交易中的资产出售和租回由一揽子合同规定，实质上是同一项交易。因此，售后租回是一项融资行为而非销售行为，销售方在出售资产时，售价与账面价值间的差额（无论是售价高于资产账面价值，还是售价低于资产账面价值）都是由于高估或者低估资产的价值造成的，出售资产的损益不应当确认为出售当期的损益，而应作为未实现损益予以递延，分期摊销。

在售后租回交易中，若将与租赁资产有关的风险报酬转移给承租方，就形成融资租赁，否则将形成经营租赁。无论是承租人还是出租人，均应根据租赁的分类标准，将售后租回交易认定为融资租赁或经营租赁，将出售资产的损失在租赁期内按一定标准进行摊销。

（1）出售资产时，会计分录为：

借：累计折旧

　　固定资产减值准备

　　固定资产清理

贷：固定资产

（2）收到出售资产价款时，会计分录为：

借：银行存款

贷：固定资产清理

　　（贷或借）：递延收益——未实现售后租回损益

二、售后租回交易形成融资租赁

如果售后租回交易形成融资租赁，那么承租人保留了与该项租赁资产所有权有关的全部风险和报酬，相当于承租人以该项资产为抵押获得了出租人提供的资金，售价与账面价值之间的差额（无论是售价高于还是低于资产的账面价值）在会计上均未实现，而应当予以递延，并按照租赁资产的折旧进度分摊，作为折旧费用的调整。

按折旧进度分摊是指在对该项租赁资产计提折旧时，按与该项资产计提折旧所采用的折旧率相同的比例对未实现的售后租回损益进行分摊。

（1）租回资产时，会计分录为：

借：固定资产——融资租入固定资产

未确认融资费用

贷：长期应付款——应付融资租赁款

（2）租回资产以后各期。

① 支付租金会计分录为：

借：长期应付款——应付融资租赁款

贷：银行存款

② 分摊未确认融资费用，会计分录为：

借：财务费用

贷：未确认融资费用

③ 计提折旧，会计分录为：

借：管理费用或制造费用等

贷：累计折旧

④ 分摊未实现售后租回损益，会计分录为：

借（或贷）：递延收益——未实现售后租回损益

贷（或借）：管理费用或制造费用等

三、售后租回交易形成经营租赁

如果售后租回交易形成经营租赁，其售价与账面价值之间的差额（无论是高于还是低于资产的账面价值）应予以递延。与售后租回形成融资租赁不同的是，经营租赁的售后租回确认的递延损益应按照租金支付的比例进行分摊，作为租金费用的调整。但有确凿证据表明售后租回交易是按照公允价值达成的，售价与资产账面价值之间的差额应当记入当期损益。

按租金支付比例进行分摊是指在确定当期该项租赁资产的租金费用时，按照确认当期该项资产租金费用所采用的支付比例相同的比例对未实现售后租回损益进行分摊。

（1）租回资产时——不用账务处理，只需做备查登记。

（2）租回资产以后各期。

① 支付租金时，会计分录为：

借：管理费用或制造费用等

贷：银行存款

② 分摊未实现售后租回损益，会计分录为：

借（或贷）：递延收益——未实现售后租回损益

贷（或借）：管理费用或制造费用等

四、售后租回交易的披露

售后租回交易是租赁业务中的特殊交易，因此应予以特别披露。对于售后租回交易的披露，不同国家、地区的会计准则要求不同。美国、英国等国家以及我国台湾及香港地区的会计准则均未对售后租回交易披露做出明确规定。只有国际会计准则认为：出租人和承租人的披露要求同样适用于售后租回交易；同时，《国际会计准则第 8 号——当期净损益、重大差错和会计政策变更》中的单独披露标准也适合于售后租回交易；在对有关重大租赁业务做出具体安排的说明中规定，应当披露售后租回协议或条款内的特殊与非惯常规定。

就一般业务而言，承租人应当对融资租赁做如下披露：每类租入资产在资产负债表日的账面原值、累计折旧及账面净值；资产负债表日连续 3 个会计年度每年将收到的最低租赁收款额以及以后年度将收到的最低租赁收款总额；未实现融资收益的余额；分摊未实现融资收益所采用的方法。

而对于重大经营租赁，承租人应该做如下披露：资产负债表日后连续 3 个会计年度每年将支付的不可撤销经营租赁的最低租赁付款额；以后年度将支付的不可撤销经营租赁的最低租赁付款额的总额。

售后租回无论是形成融资租赁还是形成经营租赁，承租人和出租人除应当按照有关规定披露售后租回交易外，还应对售后租回合同中的特殊条款做出披露。这里的"特殊条款"是指售后租回合同中规定的区别于一般租赁交易的条款，如租赁标的物的售价等。

在售后交易核算中，承租人在出售资产时，应按固定资产账面净值借记"固定资产清理"科目，按固定资产已计提折旧借记"累计折旧"科目，按已计提的减值准备借记"固定资产减值准备"科目，按固定资产的原账面价值贷记"固定资产"科目。当承租人收到出售资产的价款时，借记"银行存款"科目，贷记"固定资产清理"科目。当售价大于出售资产账面价值时，贷记"递延收益——未实现售后租回损益"；当售价小于出售资产账面价值时，借记"递延收益——来实现售后租回损益"。租回资产时，若形成一项融资租赁，按照租赁资产的原账面价值（出租人账面价值）与最低租赁付款额现值中的较低者，借记"固定资产——融资租入固定资产"科目；若需要安装，则借记"在建工程"科目，按最低租赁付款额贷记"长期应付款——应付融资租赁款"科目，按其差额借记"未确认融资费用"科目。若形成一项经营租赁，则在备查簿中予以登记。最后在分摊未实现售后租回损益时，若形成一项融资租赁，应按照租赁资产的折旧进度分摊未实现售后租回损益；若形成一项经营租赁，应按照租赁资产租金支付比例分摊未实现售后租回损益，借记或贷记"递延收益——未实现售后租回损益"，贷记"制造费用""营业费用""管理费用"等科目。

思 考 题

1. 什么是租赁？它有哪些类型？
2. 融资租赁和经营租赁的有什么区别？
3. 融资租赁业务的一般有哪些程序？
4. 在融资租赁中，承租人和出租人在会计科目的设置上有什么不同？
5. 如何确认一种租赁是否为融资租赁？
6. 什么是最低租赁收款额和最低租赁付款额？两者有何区别？

期货业务的核算

第十一章

【教学目标】

通过本章的教学，使学生了解期货与期货合约的概念，期货市场的功能和期货风险，设立期货公司的条件和期货公司的基本职能，掌握商品期货开新仓、平仓以及实物交割的会计核算，通晓股指期货开新仓、平仓以及实物交割的会计核算。

【引例】

2014 年是期货业不寻常的一年。一直挣扎在盈亏边缘的期货公司，在迷茫中迎来了期货业创新变革的"丰年"。从新"国九条"颁布，到期货立法的推进，再到期货创新大会的召开，期货业的顶层设计脉络清晰；从期货资管"一对多"落地，到期货版互联网金融试水，再到各路资本抢滩布局期货业，期货公司的突围已经开始。和讯期货报道以下八大事件勾勒期货业量变到质变的轨迹：立法进程正在加快——期货法草案已拟出第二稿、首届期货创新大会召开、13 个期货品种开启夜盘、大宗商品"拼跌"、期货牌照依旧受宠、"一对多"业务开闸、东航期货手机开户被叫停——期货版互联网金融"首秀"折戟、原油期货获批上市——提升中国国际定价权能力。一场期货业的重新洗牌正悄悄袭来。

第一节 期货业务概述

一、期货与期货合约

（一）期货

期货（Futures）与现货完全不同，现货是实实在在可以交易的货（商品），期货主要不是货，而是以某种大宗产品如棉花、大豆、石油等及金融资产如股票、债券等为标的标准化可交易合约。因此，这个标的物可以是某种商品（如黄金、原油、农产品），也可以是金融工具。交收期货的日子可以是一星期之后，一个月之后，三个月之后，甚至一年之后。买卖期货的合同或协议叫做期货合约。买卖期货的场所叫做期货市场。投资者可以对期货进行投资或投机。对期货的不恰当投机行为，如无货沽空，可以导致金融市场的动荡。

（二）期货合约

期货合约是由期货交易所统一制定的、规定在将来某一特定的时间和地点交割一定数量和质量标的物的标准化合约。其主要特点如下。

（1）期货合约的商品品种、交易单位、合约月份、保证金、数量、质量、等级、交货时间、交货地点等条款都是既定的，是标准化的，唯一的变量是价格。期货合约的标准通常由期货交易所设计，经国家监管机构审批上市。

（2）期货合约是在期货交易所组织下成交的，具有法律效力，而价格又是在交易所的交易厅里通过公开竞价方式产生的；现代国家多采用电脑公开竞价方式进行交易。

（3）期货合约的履行由交易所担保，不允许私下交易。

（4）期货合约可通过交收现货或进行对冲交易来履行或解除合约义务。

（三）期货的交易特点

1. 期货交易的双向性

期货交易与股市的一个最大区别就是期货可以双向交易，期货可以买多也可卖空。价格上涨时可以低买高卖，价格下跌时可以高卖低补。做多可以赚钱，而做空也可以赚钱，所以说期货无熊市（在熊市中，股市会萧条而期货市场却风光依旧，机会依然）。

2. 期货交易的费用低

对期货交易国家不征收印花税等税费，唯一费用就是交易手续费。国内三家交易所手续在万分之二至万分之三左右，加上经纪公司的附加费用，单笔手续费也不足交易额的千分之一（低廉的费用是成功的一个保证）。

3. 期货交易的杠杆作用

杠杆原理是期货投资魅力所在。期货市场里交易无需支付全部资金，国内期货交易只需要支付5%的保证金即可获得未来交易的权利。由于保证金的运用，原本行情被以十余倍放大。假设某日铜价格封涨停（期货里涨停仅为上个交易日的3%），操作对了，资金利润率达60%（3%÷5%）之多，是股市涨停板的6倍（有机会才能赚钱）。

4. "T+0"交易机会翻番

期货是"T+0"的交易，使您的资金应用达到极致，您在把握趋势后，可以随时交易，随时平仓（方便的进出可以增加投资的安全性）。

5. 期货是零和市场但大于负市场

期货是零和市场，期货市场本身并不创造利润。在某一时段里，不考虑资金的进出和提取交易费用，期货市场总资金量是不变的，市场参与者的盈利来自另一个交易者的亏损。而在股票市场步入熊市时，市场价格大幅缩水，加之分红的微薄，国家、企业吸纳资金，也无做空机制。股票市场的资金总量在一段时间里会出现负增长，获利总额将小于亏损额（零永远大于负数）。

二、期货市场的功能和期货风险

（一）期货市场的功能

1. 发现价格

由于期货交易是公开进行的对远期交割商品的一种合约交易，在这个市场中集中了大量的市场供求信息，不同的人，从不同的地点，对各种信息的不同理解，通过公开竞价形式产生对远期价格的不同看法。期货交易过程实际上就是综合反映供求双方对未来某个时间供求关系变化和价格走势的预期。这种价格信息具有连续性、公开性和预期性的特点，有利于增加市场透明度，提高资源配置效率。

2. 回避风险

期货交易的产生，为现货市场提供了一个回避价格风险的场所和手段，其主要原理是利用期现货两个市场进行套期保值交易。在实际的生产经营过程中，为避免商品价格的千变万化导致成本上升或利润下降，可利用期货交易进行套期保值，即在期货市场上买进或卖出与现货市场上数量相等但交易方向相反的期货合约，使期现货市场交易的损益相互抵补。锁定企业的生产成本或商品销售价格，保住既定利润，回避价格风险。

3. 套期保值

套期保值是在现货市场上买进或卖出一定数量现货商品的同时，在期货市场上卖出或买进与现货品种相同、数量相当，但方向相反的期货商品（期货合约），以一个市场的盈利来弥补另一个市场的亏损，达到规避价格风险的目的交易方式。

期货交易之所以能够保值，是因为某一特定商品的期现货价格同时受共同的经济因素的影响和制约，两者的价格变动方向一般是一致的，由于有交割机制的存在，在临近期货合约交割期，期现货价格具有趋同性。

4. 实物交割

期货交易的了结（即平仓）一般有两种方式，一是对冲平仓；二是实物交割。实物交割就是用实物交收的方式来履行期货交易的责任。因此，期货交割是指期货交易的买卖双方在合约到期时，对各自持有的到期未平仓合约按交易所的规定履行实物交割，了结其期货交易的行为。实物交割在期货合约总量中占的比例很小，然而正是实物交割机制的存在，使期货价格变动与相关现货价格变动具有同步性，并随着合约到期日的临近而逐步趋近。实物交割就其性质来说是一种现货交易行为，但在期货交易中发生的实物交割则是期货交易的延续，它处于期货市场与现货市场的交接点，是期货市场和现货市场的桥梁和纽带，所以，期货交易中的实物交割是期货市场存在的基础，是期货市场两大经济功能发挥的根本前提。

（二）期货风险

作为一种投资工具，交易者可以利用期货合约价格的波动起伏来获取利润。相关的风险主要有如下几个方面。

1. 杠杆使用风险

资金放大功能使得收益放大的同时风险也随之放大，因此对于 10 倍左右的杠杆应该如何用，用多大，也应是因人而异的。水平高一点的投资者可以 5 倍以上甚至用足杠杆，水平低的如果也用高杠杆，那无疑就会使风险失控。

2. 强平和爆仓风险

交易所和期货经纪公司要在每个交易日进行结算，当投资者保证金不足并低于规定的比例时，期货公司就会强行平仓。有时候如果行情比较极端会出现爆仓即亏光账户所有资金，甚至还需要期货公司垫付亏损超过账户保证金的部分。

3. 交割风险

普通投资者做大豆不是为了几个月后买大豆，做空铜也不是为了几个月后把铜卖出去，如果合约一直持仓到交割日，投资者就需要凑足足够的资金或者实物货进行交割（货款是保证金的 10 倍左右）。

三、期货公司

（一）期货公司的定义

期货公司是指依法设立的、接受客户委托、按照客户的指令、以自己的名义为客户进行期货交易并收取交易手续费的中介组织，其交易结果由客户承担。期货公司是交易者与期货交易所之间的桥梁。期货交易者是期货市场的主体，正是因为期货交易者具有套期保值或投机盈利的需求，才促进了期货市场的产生和发展。尽管每一个交易者都希望直接进入期货市场进行交易，但是由于期货交易的高风险性，决定了期货交易所必须制定严格的会员交易制度，非会员不得入场交易，于是就发生了严格的会员交易制度与吸引更多交易者、扩大市场规模之间的矛盾。

期货公司的介入，使得期货交易结算分为两个步骤：第一，客户与期货公司之间的委托买卖关系；第二，期货公司与期货交易所之间发生的与期货交易有关的保证金和手续费的支付与收取业务。

（二）设立期货公司的条件

按照最新发布的《期货交易管理条例》和《期货公司管理办法》，申请设立期货公司，应当符合《中华人民共和国公司法》规定，并具备下列条件：

（1）注册资本最低限额为人民币 3 000 万元；

（2）董事、监事、高级管理人员具备任职资格，从业人员具有期货从业资格；

（3）有符合法律、行政法规规定的公司章程；

（4）主要股东以及实际控制人具有持续盈利能力，信誉良好，最近 3 年无重大违法违规记录；

（5）有合格的经营场所和业务设施；

（6）有健全的风险管理和内部控制制度；

（7）具有期货从业人员资格的人员不少于 15 人；

（8）具备任职资格的高级管理人员不少于 3 人；

（9）国务院期货监督管理机构规定的其他条件。

（三）期货公司的基本职能

期货公司作为期货市场的中介组织，它是期货交易所与期货交易者之间的桥梁。期货公司的基本职能表现在以下几方面。

（1）代理那些不具有期货交易所会员资格的期货投资者买卖期货合约，以自己的名义办理各种交易手续，按客户的要求提供期货交易服务。期货公司营业部只能以其总公司的名义同客户办理开户文件，为其客户做代理。

（2）为客户提供期货市场信息，进行期货行情分析，充当客户的交易顾问，对客户进行有关的咨询。

（3）管理客户的保证金，并向期货交易所保证其客户对期货合约的履行责任；保证客户保证金的安全与完整，并随时向客户报告保证金的变化及合约的执行情况。

（4）作为独立的会计主体，对期货交易的有关业务及时进行账务处理，并编制会计报表。由于期货公司营业部不是独立的企业法人，属于期货公司二级核算单位，对于独立核算的期货公司营业部，作为会计主体，它们应独立进行会计核算并定期编制会计报表。对于非独立核算的营业部，上级单位要对期货业务经营情况进行考核并要求其编制业务报表，单独的会计报表可以编也可以不编，要视总公司对其具体的管理方式来定。

四、期货的基本法规和制度

（一）期货交易所对应期货公司的法规和制度

1. 持仓限额制度

持仓限额制度是指期货交易所为了防范操纵市场价格的行为和防止期货市场风险过度集中于少数投资者，对会员及客户的持仓数量进行限制的制度。超过限额，交易所可按规定强行平仓或提高保证金比例。

2. 大户报告制度

大户报告制度是指当会员或客户某品种持仓合约的投机头寸达到交易所对其规定的头寸持仓限量80%以上（含本数）时，会员或客户应向交易所报告其资金情况、头寸情况等，客户须通过经纪会员报告。大户报告制度是与持仓限额制度紧密相关的又一个防范大户操纵市场价格、控制市场风险的制度。

3. 保证金制度

在期货交易中，任何交易者必须按照其所买卖期货合约价值的一定比例（通常为 5%~10%）缴纳资金，作为其履行期货合约的财力担保，然后才能参与期货合约的买卖，并视价格变动情况确定是否追加资金。这种制度就是保证金制度，所交的资金就是保证金。保证金制度既体现了期货交易特有的"杠杆原理"，同时也成为交易所控制期货交易风险的一种重要手段。

保证金可以分为如下两类。

（1）基础保证金是由期货公司向期货交易所缴纳，一般情况下此保证金不得用作交易保证金或结算款项，在期货公司退出交易所时随即归还。

（2）交易保证金：这是由期货公司向期货交易所缴纳的持仓合约占用的保证金，包括初始保证金、维持保证金和追加保证金。

① 初始保证金，在新开仓时由期货公司存入期货交易所，用以担保初始买卖的期货合约，其数额由交易所规定。

② 维持保证金，这是期货交易所规定的交易者必须维持的最低保证金水平，一旦持仓合约价值变化，使存入结算账户的资金余额低于维持保证金水平，经纪公司必须补交款项以达到交易所的初始保证金水平。

③ 追加保证金，由期货公司补交的保证金。

4. 每日结算制度

期货交易的结算是由交易所统一组织进行的。期货交易所实行每日无负债结算制度，又称"逐日盯市"，是指每日交易结束后，交易所按当日结算价结算所有合约的盈亏、交易保证金及手续费、税金等费用，对应收应付的款项同时划转，相应增加或减少会员的结算准备金。期货交易的结算实行分级结算，即交易所对其会员进行结算，期货经纪公司对其客户进行结算。若期货公司代理的业务发生亏损，必须补交差额资金；反之，若为盈余，期货交易所将超过规定保证金水平的款项在第二天自动支付给期货公司。交易所对会员的结算包括如下内容。

（1）每一交易日结束后交易所对每一会员的盈亏、交易手续费、交易保证金等款项进行结算。其核算结果是会员核对当日有关交易并对客户结算的依据，会员可通过会员服务系统于每个交易日规定时间内获得《会员当日平仓盈亏表》《会员当日成交合约表》《会员当日持仓表》和《会员资金结算表》。

（2）会员每天应及时获取交易所提供的结算结果，做好核对工作，并将之妥善保存。

（3）会员如对结算结果有异议，应在第二天开市前三十分钟以书面形式通知交易所。如在规定时间内会员没有对结算数据提出异议，则视作会员已认可结算数据的准确性。

（4）交易所在交易结算完成后，将会员资金的划转数据传递给有关的结算银行。

5. 强行平仓制度

强行平仓制度是指当会员或客户的交易保证金不足并未在规定的时间内补足，或者当会员或客户的持仓量超出规定的限额时，或者当会员或客户违规时，期货交易所为了防止风险进一步扩大，实行强行平仓的制度。简单地说就是交易所对违规者的有关持仓实行平仓的一种强制措施。

6. 涨跌停板制度

涨跌停板制度又称每日价格最大波动限制，即指期货合约在一个交易日中的交易价格波动不得高于或低于规定的涨跌幅度，超过该涨跌幅度的报价将被视为无效，不能成交。

7. 风险准备金制度

风险准备金制度是指期货交易所从自己收取的会员交易手续费中提取一定比例的资金，作为确保交易所担保履约的备付金的制度。交易所风险准备金的设立，是为维护期货市场正常运转而提供财务担保和弥补因不可预见的风险带来的亏损。交易所不但要从交易手续费中提取风险准备金，而且要针对股指期货的特殊风险建立由会员缴纳的股指期货特别风险准备金。股指期货特别风险准备金只能用于为维护股指期货市场正常运转提供财务担保和弥补因交易所不可预见风险带来的亏损。风险准备金必须单独核算，专户存储，除用于弥补风险损失外，不能挪作他用。风险准备金的动用应遵循事先规定的法定程序，经交易所理事会批准，报中国证监会备案后按规定的用途和程序进行。

8. 信息披露制度

信息披露制度，也称公示制度、公开披露制度。为保障投资者利益、接受社会公众的监督而依照法律规定必须将其自身的财务变化、经营状况等信息和资料向监管部门和交易所报告，并向社会公开或公告，以便使投资者充分了解情况的制度。它既包括发行前的公告，也包括上市后的持续信息公开，它主要由招股说明书制度、定期报告制度和临时报告制度组成。

9. 违约处理制度

若期货公司破产或不能履约，期货交易所将根据违约处理制度来限制风险，保证履约。一般用交易保证金和结算准备金抵债，若仍不能完全弥补，则用期货公司的基础保证金补足差额。

（二）期货公司对应期货交易者的法规和制度

1. 账户分立制度

期货公司应将所有客户交存的保证金在银行开立一个客户专用基金账户，然后再为每一客户分别开立账户。客户专用基金与期货公司自有资金不得相互混淆，各客户的资金也不能相互挪用。

2. 保证金制度

在期货交易者方面，也必须为每一笔交易交纳保证金以保证合约履行。保证金的水平由期货公司自行确定，一般比期货公司交给期货交易所的保证金比例略低。客户交给期货公司的保证金也可以分为初始保证金、维持保证金和追加保证金。

3. 每日结算制度

在期货交易者方面，期货公司对客户的未平仓合约及财务状况应进行逐日盯市，每日计算。对于发生亏损、保证金数额低于维持保证金水平的客户，经纪公司要在下一个交易日开市前，书面通知客户结算状况，限期缴纳追加保证金。具体来说，期货经纪公司对客户的结算包括如下内容。

（1）期货经纪公司对客户的结算与交易所的方法一样，即每一交易日交易结束后对每一客户的盈亏、交易手续费、交易保证金等款项进行结算。交易手续费一般不低于期货合约规定的交易手续费标准的 3 倍，交易保证金一般高于交易所收取的交易保证金比例不少于 3%。

（2）期货经纪公司在闭市后向客户发出交易结算单。

（3）当每日结算后客户保证金低于期货交易所规定的交易保证金水平时，期货经纪公司按照期货经纪合同约定的方式通知客户追加保证金，客户不能按时追加保证金的，期货经纪公司应当将该客户部分或全部持仓强行平仓，直至保证金余额能够维持其剩余头寸。

4. 强行平仓制度

在期货交易者方面，期货公司也实行强制平仓制度。若客户在规定的时间内没有追加保证金，则期货公司有权对客户的未平仓合约进行强制平仓，直到账户中的保证金能够维持剩余头寸为止。

5. 实物交割制度

实物交割制度是指交易所制定的、当期货合约到期时，交易双方将期货合约所载商品的所有权按规定进行转移，了结未平仓合约的制度。

6. 手续费制度

无论买卖，客户都必须交纳一定的手续费，有的按成交金额的一定比例收取，有的按合约张数收取。这也是期货公司的主要业务收入来源。

第二节 | 商品期货业务的核算

商品期货是指标的物为实物商品的期货合约。商品期货历史悠久，种类繁多，主要包括农副产品（如小麦、玉米、大豆、大米等）、金属产品（如铜、铝、铅、锌、锡等）、能源产品（如原油、焦炭等）三大类。

一、会计科目设置

（一）应收保证金

本科目是资产类科目，核算对期货交易所（以下简称"交易所"）划出和追加的用于办理期货业务的保证金。本科目应按交易所进行明细核算。

（二）应收席位费

本科目是资产类科目，核算为取得基本席位之外的席位而交纳的席位占用费。本科目应按交易所进行明细核算。

（三）应付保证金

本科目是负债类科目，核算收到客户划入的保证金。本科目应按客户进行明细核算。

（四）结算差异

本科目是资产类科目，核算经纪公司同交易所及客户办理结算时，因采用的结算方式和结算程序不同形成的应收保证金与应付保证金之间的差额。在期末填列资产负债表时，若为贷方余额以"−"号表示。

（五）风险准备

本科目是负债类科目，核算按规定从手续费收入中提取的期货风险准备。

（六）应收风险损失款

本科目是资产类科目，核算期货公司为客户垫付尚未收回的风险损失款，下设"客户垫付""客户罚款"两个明细科目。本科目期末借方余额，反映期货公司为客户垫付尚未收回的风险损失款。

（七）业务及管理费

本科目是损益类科目，核算期货公司发生的监管费、年会费、席位使用费、客户服务费、提取期货投资者保障基金等。

（八）手续费及佣金收入

本科目是损益类科目，核算期货公司从事代理业务取得的手续费和佣金收入。

二、一般业务举例

（一）会员资格费的核算

【例 11-1】华强期货公司向 ABC 期货交易所交纳会员资格费 300 万元，以银行存款支付。编制会计分录如下：

借：长期股权投资——期货会员资格投资（ABC 期货交易所）　　3 000 000

　　贷：银行存款　　　　　　　　　　　　　　　　　　　　　　　　　3 000 000

【例 11-2】承【例 11-1】，华强期货公司在进行一段时间的期货业务后，决定转让其在 ABC 期货交易所的会员资格。经 ABC 交易所理事会批准后，转让给中盛公司，协商作价 280 万元，转让手续已办妥，并收取了价款。编制会计分录如下：

借：银行存款　　　　　　　　　　　　　　　　　　　　　　2 800 000

投资收益　　　　　　　　　　　　　　　　　　　　　　200 000

贷：长期股权投资——期货会员资格投资（ABC 期货交易所）　3 000 000

（二）席位占用费的核算

【例 11-3】华强期货公司在 ABC 期货交易所除获得基本席位外，考虑到其经营业务的需要，还另外购买了两个交易席位，并支付席位占用费 18 万元。编制会计分录如下：

借：应收席位费　　　　　　　　　　　　　　　　　　　　　180 000

贷：银行存款　　　　　　　　　　　　　　　　　　　　　180 000

（三）缴纳会费的核算

【例 11-4】华强期货公司按规定向 ABC 期货交易所一次性缴纳年会费 9 万元。编制会计分录如下：

借：业务及管理费——期货年会费　　　　　　　　　　　　　90 000

贷：银行存款　　　　　　　　　　　　　　　　　　　　　90 000

（四）开仓、持仓和保证金的核算

【例 11-5】华强期货公司在 ABC 期货交易所下单买卖合约前，存入 ABC 交易所的保证金账户 150 万元。ABC 交易所要求会员单位存入的保证金中应保持 50 万元在正常的交易中不可动用（即基础保证金），只能在追加保证金不足时才可运用这笔资金。编制会计分录如下：

借：应收保证金——ABC 期货交易所　　　　　　　　　　　1 500 000

贷：银行存款　　　　　　　　　　　　　　　　　　　　　1 500 000

【例 11-6】华强期货公司在 ABC 期货交易所进行期货交易，12 月 13 日其持有的期货合约全线下跌，发生浮动亏损 80 万元，当日未发生保证金存取及开仓和平仓业务。上一交易日的结算准备金余额为 120 万元，ABC 交易所要求的结算准备金的最低余额为 50 万元。

经纪公司应支付追加保证金=50 万-（120 万-80 万）=10 万元

借：应收保证金——A 期货交易所　　　　　　　　　　　　100 000

贷：银行存款　　　　　　　　　　　　　　　　　　　　　100 000

【例 11-7】华强期货公司收到某客户的开户保证金 200 万元，将其设专户存入银行。编制会计分录如下：

借：银行存款　　　　　　　　　　　　　　　　　　　　　2 000 000

贷：应付保证金——某客户　　　　　　　　　　　　　　　2 000 000

假设该客户在进行一段时间的交易后，因需要资金向期货公司申请，将其未被合约占用的保证金 20 万元划出。编制会计分录如下：

借：应付保证金——某客户　　　　　　　　　　　　　　　200 000

贷：银行存款　　　　　　　　　　　　　　　　　　　　　200 000

【例 11-8】华强期货公司代理 H 客户在 ABC 期货交易所做大豆期货。5 月 20 日，收取客户保证金 12 万元。5 月 28 日接受客户指令以 2 300 元/吨的价格开新仓买入 9 月期货合约 100 手，每手 10 吨，共计 1 000 吨。期货公司按 5%的比率收保证金。5 月 28 日，大豆的结算价与成交价相同。5 月 29 日，大豆的结算价为 2 270 元/吨。不考虑手续费，期货公司会计处理如下：

（1）5 月 20 日，客户存入保证金

借：银行存款   120 000

　　贷：应付保证金——H 客户   120 000

（2）5 月 28 日开新仓合约占用的保证金约为 11.5 万元（2 300×100×10×5%），当日结算价与成交价相同，无需追加保证金，不需要进行账务处理。

（3）5 月 29 日大豆的结算价为 2 270 元/吨

　　　　当日发生亏损=（2 300-2 270）×100×10=30 000

　　　　保证金余额=12 万-3 万=9 万元

　　　　需追加保证金=2 270×100×10×5%-9 万=2.35 万元

期货公司在收到 H 客户追加的保证金 2.35 万元时

借：银行存款   23 500

　　贷：应付保证金——H 客户   23 500

【例 11-9】承【例 11-8】，如果 5 月 29 日的大豆结算价为 2 400 元/吨，则 H 客户：（1）保证金余额是否够维持其期货合约的存在？（2）保证金余额是多少？（3）未被期货合约占用的保证金是多少？

5 月 28 日 H 客户以 2 300 元/吨的价格开新仓买入 9 月期货合约，5 月 29 日的大豆结算价为 2 400 元/吨，则

（1）该期货合约实现了浮动盈利，保证金余额当然可以维持期货合约的存在。

（2）保证金余额计算如下：

　　　　12 万＋（2 400-2 300）×100×10=22 万元

（3）未被期货合约占用的保证金为

　　　　22 万-2 400×100×10×5%=10 万元

【例 11-10】在第二季度末，华强期货公司在 ABC 期货交易所存入的结算准备金余额为 80 万元，其中基础保证金 60 万元，可用保证金 20 万元。华强期货公司收到 ABC 期货交易所支付的第二季度利息 2 000 元（假设按年利率 1%计算）。

借：应收保证金——ABC 期货交易所   2 000

　　贷：财务费用   2 000

假设华强期货公司将此利息从保证金账户划出，

借：银行存款   2 000

　　贷：应收保证金——ABC 期货交易所   2 000

（五）平仓盈亏的核算

【例 11-11】 华强期货公司代理某客户在 ABC 期货交易所做大豆期货交易。3 月 5 日按客户指令买入 5 月到期的大豆合约 20 手，共 200 吨，成交价为 2 400 元/吨。持仓到 5 月 15 日，客户下达平仓指令将大豆合约全部平仓了结。平仓成交价为 2 500 元/吨。不考虑手续费，期货公司会计处理如下：

平仓盈利=（2 500-2 400）×200=2 万元

借：应收保证金——ABC 期货交易所 20 000

贷：应付保证金——某客户 20 000

【例 11-12】 中盛期货公司代理某客户在 DEF 期货交易所做铜期货交易。3 月 5 日按客户指令卖出 8 月份到期的铜期货 20 手，共 100 吨，成交价为 17 000 元/吨。3 月 15 日，8 月铜期货受国际市场影响价格上扬，该客户为降低风险决定先平仓 10 手，平仓成交价为 18 000 元/吨。不考虑手续费，中盛期货公司会计处理如下：

平仓亏损=（18 000-17 000）×50=5 万元

借：应付保证金——某客户 50 000

贷：应收保证金——B 期货交易所 50 000

（六）结算差异的核算

【例 11-13】 华强期货公司为某客户持有小麦合约 10 手，共 100 吨，买入时间分别是 3 月 10 日和 3 月 15 日，买入价格分别是 1 400 元/吨和 1 350 元/吨，每次均购入 5 手。3 月 20 日客户指示平掉 3 月 15 日买入的合约，平仓价为 1 600 元/吨。不考虑手续费，会计处理如下：

按客户指令计算的平仓盈利=（1 600-1 350）×50=1.25 万元

按交易所结算单计算的平仓盈利=（1 600-1 400）×50=1 万元

结算差异=1.25 万元-1 万元=0.25 万元

借：应收保证金——期货交易所 10 000

结算差异 2 500

贷：应付保证金——某客户 12 500

假如 3 月 28 日，该客户指示平掉 3 月 10 日买入的期货合约，平仓价为 1 750 元/吨。不考虑手续费，试做出相关计算与会计处理。

按交易所结算单计算的平仓盈利=（1 750-1 350）×50=2 万元

按客户指令计算的平仓盈利=（1 750-1 400）×50=1.75 万元

结算差异=2 万元-1.75 万元=0.25 万元

借：应收保证金——ABC 期货交易所 20 000

贷：应付保证金——某客户 17 500

结算差异 2 500

【例 11-14】 华强期货公司在 ABC 期货交易所进行交易，12 月 13 日收到 ABC 交易所的结算单据，显示当日的结算结果为盈利 50 万元，其中持仓合约的盈利为 40 万元，当日的平仓盈利为 10

万元。华强期货公司与客户的结算结果为平仓盈利 10 万元，对客户的浮动盈亏不划拨资金。华强期货公司根据当日的结算单据进行账务处理：

  借：应收保证金——ABC 期货交易所　　　　　　　　　　500 000

   贷：应付保证金——××客户　　　　　　　　　　　　100 000

    结算差异　　　　　　　　　　　　　　　　　　　　400 000

（七）手续费的核算

【例 11-15】华强期货公司代理某客户在 ABC 期货交易所进行大豆期货交易。12 月 13 日一次性成交 100 手，共 1 000 吨，买入成交价为 2 500 元/吨。ABC 交易所收取大豆合约的交易手续费是 4 元/手。华强期货公司向客户收取手续费为 10 元/手。华强期货公司会计处理如下：

（1）经纪公司从客户保证金账户划转手续费时

  借：应付保证金——某客户　　　　　　　　　　　　　1 000

   贷：应付账款——代收手续费——A 期货交易所　　　　400

    手续费及佣金收入　　　　　　　　　　　　　　　600

（2）ABC 交易所从华强期货公司的结算准备金账户划转手续费时，华强期货公司的会计分录如下：

  借：应付账款——代收手续费——ABC 期货交易所　　　400

   贷：应收保证金——ABC 期货交易所　　　　　　　　400

（3）年底结转营业收入时的会计分录如下：

  借：手续费及佣金收入　　　　　　　　　　　　　　　600

   贷：本年利润　　　　　　　　　　　　　　　　　　600

三、实物交割

（一）实物交割的含义

实物交割是指期货合约的买卖双方于合约到期时，根据交易所制订的规则和程序，通过期货合约标的物的所有权转移，将到期未平仓合约进行了结的行为。商品期货交易中有一些合约会采用实物交割的方式。进入交割期后，卖方提交标准仓单，买方提交足额货款，到交易所办理交割手续。虽然最终进行实物交割的期货合约的比例非常小，但正是这极少量的实物交割将期货市场与现货市场联系起来，为期货市场功能的发挥提供了重要的前提条件。

在期货市场上，实物交割是促使期货价格和现货价格趋向一致的制度保证。当由于过分投机，发生期货价格严重偏离现货价格时，交易者就会在期货、现货两个市场间进行套利交易。当期货价格过高而现货价格过低时，交易者在期货市场上卖出期货合约，在现货市场上买进商品。这样，现货需求增多，现货价格上升，期货合约供给增多，期货价格下降，期现价差缩小；当期货价格过低而现货价格过高时，交易者在期货市场上买进期货合约，在现货市场卖出商品。这样，期货需求增多，期货价格上升，现货供给增多，现货价格下降，使期现价差趋于正常。以上分析表明，通过实物交割，期货、现货两个市场得以实现相互联动，期货价格最终与现货价格趋于一致，使期货市场真正发挥价格"晴雨表"的作用。

（二）实物交割的结算价确定

交割结算价是实物交割商品计价的基础。通常对不同等级、地点的商品还要加上质量升贴水和异地交割仓库与基准交割仓库的升贴水。我国期货合约的交割结算价通常为该合约交割配对日的结算价或该期货合约最后交易日的结算价。

（三）实物交割的一般程序

卖方在交易所规定的期限内将货物运到交易所指定仓库，经验收合格后由仓库开具仓单，再经交易所注册后成为有效仓单，也可以在中场上直接购买有效仓单；进入交割期后，卖方提交有效仓单，买方提交足额货款，到交易所办理交割手续。交易所对买卖双方任何一方的违约，都有一定的罚则。买方在接到货物的一定时间内如果认为商品的数量、质量等各项指标不符合期货合约的规定，可提出调解或仲裁，交易所对此均有明确的程序和处理办法。

由于期货交易不是以现货买卖为目的，而是以买卖合约赚取差价来达到保值的目的，因此，实际上在期货交易中真正进行实物交割的合约并不多。交割过多，表明市场流动性差；交割过少，表明市场投机性强。在成熟的国际商品期货市场上，交割率一般不超过5%，我国期货市场的交割率一般也在3%以下。

实物交割要求以会员名义进行。客户的实物交割需由会员代理，并以会员名义在交易所进行。

实物交割的日期：合约到期月份的16日至20日（节假日顺延）为实物交割期。

（1）买方申报意向。买方在最后交易日（合约交割月份的15日）的下一个工作日的12：00前，向交易所提交所需商品的意向书。内容包括品名、牌号、数量及指定交割仓库名等。

（2）卖方交标准仓单和增值税专用发票。卖方在18日16：00以前将已付清仓储费用的标准仓单及增值税专用发票交交易所。如18日为法定假日则顺延至节假日后的第一个工作日，若是20日，则卖方必须在12：00前完成交割。

（3）交易所分配标准仓单。交易所根据已有资源，向买方分配标准仓单。

不能用于下一期货合约交割的标准仓单，交易所按所占当月交割总量的比例向买方分摊。

（4）买方交款、取单。买方必须在最后交易日14：00前到交易所交付货款，交款后取得标准仓单。

（5）卖方收款。交易所在最后交割日16：00前将货款付给卖方。

（四）实物交割的会计处理

从会计核算角度讲，实物交割包括从合约进入交割月份开始，到实物买卖双方在交易所监督下完成交货、付款的现货交易全过程。交易所涉及的会计核算内容包括：追加交割保证金，按最后交易日的交割结算价作对冲平仓，买方支付交割货款并收到实物商品；卖方提交标准仓单、增值税专用发票并收取交割货款，结转已交割合约占用的交易保证金，处理交割违约，一方违约时交易所公开征购或拍卖交割商品等。

在我国期货市场的发展过程中存在两种不同的交割计算方法，即直接法和间接法。

直接法

在直接法下商品交割的货款=（开仓成交价＋单位升贴水）×实际交割量。其中，实际交割量以卖方所交仓单为准。有的交易所规定对实物交割量的溢短部分按最后交易日（或交易所指定的日期）

的现货结算价进行结算。按此方法计算的交割货款为：

$$买方应付货款=买方合约成交价×合约数量＋最后交易日或指定日的现货结算价$$
$$×（实收数量-合约数量）$$

$$卖方应收货款=卖方合约成交价×合约数量＋最后交易日或指定日的现货结算价$$
$$×（实交数量-合约数量）$$

间接法

在间接法下的实际记账方法与上述不同，由于市场的逐日盯市制度使得买卖双方会员的未平仓合约价格已趋于一致（即每日交易的结算价）。结算价变动引起的盈亏在每日的期货交易账户中已经反映，所以在最后交易日结束后买卖双方发生实物交割时均按最后交易日的结算价作为双方应收或应付的货款。

在间接法下商品交割的货款=（最后交易日结算价＋单位升贴水）×实际交割量。其中，实际交割量以卖方所交仓单为准。有的交易所规定对实物交割量的溢短部分按最后交易日（或交易所指定的日期）的现货结算价进行结算。按此方法计算的交割货款为：

$$买方应付货款=合约最后交易日的结算价×合约数量＋最后交易日或指定日的现货结算价$$
$$×（实收数量-合约数量）$$

$$卖方应收货款=合约最后交易日的结算价×合约数量＋最后交易日或指定日的现货结算价$$
$$×（实交数量-合约数量）$$

按现行制度规定，实物交割统一采用间接法。

期货经纪公司实物交割的会计处理，是通过保证金账户进行的。对于以实物交割了结的合约，先按最后交易日的结算价做对冲平仓处理（参见本章"平仓盈亏的核算"）。代理买方客户进行实物交割的，应依据交割单据按实际支付的交割货款金额，借记"应付保证金"科目，贷记"应收保证金"科目。代理卖方客户进行实物交割的，依据交割单据按实际收到的交割货款，借记"应收保证金"科目，贷记"应付保证金"科目。

实物交割中的违约处理也是实物交割中的一项重要业务。实物交割中出现的违约行为有多种情况，如卖方会员未能在规定的时间内将标准仓单缴至交易所，或提交的仓单出现严重的质量、数量问题等；买方会员未在规定的时间足额将交割货款缴至交易所，也属于违约行为。如有的交易所对于违约者处以成交金额1%～5%的违约金，并处以5‰的罚款。如果是卖方交割违约，由交易所主持在交易所内公开竞价征购，成交价与原合约价差、增值税差、交易手续费等直接经济损失由卖方承担。如果是买方交割违约，交易所可对已交付的实物在交易所内公开拍卖，因拍卖造成的价差、交易手续费、增值税差、仓储费等直接经济损失由买方承担。

期货经纪公司在代理客户进行实物交割时发生的违约罚款，通过"应收风险损失款——客户垫付"科目进行核算。代理客户向交易所交纳交割违约罚款支出时，借记"应收风险损失款——客户垫付"科目，贷记"应收保证金"科目；实际从客户保证金中划转违约罚款支出时，借记"应付保证金"科目，贷记"应收风险损失款——客户垫付"科目。若确定对客户的垫付款不能收回而予以核销时，借记"营业外支出"科目，贷记"应收风险损失款——客户垫付"科目。

1. 代理多头进行实物交割

【例 11-16】华强期货公司代理客户买入 ABC 期货交易所 9 月小麦期货合约 100 手，计 1 000 吨，进入交割月准备进行实物交割。有关资料如下：

（1）第一通知日后交易所将保证金比例一次性提高到 30%。

（2）9 月小麦合约买入时的初始成交价为 1 580 元/吨，在第一通知日前的保证金累计金额为 40 万元。

（3）第一通知日的结算价为 1 550 元/吨，最后交易日的结算价为 1 500 元/吨，前一交易日的结算价为 1 520 元/吨。

（4）交易所要求支付的交割手续费为 25 元/手。

【名词速递】　　　　第一通知日、最后交易日、最后交割日

第一通知日：指进入交割月份的第一个营业日，期货公司会收到交易所的准备交割通知单。第一通知日后，交易所一般会将保证金的水平逐步提高，以保证合约的正常履行，降低交割风险。

最后交易日：指交割月份的某一天，是未平仓合约可以对冲平仓的最后一个交易日，在最后交易日后仍未平仓的合约必须进行实物交割。

最后交割日：指交割期的最后一个工作日，实物交割必须在最后交割日前完成。从第一通知日后的第一个工作日到最后交割日前的一段时间为交割期，此期间内任何一个工作日都可进行实物交割。

对以上经济业务的账务处理如下。

（1）第一通知日后，按交易所规定追加交割保证金。

应缴保证金为 46.5 万元，即 1 550×100×10×30%＝46.5 万元，应追加保证金为 6.5 万元，即 46.5 万元-40 万元=6.5 万元。编制会计分录如下：

借：应收保证金——ABC 期货交易所　　　　　　　　　　65 000

　　贷：银行存款　　　　　　　　　　　　　　　　　　　　　65 000

（2）对准备进行实物交割了结的合约先按最后交易日的结算价对冲平仓。

实现的平仓亏损为 2 万元，即（1 500-1 520）×1 000=-2 万元。实现平仓亏损的会计分录如下：

借：应付保证金——××客户　　　　　　　　　　　　　20 000

　　贷：应收保证金——ABC 期货交易所　　　　　　　　　　20 000

（3）按最后交易日的结算价计算应支付的交割货款。在本例中按最后交易日的结算价计算的交割货款为 150 万元，即 1 500×1 000=150 万元。

各个期货交易所进行实物交割货款的结算方式在具体方法上有所不同，但对于期货公司交割货款的划转方式一般有 3 种。

第一种方式是从结算准备金中向交易所全额划转交割货款。

第二种方式是先将交割合约上占用的交易保证金划转为交割货款，不足部分再从结算准备金账户中划转或用银行存款支付。

第三种方式是全额用银行存款支付。

按第一种方式进行交割货款的支付时，在程序上是先由期货公司向客户收取交割货款，借记"银

行存款"科目，贷记"应付保证金"科目；再将这笔货款划入交易所，借记"应收保证金"科目，贷记"银行存款"科目；最后再通过保证金账户向交易所支付交割货款，在本例中实际向交易所支付交割货款时的会计分录如下：

借：应付保证金——××客户   1 500 000

       贷：应收保证金——ABC 期货交易所   1 500 000

按这种方式进行实物交割了结交易后，期货交易所在结算上还会将原合约占用的保证金，从交易所的交易保证账户转入结算准备金账户中，但这种业务无需期货公司做出账务处理。

按第二种方式进行交割货款的支付时，在程序上是先将原合约占用的保证金结转为交割货款，这笔业务无需期货公司做出账务处理。对于用保证金支付后交割货款的不足部分，期货交易所会从期货公司的保证金账户中予以划转（将结算准备金划转为交易保证金），这笔业务也无需期货公司做出账务处理；不足部分由期货公司用银行存款支付时，借记"应收保证金"科目，贷记"银行存款"科目。在本例中以前交易日累计已支付的保证金为 46.5 万元，实际应支付的交割货款为 150 万元，差额为 103.5 万元。这部分差额若由期货交易所从保证金账户上划转，期货公司无需做会计分录。这部分差额若由期货公司以银行存款支付，编制会计分录如下：

借：应收保证金——ABC 期货交易所   1 035 000

       贷：银行存款   1 035 000

这种方式进行实物交割了结交易后，交割合约原占用的保证金已全部转为了交割货款。不再有保证金结转的问题。

按第三种方式进行交割货款的支付时，是先由期货公司向客户收取货款，借记"银行存款"科目，贷记"应付保证金"科目，然后再由期货公司向期货交易所付款。在本例中，期货公司以银行存款向期货交易所付款时，编制会计分录如下：

借：应收保证金——ABC 期货交易所   1 500 000

       贷：银行存款   1 500 000

按这种方式进行实物交割了结交易后，交易所在结算上还会将原合约占用的保证金，从交易所的交易保证账户转入结算准备金账户中，但这种业务期货公司无需进行账务处理。

（4）按期货交易所的交割规定，期货公司应向期货交易所缴纳交割手续费 2 500 元，即 100×25=2 500 元，作为应付账款处理，编制会计分录如下：

借：应付账款——代收手续费——ABC 期货交易所   2 500

       贷：应收保证金——ABC 期货交易所   2 500

2. 代理空头进行实物交割

【例 11-17】华强期货公司持有 ABC 期货交易所 7 月空头大豆合约 100 手，计 1 000 吨，进入交割期准备进行实物交割。有关资料如下：

（1）进入交割月的第一个工作日交易所将保证金比例一次性提高到 30%。

（2）7 月大豆期货合约卖出时的初始成交价为 2 500 元/吨，在交割月前一交易日保证金余额为 60 万元。

（3）交割月第一交易日的结算价为 2 300 元/吨。最后交易日的交割结算价为 2 280 元/吨，最后交易日前一交易日的结算价为 2 290 元/吨。

（4）交易所要求支付的交割手续费为 4 元/吨。

以上经济业务的账务处理如下：

（1）交割月第一交易日，按交易所规定追加交割保证金。应缴纳的保证金为 69 万元，即 100×10×2 300×30%= 69 万元，需要追加的保证金为 69 万元-60 万元= 9 万元。追加保证金编制会计分录如下：

借：应收保证金——ABC 期货交易所　　　　　　　　　　　90 000

　　贷：银行存款　　　　　　　　　　　　　　　　　　　　90 000

（2）对准备进行实物交割了结的合约按最后交易日的交割结算价先做对冲平仓处理，实现的平仓盈利为 1 万元，即（2 290-2 280）×1 000=1 万元。编制会计分录如下：

借：应收保证金——ABC 期货交易所　　　　　　　　　　　10 000

　　贷：应付保证金——××客户　　　　　　　　　　　　　10 000

合约对冲平仓后，交易所将原合约占用的保证金从交易保证金账户转入结算准备金账户，对此业务期货公司无需做账务处理。

（3）按最后交易日的交割结算价计算应收取的交割货款 228 万元，即 2 280×1 000=228 万元。

期货交易所向卖方会员支付交割货款的方式有两种，第一种方式是期货交易所直接向卖方会员开出银行支票；第二种方式是期货交易所通过会员单位的保证金账户进行划转，第二种方式比较常用。

在第一种方式下，期货公司实际收到期货交易所支付的交割货款时，编制会计分录如下：

借：银行存款　　　　　　　　　　　　　　　　　　　　2 280 000

　　贷：应付保证金——××客户　　　　　　　　　　　　2 280 000

在第二种方式下，期货公司实际收到期货交易所划转的交割货款时，编制会计分录如下：

借：应收保证金——ABC 期货交易所　　　　　　　　　2 280 000

　　贷：应付保证金——××客户　　　　　　　　　　　　2 280 000

（4）按期货交易所的交割规定，期货公司应向期货交易所缴纳交割手续费 4 000 元，即 1 000×4= 4 000 元。作为应付账款处理，编制会计分录如下：

借：应付账款——代收手续费——ABC 期货交易所　　　　4 000

　　贷：应收保证金——ABC 期货交易所　　　　　　　　　4 000

3. 交割违约的处理

在实物交割过程中，因出现数量、质量、付款时间等方面的违约行为，交易所通常按规定对责任方实施交割违约罚款。

【例 11-18】德利期货公司代理买方客户在 DEF 期货交易所进行实物交割，标的物为 9 月到期的小麦期货合约 20 手，计 200 吨，按 DEF 期货交易所计算的货款 30 万元。在最后交割日因客户资金不足，德利期货公司推迟了向 DEF 期货交易所支付货款。按 DEF 期货交易所规定，对德利期货公司处以 3%（计 6 600 元）的违约金和 5‰（计 1 100 元）的罚款。有关业务的账务处理如下：

（1）DEF 期货交易所从德利期货公司结算准备金账户中划转这笔违约金及罚款时，德利期货公司编制会计分录如下：

借：应收风险损失款——客户罚款　　　　　　　　　　　　　　　　　7 700
　　贷：应收保证金——DEF 期货交易所　　　　　　　　　　　　　　　7 700

（2）客户归还德利期货公司为其垫付的交割违约款时，德利期货公司从客户保证金账户中划转，编制会计分录如下：

借：应付保证金——客户　　　　　　　　　　　　　　　　　　　　　7 700
　　贷：应收风险损失款——客户罚款　　　　　　　　　　　　　　　　7 700

（3）若经确认客户不能归还德利期货公司为其垫付的交割违约款，予以核销时，编制会计分录如下：

借：风险准备　　　　　　　　　　　　　　　　　　　　　　　　　　7 700
　　贷：应收风险损失款——客户罚款　　　　　　　　　　　　　　　　7 700

（五）提取和使用期货风险准备的核算

【例 11-19】华强期货公司 10 月代理期货业务得到的手续费净收入为 80 万元，按 5% 的比例提取风险准备金。编制会计分录如下：

借：业务及管理费——提取期货风险准备　　　　　　　　　　　　　　40 000
　　贷：风险准备　　　　　　　　　　　　　　　　　　　　　　　　　40 000

【例 11-20】Z 客户林明向华强期货公司下达交易指令，买入 ABC 期货交易所的 10 月大豆期货 100 手，共 1 000 吨，指定价格为 2 200 元/吨。但下单员错输成了 2 300 元/吨，此笔错单在当天收市后被发现。按华强期货公司的规定在第二天开市后尽快进行对冲平仓，平仓成交价为 2 250 元/吨。错单交易造成的损失经批准后由下单员承担 50%，其余 50% 以风险准备金弥补。编制会计分录如下：

（1）错单合约平仓产生亏损=（2 300-2 250）×1 000 = 5 万元

借：应付保证金——Z 客户　　　　　　　　　　　　　　　　　　　50 000
　　贷：应收保证金——ABC 期货交易所　　　　　　　　　　　　　　50 000

（2）对批准后的弥补方案处理如下。

借：其他应收款——下单员　　　　　　　　　　　　　　　　　　　25 000
　　风险准备　　　　　　　　　　　　　　　　　　　　　　　　　25 000
　　贷：应付保证金——Z 客户　　　　　　　　　　　　　　　　　　50 000

【例 11-21】华强期货公司代理客户在 ABC 期货交易所进行铝期货交易，因客户对市场变化判断失误，导致损失 60 万元，由期货公司先为客户垫付。编制会计分录如下：

（1）为客户垫付款项时

借：应收风险损失款——客户垫款　　　　　　　　　　　　　　　　600 000
　　贷：应收保证金——ABC 期货交易所　　　　　　　　　　　　　600 000

（2）为客户垫付的款项确认无法收回予以核销时

借：风险准备　　　　　　　　　　　　　　　　　　　　　　　　600 000
　　贷：应收风险损失款——客户垫款　　　　　　　　　　　　　　600 000

金融期货业务的核算

一、金融期货简介

（一）金融期货的定义

金融期货（Financial Futures）是指交易双方在金融市场上，以约定的时间和价格买卖某种金融工具的具有约束力的标准化合约。金融期货交易是指交易者在特定的交易所通过公开竞价方式成交，承诺在未来特定日期或期间内，以事先约定的价格买入或卖出特定数量的某种金融商品的交易方式。金融期货交易具有期货交易的一般特征，但与商品期货相比，其合约标的物不是实物商品，而是金融商品，如外汇、债券、股票指数等。

金融期货交易产生于 20 世纪 70 年代的美国资本市场。人类历史上第一份金融期货合约是 1972 年美国芝加哥商业交易所推出的外汇期货，包括英镑、加拿大元、西德马克、法国法郎、日元和瑞士法郎期货合约。至今不过只有短短四十余年的历史，远不如商品期货的历史悠久，但其发展速度却比商品期货快得多。金融期货交易已成为金融市场的主要内容之一，在许多重要的金融市场上，金融期货交易量甚至超过了其基础金融产品的交易量。随着全球金融市场的发展，金融期货日益呈现国际化特征，世界主要金融期货市场的互动性增强，竞争也日趋激烈。

（二）金融期货的基本特征

金融期货交易（Financial Futures Transaction）作为买卖标准化金融商品期货合约的活动是在高度组织化的有严格规则的金融期货交易所进行的。金融期货交易的基本特征可概括如下。

1. 交易的标的物是金融商品

这种交易对象大多是无形的、虚拟化了的证券，它不包括实际存在的实物商品。

2. 金融期货是标准化合约的交易

作为交易对象的金融商品，其收益率和数量都具有同质性、不交性和标准性，如币别、交易金额、清算日期、交易时间等都作了标准化规定，唯一不确定的是成交价格。

3. 金融期货交易采取公开竞价决定买卖价格

它不仅可以形成高效率的交易市场，而且透明度、可信度高。

4. 金融期货交易实行会员制度

非会员要参与金融期货的交易必须通过会员代理，由于直接交易限于会员之间，而会员同时又是结算会员，缴纳保证金，因而交易的信用风险较小，安全保障程度较高。

5. 交割期限的规格化

金融期货合约的交割期限大多是三个月、六个月、九个月或十二个月，最长可达两年，交割期限内的交割时间随交易对象而定。

（三）金融期货与商品期货的区别

（1）金融期货没有实际的标的资产（如股指期货等），而商品期货交易的对象是具有实物形态的商品，例如，农产品、金属等。

（2）金融期货的交割具有极大的便利性。商品期货的交割比较复杂，除了对交割时间、地点、交割方式都有严格的规定以外，对交割等级也要进行严格划分。而金融期货的交割一般采取现金结算，因此要简便得多。此外，即使有些金融期货（如外汇期货和债券期货）发生实物交割，但由于这些产品具有同质性以及基本上不存在运输成本。

（3）有些金融期货适用的到期日比商品期货要长，美国政府长期国库券的期货合约有效期限可长达数年。

（4）持有成本不同。将期货合约持有到期满日所需的成本费用即持有成本，包括贮存成本、运输成本、融资成本。各种商品需要仓储存放，需要贮存费用，金融期货合约不需要贮存费用。如果金融期货的标的物存放在金融机构，则还会有利息。例如，股票的股利、债券与外汇的利息等，有时这些利息会超出存放成本，产生持有收益，即负持有成本。

（5）金融期货的交割价格盲区大大缩小。在商品期货中，由于存在较大的交割成本，这些交割成本给多空双方均带来一定的损耗。在金融期货中，由于不存在运输成本和入库出库费，这种价格盲区就大大缩小了。

（6）金融期货中逼仓行情难以发生。在商品期货中，有时会出现逼仓行情，它通常表现为期现价格存在较大的差异，并且超过了合理的范围。更严重的逼仓是操纵者同时控制现货和期货。金融期货中逼仓行情之所以难以发生，首先是因为金融现货市场是一个庞大的市场，庄家不易操纵；其次是因为强大的期现套利力量的存在，他们将会埋葬那些企图发动逼仓行情的庄家；最后，一些实行现金交割的金融期货，期货合约最后的交割价就是当时的现货价，这等于是建立了一个强制收敛的保证制度。

（四）金融期货交易与金融现货交易的区别

金融现货如债券、股票是对某些特别标的物具有产权，而金融期货是金融现货的衍生品。现货交易的发展和完善为金融期货交易打下了基础。同时，金融期货交易也是现货交易的延伸和补充。二者的差异主要有以下几点。

1. 交易目的不同

金融现货买卖属于产权转移，而期货交易则着眼于风险转移和获取合理或超额利润，大部分金融期货交易的目的不在于实际获取现货。

2. 价格决定不同

现货交易一般采用一对一谈判决定成交价格，而期货交易必须集中在交易所里以公开拍卖竞价的方式决定成交价格。

3. 交易制度不同

交易制度的不同主要表现在：现货可以长期持有，而期货则有期限的限制；期货交易可以买空卖空，而现货只能先买后卖；现货交易是足额交易，而期货交易是保证金交易，因而风险较高；另外，期货交易价格波动受每日最大涨跌幅的限制。

4. 交易的组织化程度不同

现货交易的地点和时间没有严格规定，期货交易严格限制在交易大厅内进行；现货交易信息分散，透明度低，而期货交易比较集中，信息公开，透明度高；期货交易有严格的交易程序和规则，具有比现货市场更强的抗风险能力。

（五）金融期货的分类

1. 利率期货

利率期货是指以利率为标的物的期货合约。世界上最先推出的利率期货是于 1975 年由美国芝加哥商业交易所推出的美国国民抵押协会的抵押证期货。利率期货主要包括以长期国债为标的物的长期利率期货和以两个月短期存款利率为标的物的短期利率期货。

2. 货币期货

货币期货指以汇率为标的物的期货合约。货币期货是适应各国从事对外贸易和金融业务的需要而产生的，目的是借此规避汇率风险，1972 年美国芝加哥商业交易所的国际货币市场推出第一张货币期货合约并获得成功。其后。英国、澳大利亚等国相继建立货币期货的交易市场，货币期货交易成为一种世界性的交易品种。国际上货币期货合约交易所涉及的货币主要有英镑、美元、德国马克、日元、瑞士法郎、加拿大元、法国法郎、澳大利亚元以及欧洲货币单位等。

3. 股票指数期货

股票指数期货指以股票指数为标的物的期货合约。股票指数期货是目前金融期货市场最热门和发展最快的期货交易。股票指数期货不涉及股票本身的交割，其价格根据股票指数计算，合约以现金清算形式进行交割。

4. 外汇期货

外汇期货指交易双方约定在未来某一时间，依据约定的比例，以一种货币交换另一种货币的标准化合约的交易。是指以汇率为标的物的期货合约，用来回避汇率风险。它是金融期货中最早出现的品种。随着国际贸易的发展和世界经济一体化进程的加快，外汇期货交易一直保持着旺盛的发展势头。它不仅为广大投资者和金融机构等经济主体提供了有效的套期保值的工具，而且也为套利者和投机者提供了新的获利手段。

5. 国债期货

国债期货指通过有组织的交易场所预先确定买卖价格并于未来特定时间内进行钱券交割的国债派生交易方式。国债期货属于金融期货的一种，是一种高级的金融衍生工具。它是在 20 世纪 70 年代美国金融市场不稳定的背景下，为满足投资者规避利率风险的需求而产生的。

二、股指期货

（一）股指期货的概念

股指期货（Stock Index Futures）是指以股票价格指数为交易标的物的一种标准化期货合约，双方约定在未来的某个特定日期，可以按照事先确定的股价指数的大小，进行标的指数的买卖。合约的价格为当前市场股价指数乘以每一点所代表的金额，股指期货的交割采用现金形式，而不用股票。

（二）股指期货的特点

1. 跨期性

股指期货是交易双方通过对股票指数变动趋势的预测，约定在未来某一时间按照一定条件进行交易的合约。

2. 杠杆性

股指期货交易不需要全额支付合约价值的资金，只需要支付一定比例的保证金就可以签订较大价值的合约。

3. 联动性

股指期货的价格与其标的资产——股票指数的变动联系极为紧密。股票指数是股指期货的基础资产，对股指期货价格的变动具有很大影响。

4. 风险性

股指期货的杠杆性决定了它具有比股票市场更高的风险性。此外，股指期货还存在着特定的市场风险、操作风险、现金流风险等。

（三）股指期货的基本制度

1. 保证金

投资者在进行期货交易时，必须按照其买卖期货合约价值的一定比例来缴纳资金，作为履行期货合约的财力保证，然后才能参与期货合约的买卖。这笔资金就是我们常说的保证金。

2. 结算制度

每日无负债结算制度也称为"逐日盯市"制度，简单来说，就是期货交易所要根据每日市场的价格波动对投资者所持有的合约计算盈亏并划转保证金账户中相应的资金。

期货交易实行分级结算，交易所首先对其结算会员进行结算，结算会员再对非结算会员及其客户进行结算。交易所在每日交易结束后，按当日结算价结算所有未平仓合约的盈亏、交易保证金及手续费、税金等费用，对应收应付的款项同时划转，相应增加或减少会员的结算准备金。

交易所将结算结果通知结算会员后，结算会员再根据交易所的结算结果对非结算会员及客户进行结算，并将结算结果及时通知非结算会员及客户。若经结算，会员的保证金不足，交易所应立即向会员发出追加保证金通知，会员应在规定时间内向交易所追加保证金。若客户的保证金不足，期货公司应立即向客户发出追加保证金通知，客户应在规定时间内追加保证金。投资者可在每日交易结束后上网查询账户的盈亏，确定是否需要追加保证金或转出盈利。

3. 涨跌停板制度

涨跌停板制度主要用来限制期货合约每日价格波动的最大幅度。根据涨跌停板的规定，某个期货合约在一个交易日中的交易价格波动不得高于或者低于交易所事先规定的涨跌幅度，超过这一幅度的报价将被视为无效，不能成交。一个交易日内，股指期货的涨幅和跌幅限制设置为10%。

涨跌停板一般是以某一合约上一交易日的结算价为基准确定的，也就是说，合约上一交易日的结算价加上允许的最大涨幅构成当日价格上涨的上限，称为涨停板，而该合约上一交易日的结算价格减去允许的最大跌幅则构成当日价格下跌的下限，称为跌停板。

4. 限额制度

期货交易所为了防范市场操纵和少数投资者风险过度集中的情况，对会员和客户手中持有的合约数量上限进行一定的限制，这就是持仓限额制度。限仓数量是指交易所规定结算会员或投资者可以持有的、按单边计算的某一合约的最大数额。一旦会员或客户的持仓总数超过了这个数额，交易所可按规定强行平仓或者提高保证金比例。

5. 强行平仓制度

强行平仓制度是与持仓限制制度和涨跌停板制度等相互配合的风险管理制度。当交易所会员或客户的交易保证金不足并未在规定时间内补足，或当会员或客户的持仓量超出规定的限额，或当会员或客户违规时，交易所为了防止风险进一步扩大，将对其持有的未平仓合约进行强制性平仓处理，这就是强行平仓制度。

6. 大户报告制度

大户报告制度是指当投资者的持仓量达到交易所规定的持仓限额时，应通过结算会员或交易会员向交易所或监管机构报告其资金和持仓情况。

7. 结算担保金制度

结算担保金是指由结算会员依交易所的规定缴存的，用于应对结算会员违约风险的共同担保资金。当个别结算会员出现违约时，在动用完该违约结算会员缴纳的结算担保金之后，可要求其他会员的结算担保金要按比例共同承担该会员的履约责任。结算会员联保机制的建立确保了市场在极端行情下的正常运作。

结算担保金分为基础担保金和变动担保金。基础担保金是指结算会员参与交易所结算交割业务必须缴纳的最低担保金数额。变动担保金是指结算会员随着结算业务量的增大，须向交易所增缴的担保金部分。

（四）股指期货的两项功能

1. 套期保值

投资者买进或卖出股票指数期货合约，并以此补偿因股票现货市场价格变动带来的实际损失。具体包括：

（1）为持有股票的投资者套期，具体做法是在期货市场卖出股指期货合约，以期在股市价格走低时以股指期货盈利弥补股票现货减值造成的损失；

（2）为预期股票投资套期，具体做法是买进股指期货合约，以期在股市走高多支购股成本时以期货盈利弥补，从而锁定投资成本；

（3）对拟发行股票套期，具体做法是卖出股指期货合约，以期在股市走低发行股票少收入现金时以期货盈利弥补，从而锁定发行收入。

2. 投机套利

利用股指期货价格本身的波动或者相关股期货合约之间、期货与现货之间的价格波动赚取收益的交易行为。

（五）我国的股指期货

2010 年 4 月 16 日，首批 4 个沪深 300 指数期货合约挂牌交易，这意味着我国金融期货在沉寂了近 15 年后再次登上资本市场舞台。

长期以来，我国股票市场盈利模式单一，投资者买入股票，只有股票价格上涨，投资者才能赚钱。缺乏做空机制也使得国内股票市场操纵之风盛行，庄家和一些大的机构利用自己的资金和信息优势，拉抬股价使股票价格长期偏离其正常的价值范围，导致股市系统性风险积聚，加大股票投资者风险。股指期货在丰富投资者资产组合的同时，也防止了系统性风险的积聚，股指期货提供了一个内在的平衡机制，促使股票指数在更合理的范围内波动。

股指期货上市以来，期现指数波动的一致性以及成熟的成交持仓比充分反映了成熟市场的特性。投资者开户参与率自初期的 50% 上升至当前的 80% 左右，标的指数波动率的环比降幅创历史新高，期间各合约运行平稳，到期交割日效应从未发生，种种现象表明国内金融期货市场正在稳步向前发展，表 11-1 列举为沪深 300 指数期货合约表。

表 11-1   沪深 300 指数期货合约表

合约标的	沪深 300 指数
合约乘数	每点 300 元
报价单位	指数点
最小变动价位	0.2 点
合约月份	当月、下月及随后两个季度
交易时间	上午：9：15-11：30，下午：13：00-15：15
最后交易日交易时间	上午：9：15-11：30，下午：13：00-15：00
每日价格最大波动限制	上一个交易日结算价的 ±10%
最低交易保证金	合约价值的 12%
最后交易日	合约到期月份的第三个周五，遇国家法定假日顺延
交割日期	同最后交易日
交割方式	现金交割
交易代码	IF
上市交易所	中国金融期货交易所

三、股指期货会计核算

（一）会计处理要点

股指期货作为衍生金融工具，其确认和计量的具体账务处理，涉及新会计准则中的《金融工具确认和计量》《金融资产转移》《套期保值》和《金融工具列报》等几个准则及其应用指南，以及应用指南所附"会计科目和主要账务处理"的"衍生工具""套期工具"等若干会计科目的使用说明。凡有股指期货投资的企业，应设置"衍生工具""公允价值变动损益""投资收益"等科目；将股指期货指定为套期工具的，应相应地加设"套期工具""被套期项目"等科目。

1. 科目确认

（1）初始确认（立仓）。企业买入或卖出股指期货合约，应按支付的保证金，借"衍生工具"科目；按发生的相关税费，借"投资收益"科目；按支付的款项，贷"银行存款"等科目。

（2）后续确认（持仓）。在以后的资产负债表日，买入股指期货合约，如果股市上扬（指股指期货市价，下同），应按持仓盈利，借"衍生工具"科目，贷"公允价值变动损益"科目；如果股市下跌，则应按持仓亏损作相反分录。如果因持仓亏损而按结算机构的通知追加保证金，则应借"衍生工具"科目，贷"银行存款"等科目。卖出股指期货合约，如果股市上扬，应按持仓亏损，借"公允价值变动损益"科目，贷"衍生工具"科目；按结算机构通知追加保证金时，借"衍生工具"科目，贷"银行存款"等科目。如果股市下跌，则应按持仓盈利，做相反分录。

（3）终止确认（平仓）。股指期货以卖出或买入相同合约对冲平仓，或临期以现金交割平仓，除客户全部保证金余额不足以交付平仓亏损及相关税费，因此需要另外缴付结算准备金（分录同交付保证金）的情况外，一般情况下，平仓时客户都可以收回全部或部分保证金，平仓费用也可从应退保证金中扣除。因此，确认平仓时，按实际收到的保证金，借"银行存款"等科目，按平仓前股指期货的账面余额，贷"衍生工具"科目，按其差额，贷（或借）"投资收益"科目。同时，将原确认的持仓盈亏转入投资损益，借（或贷）"公允价值变动损益"科目，贷（或借）"投资收益"科目。

2. 会计计量

股指期货初始确认时，应按照合约的公允价值计量、相关交易费用直接计入当期损益。在初始确认后的后续计量中，仍采用公允价值计量，且不扣除将来处置该金融资产时可能发生的交易费用。

根据《金融工具确认和计量》规定，股指期货合约持仓阶段利得或损失的确认，按照公允价值变动进行计量。由于持有股指期货合约的目的有套期保值和投机套利两种，因而对公允价值变动产生损益的处理也就有所不同。

对用于套期保值的股指期货合约，其意图在于避免或冲销被保值项目所面临的风险，会计上应重点反映其规避风险的效果。套期保值有公允价值套期和现金流套期两种。《企业会计准则第 24 号——套期保值》对"公允价值套期"规定：若套期工具为衍生工具的，套期工具公允价值变动形成的利得或损失应当计入当期损益，被套期项目因风险形成的利得或损失应当计入当期损益，同时调整其账面价值。这样，用于套期保值的股指期货合约与被保值项目的价值变动就能够相互匹配。而对"现金流量套期"，如对未来将进行的股票交易进行套期保值，则经确定为有效套期保值的股指期货部分，应通过权益变动表直接在权益中确认，无效部分的利得或损失立即计入当期损益。在被套期项目实际发生并确认资产或负债时，应将在权益中确认的相关利得或损失转出，计入该资产或负债的初始成本。

对用于投机套利的股指期货合约，其目的是获取差价利润，会计核算的重点是及时揭示和反映持仓损益的变动情况，所以要将公允价值变动形成的损益在当期予以确认。

股指期货合约进行平仓时，企业应终止确认该金融资产或金融负债，将收到的款项加上前期调整项目之和，与转让的资产账面金额之间的差额计入当期损益。若是部分终止，企业应按照各自的相对公允价值进行分摊计算，终止确认部分的账面价值与支付的对价（包括转出的非现金资产或承担的新金融负债）之间的差额。

3. 盈亏计算

持仓盈亏即持仓损益，指一定期间内股指期货因市场价格变动对投资者造成的利得或损失。其计算公式为：

　　　　买入股指合约的持仓盈亏=本期最后交易日的结算价格（指数点位）×合约乘数

　　　　　　　　　　　　　　　×合约份数（手）-股指期货末调整前账面余额

　　或者

　　　　买入股指合约的持仓盈亏=（上期最后交易日的结算价格-本期最后交易日结算价格）

　　　　　　　　　　　　　　　×合约乘数×合约份数（手）

　　　　卖出股指期货的持仓盈亏=股指期货期末调整前账面余额-本期最后交易日结算价格

　　　　　　　　　　　　　　　×合约乘数×合约份数（手）

　　或者

　　　　卖出股指期货的持仓盈亏=（本期最后交易日结算价格-上期最后交易日结算价格）

　　　　　　　　　　　　　　　×合约乘数×合约份数（手）

计算平仓盈亏，包括交割平仓的盈亏，与以上计算公式基本相同，不同点只是"本期最后交易日结算价格"应改为"平仓价格"。

（二）业务举例

【例 11-22】在某期货公司开户的 Y 客户预计近期股市会上涨，于 20×2 年 6 月 10 日购入沪深 300 指数期货合约 10 手，当天的沪深 300 指数为 3 000 点，每份沪深 300 指数期货合约的价值为指数乘以 300 元，即 3 000×300=90 万元。6 月底，沪深 300 指数上涨至 3 400 点。7 月底，Y 客户卖出股指期货合约时沪深 300 指数回落为 3 300 点，假设股指期货保证金为合约价值的 12%。

（1）货公司会计处理如下（不考虑手续费）。

① 6 月 10 日，收到 Y 客户缴纳的保证金 110 万元时

借：银行存款　　　　　　　　　　　　　　　　　　　　　　1 100 000

　　贷：应付保证金——Y 客户　　　　　　　　　　　　　　　　　1 100 000

② 购入股指期货合约时，Y 客户在经纪公司的保证金专户中有足额存款，足够支付新开仓合约的保证金，经纪公司与客户间无账务处理的必要。

③ 6 月底 E 客户的合约共盈利 120 万元[=（3 400-3 000)×300×10]，保证金余额完全可以维持期货合约的存在，无需做账务处理。

④ 7 月底 Y 客户平仓时，该合约共盈利：（3 300-3 000）×300×10=90 万元

借：应收保证金——××期货交易所　　　　　　　　　　　　　900 000

　　贷：应付保证金——Y 客户　　　　　　　　　　　　　　　　　900 000

（2）Y 客户会计处理如下（假设发生手续费 0.5 万元）。

① 6 月 10 日，向期货公司缴纳保证金 110 万元

借：应收保证金——××期货公司　　　　　　　　　　　　　1 100 000

　　贷：银行存款　　　　　　　　　　　　　　　　　　　　　　1 100 000

② 购入股指期货合约时

借：衍生工具——股指期货（成本）   1 080 000

    投资收益——交易费用   5 000

      贷：应收保证金——××期货公司   108.5 万元

③ 6 月底该合约盈利 120 万元=（3 400-3 000）×300×10

借：衍生工具股指期货（公允价值变动）   1 200 000

      贷：公允价值变动损益   1 200 000

④ 7 月底该合约共亏损 30 万元=（3 400-3 300）×300×10

借：公允价值变动损益   300 000

      贷：衍生工具——股指期货（公允价值变动）   300 000

⑤ E 客户卖出股指期货合约

借：应收保证金——××期货公司   1 980 000

      贷：衍生工具——股指期货（成本）   1 080 000

         衍生工具——股指期货（公允价值变动）   900 000

借：公允价值变动损益   900 000

      贷：投资收益   900 000

⑥ 收回股指期货保证金

借：银行存款   1 995 000

      贷：应收保证金——××期货公司   1 995 000

【名词速递】   **衍生工具**

    本科目属于共同类（或资产负债类）会计科目，核算企业衍生金融工具业务中的衍生金融工具的公允价值及其变动所形成的衍生资产或衍生负债。（衍生工具作为套期工具的，在"套期工具"科目核算）本科目应当按照衍生金融工具类别，分别以"成本"和"公允价值变动"进行明细核算。本科目期末借方余额，反映企业衍生金融工具形成的资产的公允价值；本科目期末贷方余额，反映企业衍生金融工具形成的负债的公允价值。

【例 11-23】李明在 ABC 期货公司开户做股指期货，预计近期股市会下跌，于 20×2 年 9 月 15 日存入保证金 190 万元，卖出沪深 300 指数期货合约 20 手。当天的沪深 300 指数为 2 600 点，每份沪深 300 指数期货合约的价值为指数乘以 300 元，即 2 600×300=78 万元。9 月底，沪深 300 指数下跌至 2 400 点。10 月底，李明买入股指期货合约时沪深 300 指数下跌至 2 250 点。假设股指期货保证金为合约价值的 12%。

ABC 期货公司会计处理如下（不考虑手续费）。

（1）9 月 15 日，收到客户李明缴纳的保证金 190 万元时

借：银行存款   1 900 000

      贷：应付保证金——李明   1 900 000

（2）卖出股指期货合约时，客户李明在 ABC 期货公司的保证金专户中有足额存款，足够支付新开仓合约的保证金，期货公司与客户间无需账务处理。

（3）9 月底客户李明的合约共盈利 120 万元=（2 600-2 400）×300×20，保证金余额完全可以维持期货合约的存在，无需做会计处理。

（4）10 月底客户李明买入合约平仓时，该合约共盈利 210 万元（（2 600-2 250）×300×20）

借：应收保证金——ABC 期货交易所　　　　　　　　　　　　2 100 000
　　贷：应付保证金——李明　　　　　　　　　　　　　　　　　2 100 000

思 考 题

1．期货合约的特点有哪些？
2．期货在交易方面有哪些特点？
3．期货市场的功能有哪些？
4．设立期货公司有哪些条件？
5．期货公司的每日结算制度有哪些具体规定？
6．如何对期货公司的风险准备金进行会计核算？
7．期货公司实物交割的会计核算有哪些步骤？
8．金融期货与商品期货的区别有哪些？
9．如何对股指期货进行会计核算？

信托业务的核算 | 第十二章

【教学目标】

通过本章教学，能使学生了解信托的概念、信托业务的种类及信托业务的特点；掌握信托存款与委托存款、信托贷款与委托贷款、信托投资与委托投资的会计核算；掌握其他信托业务及信托损益的核算。

【引例】

继 2013 年 11 月在无锡阳山发行首单"双合作社"模式土地信托后仅一周有余，北京国际信托有限公司（下称"北京信托"）日前在江苏省句容市后白镇又成立北京信托•金色田野土地信托 1-5 号五只土地信托（下称"金色田野系列"），受托土地规模达 9928.46 亩。

不同于现有土地信托将土地租赁给单一专业种植单位的做法，金色田野系列土地信托的最终目的是实现土地面向专业大户、家庭农场、农民合作社、农业企业的多元流转。该项目信托经理介绍，该土地信托的具体操作模式是农民以土地经营权作为出资入股土地合作社，再由土地合作社以土地经营权在北京信托设立财产权信托。然后，北京信托将把信托土地租赁给句容市新农村发展实业有限公司（下称"句容新农公司"）。根据对市场前景的预判，未来信托土地上将进行高效生态农业、观光农业与综合农业开发，建设包括有机果品园、有机草莓园、绿色无公害果品园、绿色无公害草莓园及休闲农业观光养生设施等。

至此，金色田野系列与此前无锡阳山的土地信托并无太大区别。而不同的是，此后，句容新农公司将围绕信托土地开展农地平整与增肥、农田水利设施建设、农产品物流基地建设、销售网络建设、农机服务、农技服务，为农业生产创造基础条件。在此基础上，句容新农公司将根据适时的实际情况将整理完毕的农用地流转至专业大户、家庭农场、农民合作社及农业企业等多元化的农业生产主体，这些主体可以根据其种植优势及种植意愿在信托土地上开展具体的农业生产活动。

第一节 信托业务概述

信托与银行、证券、保险并称为金融业的四大支柱，简单地说，就是"受人之托、代人理财"的一种特定财产管理制度和法律行为。一般认为，现代信托制度起源于英国，却在美国得到发展和盛行。信托作为典型的非银行金融机构，对社会经济的发展具有非常重要的作用，同时也具有金融业的高风险性。

我国的信托制度最早诞生于 20 世纪初，由于当时中国处于半殖民地半封建的情况下，信托业得以生存与发展的经济基础极其薄弱，信托业难有作为。我国信托业的真正发展开始于改革开放，是改革开放的产物。1978 年改革初期，百废待兴，许多地区和部门对建设资金产生了极大的需求，为适应全社会对融资方式和资金需求的多样化，1979 年 10 月，我国第一家信托机构——中国国际信托投资公司经国务院批准诞生了。它的诞生标志着我国现代信托制度进入了新的纪元，也极大地促进了我国信托业的发展。

一、信托的概念

信托是指委托人基于对受托人的信任，将其财产委托给受托人，由受托人按委托人的意愿，以自己的名义，为受益人的利益或者特定目的进行管理或者处分的行为。信托是社会经济发展到一定阶段的产物，是随着商品货币关系的发展而发展的。信托是以资产为核心，以信任为基础，以委托为方式的财产管理制度。

信托是多边信用关系，必须具备委托人、受托人、受益人三方当事人。委托人是信托财产的所有者，他提出信托要求是信托行为的起点。受托人是有经营能力的信托机构，它通过自身经营的信托业务满足委托人的要求，使受益人获利，它是信托行为的桥梁。受益人是信托关系中得到实际利益的一方，他可以是委托人自身，也可以是委托人指定的第二者或不确定的多数人，也可同时为委托人和第三者，是信托行为的终点。

信托有广义信托和狭义信托之分。广义信托包括信托和代理两类业务。它们同样都是财产代为管理制度，信托机构也都办理这两类业务。但严格地说，信托与代理是不同的，从当事人来看，信托有三个当事人，而代理只有两个当事人，即代理人和被代理人，代理人也称受托人，被代理人也称委托人；从财产上看，信托需要转移财产权，代理则不需要转移财产权；从权限上看，信托业务中受托人以自己的名义从事业务，并有较大的权限，而代理业务中代理人以被代理人的名义从事业务，直接受被代理人的制约。狭义信托仅仅指财产所有权需要转移的信托业务，即我们在信托定义里所规定的信托。金融信托是一种具有融资和融物以及融资与财产管理相结合性质的信托业务，是金融业的一个重要组成部分。金融信托的标的物主要是委托人的资金或财产等。

二、信托业务的种类

由于划分信托业务种类的标准不同，信托业务的种类非常繁多，无论信托种类如何划分，每一种划分都只是从一个方面反映了信托业务的性质，每种划分方法又都有相互交叉的地方。例如，一项信托业务，按照不同的标准划分，它可以分别是个人信托、任意信托、不动产信托和私益信托。

（一）以信托关系成立的方式为标准划分

以信托关系成立的方式为标准，信托业务基本可以分为任意信托和法定信托。

1. 任意信托

根据当事人之间的自由意思表示而成立的信托称为任意信托，任意信托又称为自由信托或明示信托，主要指委托人、受托人、受益人自由自愿形成信托关系，而且这种自由自愿是在信托契约中明确地表示出来的，大部分信托业务都属于任意信托。

2. 法定信托

法定信托是与任意信托相对应的一种信托形式。主要指由司法机关确定当事人之间的信托关系而成立的信托。也即信托的当事人之间原本并没有成立信托的意愿，司法机关为了当事人的利益，根据实际情况和法律规定，判定当事人之间的关系为信托关系，当事人无论自己的意愿如何，都要服从司法机关的判定。设立法定信托的目的主要是保护当事人的合法利益，防止当事人财产被不法使用。比如，某人去世后，留下一笔遗产，但他并未对遗产的处置留下任何遗言，这时只能通过法庭来判定遗产的分配。即由法庭依照法律对遗产的分配进行裁决。法庭为此要做一系列的准备工作，比如进行法庭调查等。在法庭调查期间，遗产不能无人保管，这时，司法机关就可委托一个受托人在此期间管理遗产，妥善保护遗产。

（二）以信托财产的性质为标准划分

以信托财产的性质为标准，信托业务分为金钱信托、动产信托、不动产信托、有价证券信托和金钱债权信托。

1. 金钱信托

金钱信托也叫资金信托，是指在设立信托时委托人转移给受托人的信托财产是金钱，即货币形态的资金，受托人给付受益人的也是货币资金，信托终了，受托人交还的信托财产仍是货币资金。在金钱信托期间，受托人为了实现信托目的，可以变换信托财产的形式，比如用货币现金购买有价证券获利，或进行其他投资，但是受托人在给付受益人信托收益时要把其他形态的信托财产还原为货币资金。目前，金钱信托是各国信托业务中运用比较普遍的一种信托形式。如日本的金钱信托占全日本信托财产总额的 90%，日本的金钱信托根据金钱运用的方式不同，又可以划分为以下几种。

（1）特定金钱信托是指在该项信托中金钱的运用方式和用途由委托人特别具体指定，受托人只能根据委托人指定的用途运用信托财产。比如，委托人若指定金钱用于贷款时，同时必须详细规定贷款对象、利率、期限、金额、担保条件等；如用于投资有价证券，则要详细规定有价证券的品种价格、数量等。受托人完全按照委托人指定的用途运用信托财产，一旦出现财产运用损失，都由委托人和受益人负责。投资信托就是一种特定金钱信托。

（2）指定金钱信托。在这种信托形式中，委托人只指定金钱运用的主要方向，其运用的具体方式则由受托人决定，比如委托人只说明金钱要用于贷款，但不规定贷款的具体对象、利率、期限，或要求进行有价证券投资，也不规定有价证券的种类、形式。指定金钱信托又分为共同运用指定金钱信托和单独运用指定金钱信托。共同运用指定金钱信托是指受托人把运用形式、范围相同的金钱汇总起来，共同进行投资，收益统一计算，最后按各项金钱所占比例向受益人分配收益，单独运用指定金钱信托，是指受托人将每个委托人的金钱单独开立账户，各项金钱独立运用，各项收益分别计算。

（3）非指定金钱信托是指委托人对金钱的运用方式、运用范围不作任何限定，而是由受托人决定。为了保护受益人利益，日本从法律上对非指定金钱信托的资金运用范围进行了严格的限制，主要是用于购买公债和用于以公债作担保的贷款。在日本还有一种有别于以上金钱信托的信托形式，即"金钱信托以外的金钱信托"，这种信托形式是指委托人在信托开始时转移给受托人的信托财产是金钱，信托终了，受托人交付给受益人的是其他形式的财产，比如受托人若把金钱投资了有价证券，信托终了，受托人把有价证券交付受益人，若用于其他投资，则以其他财产形式交付给受益人。目前，在我国信托机构从事的信托业务中，金钱信托占有很大的比重，主要包括信托贷款、信托投资、委托贷款、委托投资等形式。

2. 有价证券信托

有价证券信托是指委托人将有价证券作为信托财产转移给受托人，由受托人代为管理运用。比如委托受托人收取有价证券的股息、行使有关的权利，如股票的投票权，或将有价证券出租收取租金，或以有价证券作抵押从银行获取贷款，然后再转贷出去，以获取收益。

3. 不动产信托

不动产信托是指委托人把各种不动产，如房屋、土地等转移给受托人，由其代为管理和运用，如对房产进行维护保护、出租房屋土地、出售房屋土地等。

4. 动产信托

动产信托是指以各种动产作为信托财产而设定的信托。动产包括的范围很广，但在动产信托中受托人接受的动产主要是各种机器设备，受托人受委托人委托管理和处理机器设备，并在这个过程中为委托人融通资金，所以动产信托具有较强的融资功能。

5. 金钱债权信托

金钱债权信托是指以各种金钱债权作信托财产的信托业务。金钱债权是指要求他人在一定期限内支付一定金额的权力，具体表现为各种债权凭证，如银行存款凭证、票据、保险单、借据等。受托人接受委托人转移的各种债权凭证后，可以为其收取款项，管理和处理其债权，并管理和运用由此而获得的货币资金。例如，西方国家信托机构办理的人寿保险信托就属于金钱债权信托，即委托人将其人寿保险单据转移给受托人，受托人负责在委托人去世后向保险公司索取保险金，并向受益人支付收益。

（三）以信托目的为标准划分

以信托目的为标准，信托业务分为担保信托、管理信托、处理信托、管理和处理信托。

1. 担保信托

担保信托是指以确保信托财产的安全，保护受托人的合法权益为目的而设立的信托。当受托人接受了一项担保信托业务后，委托人将信托财产转移给受托人，受托人在受托期间并不运用信托财产去获取收益，而是妥善保管信托财产，保证信托财产的完整。例如，附担保公司债信托就是一项担保信托。附担保公司债信托是西方国家信托机构广泛开展的一项信托业务，是信托机构在公司企业发行公司债券时，为便利公司债券的发行，保护投资者的利益而设立的。发行债券是企业筹措资金的一种方式，企业在发行债券时首先要解决一个问题，就是担保品的保管问题。从举债的角度看，债务人举债必须要向债权人提供担保，或以信誉担保，或以财产担保，以财产担保居多。在其他的举债形式中，比如从银行借款，企业可以直接把担保品交给银行，由银行在借贷期间持有担保品。这样担保品可以直接由债权人持有，但在发行公司债券时，举债企业面临的是为数众多并且不确定的债权人，举债企业不可能让每一个债权人都能直接持有企业提供的担保品，企业必须为众多债权人确定一个担保品的持有人，在债券还本以前，由这个持有人为众多债权人持有担保品，保护债权人的利益。为此企业可以向信托机构申请附担保公司债信托，由信托机构作为受托人，在受托期间妥善保管担保品，待企业偿还债券本息以后，再把担保品交还给发债的企业。

2. 管理信托

管理信托是指以保护信托财产的完整，保护信托财产的现状为目的而设立的信托。这里的管理是指不改变财产的原状、性质，保持其完整。在管理信托中，信托财产不具有物上代位性。如果管理信托中的信托财产是房屋，那么受托人的职责就是对房屋进行维护保护，保持房屋的原貌，在此期间，也可以将房屋出租，但不得改建房屋。如果是以动产，如机器设备为对象设立管理信托，那么受托人可以将设备出租获取租金收益，但不可将动产出售变卖，换成其他形式的财产。

3. 处理信托

处理信托是指改变信托财产的性质、原状以实现财产增值的信托业务。在处理信托中，信托财产具有物上代位性，即财产可以变换形式，如将财产变卖转为资金，或购买有价证券等。若以房屋为对象设立处理信托，受托人就可以将房屋出售，换取其他形式的财产。若以动产为对象设立处理信托，受托人就可以将动产出售。

4. 管理和处理信托

管理和处理信托包括了管理和处理两种形式。通常是由受托人先管理财产，最后再处理财产。例如，以房屋、设备等为对象设立管理和处理信托，受托人的职责就是先将房屋、设备等出租，然后再将其出售，委托人的最终目的是处理信托财产。这种信托形式通常被企业当作一种促销和融资的方式。企业在销售价值量巨大的商品，如房屋、大型设备的时候，若采用一次性付款的方式很难将产品销售出去。若采用分期付款的方式，企业又不能及时收回成本。企业以这些商品为对象设立管理和处理信托，把商品的所有权转移给信托机构，信托机构则通过各种形式为企业融通资金。这样，商品既可以顺利销售，企业的资金又可以顺利回收。

（四）从受益人的角度为标准划分

从受益人的角度为标准，可以将信托业务分为自益信托、他益信托、私益信托、公益信托。

1. 自益信托

自益信托是指委托人将自己指定为受益人而设立的信托。从信托性质上看，信托主要是为了他人利益，信托也源于为他人利益而产生的。信托早期主要是他益信托，后来由于社会的发展，委托人开始利用信托为自己谋利益，也就出现了委托人将自己定为受益人的情形。通过这种形式，委托人可以把自己不能做、不便做的事项委托给信托机构去做，利用信托机构的专门人才和专业设施，使财产获取更大的收益。

2. 他益信托

他益信托是委托人指定第三人作为受益人而设立的信托。信托发展早期主要是他益信托，利用这种形式使他人也能享受自己财产的收益。例如，身后信托就是一种他益信托。

3. 私益信托

利益信托是指委托人为了特定的受益人的利益而设立的信托。所谓特定的受益人是从委托人与受益人的关系来看的，如果受益人与委托人之间有经济利害关系，委托人为受益人设立的信托可以使委托人为此而获取一定的利益，那么这种信托可视作私益信托。例如，雇员受益信托是企业为本企业职工设立的，它的受益人有时是全体企业职工，但这种信托仍属于私益信托，因为企业为职工设立信托的目的是为使职工更好地为企业服务，最终使企业获利。

4. 公益信托

公益信托是指为促进社会公共利益的发展而设立的信托。例如为促进社会科学技术的发展，为社会文化教育事业的发展，为社会医疗卫生保健事业的发展等为目的而设立的信托。公益信托的受益人是不确定的，凡是符合公益信托受益人资格的均可作受益人。公益信托的发展也是社会进步的一种表现。同时公益信托又极大地促进了公益事业的发展和社会的进步。

另外，信托还可以按照信托事项的法律立场为标准，信托可以分为民事信托和商事信托。按照委托人的不同，信托可以分为个人信托和法人信托及个人法人通用的信托；以受托人承办信托业务的目的为标准，信托可以分为营业信托与非营业信托；以信托涉及的地理区域为标准，信托可以分为国内信托和国际信托等。

三、办理信托业务的注意事项

由于经营信托和执行信托服务牵涉到一系列社会的义务，因此，社会公众认为应对这种服务进行非常严格的管理。在美国，除少数几个州准许商业银行凭其领到的从事商业银行活动的特许状开展信托业务外，大多数州都要求银行必须首先从有关的州分局得到经营信托业务的特殊许可证执照方可经营。属于联储成员的州银行则要得到联储备委员会关于办理情托业务的许可。除了这些特殊许可外，大多数的州还要求州银行在州库或某些指定的州机构那里存放一批有价证券，以保证他们正确地履行其作为委托人的职责。国民银行的信托由货币监理机构进行监督。虽然货币监理机构要求存放有价证券或其他资产作为保证，但如果国民银行在那些要求以特定资产提供保证的州经营信托业务，它们还是有责任遵照该州的法律条文的。

在英国，经营信托业务的主要由银行和保险公司兼营，专业信托公司所占比重很小。据统计在英国的全部信托业务中，银行所占的比重不到 20%，而且其中绝大部分业务集中于威士敏斯特、密特朗、巴克莱、劳埃德四大商业银行设立的信托部和信托公司。由于大部分的信托业务是个人承办的，所以英国的信托以民主营为主。英国现存的信托业务，由个人承受的主要是执行遗嘱和管理财产，由法人承受的主要是股票、债券等证券代办业务和年余信托、投资顾问、代理土地买卖等。

在我国金融结构中，已明确分业经营、分业管理原有关法规明确禁止银行业和信托业的兼营。

（一）信托与银行信贷的区别

信托和银行信贷都是一种信用方式，但两者多有不同。

1. 经济关系不同

信托是按照"受人之托、代人理财"的经营宗旨来融通资金、管理财产，涉及委托人、受托人和受益人三个当事人，其信托行为体现的是多边的信用关系。而银行信贷则是作为"信用中介"筹集和调节资金供求，是银行与存款人、与贷款人之间发生的双边信用关系。

2. 行为主体不同

信托业务的行为主体是委托人。在信托行为中，受托人要按照委托人的指示开展业务，为受益人服务，其整个过程，委托人都占主动地位，受托人被动地履行信托契约，受委托人的制约。而银行信贷的行为主体是银行，银行自主地发放贷款，进行经营，其行为既不受存款人的制约，也不受借款人的强求。

3. 承担风险不同

信托一般按委托人的意图经营管理信托财产，信托的经营风险一般由委托人或受益人承担，信托投资公司只收取手续费和佣金，不保证信托本金不受损失和最低收益。而银行信贷则是根据国家规定的存放款利率吸收存款、发放贷款、自主经营，因而银行承担整个信贷资金的营运风险，只要不破产，对存款要保本付息、按期支付。

4. 清算方式不同

银行破产时，存、贷款作为破产清算财产统一参与清算；而信托投资公司终止时，信托财产不属于清算财产，由新的受托人承接继续管理，保护信托财产免受损失。

（二）信托与托管的区别

托管是指受托人接受委托人的委托，按照预先合同的规定，对托管对象进行经营管理的行为。从法律上看，托管是信托范畴的延伸和发展，信托是托管的前提。但在具体内涵上，两者又有区别。信托的内涵是资产的委托管理，而托管的内涵是企业的委托经营。两者虽然遵循相同的机理，但因经营领域和方式不同，正在逐步趋向专业化，形成各自不同的专业特色。

相同点是从托管的本质来看，托管与信托基本相同，它们都是资产经营权的暂时转移；从托管的关系来看，托管关系与信托关系基本相同，两者都有三方当事人，即委托人、受托人和受益人，它们的委托人和受益人可以完全是同一主体；从托管的特征和遵循的原则来看，托管的特征和遵循的原则与信托基本相同，托管与信托一样具有三大特征，即信托契约、所有权与利益分离、信托财产的独立性，它们还都必须坚持三大原则，即预定契约原则、委托自主性原则和分开管理原则。

信托与托管之间也存在一些较大区别，主要表现在以下几个方面。

1. 受托对象不同

信托的受托对象比托管的对象多。托管对象主要指与企业有关的财产、产权或债权的托管，如对主权权属不明的土地的托管、对企业财产的托管、对陷入经营困境或产权关系重大变动的企业委托专门的托管机构经营管理、对特殊历史时期的银行不良债权进行托管。而信托的受托对象不仅指与企业有关的财产、产权或债权，它还包括个人的财产、产权或债权。

2. 受托人不同

信托的受托人一般是信托投资公司或信托银行等具有信托业务资格的信托机构，而托管的受托人一般是专业托管公司或具有托管能力的大型企业或企业集团。

3. 受托方式不同

托管的受托方式是托管方与委托方签订托管协议，约定将委托方欲托管的资产或子企业（公司）委托给托管方经营管理，委托方支付相应的报酬，该项报酬可约定为定期支付的定额管理费用或因托管经营而产生的利益的相应百分比。所以，托管侧重于对企业财产的委托管理，而信托侧重于对金融资产的委托管理，信托机构具有金融机构的性质。

（三）信托会计要素

信托项目的会计要素包括信托资产、信托负责、信托权益、信托项目收入、信托项目费用、信托项目利润及信托终止。

1. 信托资产

信托资产是指根据信托文件的要求，由信托人受托管理、运用、处分信托财产而形成的各项资产，包括银行存款、短期投资、应收账款、长期股权投资、客户贷款、固定资产、无形资产等。信托项目对委托人未终止确认的信托财产，应设置备在簿进行登记。内容包括信托财产的性质、信托设立日的账面原价或余额、已计提的减值准备、信托文件约定的价值、信托期间等，并按本办法的规定予以确认和计量。如果委托人未终止确认的信托财产为固定资产、无形资产，仍应由委托人计提折旧或进行摊销，信托项目不应对该固定资产或无形资产计提折旧或进行摊销。如果委托人未终止确认的信托财产为权益法核算的长期股权投资，仍应由委托人采用权益法核算，信托项目不应对该长期股权投资采用权益法核算。在会计期末，信托项同对委托人未终止确认的信托财产不应计提减值准备。

2. 信托负债

信托负债是指信托项目管理、运用、处分信托财产而形成的负债，包括应付受托人报酬、应付受益人收益、应付托管费、卖出回购信贷资产款等。

3. 信托权益

信托权益是指信托受益人在信托财产中享有的经济利益，其金额为信托资产减去信托负债后的余额，包括实收信托、资本公积、未分配利润等。

4. 信托项目收入

信托项目收入是指信托项目管理、运用、处分信托财产而形成的收入。信托项目收入包括利息收入、投资收益、租赁收入和其他收入。信托项目收入不包括为第二方或受托人代收的款项。

5. 信托项目费用

信托项目费用是指信托文件约定由信托项目承担的各项费用。信托文件中没有做出约定的，信托项目费用是指受托人与委托人协商达成的书面协议所约定的由信托项目承担的各项费用。

6. 信托项目利润

信托项目利润是指信托项目在一定会计期间的经营成果。信托项目利润应按信托文件的约定，分配给信托受益人。

7. 信托终止

受托人应对信托项目做出处理信托事务的清算报告。受益人或者信托财产的权利归属人在信托文件约定的期限内对清算报告无异议的，受托人对信托项目就清算报告所列事项解除责任，并按信托文件的规定书面通知受益人或信托财产归属人，取回信托清算后的全部信托财产，但法律、行政法规另有规定的除外。

对于信托终止的情况，信托财产归属于信托文件规定的人。信托文件未规定的，按下列顺序确定归属。

（1）受益人或其继承人。

（2）委托人或其继承人。已核销的信托资产在信托终止清算后又收回的，应返还给信托文件规定的信托财产归属人。如果信托文件未规定这种情况下的信托财产归属人，也应按上述顺序确定归属。

对于未被取回的信托财产在由受托人负责保管期间取得的收益，应归属于信托财产的归属人，发生的保管费用由归属人承担。

由于信托公司开展的各项业务存在一定风险并可能导致资本损失，所以应当按照各项业务规模的一定比例计算风险资本并与净资本建立对应关系，确保各项业务的风险资本有相应的净资本来支撑。

中国银行业监督管理委员会发布的《信托公司净资本管理办法》规定，信托公司的净资本不得低于人民币 2 亿元，并应当持续符合下列风险控制指标：净资本不得低于各项风险资本之和的 100%；净资本不得低于净资产的 40%。信托公司应当在充分计提各类资产减值准备的基础上，按照中国银行业监督管理委员会规定的信托公司净资本计算标准计算净资本。

第二节 信托存款与委托存款业务的会计处理

一、信托存款与委托存款

信托存款的资金来源基本限于非直接经营单位可自行支配的专项资金。按《中国人民银行金融信托投资机构资金管理暂行办法》的规定，信托机构可吸收以下 5 种一年期以上的信托存款：财政部门委托投资或贷款的信托资金、企事业主管部门委托投资或贷款的信托资金、劳动保险机构的劳保基金、科研单位的科研基金及各种学会、基金会的基金。信托存款的每笔资金都要单独管理、独立核算。信托机构对信托存款的运用效益决定信托存款的收益，其收益由信托机构按合同规定支付给委托人本人或委托人指定的第三方。

信托存款与信托货币资金十分相似，其委托人对信托资金不指定运用范围，由信托机构负责管理、运用并负责保本付息；除保本之外，委托人收取固定收益；信托机构的收益则来自于支付委托利息以外的资金营运收入，而不是收取的手续费。

委托存款是指委托人将定额资金委托给信托机构，由其在约定期限内按规定用途进行营运，营运收益扣除一定信托报酬后全部归委托人所有的信托业务。委托存款与一般的信托货币资金存在许多实质性的差异。

二、信托存款的会计处理

信托存款由客户提出申请，填写《存款委托书》后，信托机构应审查其资金来源。经审查合乎规定后，信托机构与客户签订《信托存款机议书》，写明信托存款的金额、期限、信托受益支付方法、指定受益人、手续费率等。信托机构为委托人开立账户，委托人将信托存款划转到信托机构开立的银行账户，信托机构相应签发存款凭证给委托人。

（一）账户设置

信托机构为全面反映和监督对信托存款的吸收、归还、付息及结余情况，应设置"代理业务负债——信托存款""应付利息"和"营业费用——利息支出"等科目。

"代理业务负债——信托存款"科目属负债类科目，核算企业不承担风险的代理业务收到的款项，包括受托投资资金和受托贷款资金等。

"应付利息"科目属于负债类科目，贷方反映应计提的存款利息，借方反映实际支付的存款利息，期末贷方余额反映应付未付利息。本科目应按存款客户设置明细科目。

"营业费用——利息支出"科目属于损益类科目，借方反映预提的应付利息或实际支付的各项利息，会计期末应将本科目借方发生额从贷方转入"本年利润"科目借方，期末无余额。本科目应按存款客户设置明细科目。

（二）账务处理

（1）开户。信托公司接受客户委托，为客户开立信托存款账户时，其会计分录为：

借：银行存款（或存放中央银行款项、吸收存款）

　　贷：代理业务负债——××单位信托存款户

（2）计息。信托存款是定期存款，原则上在期满后利随本清，但在存款期内根据权责发生制原则定期计算应付利息。其会计分录为：

借：营业费用——××信托存款利息支出户

　　贷：应付利息——××单位户

（3）到期支取。存款单位在信托存款期满后，凭信托存款单向信托机构提取存款并结清利息。如果存款单位因各种客观原因需要提前支取，在与信托机构协商后，可提前支取，但利率按银行同期活期存款利率计算。其会计分录为：

借：代理业务负债——××单位信托存款户

　　应付利息——××单位户

　　营业费用——××信托存款利息支出户

　　贷：银行存款

三、委托存款的会计处理

委托存款的客户与信托机构商定办理委托业务后，双方应签订《委托存款出议书》，标明存款的资金来源、金额、期限及双方的责任等。信托机构根据协议书为客户开立委托存款账户，由客户将委托存款资金存入信托机构开立的银行账户里，信托机构则向客户开出"委托存款单"。

（一）账户设置

信托机构为全面反映和监督委托存款业务情况，应设置"代理业务负债——委托存款户""营业费用——委托存款利息支出"等科目。

"代理业务负债——委托存款户"科目属于负债类科目，贷方反映公司代客户向指定的单位或项目进行贷款或投资而收到客户存入的款项，借方反映归还的委托资金，期末贷方余额反映尚未归还的委托存款资金。委托存款按委托业务持续时间不同，分为长期委托存款和短期委托存款。本科目应按存款客户设置明细科目。

（二）账务处理

（1）开户。其会计分录为：

借：银行存款

贷：代理业务负债——××单位委托存款户

（2）计息。信托机构按银行同期活期存款利率，按季给委托存款计息，计息的基数是委托存款与委托贷款余额的轧差数。其会计分录为：

借：营业费用——××委托存款利息支出户

贷：应付利息——××单位委托存款户

（3）支取。委托人可随时支取委托存款，但只能限制在委托存款余额与委托贷款余额的轧差数之内。信托机构收到委托人支取委托存款的通知后，将款项划入委托人的银行账户。其会计分录为：

借：代理业务负债——××单位委托存款户

贷：银行存款

第三节 信托贷款与委托贷款业务的会计处理

一、信托贷款与委托贷款

信托贷款是指信托机构运用自有资金、信托存款或筹集的其他资金，对自行审定的企业和项目自主发放贷款的业务。贷款的对象、用途、期限和利率等都由信托机构根据国家政策自行确定，贷款的风险责任也由信托投资公司承担。信托贷款的性质和用途与银行贷款相似，但更灵活、方便、及时。信托贷款的用途主要是解决企业单位某些正当、合理而银行限于制度规定又无法支持的资金需求。

委托贷款是指信托机构接受委托人委托，在委托人存入的委托存款额度内，按委托人指定的对象、用途、期限、利率及金额发放贷款，监督使用贷款并到期收回本息的业务。由于信托资金的运用对象、运用范围等均由委托人事先指定，所以信托机构对委托贷款能否达到预期收益以及到期能否收回不负任何经济责任。

二、信托贷款的核算

信托贷款属于直接金融产品。信托贷款受到信托目的特定化的约束，资金从委托人到受托人再到融资人手中，处于环行封闭运行状态，其风险传递是线性的，不同信托项目之间的风险互不交叉、利益互不渗透。如果一个信托贷款项目发生风险，其他信托计划不受影响，甚至只有在信托公司具有过错时才能影响其固有资产。信托贷款的风险结构是局部化，而不是系统传染或扩散化。

信托贷款具有很强的灵活性，主要表现为定价灵活、风险与收益灵活匹配、放款灵活，可以满足客户的个性化需求。信托公司发放信托贷款时，常与借款人约定控制企业公章及限制担保、借款、资产处置和关联交易等重大经营活动，实时掌握企业经营和财务状况，出现了所谓债权股份化的趋势。

借款单位向信托机构提出申请后，由信托机构进行审查。经信托机构审查决定贷款后，由借款单位出具借据，并按要求出具贷款担保，然后与信托机构签订《信托借款合同》，合同写明贷款的金额、期限、利率等。贷款到期，信托机构收回本息。如果借款单位确有困难不能还款，应在到期前提出申请，有担保的还需原担保单位承诺担保，然后经信托机构审查同意后办理一次续展，续展期最长不超过半年。

（一）账户设置

"贷款——信托贷款"科目属于资产类科目，本科目核算信托项目管理、运用、处分信托财产而持有的各项贷款。借方反映信托机构发放的信托贷款本金，贷方反映收回的信托贷款本金，期末借方余额表示发放的信托贷款的余额，具体分为期限不超过一年的短期信托贷款和一年期以上的长期信托存款。本科目应按贷款单位进行明细核算。

"应收利息"科目属于资产类科目，本科目核算信托项目应收取的利息，包括债权投资、拆出资金、贷款、买入返售证券、买入返售信贷资产计提的利息等。借方反映信托机构应向借款单位收取的利息，贷方反映实际收回或预收的利息，期末借方余额表示应收未收利息。本科目应按往来客户设置明细账。

"利息收入"科目属于损益类科目，贷方反映发生的各项贷款利息收入，期末贷方余额结转"本年利润"科目的贷方，结转之后无余额。本科目应按往来客户设置明细账。

（二）账务处理

（1）开户。其会计分录为：

借：贷款——短期（或中长期）贷款——××单位信托贷款户

　　贷：银行存款或吸收存款

（2）计息。信托机构按季根据每个借款单位的借款积数分别计算利息。其会计分录为：

借：应收利息

　　贷：利息收入——××贷款利息收入户

（3）收回。信托贷款到期后，信托机构要及时收回信托贷款本金。其会计分录为：

借：银行存款

　　贷：贷款——短期（或中长期）贷款——××单位信托贷款户

　　　　应收利息——××贷款利息收入户

三、委托贷款的核算

由委托人向信托机构提交办理委托贷款的申请，经信托机构审查同意后与委托人签订《委托贷款合同》。委托人按合同规定向信托机构交存委托基金，信托机构为其开立委托存款户，专项存储。信托机构按委托人指定的对象或项目、金额、期限及利率等发放贷款，并督促借款单位按期归还贷款。委托期满，信托机构将已收回的委托贷款和尚未发放的委托存款退回委托人，并收取规定的手续费。手续费按委托金额和期限征收，手续费率每月最高不超过 3‰，付款方式、时间由双方商定。

需要注意的是，如果有到期来收回的委托贷款，信托机构贷款，信托机构应保留相应委托存款资金，待委托贷款全部收回后再予以全部归还。

（一）账户设置

"代理客户资产——委托贷款"科目属于资产类科目，核算信托机构接受客户委托代理发放的贷款。借方反映委托贷款的发放，贷方反映委托贷款的收回，期末借方余额反映委托贷款实有额。本科目应按委托单位设置明细账。

"应付受托人报酬"科目属于负债类科目，贷方反映受贷方交来的应付给委托方的贷款利息（不含受托方按合同规定收取的手续费），借方反映交付给委托人的委托贷款利息，期末贷方余额反映已收回但尚未交给委托方的委托贷款利息，是公司的一项短期债务。本科目应按委托单位设置明细账。

"其他收入——委托贷款手续费收入"科目属于损益类科目，核算信托机构收取的手续费，贷方反映各项手续费收入，期末将贷方余额结转"本年利润"科目的贷方，结转之后应无余额。

（二）账务处理

（1）发放贷款。对于委托贷款的投放，事先要由委托人通过书面形式通知信托机构，内容包括贷款单位名称、贷款用途、贷款金额、贷款时间、贷款利率等。借款单位按规定要向信托机构报送有关资料，并填写借据、签订借款合同。然后，信托机构将贷款款项划到借款单位的银行账户里。其会计分录为：

借：代理客户资产——××单位要托贷款户

　　贷：银行存款

（2）收取手续费。信托机构向委托人收取手续费，并将其作为委托贷款业务的劳务收入。手续费计算基数以委托贷款额为准，按双方商定的比率收取。其会计分录为：

借：银行存款

　　贷：其他收入——委托贷款手续费收入

如果按存贷利差收取手续费，则在按季计算贷款利息时一并收取。其会计分录为：

借：银行存款

　　贷：应付受托人报酬——××单位户

　　　　其他收入——委托贷款手续费收入

（3）结息。信托机构负责按季收取利息，在委托贷款到期时支付给委托单位，其会计分录为：

借：银行存款

　　贷：应付利息——××单位户

（4）到期收回。委托贷款到期时，由信托机构负责收回。其会计分录为：

借：银行存款

　　贷：代理客户资产——××单位委托贷款户

（5）如果协议规定贷款收回后终止委托，则将款项划转到委托方的存款账户内。其会计分录为：

借：代理客户负债——××单位户

　　贷：银行存款

第四节 | 信托投资与委托投资业务的会计处理

一、信托投资与委托投资

信托投资是指信托机构以投资者身份直接参与企业的投资及其经营成果的分配，并承担相应经济责任的业务。信托投资的资金主要来源于信托机构的自有资金及各种信托存款，而非委托投资用于明确投资对象的专项资金。

信托投资是信托机构以自有资金或未指定使用对象和范围的信托存款进行投资。信托机构对现有项目进行审查初选，在初选项目上进行评估，然后对是否投资提出结论性意见。在决定投资后，信托机构与被投资单位签订投资合同，合同一般应写明投资项目的内容、规模、方式、投资金额、参与投资的方式和具体条件以及投资各方收益的分配方法等。信托机构将认定的投资资金按期足额划入合资企业账户，并定期或不定期地对资金的使用进行检查，促使投资项目按时施工、按时投产、按时竣工，尽快产生效益。信托投资的收益全部归信托机构，风险也由其承担。信托投资包括短期信托投资和长期信托投资。

短期信托投资是指能够随时变现并且持有时间预期不超过一年的信托投资，包括股票、债务、基金等。长期信托投资是指短期信托投资以外的信托投资，包括股权投资、债权投资等。

委托投资是指委托人将资金事先存入信托机构作为委托投资基金，委托信托机构按其指定的对象、方式进行投资，并对资金的使用情况、被投资企业的经营管理和利润分配等进行管理和监督的业务。信托机构要对受托资金进行单独管理、单独核算，按期结清损益，在扣除规定的费用后，损益归委托人所有。委托投资既可以直接投资于企业，也可用于购买股票、债券等有价证券。

二、信托投资的会计处理

信托投资通过"交易性金融资产"和"可供出售金融资产"科目进行核算。

（一）交易性金融资产的核算

"交易性金融资产"科目核算企业为交易日的所持有的债券投资、股票投资、基金投资等交易性金融资产的公允价值。

1. 取得交易性金融资产

信托公司对外投资取得交易性金融资产的，按其公允价值做会计分录为：

借：交易性金融资产——成本

投资收益——交易费用

应收利息（或应收股利）

（前者指已到付息期但尚未领取的利息，后者指已宣告但尚未发放的现金股利）

贷：银行存款（或存放中央银行款项、结算备付金）

2. 资产持有期间获得的收益

在交易性金融资产持有期间被投资单位宣告发放的现金股利，或在资产负债表日按分期付息、一次还本债券投资的票面利率计算的利息。会计分录为：

借：应收股利或应收利息

　　贷：投资收益

3. 资产负债表日的计量

在资产负债表日，若交易性金融资产的公允价值高于其账面价值的差额，则会计分录为：

借：交易性金融资产——公允价值变动

　　贷：公允价值变动损益

若公允价值低于其账面价值的差额，做相反的会计分录。

4. 出售交易性金融资产

信托公司出售交易性金融资产，会计分录为：

借：银行存款[或存放中央银行款项、结算备付金（交际收到的金额）]

　　贷：交易性金融资产（账面价值）

按借贷方的差额，借记或贷记"投资收益"科目，同时将原计入该金融资产的公允价值变动转出，贷记或借记"公允价值变动损益"科目，贷记或借记"投资收益"科目。

（二）可供出售金融资产的核算

"可供出售金融资产"科目核算信托企业持有的可供出售金融资产的公允价值，包括可供出售的股票投资、债券投资等金融资产。本科目按可供出售金融资产的类别和品种分"成本""利息调整""应计利息""公允价值变动"等明细科目核算。

1. 取得可供出售金融资产

（1）信托企业取得可供出售金融资产为股票投资的，会计分录为：

借：可出售金融资产——成本（公允价值与交易费用之和）

　　应收股利（支付的价款中包含的已宣告，但尚未发放的现金股利）

　　　　贷：银行存款（或存放中央银行款项、结算备付金）

（2）信托企业取得可供出售金融资产为债券投资的，会计分录为：

借：可供出售金融资产——成本（面值）

　　应收利息（支付的价款中包含的已到付息期，但尚未领取的利息）

　　　　贷：银行存款（或存放中央银行款项、结算备付金）

按借贷方差额，借记或贷记"可供出售金融资产——利息调整"科目。

2. 资产负债表日的计量

（1）在资产负债表日，可供出售债券为分期付息、一次还本债券投资的，应接票面利率计算确定应收末收利息，会计分录为：

借：应收利息

　　贷：投资收益（可供出售债券的摊余成本和实际利率计算确定的利息收入）

按借贷方差额，借记或贷记"可供出售金融资产——利息调整"科目。

（2）可供出售债券为一次还本付息债券的，应于资产负债表日按票面利率计算确定应收未收利息。会计分录为：

借：可供出售金融资产——应计利息

贷：投资收益（可供出售债券的摊余成本和实际利率计算确定的利息收入）

按借贷方差额，借记或贷记"可供出售金融资产——利息调整"科目。

（3）在资产负债表日，当可供出售金融资产为股票等权益工具投资（不含在活跃市场上没有报价、公允价值不能可靠计量的权益工具投资），并且可供出售金融资产的公允价值高于其账面余额的差额，则会计分录为：

借：可供出售金融资产——公允价值变动

贷：资本公积——其他资本公积

公允价值低于其账面余额的差额做相反的会计分录。

3. 资产负债表日发生资产减值的处理

（1）确定可供出售金融资产发生减值的，会计分录为：

借：资产减值损失（减记的金额）

贷：资本公积——其他资本公积

（从资本公积中转出原计入资本公积的累积损失金额）

按借贷方差额，借记或贷记"可供出售金融资产——公允价值变动"科目。

（2）对于已确认减值损失的可供出售的金融资产，在随后的会计期间内公允价值已上升且客观上与原确认的减值损失事项有关的，应按照原确认的减值损失做会计分录为：

借：可供出售金融资产——公允价值变动

贷：资产减值损失

4. 出售可供出售金融资产

在出售可供出售金融资产时，应按实际收到的金额做会计分录：

借：银行存款（或存放中央银行款项、吸收存款）

贷：可供出售金融资产——成本

可供出售金融资产——公允价值变动

可供出售金融资产——利息调整

可供出售金融资产——应计利息

按应从所有者权益中转出的公允价值累积变动额，借记或贷记"资本公积——其他资本公积"科目，按其差额贷记或借记"投资收益"科目。

三、委托投资的会计处理

委托投资是信托机构接受企业的委托资金，按其指定的对象、范围和用途进行投资，信托机构受托监督投资资金的使用、被投资企业经营状况及利润分配等。委托投资的收益全部归委托人所有，信托机构一般只收取一定比例的手续费，投资的风险也由委托人承担。

（一）科目设置

"代理业务资产——委托投资"科目属于资产类科目，核算信托机构接受客户委托代理客户进行的投资。借方反映受客户委托投资的资金，贷方反映收回的投资，期末借方余额反映尚未收回的委托投资。本科目按委托单位和投资种类设置明细账。

"其他收入——委托投资手续费收入"科目为损益类科目，核算信托机构收取的手续费。贷方反映各项手续费收入，期末将贷方余额结转"本年利润"科目的贷方，结转之后无余额。

（二）账务处理

1. 委托投资

信托公司接受委托，收到委托资金对外投资，会计分录为：

借：银行存款

  贷：代理业务负债——××单位委托存款户

借：代理业务资产——委托投资——××投资单位户

  贷：银行存款

2. 分红

委托投资的资金分得的红利划到信托机构的银行账户，并转入委托人的委托存款账户时，会计分录为：

借：银行存款

  贷：代理业务负债——××单位委托存款户

3. 收取手续费

开办委托投资业务，信托公司收取手续费的核算与经办委托贷款业务收取手续费的核算相同。会计分录为：

借：银行存款

  贷：其他收入——委托投资手续费收入

第五节 其他信托业务的会计处理

信托业务除了前文介绍的以外，还包括财产信托、投资基金信托、公益信托、拆出信托资金、代理、担保等业务，信托投资公司对不同信托资产来源和运用，应设置相应会计科目进行核算。来源类科目应按类别、委托人等设置明细账。运用类科目应按其类别、使用人和委托人等设置明细账。信托投资公司对信托货币资金应设置专用银行账户予以反映。

一、财产信托

财产信托是委托人将自己的动产、房产以及知识产权等产权，委托信托投资公司按照约定的条件及目的进行管理和处置。由于财产信托管理人与受托财产的受益者建立了受托——委托责任关系，财产信托人需要专门的会计方法反映和报告受托财产的管理情况。财产可以是破产财产，也可以是遗产，还可以是有一定用途的其他财产。信托人必须是他人非常信任的一个人，可以是遗嘱执行人（executor）、受托人（trustee）、管理人或监护人（guardian），这取决于信托财产的性质和惯例。在法律上，信托人是经授权接管他人财产的个人或某一实体。在接管遗产或信托财产后，信托人有义务按照对受益人最有利的方式管理财产。

信托会计的主要工作也是区分本金和收益。信托基金的本金应确保完整无损，以保证其所产生的收益能达到特定的目标。通常要设置信托基金本金和信托基金收益两个账户，分别反映本金和收益的余额，但不需为信托基金本金和收益设置专门的现金账户。财产信托应按委托人、财产种类进行明细核算。

（1）信托投资公司接受信托资产的会计分录为：

借：固定资产

　　贷：代理业务负债

（2）信托投资公司终止财产信托的会计分录为：

借：代理业务负债

　　贷：固定资产

（3）信托投资公司信托财产租赁的会计分录为：

借：经营（或融资）租出固定资产

　　贷：固定资产

（4）信托投资公司计提租金收入的会计分录为：

借：应收经营（或融资）租赁款

　　贷：租赁收入

（5）信托投资公司计提受托人报酬的会计分录为：

借：营业费用

　　贷：应付受托人报酬

（6）信托投资公司支付报酬的会计分录为：

借：应付受托人报酬

　　贷：银行存款

二、投资基金信托

投资基金信托是信托投资公司受托经办国家有关法规允许从事的投资基金业务。投资基金也叫信托基金，是一种"利益共享、风险共担"的集合投资方式。指通过契约或公司的形式，借助发行基金券（如收益凭证、基金单位和基金股份等）的方式，将社会上不确定的多数投资者不等额的资金集中起来，形成一定规模的信托资产，交由专门的投资机构按资产组合原理进行分散投资，获得的收益由投资者按出资比例分配，并承担相应风险的一种集合投资信托制度。基金有广义和狭义之分，从广义上说，基金是机构投资者的统称，包括信托投资基金、单位信托基金、公积金、保险基金、退休基金，各种基金会的基金。在现有的证券市场上的基金，包括封闭式基金和开放式基金，具有收益性功能和增值潜能的特点。从会计角度透析，基金是一个狭义的概念，意指具有特定目的和用途的资金。因为政府和事业单位的出资者不要求投资回报和投资收回，但要求按法律规定或出资者的意愿把资金用在指定的用途上，而形成了基金。

信托基金资金运用方式主要为贷款，股权投资较少，而且有不断萎缩的趋势。即使在仅有的股权投资项目中，信托公司基本并不参与目标公司的具体经营管理，所采取各种控制措施，例如派驻董事、委任财务总监、修改章程等，目的都是要防范资金风险。股权投资项目的结束方式主要依靠第三方购回股权，目标公司分红与清算的情形基本未曾出现，也不可能等待 IPO。这种回购型股权投资属于变相的债权融资。股权投资之所以较少出现，是因为该方式有致命缺陷，即在短期（1～2 年）内对第三方购回成本存在很大的不确定性，且退出渠道不畅，风险较大，故信托公司也不愿意采用。

（1）信托投资公司批准办理投资基金信托的会计分录为：

借：银行存款

　　贷：投资基金信托

（2）信托投资公司终止投资基金信托的会计分录为：

借：投资基金信托

　　应付受托人报酬

　　贷：银行存款

三、公益信托

公益信托是信托投资公司为公益目的而设立的信托。根据《中华人民共和国信托法》的规定，公益目的主要是指为了救济贫困、救助灾民，扶助残疾人，发展教育、科技、文化、艺术、体育、医疗卫生事业，发展环境保护事业、维护生态平衡，以及发展其他社会公益事业。公益信托主要分三种类型：公众信托、公共机构信托、慈善性剩余信托。

公益信托的设立和确定，应当经有关公益事业的管理机构（以下简称公益事业管理机构）批准。未经公益事业管理机构批准，不得以公益信托的名义进行活动。公益事业管理机构对于公益信托活动应当给予支持。公益信托的信托财产及其收益不得用于非公益目的。公益信托应当设置信托监察人。信托监察人由信托文件规定，信托文件未规定的，由公益事业管理机构指定。信托监察人有权以自己的名义，为维护受益人的利益，提起诉讼或者实施其他法律行为。公益信托的受托人未经公益事业管理机构批准，不得辞任。公益事业管理机构应当检查受托人处理公益信托事务的情况及财产状况。公益信托的受托人违反信托义务或者无能力履行其职责的，由公益事业管理机构变更受托人。公益信托成立后，发生设立信托时不能预见的情形，公益事业管理机构可以根据信托目的变更信托文件中的有关条款。公益信托终止的，受托人应当于终止事由发生之日起十五日内，将终止事由和终止日期报告公益事业管理机构。公益信托终止的，受托人做出的处理信托事务的清算报告，应当经信托监察人认可后，报公益事业管理机构核准，并由受托人予以公告。公益信托终止时没有信托财产权利归属人或者信托财产权利归属人是不特定的社会公众的，经公益事业管理机构批准，受托人应当将信托财产用于与原公益目的近似的目的，或者将信托财产转移给具有近似目的的公益组织或者其他公益信托。公益事业管理机构违反本法规定的，委托人、受托人或者受益人有权向人民法院起诉。

（1）当信托投资公司办理公益信托业务时，按实际收到的金额或财产价值做会计分录：

借：银行存款

　　贷：公益信托

公益信托应按信托类别、委托人进行明细分类核算。

（2）当信托投资公司拆出信托资金时，会计分录为：

借：拆出资金——××单位户

　　贷：银行存款

（3）当信托投资公司收到拆出信托资金利息时，会计分录为：

借：银行存款

　　贷：信托收入——拆出资金利息收入

（4）当信托投资公司收回拆出信托资金时，会计分录为：

借：银行存款

　　贷：拆出资金——××单位户

四、代理、担保业务

信托投资公司办理代理业务，在一定程度上会影响信托投资公司的资产负债情况，如代收、代付款项要涉及公司银行账户的变动，而担保业务也可能会形成信托投资公司的一项负债（即或有负债），因此有必要对这些业务进行核算。

（一）代理业务

信托投资公司接受委托人的委托，以代理人身份代办委托人指定经济事项的业务称为代理业务。代理业务不要求委托人转移其财产所有权，信托投资公司一般只是发挥其财务管理职能。信托投资公司办理的代理业务主要有代理收付款业务、代理有价证券业务、代理保管业务、代理保险业务、担保见证业务、代理会计业务等。

（1）当信托投资公司办理代理业务并收取手续费时，会计分录为：

借：银行存款

　　贷：其他收入——××业务收入

（2）当信托投资公司办理代付业务时，有以下几种情况。

① 当委托人拨来代付资金时，会计分录为：

借：银行存款

　　贷：代理收付款项——代理付款——××单位户

② 当信托投资公司办理代付业务并付出款项时，会计分录为：

借：代理收付款项——代理付款——××单位户

　　贷：银行存款

（3）当信托投资公司办理代收业务时，有以下几种情况。

① 当信托投资公司办理代收业务并代委托人收款时，会计分录为：

借：银行存款

　　贷：代理收付款项——代理收款——××单位户

② 当信托投资公司将款项交付委托人时，会计分录为：

借：代理收付款项——代理付款——××单位户

　　贷：银行存款

（4）信托投资公司开办的代保管业务。信托投资公司开办代保管业务时所保管资产的所有权仍属委托者，应作为账外保管物品进行核算和备查登记。

（二）担保业务

信托投资公司办理担保业务将承担较大的风险，一旦被担保单位不能支付款项，信托投资公司就必须承担连带责任。因此，担保额形成信托投资公司的一项或有负债，在资产负债表外披露。信托投资公司必须对此类或有负债加强管理，在备查簿中按担保类别逐笔登记期限、金额等。

当信托投资公司发生担保赔付时，会计分录为：

借：其他收入——其他信托收入

　　贷：银行存款

第六节　信托损益的会计处理

一、信托收入的会计处理

信托收入包括信托投资收入、信托贷款利息收入、信托租赁收入、拆出信托资金利息收入、手续费收入等。信托投资公司发生信托收入时，借记"银行存款"等科目，贷记"利息收入""投资收益"等科目。

信托收入应按委托人和收入类别（即信托投资收入、信托贷款利息收入、手续费收入、拆出信托资金利息收入、信托租赁收入等）进行明细核算。

二、信托费用的核算

信托费用分为可直接归属于某项信托资产的信托费用和不可直接归属于某项信托资产的信托费用两种。前者属于因办理某项信托资产业务而发生的费用，可直接归属于该项信托资产，由该项信托资产承担；后者不属于因办理某项信托资产业务而发生的费用，不可直接归属于该项信托资产，由信托投资公司承担。

若发生由信托资产承担的费用，可借记"营业费用"科目，贷记"银行存款"等科目。信托费用应按委托人和信托费用的类别等进行明细核算。

三、信托业务赔偿的处理

由于从事信托业务使受益人或信托投资公司受到损失的，按损失产生的不同原因分别处理。

（1）属于信托投资公司违反信托目的、违背管理职责，管理信托事务不当造成信托资产损失的，以信托赔偿准备金赔偿。信托投资公司本身的会计处理为：

借：信托赔偿准备金

　　贷：相关科目

（2）属于委托人自身原因导致其信托资产遭到司法查封、冻结并且需要以其信托资产对第三方进行补偿的，仅能以其信托资产（扣除原约定费用和对未到期信托资产进行处置的违约金及相关费用后的资产）为限。

四、信托损益的结转

期末，信托收入和信托费用转入信托损益科目。会计分录为：

借：信托收入

　　贷：本年利润

借：本年利润

　　贷：信托费用

期末，信托投资公司应将未分配给受益人和委托人的信托收益结转为待分配信托收益。会计分录为：

借：本年利润

　　贷：利润分配

思 考 题

1. 如何理解信托业务？信托业务有哪些类型？

2. 信托存款与委托存款有何区别？

3. 信托与托管有何区别？

4. 信托与银行信贷有何区别？

5. 信托贷款与委托贷款有哪些异同点？

所有者权益与 第十三章
财务损益的核算

【教学目标】

通过本章的学习，学生可通晓金融企业所有者权益的基本特征、来源和分类；熟悉金融企业实收资本、资本公积、盈余公积、未分配利润的内涵和核算要点；掌握金融企业收入、成本和费用的内容和核算，以及未分配利润的会计核算。

【引例】

据南方日报 2014 年 8 月 20 日报道，财政部网站发布了 2014 年 1—7 月全国国有及国有控股企业经济运行情况。数据显示，1—7 月，国有企业累计实现利润总额 14 303.8 亿元，同比增长 9.2%（不含国有金融类企业，下同）。各主要经济效益指标保持增长，国有钢铁、交通、建材等行业实现利润同比增幅较大；但成本增幅高于收入增幅，负债增幅高于资产增幅。截至 7 月末，国有企业资产总额 978 726.9 亿元，同比增长 11.8%；负债总额 638 503.3 亿元，同比增长 12.2%；所有者权益合计 340 223.6 亿元，同比增长 11%。其中，中央企业资产总额 514 563.5 亿元，同比增长 10.4%；负债总额 337 586.3 亿元，同比增长 10.2%；所有者权益为 176 977.2 亿元，同比增长 10.6%。地方国有企业资产总额 464 163.4 亿元，同比增长 13.4%；负债总额 300 917 亿元，同比增长 14.4%；所有者权益为 163 246.4 亿元，同比增长 11.5%。而从行业看，1—7 月，国有钢铁、交通、建材等行业实现利润同比增幅较大；国有煤炭、化工等行业实现利润同比下降明显；国有有色行业继续全行业亏损。

第一节
所有者权益概述

所有者权益是指企业资产扣除负债后由所有者享有的剩余权益。其包括实收资本（或股本）、资本公积、盈余公积和未分配利润。在股份制企业，所有者权益又称为股东权益，是企业投资人对企业净资产的所有权。它受总资产和总负债变动的影响而发生增减变动。所有者权益包含所有者以其出资额的比例分享企业利润。与此同时，所有者也必须以其出资额承担企业的经营风险。所有者权益还意味着所有者有法定的管理企业和委托他人管理企业的权利。

一、所有者权益的基本特征

（一）所有者权益是企业投资人对企业净资产的所有权

所有者权益是企业投资人对企业净资产的所有权，包括所有者对投入资产的所有权、使用权、处置权和收益分配权。但所有者权益是一种剩余权益，只有负债的要求权得到清偿后，所有者权益才能够被清偿。它受总资产和总负债变动的影响而发生增减变动。

（二）所有者权益是收益和风险的结合体

所有者权益包含所有者以其出资额的比例分享企业利润。与此同时，所有者也必须以其出资额承担企业的经营风险。

（三）所有者权益有权参与企业经营管理

所有者权益还意味着所有者有法定的管理企业和委托他人管理企业的权利，但这种权利来自投资者投入的可供企业长期使用的资源。

（四）所有者权益具有长期特性

所有者权益作为剩余权益，并不存在确切的、约定的偿付期限。

（五）所有者权益计量的间接性

所有者权益除了投资者投入资本能够直接计量外，在企业存续期内任一时点都不是直接计量的，而是通过计量资产和负责来间接计量的。

二、所有者权益的来源

所有者权益的来源包括所有者投入的资本、直接计入所有者权益的利得和损失、留存收益等。

（一）所有者投入的资本

所有者投入的资本是指所有者在企业注册资本的范围内实际投入的资本。所谓注册资本，是指企业在设立时向工商行政管理部门登记的资本总额，也就是全部出资者设定的出资额之和。企业对资本的筹集，应该按照法律、法规、合同和章程的规定及时进行。如果是一次筹集的，投入资本应等于注册资本；如果是分期筹集的，在所有者最后一次缴入资本以后，投入资本应等于注册资本。注册资本是企业的法定资本，是企业承担民事责任的财力保证。

在不同类型的企业中，投入资本的表现形式有所不同。在股份有限公司，投入资本表现为实际发行股票的面值，也称为股本；在其他企业，投入资本表现为所有者在注册资本范围内的实际出资额，也称为实收资本。

投入资本按照所有者的性质不同，可以分为国家投入资本、法人投入资本、个人投入资本和外商投入资本。国家投入资本是指有权代表国家投资的政府部门或者机构以国有资产投入企业所形成的资本；法人投入资本是指我国具有法人资格的单位以其依法可以支配的资产投入企业所形成的资本；个人投入资本是指我国公民以其合法财产投入企业所形成的资本；外商投入资本是指外国投资者以及我国香港、澳门和台湾地区的投资者将资产投入企业所形成的资本。

投入资本按照投入资产的形式不同，可以分为货币投资、实物投资和无形资产投资。

（二）直接计入所有者权益的利得和损失

直接计入所有者权益的利得和损失是指不应计入当期损益、会导致所有者权益发生增减变动的、与所有者投入资本或者向所有者分配利润无关的利得或者损失。利得是指由企业非日常活动所形成的、会导致所有者权益增加的、与所有者投入资本无关的经济利益的流入。分为：①直接计入所有者权益的利得；②直接计入当期利润的利得。损失是指由企业非日常活动所发生的、会导致所有者权益减少的、与向所有者分配利润无关的经济利益的流出。分为：①直接计入所有者权益的损失；②直接计入当期利润的损失。

（三）留存收益

留存收益是公司在经营过程中所创造的,但由于公司经营发展的需要或由于法定的原因等,没有分配给所有者而留存在公司的盈利。留存收益是指企业从历年实现的利润中提取或留存于企业的内部积累,它来源于企业的生产经营活动所实现的净利润,包括企业的盈余公积金和未分配利润两个部分,其中盈余公积金是有特定用途的累积盈余,未分配利润是没有指定用途的累积盈余。

【名词辨析】　　　　留存收益、剩余收益

留存收益是一个历史概念,是指企业从历年实现的净利润中提取或形成的留存于企业内部的积累。根据《中华人民共和国公司法》和《企业会计制度》规定：企业依据公司章程等对税后利润进行分配时,一方面按照国家法律的规定提取盈余公积,将当年实现的利润留存于企业,形成内部积累,成为留存收益的组成部分；另一方面向投资者分配利润或股利,分配利润或股利后的剩余部分,则作为未分配利润,留待以后年度进行分配。这部分同样成为企业留存收益的组成部分。

剩余收益（又称经济利润）是指某期间的会计利润与该期间的资本成本之差,是企业创造的高于市场平均回报的收益。剩余收益是从经济学的角度出发,衡量投入资本所产生的利润超过资本成本的剩余情况,公式如下：剩余收益=会计利润-资本成本=投资资本×（投资资本回报率-资本成本率）。公式清楚地表明,剩余收益是会计利润超过投资资本机会成本的溢价。剩余收益虽与会计利润有联系,但也有区别,它要对企业的全部资本（包含股本和负债）均明确计算资本成本,并考虑资本的机会成本。

从两者的含义可以看出,留存收益是在会计学价值分配理论体系下对企业经营成果的一种分配,一种资金占有状态；而剩余收益是在经济学价值创造理论体系下反映企业的一种净剩余,一种未来现金的净流量。由此可知,留存收益包含的是一种积累价值,是过去时；而剩余收益体现的是一种再造价值,是将来时。

三、所有者权益的分类

（一）所有者权益按经济内容划分

1. 投入资本

投入资本是投资者实际投入企业经济活动的各种财产物资,包括国家投资、法人投资、个人投资和外商投资。国家投资是有权代表国家投资的部门或者机构以国有资产投入企业的资本；法人投资是企业法人或其他法人单位以其依法可以支配的资产投入企业的资本；个人投资是社会个人或者本企业内部职工以其合法的财产投入企业所形成的资本；外商投资是国外投资者以及我国香港、澳门和台湾地区投资者投入的资本。

2. 资本公积

资本公积是通过企业非营业利润所增加的净资产,包括法定财产重估增值、资本汇率折算差额和资本溢价所得的各种财产物资。法定财产重估增值是指企业因分立、合并、变更和投资时资产评估或者合同、协议约定的资产价值与原账面净值的差额；资本汇率折算差额是指企业收到外币投资时由于汇率变动而发生的汇兑差额；资本溢价是指投资人缴付的出资额超出其认缴资本金的差额，包括股份有限公司发行股票的溢价净收入及可转换债券转换为股本的溢价净收入等。

3. 盈余公积

盈余公积是指企业从税后净利润中提取的公积金。盈余公积按规定可用于弥补企业亏损，也可按法定程序转增资本金。法定盈余公积金的提取比率为10%。

4. 未分配利润

未分配利润是本年度所实现的净利润经过利润分配后所剩余的利润，等待以后分配。如果未分配利润出现负数时，即表示年末的未弥补的亏损，应由以后年度的利润或盈余公积来弥补。

（二）所有者权益按形成渠道划分

1. 原始投入的资本

原始投入的资本包括投入资本和资本公积。

2. 经营中形成的资本

经营中形成的资本包括盈余公积和未分配利润。

四、所有者权益与负债的区别

（一）期限不同

所有者权益在企业经营期内可供企业长期、持续地使用，企业不必向投资人返还资本金。而负债则需按期返还给债权人，成为企业的负担。

（二）收益不同

企业所有人凭其对企业投入的资本，享受税后分配利润的权利。所有者权益是企业分配税后净利润的主要依据，而债权人除按规定取得利息外，无权分配企业的盈利。

（三）权利不同

企业所有人有权行使企业的经营管理权，或者授权管理人员行使经营管理权。但债权人并没有经营管理权。

（四）责任不同

企业的所有者对企业的债务和亏损负有无限的责任或有限的责任，而债权人对企业的其他债务不发生关系，一般也不承担企业的亏损。

（五）计量不同

负债在发生时必须按规定的方法单独予以计量，并根据相关义务所需支出的最佳估计数进行估计；所有者权益（尤其是留存收益部分）的计量主要依赖于其他会计要素，尤其是资产和负债的计量。

第二节 实收资本的核算

一、实收资本的内涵

（一）实收资本的定义

实收资本是指投资者按照企业章程或合同、协议的约定，实际投入企业的资本，它是企业注册登记的法定资本总额的来源，它表明所有者对企业的基本产权关系。实收资本是企业永久性的资金来源，它是保证企业持续经营和偿还债务的最基本的物质基础，是企业抵御各种风险的缓冲器。

（二）实收资本的投资形式

实收资本按照投资形式可划分为货币资金、实物、无形资产3种。

1. 货币资金

以人民币现金投资，应以实际收到或者存入企业开户银行的时间和金额确定入账。

以外币投资，应将外币折算为记账本位币金额入账。

有合同约定汇率的，按合同、协议约定汇率折算；合同没有约定汇率的，按收到出资额当日的汇率折算。

2. 实物

投资者以实物（固定资产、材料物资等）投资的，需审计等权威机构认定其入账价值来核算其实收资本。

3. 无形资产

投资者以无形资产（土地使用权、商标权、专利权、非专利技术、著作权等）投资的，一般不得超过企业注册资金的70%，按投资各方确认的价值作为实收资本入账。

（三）实收资本的确认依据

企业应按照企业章程、合同、协议或有关规定，根据实际收到的货币、实物及无形资产来确认投入资本。设立公司必须经过中国注册会计师进行验资。①对于以货币投资的，主要根据收款凭证加以确认与验证；对于外方投资者的外汇投资，应取得利润来源地外汇管理局的证明。②对于以房屋建筑物、机器设备、材料物资等实物资产作价出资的，应以各项有关凭证为依据进行确认，并应进行实物清点、实地勘察以核实有关投资；房屋建筑物应具备产权证明。③对于以专利权、专有技术、商标权、土地使用权等无形资产作价出资的，应以各项有关凭证及文件资料作为确认与验证的依据；外方合营者出资的工业产权与专有技术，必须符合规定的条件。

（四）金融企业关于注册资本的规定

1. 商业银行的规定

《中华人民共和国商业银行法》对商业银行的设立提出了最低资本限额的要求。设立全国性商业银行的注册资本最低限额为10亿元人民币。设立城市商业银行的注册资本最低限额为1亿元人民币，设立农村商业银行的注册资本最低限额为5000万元人民币。注册资本应当是实缴资本。

国务院银行业监督管理机构根据审慎监管的要求可以调整注册资本最低限额，但不得少于前款规定的限额。

2. 证券公司的规定

证券公司经营证券经纪、证券投资咨询、与证券交易和证券投资活动有关的财务顾问业务的，注册资本最低限额为人民币 5000 万元；经营证券承销与保荐、证券自营、证券资产管理、其他证券业务之一的，注册资本最低限额为人民币 1 亿元；经营证券承销与保荐、证券自营、证券资产管理、其他证券业务中两项以上的，注册资本最低限额为人民币 5 亿元。证券公司的注册资本应当是实缴资本。

国务院证券监督管理机构根据审慎监管原则和各项业务的风险程度，可以调整注册资本最低限额，但不得少于前款规定的限额。

3. 保险公司的规定

《中华人民共和国保险法》规定：设立保险公司，其注册资本的最低限额为人民币二亿元。国务院保险监督管理机构根据保险公司的业务范围、经营规模，可以调整其注册资本的最低限额，但不得低于本条规定的最低限额。保险公司的注册资本必须为实缴货币资本。

4. 期货公司的规定

《期货公司管理办法》没有明确规定期货公司设立时的最低资本要求，但规定申请设立期货公司，股东应当具有中国法人资格，持有 5%以上股权的股东应当具备下列条件。①实收资本和净资产均不低于人民币 3 000 万元，持续经营 2 个以上完整的会计年度，在最近 2 个会计年度内至少 1 个会计年度盈利；或者实收资本和净资产均不低于人民币 2 亿元。②净资产不低于实收资本的 50%，或有负债低于净资产的 50%，不存在对财务状况产生重大不确定影响的其他风险。另外又规定：除应当符合本办法第七条规定的条件外，持有 100%股权的股东除应当符合本办法第七条规定的条件外，净资本应当不低于人民币 10 亿元；股东不适用净资本或者类似指标的，净资产应当不低于人民币 15 亿元。

5. 基金管理公司的规定

《中华人民共和国证券投资基金法》规定：设立基金管理公司，注册资本不低于 1 亿元人民币，且必须为实缴货币资本。

6. 信托投资公司的规定

《信托投资公司管理办法》规定：信托投资公司的注册资本不得低于人民币 3 亿元。经营外汇业务的信托投资公司，其注册资本中应包括不少于等值 1 500 万美元的外汇。中国人民银行根据信托投资公司行业发展的需要，可以调整设立信托投资公司的注册资本最低限额。

二、实收资本的核算要点

（一）接受投资

企业接受投资者投入的资本，借记"银行存款""其他应付款""固定资产""无形资产""长期股权投资"等科目；按其在注册资本或股本中所占份额，贷记本科目；按其差额，贷记"资本公积——资本溢价或股本溢价"科目。

（二）分配股票股利

股东大会批准的利润分配方案中分配的股票股利，应在办理增资手续后，借记"利润分配"科目，贷记本科目。经股东大会或类似机构决议，用资本公积转增资本，借记"资本公积——资本溢价或股本溢价"科目，贷记本科目。

（三）债券转换为股票

可转换公司债券持有人行使转换权利，将其持有的债券转换为股票，按可转换公司债券的余额，借记"应付债券——可转换公司债券（面值、利息调整）"科目；按其权益成份的金额，借记"资本公积——其他资本公积"科目；按股票面值和转换的股数计算的股票面值总额，贷记本科目；按其差额，贷记"资本公积——股本溢价"科目。如有现金支付不可转换股票，还应贷记"银行存款"等科目。

企业将重组债务转为资本的，应按重组债务的账面余额，借记"应付账款"等科目；按债权人因放弃债权而享有本企业股份的面值总额，贷记本科目；按股份的公允价值总额与相应的实收资本或股本之间的差额，贷记或借记"资本公积——资本溢价或股本溢价"科目；按其差额，贷记"营业外收入——债务重组利得"科目。

（四）股票作为报酬支付

以权益结算的股份支付换取职工或其他方提供服务的，应在行权日按根据实际行权情况确定的金额，借记"资本公积——其他资本公积"科目；按应计入实收资本或股本的金额，贷记本科目。

（五）减少资本

金融企业按法定程序报经批准减少注册资本的，借记本科目，贷记"库存现金""银行存款"等科目。

股份有限公司采用收购本公司股票方式减资的，按股票面值和注销股数计算的股票面值总额，借记本科目；按所注销库存股的账面余额，贷记"库存股"科目；按其差额，借记"资本公积——股本溢价"科目。股本溢价不足冲减的，应借记"盈余公积""利润分配——未分配利润"科目；购回股票支付的价款低于面值总额的，应按股票面值总额，贷记"资本公积——股本溢价"科目。

（六）期末余额

本科目期末贷方余额，反映企业实收资本或股本总额。

三、账务处理举例

【例13-1】光华证券公司接受甲单位现金投资250万元，乙单位设备投资4800万元（评估价值），丙单位专利权投资评估价值为350万。编制会计分录如下：

借：现金		2 500 000
固定资产——设备		48 000 000
无形资产——专利权		3 500 000
贷：实收资本——甲单位		2 500 000
——乙单位		48 000 000
——丙单位		3 500 000

【例13-2】民生银行发行股票8 000万股，每股面值1元，发行价格为2元，股票全部售出，款项已收到存入银行。编制会计分录如下：

借：银行存款　　　　　　　　　　　　　　　　　　160 000 000

　　贷：股本　　　　　　　　　　　　　　　　　　　80 000 000

　　　　资本公积——股本溢价　　　　　　　　　　　　80 000 000

【例13-3】民生银行总部按法定程序以资本公积金10 000万元，法定盈余公积金15 000万元转增资本。编制会计分录如下：

借：资本公积　　　　　　　　　　　　　　　　　　100 000 000

　　盈余公积——法定盈余公积　　　　　　　　　　1 500 000 000

　　贷：实收资本　　　　　　　　　　　　　　　　250 000 000

【例13-4】中盛银行总行向南京分行拨付营运资金20 000万元，通过系统内联行办理转账。编制会计分录如下：

借：拨出营运资金——南京分行户　　　　　　　　　200 000 000

　　贷：联行往账　　　　　　　　　　　　　　　　200 000 000

南京分行收到总行拨付通知及有关凭证后，编制会计分录如下：

借：联行来账　　　　　　　　　　　　　　　　　　200 000 000

　　贷：拨入营运资金　　　　　　　　　　　　　　200 000 000

南京分行按规定向鼓楼区支行拨付营运资金8 000万元，编制会计分录如下：

借：拨出营运资金——鼓楼支行户　　　　　　　　　80 000 000

　　贷：联行往账　　　　　　　　　　　　　　　　80 000 000

鼓楼支行收到分行拨入的营运资金时，编制会计分录如下：

借：联行来账　　　　　　　　　　　　　　　　　　80 000 000

　　贷：拨入营运资金——南京分行户　　　　　　　　80 000 000

第三节　资本公积的核算

一、资本公积的内涵

（一）资本公积的定义

资本公积是指企业在经营过程中由于股本溢价以及法定财产重估增值等原因所形成的公积金，是与企业收益无关而与资本相关的贷项。同时，也是投资者或者他人投入企业、所有权归属于投资者，并且投入金额上超过法定资本部分的资本。

（二）资本公积的内容

会计准则所规定的可计入资本公积的贷项有4个内容：资本（股本）溢价、其他资本公积、资产评估增值、资本折算差额。

资本溢价是公司发行权益债券价格超出所有者权益的部分。股本溢价是公司发行股票的价格超出票面价格的部分。其他资本公积包括可供出售的金融资产公允价值变动、长期股权投资权益法下被投资单位净利润以外的变动。资产评估增值是按法定要求对企业资产进行重新估价时，重估价高于资产的账面净值的部分（参见资产评估）。资本折算差额是外币资本因汇率变动产生的差额。

按照国家财务制度规定，资本公积只能按照法定程序转增资本。我国有不少上市公司均有将资本公积转增资本、增发股票的实例。

（三）资本公积与实收资本的区别

1. 从来源和性质看

实收资本（或股本）是指投资者按照企业章程或合同、协议的约定，实际投入企业并依法进行注册的资本，它体现了企业所有者对企业的基本产权关系。

资本公积是投资者的出资中超出其在注册资本中所占份额的部分，以及直接计入所有者权益的利得和损失，它不直接表明所有者对企业的基本产权关系。

2. 从实际用途看

实收资本（或股本）的构成比例是确定所有者参与企业财务经营决策的基础，也是企业进行利润分配或股利分配的依据，同时还是企业清算时确定所有者对净资产的要求权的依据。

资本公积的用途主要是用来转增资本（或股本）。资本公积不体现各所有者的占有比例，也不能作为所有者参与企业财务经营决策或进行利润分配（或股利分配）的依据。

（四）资本公积的作用

资本公积从本质上讲属于投入资本的范畴。由于我国采用注册资本制度等原因导致了资本公积的产生。《中华人民共和国公司法》等法律规定，资本公积的用途主要是转增资本，即增加实收资本（或股本）。虽然资本公积转增资本并不能导致所有者权益总额的增加，但资本公积转增资本，一方面可以改变企业投入资本结构，体现企业稳健、持续发展的潜力；另一方面，对股份有限公司而言，它会增加投资者持有的股份，从而增加公司的股票的流通量，进而激活股价，提高股票的交易量和资本的流动性。此外，对于债权人来说，实收资本是所有者权益最本质的体现，是其考虑投资风险的重要影响因素。所以，将资本公积转增资本，不仅可以更好地反映投资者的权益，也会影响到债权人的信贷决策。

二、资本公积的核算要点

新准则中规定，企业形成的资本公积在"资本公积"账户核算。该账户按"资本溢价"和"其他资本公积"两个明细科目进行会计核算。其贷方登记企业资本公积的增加数；借方登记资本公积的减少数。期末余额在贷方，反映企业资本公积实有数。

（一）资本溢价

1. 一般企业资本溢价

企业创立时，要经过筹建、试生产经营、开辟市场等过程，这种投资具有风险性。当企业进入正常生产经营，资本利润率一般要高于创立阶段，这是企业创立者付出一定代价所得。所以，新加入的投资者要付出大于原投资者的出资额，才能取得与原有投资者相同的投资比例。投资者投入的资本中,按其投资比例计算的出资额部分,应计入"实收资本"账户。超出部分,应计入"资本公积——资本溢价"账户。

2. 股份有限公司股本溢价

在股票溢价发行时,公司发行股票的收入相当于股票面值部分,计入"股本"账户。超过股票面值的溢价收入(含股票发行冻结期间的利息收入),计入"资本公积"账户。与发行权益性证券直接相关的手续费、佣金等交易费用,借记"资本公积——股本溢价"等账户,贷记"银行存款"等账户。

股份有限公司采用收购本公司股票方式减资的,按股票面值和注销股数计算的股票面值总额,借记"股本"科目;按所注销的库存股的账面余额,贷记"库存股"科目;按其差额,借记"资本公积——股本溢价"账户。股本溢价不足冲减的,应借记"盈余公积""利润分配——未分配利润"科目。购回股票支付的价款低于面值总额的,应按股票面值余额,贷记"库存股"科目;按其差额,贷记"资本公积——股本溢价"科目。股本溢价不足冲减的,应借记"盈余公积""利润分配——未分配利润"科目。

3. 同一控制下企业合并涉及的资本公积

同一控制下企业合并形成的长期股权投资,应在合并日按取得被合并方所有者权益账面价值的份额,借记"长期股权投资"科目;按享有被投资单位已宣告但尚未发放的现金股利或利润,借记"应收股利"科目;按支付的合并对价的账面价值,贷记有关资产科目或借记有关负债科目;按其差额,贷记或借记"资本公积——资本溢价(股本溢价)"科目。资本公积不足冲减的,应借记"盈余公积""利润分配——未分配利润"科目。

4. 拨款转入形成的资本公积

新准则规定,企业收到国家拨入的专门用于技术改造、技术研究等的拨款项目完成后,形成各项资产的部分,应按实际成本借记"固定资产"等科目,贷记有关科目。同时,借记"专项应付款"科目,贷记"资本公积——股本溢价"科目。

(二)其他资本公积

1. 股权类

股权投资价值变动是投资单位对被投资单位的长期股权投资采用权益法核算时,在持股比例不变的情况下,被投资单位除净损益以外所有者权益的其他变动,投资单位按其持股比例计算应享有的份额。

企业采用权益法核算长期股权投资时,长期投资的账面价值将随着被投资单位所有者权益的增减而增加或减少,以使长期股权投资的账面价值与应享有被投资单位所有者权益的份额基本保持一致。被投资单位净资产的变动除了实际的净损益会影响净资产外,还有其他原因增加的资本公积。企业应按其持股比例计算应享有的份额,借记"长期股权投资——所有者权益其他变动"账户,贷记"资本公积——其他资本公积"账户。

2. 套期保值产生利得或损失

资产负债表日,满足运用套期会计方法条件的现金流量套期和境外经营净投资套期产生的利得,属于有效套期的,应按套期工具产生的利得,借记"套期工具"科目,贷记"公允价值变动损益""资本公积——其他资本公积"等科目;被套期项目产生的损失做相反的会计分录。

3. 将持有至到期投资重分类为可供出售金融资产

根据金融工具确认和计量准则，将持有至到期投资重分类为可供出售金融资产。应在重分类日，按该项持有至到期投资的公允价值，借记"可供出售金融资产"账户；已计提减值准备的，借记"持有至到期投资减值准备"账户；按其账面余额，贷记"持有至到期投资——成本、利息调整、应计利息"账户；按其差额，贷记或借记"资本公积——其他资本公积"账户。

4. 可供出售类

企业根据金融工具确认和计量准则，将可供出售金融资产重分类为采用成本或摊余成本计量的金融资产。在重分类日，按可供出售金融资产的公允价值，借记"持有至到期投资"等账户，贷记"可供出售金融资产"账户。

对于有固定到期日的，与其相关的原记入"资本公积——其他资本公积"账户的余额，应在该项金融资产的剩余期限内。在资产负债表日，按采用实际利率法计算确定的摊销额，借记或贷记"资本公积——其他资本公积"账户，贷记或借记"投资收益"账户。

对于没有固定到期日的，与其相关的原记入"资本公积——其他资本公积"账户的金额，应在处置该项金融资产时，借记或贷记"资本公积——其他资本公积"账户，贷记或借记"投资收益"账户。

可供出售金融资产的公允价值变动及减值损失。资产负债表日，可供出售金融资产的公允价值高于其账面余额的差额，借记"可供出售金融资产"账户，贷记"资本公积——其他资本公积"账户；公允价值低于其账面余额的差额，做相反的会计分录。

确定可供出售金融资产发生减值的，按应减记的金额，借记"资产减值损失"账户；按应从所有者权益中转出原计入资本公积的累计损失金额，贷记"资本公积——其他资本公积"账户；按其差额，贷记"可供出售金融资产——公允价值变动"。

对于已确认减值损失的可供出售金融资产，在随后的会计期间公允价值上升的，应在原已计提的减值准备金额内，按恢复增加的金额，借记"可供出售金融资产"账户，贷记"资本公积——其他资本公积"账户。

5. 其他类别

递延所得税涉及的资本公积。资产负债表日，预计未来期间很可能无法获得足够的应纳税所得额用以抵扣可抵扣暂时性差异的，按原已确认的递延所得税资产中应减记的金额，借记"所得税费用——递延所得税""资本公积——其他资本公积"等科目，贷记"递延所得税资产"科目。

与直接计入所有者权益的交易或事项相关的递延所得税资产，借记"递延所得税资产"科目，贷记"资本公积——其他资本公积"科目。与直接计入所有者权益的交易或事项相关的递延所得税负债，借记"资本公积——其他资本公积"科目，贷记"递延所得税负债"科目。

自用房地产或存货转换为采用公允价值模式计量的投资性房地产时，应按该项房地产在转换日的账面价值，借记"投资性房地产——成本"账户；按已计提的累计摊销或累计折旧，借记"累计摊销""累计折旧"账户，已计提减值准备的，借记"存货跌价准备""无形资产减值准备""固定资产减值准备"账户；按其账面余额，贷记"库存商品""无形资产""固定资产"账户。

同时，按该项房地产在转换日的公允价值大于其账面价值的差额，借记"投资性房地产——公允价值变动"账户,贷记"资本公积——其他资本公积"账户。处置投资性房地产时,按该项投资性房地产在转换日计入资本公积的金额,借记"资本公积——其他资本公积"科目,贷记"其他业务收入"科目。

三、资本公积的会计处理举例

【例 13-5】大华银行由甲、乙两单位各出资 25 000 万元设立,设立时的实收资本为 50 000 万元。经过几年的经营,银行的所有者权益为 80 000 万元。此时,丙投资者愿意出资 40 000 万元,并占银行股份的三分之一。

(1)在甲、乙投资者投资设立银行时,编制会计分录如下:

　　借:银行存款　　　　　　　　　　　　　　　　　　　　500 000 000

　　　　贷:实收资本——甲单位　　　　　　　　　　　　　　　250 000 000

　　　　　　——乙单位　　　　　　　　　　　　　　　250 000 000

(2)接收丙投资时,编制会计分录如下:

　　借:银行存款——丙投资者　　　　　　　　　　　　　　400 000 000

　　　　贷:实收资本——丙单位　　　　　　　　　　　　　　250 000 000

　　　　　　资本公积——资本溢价　　　　　　　　　　　　　150 000 000

【例 13-6】大华银行因故对营业用房进行重估,账面原值为 1 500 万元,重估价为 1 800 万元,增值额为 300 万元。编制会计分录如下:

　　借:固定资产——营业用房　　　　　　　　　　　　　　3 000 000

　　　　贷:资本公积——资产重估增值　　　　　　　　　　　3 000 000

【例 13-7】某合资银行按合同约定,外方投入现汇 6 000 万美元,约定汇率 1USD=7.0RMB,接受外汇投资当日的市场汇率为 1USD=7.2RMB。编制会计分录如下:

　　借:银行存款——美元户　　　　　　　　　　　　　　432 000 000

　　　　贷:实收资本——外方投资　　　　　　　　　　　　420 000 000

　　　　　　资本公积——资本折算差额　　　　　　　　　　12 000 000

【例 13-8】中港金融公司的普通股每股面值 10 元,原以 12 元发行,现以每股 16 元购回 20 万股,并予以注销。编制会计分录如下:

　　借:库存股　　　　　　　　　　　　　　　　　　　　3 200 000

　　　　贷:银行存款　　　　　　　　　　　　　　　　　　3 200 000

　　借:股本　　　　　　　　　　　　　　　　　　　　　2 000 000

　　　　资本公积　　　　　　　　　　　　　　　　　　　400 000

　　　　盈余公积　　　　　　　　　　　　　　　　　　　800 000

　　　　贷:库存股　　　　　　　　　　　　　　　　　　　3 200 000

若以每股 9 元购回股票,编制会计分录如下:

　　借:库存股　　　　　　　　　　　　　　　　　　　　1 800 000

　　　　贷:银行存款　　　　　　　　　　　　　　　　　　1 800 000

借：股本　　　　　　　　　　　　　　　　　　　　　2 000 000

　　贷：库存股　　　　　　　　　　　　　　　　　　　1 800 000

　　　　资本公积　　　　　　　　　　　　　　　　　　　200 000

第四节 盈余公积和未分配利润的核算

一、盈余公积的内涵

（一）盈余公积的定义

盈余公积是指企业按照规定从净利润中提取的各种积累资金。盈余公积一般分为 2 种。一是法定盈余公积。上市公司的法定盈余公积按照税后利润的 10%提取，法定盈余公积累计额已达注册资本的 50%时可以不再提取；二是任意盈余公积。任意盈余公积主要是上市公司按照股东大会的决议提取。法定盈余公积和任意盈余公积的区别就在于其各自计提的依据不同；前者以国家的法律或行政规章为依据提取；后者则由公司自行决定提取。

（二）盈余公积的用途

1. 用于弥补亏损

企业发生亏损时，应由企业自行弥补。弥补亏损的渠道主要有 3 条：一是用以后年度税前利润弥补。按照现行制度规定，企业发生亏损时，可以用以后五年内实现的税前利润弥补，即税前利润弥补亏损的期间为五年；二是用以后年度税后利润弥补。企业发生的亏损经过五年期间未弥补足额的，尚未弥补的亏损应用所得税后的利润弥补；三是以盈余公积弥补亏损。企业以提取的盈余公积弥补亏损时，应当由公司董事会提议，并经股东大会批准。

2. 转增资本

企业将盈余公积转增资本时，必须经股东大会决议批准。在实际将盈余公积转增资本时，要按股东原有持股比例结转。盈余公积转增资本时，转增后留存的盈余公积的数额不得少于注册资本的 25%。

3. 分配股利

分配股利，原则上企业当年没有利润，不得分配股利。如为了维护企业信誉，用盈余公积分配股利，必须符合下列条件。

（1）用盈余公积弥补亏损后，该项公积金仍有结余。

（2）用盈余公积分配股利时，股利率不能太高，不得超过股票面值的 6%。

（3）分配股利后，法定盈余公积金不得低于注册资本的 25%。盈余公积的提取实际上是企业当期实现的净利润向投资者分配利润的一种限制。提取盈余公积本身就属于利润分配的一部分。提取盈余公积相对应的资金，一经提取形成盈余公积后，在一般情况下不得用于向投资者分配利润或股利。盈余公积的用途，并不是指其实际占用形态，也不是单独将这部分资金从企业资金周转过程中抽出。企业提取的盈余公积，无论是用于弥补亏损，还是用于转增资本，只不过是在企业所有者权益内部结构的转换。例如，企业以盈余公积弥补亏损时，实际是减少盈余公积留存的数额，以此抵补未弥补亏损的数额，并不引起企业所有者权益总额的变动；企业以盈余公积转增资本时，也只是减少盈余公积结存的数额，但同时增加企业实收资本或股本的数额，也并不引起所有者权益总额的变动。至于企业盈余公积的结存数，实际只表现企业所有者权益的组成部分，表明企业生产经营资金的一个来源而已。其形成的资金可能表现为一定的货币资金，也可能表现为一定的实物资产，如存货和固定资产等，随同企业的其他来源所形成的资金进行循环周转。

二、盈余公积的核算要点

（一）设立"盈余公积"会计科目

设立"盈余公积"会计科目，用来核算企业从净利润中提取的盈余公积。本科目应当分别按"法定盈余公积""任意盈余公积"进行明细核算。外商投资企业还应分别按"储备基金""企业发展基金"进行明细核算。中外合作经营在合作期间归还投资者的投资，应在本科目设置"利润归还投资"明细科目进行核算。

（二）企业提取的盈余公积

企业按规定提取的盈余公积，借记"利润分配——提取法定盈余公积、提取任意盈余公积"科目，贷记本科目（法定盈余公积、任意盈余公积）。

外商投资企业按规定提取的储备基金、企业发展基金、职工奖励及福利基金，借记"利润分配——提取储备基金、提取企业发展基金、提取职工奖励及福利基金"科目，贷记本科目（储备基金、企业发展基金）、"应付职工薪酬"科目。

（三）盈余公积弥补亏损或转增资本

经股东大会或类似机构决议，用盈余公积弥补亏损或转增资本，借记本科目，贷记"利润分配——盈余公积补亏""实收资本"或"股本"科目。

经股东大会决议，用盈余公积派送新股，按派送新股计算的金额，借记本科目；按股票面值和派送新股总数计算的股票面值总额，贷记"股本"科目。

中外合作经营根据合同规定在合作期间归还投资者的投资，应按实际归还投资的金额，借记"实收资本——已归还投资"科目，贷记"银行存款"等科目；同时，借记"利润分配——利润归还投资"科目，贷记本科目（利润归还投资）。

（四）期末余额

本科目期末贷方余额，反映企业的盈余公积。

三、盈余公积的会计处理举例

【例 13-9】大华银行某年税后利润 3 000 万元，按 10% 和 5% 分别提取法定盈余公积和任意盈余公积。编制会计分录如下：

借：利润分配——提取法定盈余公积 3 000 000

　　　——提取任意盈余公积 1 500 000

　贷：盈余公积——法定盈余公积 3 000 000

　　　——任意盈余公积 1 500 000

经研究决定，用盈余公积弥补以前年度亏损 2 500 万元，编制会计分录如下：

借：盈余公积——盈余公积金户 25 000 000

　贷：利润分配——盈余公积补亏户 25 000 000

并决定将盈余公积 3 000 万元转增资本，编制会计分录如下：

借：盈余公积——盈余公积金户 30 000 000

　贷：实收资本 30 000 000

四、未分配利润的核算

（一）未分配利润的内涵

未分配利润是指企业实现的净利润经过弥补亏损、提取盈余公积和向投资者分配利润后留存在企业的历年结存的利润。

未分配利润有两层含义：一是留待以后年度处理的利润；二是未指明特定用途的利润。相对于所有者权益的其他部分来说，企业对于未分配利润的使用有较大的自主权。

从数量上来看，未分配利润是期初未分配利润加上本期实现的净利润，减去提取的各种盈余公积和分出的利润后的余额。

对于金融企业而言，报表中的"未分配利润"明细科目的余额反映了金融企业累积未分配利润或累计未弥补亏损。由于各种原因，如平衡各会计年度的投资回报水平，以丰补歉，留有余地等，金融企业实现的净利润不予以全部分完，剩下一部分留待以后年度进行分配。这样，一年年的滚存下来，结余在"未分配利润"明细科目上，它反映的是历年累计的未分配利润。同样道理，上一年度未弥补亏损，留待以后年度弥补，以后年度又发生亏损继续滚存下来，结余在"未分配利润"明细科目上，它反映的是历年累计的亏损，记为负数。

（二）未分配利润的会计核算

进行未分配利润会计核算时，应注意以下几个问题。

（1）未分配利润核算是通过"利润分配——未分配利润"账户进行的。

（2）未分配利润核算一般是在年度终了时进行的，年终时，将本年实现的净利润结转到"利润分配——未分配利润"账户的贷方。同时，将本年利润分配的数额结转到"利润分配——未分配利润"账户的借方。

（3）年末结转后的"利润分配——未分配利润"账户的贷方期末余额反映累计的未分配利润，借方期末余额反映累计的未弥补亏损。

（三）业务举例

【例13-10】中盛魁财务公司某年实现净利润300万元，即"本年利润"年末贷方余额300万元，本年提取法定盈余公积30万元，提取任意盈余公积15万元，应付股利130万元。编制会计分录如下：

借：本年利润   3 000 000

  贷：利润分配——未分配利润   3 000 000

借：利润分配——提取法定盈余公积   300 000

     ——提取任意盈余公积   150 000

     ——应付普通股股利   1 300 000

  贷：盈余公积——法定盈余公积   300 000

       ——任意盈余公积   150 000

    应付股利   1 300 000

借：利润分配——未分配利润   1 750 000

  贷：利润分配——提取法定盈余公积   300 000

      ——提取任意盈余公积   150 000

      ——应付普通股股利   1 300 000

如果上年末未分配利润为20万元，结转以后，"利润分配——未分配利润"科目的期末余额为145万元，即期末资产负债表所有者权益部分"未分配利润"的金额为145万元。

第五节

财务损益的核算

一、收入的核算

（一）收入的概念

根据新会计准则规定，收入是指企业在日常活动中所形成的会导致所有者权益增加的和与所有者投入资本无关的经济利益的总流入。收入具有以下特征。

1. 收入一般在日常的经营活动中形成

日常经营活动是指企业为完成其经营目标所从事的经常性活动以及与之相关的活动。有时，企业所从事或发生的某些活动也能为企业带来经济利益，但不属于企业为完成其经营目标所从事的经常性活动，也不属于与经常性活动相关的活动。例如，金融企业处置固定资产、无形资产，因其他企业违约收取罚款等，这些活动形成的经济利益的总流入属于企业的利得而不是收入。

2. 收入在会计中可能会引起业主权益的增加

业主权益的增加可能表现为资产的增加或负债的减少，或两者兼而有之，即所有者权益的增加。与收入相关的经济利益的流入应当会导致所有者权益的增加，不会导致所有者权益增加的经济利益的流入不符合收入的定义，不应确认为收入。

3. 收入只包括本企业经济利益的流入

特定会计主体的收入只能包括本组织经济利益的流入，不应该包括为第三方或客户代收的款项。例如，商业银行代自来水、煤气、电信等公司收取的居民使用费。因为这些款项虽然增加商业银行的资产、商业银行的负债，但不增加商业银行的所有者权益，因此不构成商业银行的收入。

4. 收入是与所有者投入资本无关的经济利益的总流入

所有者投入资本主要是谋求享有企业资产的剩余权益。由此形成的经济利益的总流入不构成收入，而应确认为企业所有者权益的组成部分。

5. 收入必须能以货币计量

收入作为会计要素之一，同其他各要素一样，必须能够以货币来衡量其价值，从而为收入的确认、计量、记录和报告提供准确的依据，也便于与其相关的费用相配比，体现一定期间的经营成果。

6. 收入必须与其相关的费用相配比

收入必须要与取得该收入相关的费用相配比。收入和费用存在着密切的联系。费用在本质上是为取得收入而发生的支出，而收入则表示费用所带来的结果。因此，收入必须要与相关的费用相比较，以确定当期的净损益，对收入确认、计量和记录，才有实际意义。

（二）金融企业营业收入的构成

按照金融企业经营业务的主次，金融企业营业收入可分为主营业务收入和其他业务收入。一般来说，主营业务收入占金融企业营业收入的比重较大，会对金融企业经济效益产生较大的影响。新会计准则规定，金融企业提供金融商品或服务所取得的营业收入，主要包括利息收入、手续费及佣金收入、保费收入、分保费收入、租赁收入、汇兑损益、公允价值变动损益、投资收益、其他业务收入等。不同金融企业的具体类别，营业收入的构成不尽相同。

1. 商业银行的营业收入

商业银行的营业收入是商业银行在日常经营及其他服务业务中获得的各种收益。商业银行的收入，按照与经营业务的关系可分为营业收入、投资收益和营业外收入；按照来源划分，可分为利息收入、手续费收入、金融企业往来收入、汇兑收益和其他营业收入等。

2. 证券公司的营业收入

手续费收入、自营证券差价收入、证券发行差价收入、受托投资管理收益、利息收入、金融企业往来收入、买入返售证券收入、汇兑收益、其他业务收入等。

3. 保险公司的营业收入

保费收入、分保费收入、摊回保险责任准备金、摊回赔付支出、摊回分保费用、利息收入、投资收益、汇兑损益等。

4. 期货公司的营业收入

手续费收入、佣金收入、投资收益、其他业务收入等。其中，手续费收入核算期货公司向客户收取的交易手续费、代理结算手续费、交割手续费和有价证券充抵保证金业务手续费收入，以及期货公司收到期货交易所返还、减收的手续费收入。

5. 信托公司的营业收入

利息收入、投资收益、租赁收入、其他收入等。

二、费用和成本的核算

（一）费用和成本的概念

1. 费用

按照新会计准则的规定，费用是指企业在日常活动中发生的会导致所有者权益减少的和与向所有者分配利润无关的经济利益的总流出。费用只有在经济利益很可能流出，从而导致企业资产减少或者负债增加且经济利益的流出额能够可靠计量时，才能予以确认。企业发生的支出不产生经济利益的，或者即使能够产生经济利益但不符合或者不再符合资产确认条件的，应当在发生时确认为费用，计入当期损益。企业发生的交易或者事项导致其承担了一项负债而又不确认为一项资产的，应当在发生时确认为费用，计入当期损益。符合费用定义和费用确认条件的项目，应当列入利润表。

费用的确认至少应当符合以下 3 个条件：①与费用相关的经济利益应当很可能流出企业；②经济利益流出企业的结果会导致资产的减少或者负债的增加；③经济利益的流出额能够可靠计量。

2. 成本

成本是商品经济的价值范畴，是商品价值的组成部分。人们要进行生产经营活动或达到一定的目的，就必须耗费一定的资源（人力、物力和财力），其所费资源的货币表现及其对象化称为成本。与费用相比，成本是对象化了的费用。随着商品经济的不断发展，成本概念的内涵和外延都处于不断地变化发展之中。

在我国金融企业的会计实务中，如不特别指明，一般所说的成本就是指与收入相匹配的金融商品或劳务的成本，是金融企业为社会提供金融商品、金融服务而发生的各项耗费，是费用对象化形成的。

（二）金融企业费用和成本的构成

金融企业的费用是指金融企业在业务经营及管理工作中发生的各项费用，包括固定资产折旧、业务宣传费、业务招待费、电子设备运转费、安全防卫费、企业财产保险费、邮电费、劳动保护费、外事费、印刷费、公杂费、低值易耗品摊销、理赔勘查费、职工工资、差旅费、水电费、租赁费（不包括融资租赁费）、修理费、职工福利费、职工教育经费、工会经费、房产税、车船使用税、土地使用税、印花税、会议费、诉讼费、公证费、咨询费、无形资产摊销、长期待摊费用摊销、待业保险费、劳动保险费、取暖费、审计费、技术转让费、研究开发费、绿化费、董事会费、上交管理费、广告费、银行结算费等。

金融企业应支付职工的工资，应当根据规定的工资标准等资料计算职工工资，计入成本费用。企业按规定给予职工的各种工资性质的补贴，也应计入各工资项目。

金融企业在经营过程中所发生的其他各项费用，应当以实际发生数计入成本费用。凡应当由本期负担而尚未支出的费用，作为预提费用计入本期成本费用；凡已支出的应当由本期和以后各期负担的费用，作为待摊费用分期摊入成本费用。

金融企业营业成本是指在业务经营过程中发生的与业务经营有关的支出，包括利息支出、金融企业往来支出、手续费支出、卖出回购证券支出、汇兑损失、赔款支出、死伤医疗给付、满期给付、年金给付、分保赔款支出、分保费用支出等。

金融企业必须分清本期营业成本、营业费用和下期营业成本、营业费用的界限，不得任意预提和摊销费用。

在不同类别的金融企业中，费用、成本构成内容的差异很小，此处不再一一列示。

（三）所得税

1. 计税基础

按照新《企业会计准则第 18 号——所得税》规定，企业在取得资产、负债时，应当确定其所得税的计税基础。资产、负债的账面价值与其计税基础存在差异的，应当按照本准则规定确认所产生的递延所得税资产或递延所得税负债。

资产的计税基础是指企业收回资产账面价值过程中，计算应纳税所得额时按照税法规定可以自应税经济利益中抵扣的金额。即该项资产在未来使用或最终处置时，允许作为成本或费用于税前列支的金额。用公式可表示为：

资产的计税基础=未来可税前列支的金额

某一资产在资产负债表日的计税基础=成本-以前期间已税前列支的金额

负债的计税基础是指负债的账面价值减去未来期间计算应纳税所得额时按照税法规定可予抵扣的金额。用公式可表示为：

负债的计税基础=账面价值-未来期间可税前列支的金额

一般负债的确认和清偿不影响所得税的计算。

2. 暂时性差异

暂时性差异是指资产或负债的账面价值与其计税基础之间的差额；未作为资产和负债确认的项目，按照税法规定可以确定其计税基础的，该计税基础与其账面价值之间的差额也属于暂时性差异。

按照暂时性差异对未来期间应税金额的影响，分为应纳税暂时性差异和可抵扣暂时性差异。应纳税暂时性差异是指在确定未来收回资产或清偿负债期间的应纳税所得额时，将产生应税金额的暂时性差异。可抵扣暂时性差异，是指在确定未来收回资产或清偿负债期间的应纳税所得额时，将产生可抵扣金额的暂时性差异。

通常情况下，资产在取得时其入账价值与计税基础是相同的，后续计量过程中因企业会计准则规定与税法规定不同，可能产生资产的账面价值与其计税基础的差异。例如，交易性金融资产的公允价值变动，按照企业会计准则规定，交易性金融资产期末应以公允价值计量，公允价值的变动计入当期损益。如果按照税法规定，交易性金融资产在持有期间公允价值变动不计入应纳税所得额，即其计税基础保持不变，则产生了交易性金融资产的账面价值与计税基础之间的差异。例如，某金融企业持有一项交易性金融资产成本为 1 000 万元，期末公允价值为 1 500 万元。如计税基础仍维持 1 000 万元不变，该计税基础与其账面价值之间的差额 500 万元即为应纳税暂时性差异。

对于负债而言，短期借款、应付票据、应付账款等负债的确认和偿还通常不会对当期损益和应纳税所得额产生影响，其计税基础即为账面价值。但在某些情况下，负债的确认可能会影响损益，并影响不同期间的应纳税所得额，使其计税基础与账面价值之间产生差额。例如，上述金融企业因某事项在当期确认了 100 万元负债，有关费用计入当期损益。假定按照税法规定与确认该负债相关的费用在实际发生时准予税前扣除，该负债的计税基础为零，其账面价值与计税基础之间形成可抵扣暂时性差异。

三、利润及利润分配的核算

（一）利润的定义

新会计准则规定，利润是指企业在一定会计期间的经营成果，利润包括收入减去费用后的净额、直接计入当期利润的利得和损失等。直接计入当期利润的利得和损失，是指应当计入当期损益、会导致所有者权益发生增减变动的、与所有者投入资本或者向所有者分配利润无关的利得或者损失。第三十九条利润金额的大小取决于收入和费用、直接计入当期利润的利得和损失金额的计量。

（二）利润的构成

从利润表的结构看，利润由营业利润、利润总额、净利润 3 个部分构成。

1. 营业利润

营业利润是指营业收入减去营业成本和营业费用加上投资净收益后的净额。其计算公式为：

营业利润=营业收入-营业成本-营业税金及附加-销售费用-管理费用-财务费用
-资产减值损失+公允价值变动损益（或-公允价值变动损失）
+投资收益（或-投资损失）

其中：

营业收入是指企业经营业务所确认的收入总额，包括主营业务收入和其他业务收入。

营业成本是指企业经营业务所发生的实际成本总额，包括主营业务成本和其他业务成本。

资产减值损失是企业计提各项资产减值准备所形成的损失。

公允价值变动收益（或损失）是企业交易性金融资产等公允价值变动形成的应计入当期损益的利得（或损失）。

投资收益（或损失）是企业以各种方式对外投资所取得的收益（或发生的损失）。

2. 利润总额

利润总额是指营业利润减去营业税金及附加，加上营业外收入，减去营业外支出后的金额。其计算公式为：

利润总额=营业利润+营业外收入-营业外支出

其中：

营业外收入是企业发生的与其日常经营活动无直接关系的各项利得，包括固定资产盘盈、处置固定资产净收益、处置无形资产净收益、处置抵债资产净收益、罚款收入等。

营业外支出是企业发生的与其日常经营活动无直接关系的各项损失，包括固定资产盘亏、处置固定资产净损失、处置无形资产净损失、抵债资产保管费用、处置抵债资产净损失、债务重组损失、罚款支出、捐赠支出、非常损失等。

3. 净利润

净利润是指扣除资产损失后利润总额减去所得税后的金额。其计算公式为：

净利润=利润总额-所得税费用

其中，所得税费用是企业确认的应从当期利润总额中按一定比例向地方政府税务机关计缴的所得税费用。

（三）利润分配的顺序

根据我国有关法规的规定，一般金融企业和金融类股份公司每期实现的净利润，首先是弥补以前年度尚未弥补的亏损，然后按下列顺序进行分配。

1. 提取各类准备金

从事存贷业务的金融企业，按规定提取的一般准备也应作为利润分配处理。从事证券业务的金融企业，应按本年度实现净利润的一定比例提取一般风险准备，用于弥补亏损，不得用于分红、转增资本。从事信托投资业务的金融企业，应按本年度实现净利润的一定比例提取信托赔偿准备，用于弥补亏损，不得用于分红、转增资本。

2. 提取法定盈余公积

提取法定盈余公积应按照金融企业税后利润的 10%提取，而法定盈余公积累计额已达金融企业注册资本的 50%时，可以不再提取。

3. 提取任意盈余公积

任意盈余公积主要是上市公司按照股东大会的决议自行提取。

4. 向投资者分配利润或股利

企业实现的净利润在扣除上述项目后，再加上期末未分配利润，即为可供投资者分配的利润。金融企业可以按相关规定或法则向投资者分配利润或股利。

（四）利润及其分配的核算要点

金融企业应当设置"本年利润"科目，用于核算企业当期实现的净利润（或发生的净亏损）。金融企业应当在会计期末，将各损益类账户的金额转入本科目，结平各损益类科目。

为了加强利润分配的核算，金融企业应当设置"利润分配"科目。该科目属于所有者权益类，用于核算金融企业按规定分配的利润或应弥补的亏损和历年分配（或补亏）后的结存余额。借方反映各种利润分配事项，贷方反映抵减利润分配的事项；年末借方余额表示未弥补的亏损总额，贷方余额表示累计未分配利润总额。

"利润分配"科目的明细科目可设置为：应交所得税、罚没损失、提取盈余公积、盈余公积补亏、应付利润、未分配利润等。

1. 结转收入、收益类科目的会计分录

借：利息收入

手续费及佣金收入

投资收益（净收益）

公允价值变动损益（净损益）

其他业务收入

营业外收入

贷：本年利润

2. 结转支出类科目的会计分录

借：本年利润

  贷：利息支出

    手续费及佣金支出

    营业税金及附加

    业务及管理费

    资产减值损失

    其他业务成本

    营业外支出

    所得税费用

3. 利润分配的会计分录

（1）将年度实现的利润总额转入"利润分配"账户。其会计分录为：

借：本年利润

  贷：利润分配——未分配利润

如果是亏损总额，则做相反分录。

（2）计算应缴所得税。其会计分录为：

借：利润分配——应缴所得税

  贷：应缴纳金——应缴所得税

（3）抵补各项滞纳金、罚款或罚息。

为了用利益机制限制和约束银行的违规行为，国家规定，银行因各种违规行为所受的处罚在其税后利润中列支，不得计入成本。支付各项罚款、罚息时，其会计分录为：

借：其他应付款

  贷：存放中央银行款项（或有关科目）

（4）用盈余公积补亏损。其会计分录为：

借：盈余公积

  贷：利润分配——盈余公积补亏

（5）提取法定盈余公积金。其会计分录为：

借：利润分配——提取盈余公积

  贷：盈余公积

（6）支付投资者利润或股利。其会计分录为：

借：利润分配——应付利润（或应付股利）

  贷：应付利润（或应付股利）

（7）按上述顺序全部分配完毕后，要将"利润分配"科目所有已分配利润各明细的余额结转到

"未分配利润"明细科目中。其会计分录为：

借：利润分配——未分配利润

　　贷：利润分配——应交所得税

　　　　　　　　——提取盈余公积

　　　　　　　　——应付利润（或应付股利）

结转后，"利润分配"科目的其他各明细科目均无余额；只有"未分配利润"明细科目有余额，表示剩余尚未分配的利润，可作为留存收益与下一年度的利润一并进行分配；如为借方余额，则为未弥补亏损。

四、业务举例

【例 13-11】长城银行某分行 2009 年 12 月购入一台设备，实际取得成本为 3 000 万元，预计使用年限为 10 年，预计净残值为零，按直线法计提折旧。2011 年年底，该公司在编制年度会计报表时对该设备进行了减值测试，表明其可收回金额为 2 200 万元。

固定资产减值准备＝（3 000-3 000/10×2）-2 200

　　　　　　　　　＝200（万元）

2011 年提取减值准备的会计分录如下。

借：资产减值损失——计提固定资产减值准备　　　　　　　　2 000 000

　　贷：固定资产减值准备　　　　　　　　　　　　　　　　　　2 000 000

假设 2012 年和 2013 年均未对该设备的减值准备进行调整，2014 年年初，该公司以 1 850 万元的价格售出该设备。

该资产的处置损益＝1 850-（3 000-3 000/10×2-2 200/8×2-200）

　　　　　　　　　＝200（万元）

编制会计分录如下：

借：固定资产清理　　　　　　　　　　　　　　　　　　　　16 500 000

　　累计折旧　　　　　　　　　　　　　　　　　　　　　　11 500 000

　　固定资产减值准备　　　　　　　　　　　　　　　　　　 2 000 000

　　贷：固定资产　　　　　　　　　　　　　　　　　　　　　30 000 000

借：银行存款　　　　　　　　　　　　　　　　　　　　　　18 500 000

　　贷：固定资产清理　　　　　　　　　　　　　　　　　　　18 500 000

借：固定资产清理　　　　　　　　　　　　　　　　　　　　 2 000 000

　　贷：营业外收入　　　　　　　　　　　　　　　　　　　　 2 000 000

【例 13-12】大华银行 2012 年 2 月为了宣传住房贷款业务，发生业务宣传费 900 元，用现金支付。编制会计分录如下：

借：业务及管理费——业务宣传费　　　　　　　　　　　　　　　 900

　　贷：现金　　　　　　　　　　　　　　　　　　　　　　　　　 900

【例 13-13】大华银行某分行 2012 年第三季度应纳营业税的计税收入为 25 万元，计算第三季度应纳的营业税、城市维护建设税和教育费附加。编制会计分录如下：

借：营业税金及附加　　　　　　　　　　　　　　　　13 750

　　贷：应交税费——营业税　　　　　　　　　　　　　12 500（税率5%）

　　　　　　　　——城市维护建设税　　　　　　　　　875（营业税×7%）

　　　　其他应交款——教育费附加　　　　　　　　　　375（营业税×3%）

【例 13-14】长城银行某分行 2013 年度结束时，各损益账户的本期发生额如下（单位：元）。

利息收入	3 100 000	手续费及佣金支出	200 000
手续费及佣金收入	1 200 000	利息支出	1 550 000
投资净收益	10 000	营业税金及附加	90 000
公允价值变动净收益	10 000	业务及管理费	20 000
汇兑净收益	20 000	资产减值损失	12 000
其他业务收入	10 000	其他业务成本	10 000
营业外收入	50 000	营业外支出	750 000
		所得税费用	230 000

（1）根据上述资料，结转本年损益会计分录如下：

借：利息收入　　　　　　　　　　　　　　　　　　3 100 000

　　手续费及佣金收入　　　　　　　　　　　　　　1 200 000

　　投资净收益　　　　　　　　　　　　　　　　　　 10 000

　　公允价值变动净收益　　　　　　　　　　　　　　 10 000

　　汇兑净收益　　　　　　　　　　　　　　　　　　 20 000

　　其他业务收入　　　　　　　　　　　　　　　　　 10 000

　　营业外收入　　　　　　　　　　　　　　　　　　 50 000

　　贷：本年利润　　　　　　　　　　　　　　　　　4 400 000

借：本年利润　　　　　　　　　　　　　　　　　　2 862 000

　　贷：手续费及佣金支出　　　　　　　　　　　　　　200 000

　　　　利息支出　　　　　　　　　　　　　　　　　1 550 000

　　　　营业税金及附加　　　　　　　　　　　　　　　 90 000

　　　　业务及管理费　　　　　　　　　　　　　　　　 20 000

　　　　资产减值损失　　　　　　　　　　　　　　　　 12 000

　　　　其他业务成本　　　　　　　　　　　　　　　　 10 000

　　　　营业外支出　　　　　　　　　　　　　　　　　750 000

　　　　所得税费用　　　　　　　　　　　　　　　　　230 000

（2）结转年末利润，编制会计分录如下：

借：本年利润 1 538 000

    贷：利润分配——未分配利润 1 538 000

（3）该分行当年提取一般风险准备 120 000 元，按年末净利 10%提取法定盈余公积金，5%提取任意盈余公积金，最后向投资者分配 60 万元的利润。编制会计分录如下：

借：利润分配——提取一般风险准备 120 000

          ——提取法定盈余公积 153 800

          ——提取任意盈余公积 76 900

          ——应付普通股股利 600 000

    贷：一般风险准备 120 000

        盈余公积——法定盈余公积 153 800

              ——任意盈余公积 76 900

        应付股利 600 000

（4）结转利润分配账户各科目余额，编制会计分录如下：

借：利润分配——未分配利润 950 700

    贷：利润分配——提取一般风险准备 120 000

              ——提取法定盈余公积 153 800

              ——提取任意盈余公积 76 900

              ——应付普通股股利 600 000

【例 13-15】长江金融公司 2014 年发生亏损 500 万元，2014 年年初累计未分配利润 800 万元。将会计亏损 500 万元自"本年利润"账户，转入"利润分配——未分配利润"账户，自动补亏。编制会计分录如下：

借：利润分配——未分配利润 5 000 000

    贷：本年利润 5 000 000

结转本年亏损，自动补亏 500 万元，未分配利润余额为 300 万元。

假设长江金融公司 2014 年发生亏损 500 万元，2012 年年初累计未分配利润 300 万元。不足弥补的 200 万元用下年度实现净利润弥补。编制会计分录如下：

借：利润分配——未分配利润 5 000 000

    贷：本年利润 5 000 000

结转本年亏损，自动补亏 300 万元，未弥补亏损 200 万元。

【例 13-16】黄河信托公司 2012 年发生亏损 1 000 万元，2012 年年初累计未分配利润 300 万元，2013 年实现净利润 500 万元，经股东会批准用任意盈余公积 200 万元补亏。编制会计分录如下：

2012 年

借：利润分配——未分配利润 10 000 000

    贷：本年利润 10 000 000

2012 年结转本年亏损,自动补亏 300 万元,未弥补亏损 700 万元。

2013 年

借:本年利润   5 000 000

  贷:利润分配——未分配利润   5 000 000

结转本年利润 500 万元,自动补亏 500 万元。

借:盈余公积——任意盈余公积   2 000 000

  贷:利润分配——未分配利润   2 000 000

【例 13-17】金汇财务公司 2014 年实现税后利润 1 200 万元,当年提取一般准备金 120 万元,法定盈余公积 120 万元,任意盈余公积 100 万元,并宣布分配给投资者利润 200 万元。编制会计分录如下:

借:本年利润   12 000 000

  贷:利润分配——未分配利润   12 000 000

借:利润分配——提取一般准备金   1 200 000

     ——提取法定盈余公积   1 200 000

     ——提取任意盈余公积   1 000 000

     ——应付普通股股利   2 000 000

  贷:一般风险准备   1 200 000

    盈余公积——法定盈余公积   1 200 000

        ——任意盈余公积   1 000 000

    应付股利   2 000 000

思 考 题

1. 金融企业所有者权益的基本特征有哪些?

2. 金融企业所有者权益的来源是什么?

3. 金融企业所有者权益与负债的区别是什么?

4. 金融企业实收资本的核算要点有哪些?

5. 金融企业的资本公积有哪些作用?

6. 金融企业盈余公积的用途和核算要点有哪些?

7. 金融企业未分配利润的内涵是什么?

8. 金融企业营业收入的构成有哪些?

9. 金融企业成本和费用的构成有哪些?

年度决算和财务报表 | 第十四章

【教学目标】

通过本章的学习，使学生了解金融企业年度决算的概念、意义及要求；掌握金融企业年度决算的准备工作和年度决算日的工作内容；熟悉金融企业资产负债表、利润表、现金流量表等会计报表的结构内容和编制；对商业银行能进行基本的财务指标分析。

【引例】

2014 年年底，可扩展商业报告语言（XBRL）已经在全球 27 个国家和地区，570 多个项目成功地运用。在我国财政部及 XBRL 中国地区组织的推进下，XBRL 在中国的应用也取得了长足的进步，例如制定规范国家标准和企业会计准则通用准则，相继发布有关行业的拓展标准，设立 XBRL 中国地区组织等。自 2011 年起，财政部组织开展了通用分类标准实施工作，参与实施的企业采用 XBRL 编制并向财政部报送年度财务报告。中国网报道，至 2013 年年底，实施范围涵盖 18 家银行（包括所有上市银行）、13 家大型央企、5 家保险公司以及 169 家地方大型企业。2014 年，为贯彻落实《财政部国资委银监会保监会认监委关于做好 2014 年企业会计准则通用分类标准实施工作的通知》有关要求，提高中央企业财务信息化水平，实现企业财务决算报告的标准化、规范化，国务院国资委基于中央企业财务决算报表体系，开展了"国资委财务监管报表 XBRL 扩展分类标准"的研究与制定工作，与财政部联合下发了《关于印发国资委财务监管报表 XBRL 扩展分类标准的通知》和《关于做好 2013 年度国资委财务监管报表 XBRL 扩展分类标准实施工作的通知》，选定中船集团、中国石油等 13 家企业作为首批实施试点企业，并组织试点企业开展业务培训和技术经验交流。

第一节

年度决算

一、年度决算概述

（一）年度决算的概念和意义

1. 年度决算的概念

年度决算是会计主体某一年度或某一建设项目预算执行结果的书面总结。它的作用主要是总结一年来的收支情况、年度预算完成情况，或某一建设项目的进展情况、预算执行情况，以便做到心中有数，为做好下一步工作准备有关资料。年度决算报告具有数字的准确性、内容的完整性和编报的时效性几个方面的特点。

金融企业年度决算是金融企业根据会计资料对会计年度内的业务活动和财务收支情况进行综合

总结。它是全面总结金融企业业务、财务活动和考核金融企业经营成果的一项综合性工作。

根据《中华人民共和国会计法》的规定，我国金融企业以每年 1 月 1 日～12 月 31 日为一个会计年度。凡是独立会计核算单位，以每年 12 月 31 日为年度决算日，进行年度决算。无论是否节假日，均不得提前或拖后。不作为独立核算单位的附属机构，应通过并账或并表方式，由其管辖机构合并办理年度决算。

2. 年度决算的意义

（1）综合反映财务状况、经营成果和现金流量情况。资产负债表反映财务状况，利润表反映经营成果，现金流量表反映现金流量情况，会计报表附注是对报表中不能反映的内容和不能详细披露的内容做出进一步的解释说明。

（2）有利于总结经验，改善金融企业经营管理。年终决算可以汇总反映金融企业全年的经营成果，考核经营效益，对出现经营亏损、呆账等问题，监察分析原因，总结经验，吸取教训，及时采取措施，促进金融企业改善经营管理水平。

（3）为国家宏观经济调控提供信息。金融企业是国民经济的综合部门，它面向全社会的企事业单位和职工居民，是社会货币资金收支和信用活动的枢纽。金融企业通过年度决算，可以帮助国家有关部门掌握货币、信贷及资金活动的增减变化情况，了解国民经济各部门的资金投入、运用和周转情况，以及货币发行量、信贷规模总额、外汇及黄金增减、结余等情况，并根据变化的原因和考核执行的结果，为宏观调控、制定货币政策提供重要的金融、经济信息。

（二）年度决算报表的构成及填报范围

1. 年度决算报表的构成

金融企业年度决算报表包括报表封面、资产负债表、利润表、现金流量表、所有者权益变动表、资产减值准备（呆账准备）明细表、资产质量、表外应收利息及资本充足率情况表、固定资产情况表、业务及管理费与营业外收支明细表、税金及社会保险费用缴纳情况表、基本情况表、（国有）资本保值增值情况表、绩效评价基础数据表、绩效评价基础数据调整表以及绩效评价加减分事项表 15 部分。

2. 年度决算报表的填报范围

年度决算报表的填报范围适用于中华人民共和国境内已执行《企业会计准则》的各类所有制形式和组织形式的金融企业。信托公司除填报以上报表外，还需填报信托业务资产负债表和信托业务利润表。

二、金融企业年度决算的要求

年度决算是金融企业一项全局性工作，是会计工作的全面总结，涉及面广，政策要求高。必须坚持统一领导、各部门密切配合的原则；坚持会计资料的真实性、准确性和可靠性原则；坚持财务会计报告的完整性、统一性和及时性。

（一）年度决算报表的填报要求

金融企业要按照国家财政部门下达的年度财务决算报表的统一格式，认真按照编制说明做好填报工作，对报表的真实性和完整性负责，并按照《企业财务会计报告条例》的规定和要求，撰写财务报表附注和财务情况说明书。

中央金融企业和各地财政部门应按财政部规定的基本格式、体例和要求，认真撰写财务分析报告，包括分析本企业或本地区金融企业的基本财务状况、存在的问题，并提出有关政策建议。中央金融企业不对外提供财务报表的，可以财务分析报告代替财务状况说明书；各地财政部门应将金融企业类、证券类、保险类、担保类和金融控股集团公司类报表数据汇总后撰写一套财务分析报告。

金融企业向财政部门报送（国有）资本保值增值情况表，其中国有绝对控股和国有相对控股金融企业按照国家所有者权益填报国有资本保值增值率，其他金融企业比照相关规定填报全部所有者权益的资本保值增值率。中央金融企业、省级财政部门要编报本企业或本地区（国有）资本保值增值数据和情况说明，包括（国有）资本保值增值完成情况及与上年度确认结果的对比分析、客观增减因素说明、年初数据调整口径的说明、分析指标大幅波动或者异常变动的说明，以及其他需要报告的情况。

金融企业向财政部门报送绩效评价的基础数据资料及对基础数据进行调整的说明材料。金融企业应当提供真实、全面的绩效评价基础数据资料，金融企业主要负责人、总会计师或主管财务会计工作的负责人应当对提供的年度财务会计报告和相关评价基础资料的真实性、完整性负责。

未执行《企业会计准则》的金融企业，以及金融租赁公司等有关金融企业，由于会计核算差异和自身经营业务特点等原因，有关交易事项在本套报表的填报项目中没有列示或在编制说明中没有反映的，应按照有关财务规章、会计制度的规定及财务会计核算的一般原则，进行分析后归并在有关科目或项目中填报，并在财务报表附注中说明。

金融企业在境内外设立的子公司，按本套报表的统一格式填报；在境内外设立的一级分行（分公司），除不需填报"现金流量表""所有者权益变动表"及"资产质量、表外应收利息及资本充足率情况表"的资本充足率部分外，其他报表均按照统一格式填报；总行（总公司）负责统一填报一套合并报表。

地方财政部门需填报汇总范围内金融企业户数变动分析表。此表在规定的软件中自动生成，地方财政部门在进行户数核对时，需要根据软件中提供的标识分析变动原因。

（二）年度决算报表的报送要求

1. 中央金融企业

中央金融企业一般应于每年5月之前，向国家财政部（金融司）报送两份财务决算资料。具体要求如下：

报送年度金融企业财务决算报表资料时，须向财政部正式行文，并按文件、财务分析报告、财务决算报表（金融企业类）合并和母公司两套报表（以"万元"为金额单位，保留两位小数，A3纸打印）、财务报表附注、财务状况说明书的顺序装订。

报送年度金融企业（国有）资本保值增值情况表时，应向财政部正式行文，并按文件、保值增值情况表、有关情况说明及证明材料等顺序装订。

报送金融企业绩效评价基础数据资料时，应向财政部正式行文，并按文件、绩效评价报表、调整事项有关证明材料以及经营管理情况的说明等顺序装订。

以上资料（除决算报表外）统一用A4纸打印，报表封面须按规定签字、盖章，否则无效。所有报表数据、财务决算分析报告等文字材料的电子文档（软盘或光盘）须同时报送。凡规定需要由中介机构审计的企业，应附报中介机构审计报告。

2. 地方金融企业

地方金融企业财务决算报表、文字资料及上报时间等要求由当地财政部门规定。各省、自治区、直辖市、计划单列市财政厅（局）一般于每年5月中旬之前，向财政部报送一份地方汇总财务决算资料。具体要求如下：

各省、自治区、直辖市、计划单列市财政厅（局）报送年度金融企业财务决算资料时，须向财政部正式行文，并按文件、财务分析报告、（国有）资本保值增值情况汇总分析报告、财务决算报表（以"万元"为金额单位，保留两位小数）、编报说明的顺序装订。其中，财务决算报表包括金融企业类（信用社需要单列）、证券类、保险类、担保类及金融控股集团公司类汇总报表，无须提供分户决算报表。以上材料统一用A4纸打印，报表封面须按规定签字、盖章，否则无效。所有报表数据、财务决算分析报告等文字材料的电子文档（软盘或光盘）须同时报送。

三、年度决算前的准备工作

（一）清理资金

在年终决算前，对各种资金账户进行核实对清，使账户数据与实际相符，反映基金状况的真实性。具体包括以下几项工作。

1. 清理存款资金

认真核对财政性存款和一般性存款、计息存款和不计息存款、活期存款和定期存款的划分是否正确，核查计息存款日数、积数、已计利息计算是否正确。

2. 清理贷款资金

核对贷款级别、贷款种类、贷款指标累计、贷款期限、贷款利率、利息计算及年初贷款余额、发放贷款累计、本年发放贷款、收回贷款累计、本年收回贷款是否相符。

3. 清理结算资金

各种结算资金，应全面进行清理。对汇出汇款户、开出本票户，应逐笔核对未销账余额，并与该账户余额及总账余额一致，对超过规定期限尚未销账的款项，应查明原因，及时处理。

4. 清理内部资金

年终前会计部门要对其他应收、应付款科目中的过渡性账户进行认真清理，避免资金长期占压。

（二）盘点财产实物

盘点财产实物是保护财产不受损失的一项重要方法，也是保证账实相符的一项重要措施。对固定资产、低值易耗品、有价证券、各种财产实物必须全面盘点，发现多、缺、残、损、变质等情况，按规定报经批准后，方能转账。如财产实物遗失，属于人为原因要追查个人责任。

（三）核对账务

对各项往来资金，必须真实、准确、及时地登记，在决算前应对内外账务进行全面核对，以保证账账相符。在核对过程中，如发现差错，要及时查明，调整更正。

（四）核定收支

对当年的收支业务必须纳入当年账内，不能把本年的收入放到下年入账，也不能把本年支出转到下年核销。如发现错收错付的情况，应进行补收或退还。有错用科目账户的应及时纠正。与财政部门核定财政补贴指标，确定资金，及时入账反映。

（五）编制四季度报表

为了检查账务的正确，保证年度决算工作的顺利进行，在12月日常业务和账务工作结束后，编制四季度报表，以检查各科目年初余额、本年累计发生额的正确性。若有差错，可及时发现，以采取有效措施，在决算前加以处理，从而减少决算日的工作压力，为正式编制年度决算报表奠定可靠的基础。四季度报表编制平衡后，即可办理年终决算。首先要办理年终转账，结出各科目年末余额，其次编制试算平衡表，经检查保持平衡后，编制年终决算报表。

四、年度决算日的工作

金融企业的决算日主要做好以下几项工作。

（一）全面核对账务

12月31日当日的账务应全部入账，并相应延长工作时间，增加同城票据交换次数，使当日收到的联行报单和同城交换的票据，全部处理完毕，不得跨年。营业终了，应对各科目总账、明细账和登记簿进行全面核对，做到账账相符，以保证账务的正确性。

（二）检查各项库存

决算日营业终了，银行领导应会同会计、出纳等主管人员对当日的现金库存、金银外币、有价证券以及空白重要单证的实存数等进行一次认真检查、核实，保证账款、账实相符。

（三）核计缴纳税款

决算日银行应根据国家税法的规定，核实本行缴纳税款的情况，将本年度最后一段时期应缴纳的税款如实缴纳并在决算日当日办理转账，加计之前实交税款的总额，应与当年有关科目年末余额及规定的税率计算的应交总额核对相符。

（四）结计全年损益

决算日营业终了，应将损益类各项收入和支出科目余额分别转入"本年利润"科目的贷方和借方，以结平全年各损益类科目余额。结转后，若"本年利润"科目余额在贷方，即为全年利润总额，若在借方，则为全年亏损总额。最后将本年实现的利润，全部转入"利润分配——未分配利润"账户，以结平"本年利润"科目。

（五）分配本年利润

银行缴纳所得税后，可按规定的顺序进行利润分配，经过利润分配后，如"利润分配"科目还有贷方余额即为当年未分配利润，借方余额表示未弥补的亏损。

（六）办理新旧账簿结转

12月31日全部账务试算平衡后，应办理新旧账簿结转，建立新账。办理新旧账簿结转时，除卡片账不办结转，储蓄、农贷等分户账可继续沿用外，其余分户账、登记簿，以及总账等均应办理结转，更换新账页。

1. 账户的结转

分户账按照上年度账户的余额过入下年度新账页，并在新账页日期栏写明新年度 1 月 1 日，在摘要栏注明"上年结转"字样，在旧账页最后一行摘要栏注明"结转下年"字样。结转新账后，各分户账余额合计必须与对应总账科目余额相等。

2. 总账的结转

总账的结转通过会计科目结转对照表办理。登记新账时，记账日期为 1 月 1 日，摘要栏注明"上年结转"字样，结转旧账时，在摘要栏注明"结转下年"字样。旧年度各科目的余额，应与年度试算平衡表相符，借、贷方余额总计应相等；新年度的会计科目及余额，是建立下年度总账的依据，借、贷方余额总计应相等。

3. 各种登记簿（卡）的结转

根据不同情况办理各种登记簿（卡）的结转。按年度建立的登记簿（卡），年终需办理结转；不按年度建立的，登记簿（卡）延续下年继续使用。

第二节 财务报表

一、财务报表的内涵

（一）财务报表的概念

财务报表也称对外会计报表，是会计主体对外提供的反映会计主体财务状况和经营的会计报表，包括资产负债表、损益表、现金流量表或财务状况变动表、附表和附注。财务报表是财务报告的主要部分，不包括董事报告、管理分析及财务情况说明书等列入财务报告或年度报告的资料。

（二）财务报表的分类

财务报表可以按照不同的标准进行分类。

1. 按服务对象，可以分为对外报表和内部报表

对外报表是企业必须定期编制、定期向上级主管部门、投资者、财税部门等报送或按规定向社会公布的财务报表。这是一种主要的、定期规范化的财务报表。它要求有统一的报表格式、指标体系和编制时间等，资产负债表、利润表和现金流量表等均属于对外报表。

内部报表是企业根据其内部经营治理的需要而编制的，供其内部治理人员使用的财务报表。它不要求统一格式，没有统一指标体系，如成本报表属于内部报表。

2. 按报表所提供会计信息的重要性，可以分为主表和附表

主表即主要财务报表，是指所提供的会计信息比较具体、完整，能基本满足各种信息需要者的不同要求的财务报表。现行的主表主要有三张，即资产负债、利润表和现金流量表。

附表即从属报表，是指对主表中不能或难以具体反映的一些重要信息所做的补充说明的报表。

现行的附表主要有：利润分配表和分部报表，是利润表的附表；应交增值税明细表和资产减值预备明细表，是资产负债表的附表。主表与有关附表之间存在着勾稽关系，主表反映企业的主要财务状况、经营成果和现金流量，附表则对主表进一步补充说明。

3. 按编制和报送的时间分类，可分为中期财务报表和年度财务报表

广义的中期财务报表包括月份、季度、半年期财务报表。狭义的中期财务报表仅指半年期财务报表。

年度财务报表是具体反映企业整个会计年度的经营成果、现金流量情况及年末财务状况的财务报表。企业每年年底不得不编制并报送年度财务报表。

4. 按编制单位不同，分为基层财务报表和汇总财务报表

基层财务报表由独立核算的基层单位编制的财务报表，是用以反映本单位财务状况和经营成果的报表。

汇总报表是指上级主管部门将本身的财务报表与其所属单位报送的基层报表汇总编制而成的财务报表。

5. 按编报的会计主体不同，分为个别报表和合并报表

个别报表是指在以母公司和子公司组成的具有控股关系的企业集团中，由母公司和子公司各自为主体分别单独编制的报表，用以分别反映母公司和子公司各自的财务状况和经营成果。

合并报表是以母公司和子公司组成的企业集团为会计主体，以母公司和子公司单独编制的个别财务报表为基础，由母公司汇总编制的综合反映企业集团经营成果、财务状况及其资金变动情况的财务报表。

二、财务报表的组成

一套完整的财务报表包括资产负债表、利润表、现金流量表、所有者权益变动表（或股东权益变动表）和财务报表附注。

（一）资产负债表

资产负债表是反映企业在某一特定日期（如月末、季末、年末）全部资产、负债和所有者权益情况的会计报表，它表明权益在某一特定日期所拥有或控制的经济资源、所承担的现有义务和所有者对净资产的要求权。它是一张揭示企业在一定时点财务状况的静态报表。资产负债表利用会计平衡原则，将合乎会计原则的资产、负债、股东权益等科目分为"资产"和"负债及股东权益"两大区块，在经过分录、转账、分类账、试算、调整等会计程序后，以特定日期的静态企业情况为基准，浓缩成一张报表。其报表功用除了企业核算账务、防止弊端外，也可让所有阅读者用最短时间了解企业经营状况。

（二）利润表

利润表是反映企业一定会计期间（如月度、季度、半年度或年度）生产经营成果的会计报表。企业一定会计期间的经营成果既可能表现为赢利，也可能表现为亏损，因此，利润表也被称为损益表。它全面揭示了企业在某一特定时期实现的各种收入、发生的各种费用、成本或支出，以及企业实现的利润或发生的亏损情况。

利润表是根据"收入-费用=利润"的基本关系来编制的，主要由收入、费用、利润等会计要素构成，利润表项目是收入、费用和利润要素内容的具体体现。它是一种反映企业经营资金动态表现的报表，主要提供有关企业经营成果方面的信息，属于动态会计报表。

（三）现金流量表

现金流量表是反映一家公司在一定时期现金流入和现金流出动态状况的报表。其组成内容与资产负债表和损益表相一致。通过现金流量表，可以概括反映经营活动、投资活动和筹资活动对企业现金流入流出的影响，对于评价企业的实现利润、财务状况及财务管理，要比传统的损益表提供更好的基础。

现金流量表是反映一定时期内（如月度、季度或年度）企业经营活动、投资活动和筹资活动对其现金及现金等价物所产生影响的财务报表。这份报告显示了资产负债表及利润表如何影响现金和等同现金，以及根据公司的经营，投资和融资角度作出分析。作为一个分析的工具，现金流量表的主要作用是决定公司短期生存能力，特别是缴付账单的能力。

（四）所有者权益变动表

所有者权益变动表是反映会计主体期末所有者权益变动情况的报表。内容包括所有者权益总量的增减变动、所有者权益增减变动的重要结构性信息、直接计入所有者权益的利得和损失。

2007年以前，会计主体的所有者权益变动情况是以资产负债表附表形式予以体现的。新准则颁布后，要求上市公司于2007年正式对外呈报所有者权益变动表，所有者权益变动表成为排列在资产负债表、利润表和现金流量表之后的第四张财务报表。

（五）财务报表附注

财务报表附注是对资产负债表、利润表、现金流量表和所有者权益变动表等报表中列示项目的文字描述或明细资料，以及对未能在这些报表中列示项目的说明等，可以使报表使用者全面了解企业的财务状况、经营成果和现金流量。

它是对财务报表的补充说明，是财务会计报告体系的重要组成部分。随着经济环境的复杂化及人们对相关信息要求的提高，附注在整个报告体系中的地位日益突出。

三、财务报表的编制要求

为充分发挥财务报表的作用，必须保证财务报表的质量。为此，金融企业编制财务报表应符合下列要求。

（一）会计要求

1. 持续经营原则

企业应当以持续经营为基础，以持续经营为基础编制财务报表不再合理的，企业应当采用其他基础编制财务报表，并在附注中披露这一事实。

2. 公允列报原则

企业在列报财务报表时，应严格遵循根据实际发生的交易和事项，按照《企业会计准则——基本准则》和其他各项会计准则的规定进行确认和计量，如实反映企业的交易与其他经济事项，真实而公允地反映企业的财务状况、经营成果及现金流量。企业不应以附注披露代替确认和计量。

3. 权责发生制原则

企业列报的财务报表，除现金流量表外应按权责发生制原则编制财务报表。

4. 信息列报的一致性原则

财务报表项目的列报应当在各个会计期间保持一致，除会计准则要求改变财务报表项目的列报或企业经营业务的性质发生重大变化后，变更财务报表项目的列报能够提供更可靠、更相关的会计信息外，不得随意变更。

5. 重要性原则

企业财务报表某项目的省略或错报会影响使用者据此做出经济决策的，则该项目具有重要性。重要性应当根据企业所处环境，从项目的性质和金额大小两方面予以判断。性质或功能不同的项目，应当在财务报表中单独列报，但不具有重要性的项目除外。性质或功能类似的项目，其所属类别具有重要性的，应当按其类别在财务报表中单独列报。

6. 抵销原则

企业财务报表中的资产项目和负债项目的金额、收入项目和费用项目的金额不得相互抵销，但其他会计准则另有规定的除外。资产项目按扣除减值准备后的净额列示和非日常活动产生的损益以收入扣减费用后的净额列示，不属于抵销。

7. 信息列报的可比性原则

企业当期财务报表的列报，至少应当提供所有列报项目上在可比会计期间的比较数据，以及与理解当期财务报表相关的说明，但其他会计准则另有规定的除外。财务报表项目的列报发生变更的，应当对上期比较数据按照当期的列报要求进行调整，并在附注中披露调整的原因和性质，以及调整的各项目金额。对上期比较数据进行调整不切实可行的（是指企业在做出所有合理努力后仍然无法采用某项规定），应当在附注中披露不能调整的原因。

8. 财务报表表首列报要求

企业应当在财务报表的显著位置至少披露：编报企业的名称、资产负债表日或财务报表涵盖的会计期间、人民币金额单位；财务报表是合并财务报表的，应当予以标明。

9. 报告期间

企业至少应当按年编制财务报表。年度财务报表涵盖的期间短于一年的，应当披露年度财务报表的涵盖期间，以及短于一年的原因。

（二）形式要求

1. 数字真实

财务报告中的各项数据必须真实可靠，如实地反映企业的财务状况、经营成果和现金流量。这是对会计信息质量的基本要求。

2. 内容完整

财务报表应当反映企业经济活动的全貌，全面反映企业的财务状况和经营成果，才能满足各方面对会计信息的需要。凡是国家要求提供的财务报表，各企业必须全部编制并报送，不得漏编和漏报。凡是国家统一要求披露的信息，都必须披露。

3. 计算准确

日常的会计核算以及编制财务报表，涉及大量的数字计算，只有准确的计算，才能保证数字的真实可靠。这就要求编制财务报表必须以核对无误后的账簿记录和其他有关资料为依据，不能使用估计或推算的数据，更不能以任何方式弄虚作假，玩数字游戏或隐瞒谎报。

4. 报送及时

及时性是信息的重要特征，财务报表信息只有及时地传递给信息使用者，才能为使用者的决策提供依据。否则，即使是真实可靠和内容完整的财务报告，由于编制和报送不及时，对报告使用者来说，就大大降低了会计信息的使用价值。

5. 手续完备

企业对外提供的财务报表应加具封面、装订成册、加盖公章。财务报表封面上应当注明：企业名称、企业统一代码、组织形式、地址、报表所属年度或者月份、报出日期，并由企业负责人和主管会计工作的负责人、会计机构负责人（会计主管人员）签名并盖章；设置总会计师的企业，还应当由总会计师签名并盖章。

由于编制财务报表的直接依据是会计账簿，所有报表的数据都来源于会计账簿，因此为保证财务报表数据的正确性，编制报表之前必须做好对账和结账工作，做到账证相符、账账相符、账实相符以保证报表数据的真实准确。

四、资产负债表的编制

（一）资产负债表的内容

银行、保险公司和非银行金融机构由于在经营内容上不同于一般的工商企业，导致其资产、负债、所有者权益的构成项目也不同于一般的工商企业，具有特殊性。但是，在资产负债表上列示时，对于资产而言，通常也按流动性大小进行列示，具体分为流动资产、长期投资、固定资产、无形资产及其他资产；对于负债而言，也按流动性大小列示，具体分为流动负债、长期负债等；对于所有者权益而言，也是按实收资本、资本公积、盈余公积、未分配利润等项目分项列示。

1. 资产

资产负债表中的资产反映由过去的交易、事项形成并由企业在某一特定日期所拥有或控制的、预期会给企业带来经济利益的资源。资产应当按照流动资产和非流动资产两大类别在资产负债表中列示，在流动资产和非流动资产类别下进一步按性质分项列示。

流动资产是预计在一个正常营业周期中变现、出售或耗用，或者主要为交易目的而持有，或者预计在资产负债表日起一年内（含一年）变现的资产，或者自资产负债表日起一年内交换其他资产或清偿负债的能力不受限制的现金或现金等价物。

资产负债表中列示的流动资产项目通常包括：货币资金、交易性金融资产、应收票据、应收账款、预付款项、应收利息、应收股利、其他应收款、存货和一年内到期的非流动资产等。

非流动资产是流动资产以外的资产。资产负债表中列示的非流动资产项目通常包括：长期股权投资、固定资产、在建工程、工程物资、固定资产清理、无形资产、开发支出、长期待摊费用及其他非流动资产等。

2. 负债

资产负债表中的负债反映在某一特定日期企业所承担的、预期会导致经济利益流出企业的现时义务。负债应当按照流动负债和非流动负债在资产负债表中进行列示，在流动负债和非流动负债类别下再进一步按性质分项列示。

流动负债是预计在一个正常营业周期中清偿，或者主要为交易目的而持有，或者自资产负债表日起一年内（含一年）到期应予以清偿，或者企业无权自主地将清偿推迟至资产负债表日后一年以上的负债。资产负债表中列示的流动负债项目通常包括短期借款、应付票据、应付账款、预收款项、应付职工薪酬、应交税费、应付利息、应付股利、其他应付款、一年内到期的非流动负债等。

非流动负债是流动负债以外的负债。非流动负债项目通常包括长期借款、应付债券和其他非流动负债等。

3. 所有者权益

资产负债表中的所有者权益是企业资产扣除负债后的剩余权益，反映企业在某一特定日期股东（投资者）拥有的净资产的总额，它一般按照实收资本、资本公积、盈余公积和未分配利润分项列示。

（二）资产负债表的编制

资产负债表的编制原理是"资产=负债+所有者权益"会计恒等式。它既是一张平衡报表，反映资产总计（左方）与负债及所有者权益总计（右方）相等；又是一张静态报表，反映企业在某一时点的财务状况，如月末或年末。

所有的资产负债表项目都列有"年初数"和"期末数"两栏，相当于两期的比较资产负债表。该表"年初数"栏内各项数字，应根据上年年末资产负债表"期末数"栏内所列数字填列。如果本年度资产负债表规定的各个项目的名称和内容与上年不相一致，应对上年年末资产负债表各项目的名称和数字按照本年度的规定进行调整，填入本表"年初数"栏内。表中的"期末数"，指月末、季末或年末数字，它们是根据各项目有关总账科目或明细科目的期末余额直接填列或计算分析填列。

商业银行类、证券公司类、保险公司类、期货公司类、证券投资基金、信托公司的资产负债表格式分别见表14-1、表14-2、表14-3、表14-4、表14-5、表14-6。

表 14-1　　　　　　　　　　　　　资产负债表（商业银行类）

会商银01表

编制单位：_____　　　　　____年____月____日　　　　　（单位：元）

项　目	期末余额	年初余额	负　债	期末余额	年初余额
资产：			负债：		
现金及存放中央银行款项			向中央银行借款		
存放同业款项			同业及其他金融机构存放款项		
贵金属			拆入资金		
拆出资金			交易性金融负债		
交易性金融资产			衍生金融负债		
衍生金融资产			卖出回购金融资产款		

续表

项　　目	期末余额	年初余额	负　　债	期末余额	年初余额
买入返售金融资产			吸收存款		
应收利息			应付职工薪酬		
发放贷款和垫款			应交税费		
可供出售金融资产			应付利息		
持有至到期投资			预计负债		
长期股权投资			应付债券		
投资性房地产			递延所得税负债		
固定资产			其他负债		
无形资产			负债合计		
递延所得税资产			所有者权益（或股东权益）：		
其他资产			实收资本（或股本）		
			资本公积		
			减：库存股		
			盈余公积		
			一般风险准备		
			未分配利润		
			所有者权益（或股东权益）合计		
资产总计			负债和所有者权益（或股东权益）总计		

表 14-2　　　　　　　　　　资产负债表（证券公司类）

会证 01 表

编制单位：_____　　　　　　　　　____年____月____日　　　　　　　　　（单位：元）

项　　目	期末余额	年初余额	负　　债	期末余额	年初余额
资产：			负债：		
货币资金			短期借款		
其中：客户资金存款			其中：质押借款		
结算备付金			拆入资金		
其中：客户备付金			交易性金融负债		
拆出资金			衍生金融负债		
交易性金融资产			卖出回购金融资产款		
衍生金融资产			代理买卖证券款		
买入返售金融资产			代理承销证券款		
应收利息			应付职工薪酬		
存出保证金			应交税费		
可供出售金融资产			应付利息		
持有至到期投资			预计负债		
长期股权投资			长期借款		
投资性房地产			应付债券		
固定资产			递延所得税负债		

续表

项　目	期末余额	年初余额	负　债	期末余额	年初余额
无形资产			其他负债		
其中：交易席位费			负债合计		
递延所得税资产			所有者权益（或股东权益）：		
其他资产			实收资本（或股本）		
			资本公积		
			减：库存股		
			盈余公积		
			一般风险准备		
			未分配利润		
			所有者权益（或股东权益）合计		
资产总计			负债和所有者权益（或股东权益）总计		

表 14-3　　　　　　　　　　　　资产负债表（保险公司类）

会保 01 表

编制单位：_____　　　　　　　　____年____月____日　　　　　　　　（单位：元）

项　目	期末余额	年初余额	负　债	期末余额	年初余额
资产：			负债：		
货币资金			短期借款		
拆出资金			拆入资金		
交易性金融资产			交易性金融负债		
衍生金融资产			衍生金融负债		
买入返售金融资产			卖出回购金融资产款		
应收利息			预收保费		
应收保费			应付手续费及佣金		
应收代位追偿款			应付分保账款		
应收分保账款			应付职工薪酬		
应收分保未到期责任准备金			应交税费		
应收分保未决赔款准备金			应付赔付款		
应收分保寿险责任准备金			应付保单红利		
应收分保长期健康险责任准备金			保户储金及投资款		
保户质押贷款			未到期责任准备金		
定期存款			未决赔款准备金		
可供出售金融资产			寿险责任准备金		
持有至到期投资			长期健康险责任准备金		
长期股权投资			长期借款		
存出资本保证金			应付债券		
投资性房地产			独立账户负债		
固定资产			递延所得税负债		
无形资产			其他负债		
独立账户资产			负债合计		

续表

项 目	期末余额	年初余额	负 债	期末余额	年初余额
递延所得税资产			所有者权益（或股东权益）		
其他资产			实收资本（或股本）		
			资本公积		
			减：库存股		
			盈余公积		
			一般风险准备		
			未分配利润		
			所有者权益（或股东权益）合计		
资产总计			负债和所有者权益（或股东权益）总计		

表 14-4　　　　　　　　　　　资产负债表（期货公司类）

会期01表

编制单位：_____　　　　　　　　_____年____月____日　　　　　　　（单位：元）

项 目	期末余额	年初余额	负 债	期末余额	年初余额
资产：			负债：		
货币资金			短期借款		
其中：期货保证金存款			应付货币保证金		
应收货币保证金			应付质押保证金		
应收质押保证金			交易性金融负债		
存出保证金			期货风险准备金		
交易性金融资产			应付期货投资者保障基金		
应收结算担保金			应付职工薪酬		
应收风险损失款			应交税费		
应收利息			应付利息		
应收佣金			应付手续费和佣金		
其他应收款			其他应付款		
可供出售金融资产			预计负债		
持有至到期投资			长期借款		
长期股权投资			递延所得税负债		
期货会员资格投资			其他负债		
固定资产			负债合计		
其中：累计折旧本年发生额			所有者权益（或股东权益）		
无形资产			实收资本（或股本）		
递延所得税资产			资本公积		
其他资产			减：库存股		
			盈余公积		
			一般风险准备		
			未分配利润		
			所有者权益（或股东权益）合计		
资产总计			负债和所有者权益（或股东权益）总计		

表 14-5 资产负债表（证券投资基金类）

编制单位：_____ 　　　年　　　月　　　日 （单位：元）

项　目	期末余额	年初余额	负　债	期末余额	年初余额
资产：			负债：		
银行存款			短期借款		
结算备付金			交易性金融负债		
存出保证金			衍生金融负债		
交易性金融资产			卖出回购金融资产款		
衍生金融资产			应付证券清算款		
买入返售金融资产			应付赎回款		
应收证券清算款			应付管理人报酬		
应收利息			应付托管费		
应收股利			应付销售服务费		
应收申购款			应付交易费用		
其他资产			应交税费		
			应付利息		
			应付利润		
			其他负债		
			负债合计		
			基金持有人权益：		
			实收基金		
			未分配收益		
			持有人权益合计		
资产总计			负债和持有人权益总计		

表 14-6 资产负债表（信托公司类）

编制单位：_____ 　　　年　　　月　　　日 （单位：元）

项　目	期末余额	年初余额	负　债	期末余额	年初余额
资产：			负债：		
货币资金			短期借款		
应收账款（净额）			应付账款		
其他应收款（净额）			预收账款		
预付账款			应付职工薪酬		
存货（净额）			应付股利		
投资性房地产			应交税费		
固定资产			其他应付款		
在建工程			负债合计		
无形资产			所有者权益（或股东权益）		
长期待摊费用			实收资本（或股本）		

项 目	期末余额	年初余额	负 债	期末余额	年初余额
			资本公积		
			减：库存股		
			盈余公积		
			未分配利润		
			所有者权益（或股东权益）合计		
资产总计			负债和所有者权益（或股东权益）总计		

五、利润表的编制

（一）利润表的内容

一般来看，金融企业的利润表主要反映以下几方面内容。

1. 构成主营业务利润的各项要素

以各类金融企业的主营业务收入为出发点，减去为取得主营业务收入而发生的相关费用、税金后得出主营业务利润。

2. 构成营业利润的各项要素

金融企业的营业利润是在主营业务利润的基础上，加上其他业务利润，减营业费用、管理费用、财务费用等期间费用后得出。

3. 构成利润总额（或亏损总额）的各项要素

金融企业利润总额（或亏损总额）是在营业利润的基础上，加上（减去）投资收益（损失）、补贴收入、营业外收支后得出。

4. 构成净利润（或净亏损）的各项要素

金融企业净利润（或净亏损）是在利润总额（或亏损总额）的基础上，减去本期计入损益的所得税费用后得出。

在利润表中，金融企业通常按各项收入、费用及构成利润的各个项目分类分项列示。也就是说，收入按其重要性进行列示，主要包括主营业务收入、其他业务收入、投资收益、补贴收入、营业外收入；费用按其性质进行列示主要包括主营业务成本、主营业务税金及附加、营业费用、管理费用、财务费用、其他业务支出营业外支出、所得税等；利润按营业利润、利润总额和净利润等利润的构成分类分项列示。

（二）利润表的作用

1. 可据以解释、评价和预测金融企业的经营成果和获利能力

经营成果通常指以营业收入、其他收入抵扣成本、费用、税金等的差额所表示的收益信息。经营成果是一个绝对值指标，可以反映企业财富增长的规模。获利能力是一个相对值指标，是金融企业运用一定经济资源（如人力、资金）获取经营成果的能力。经营成果的信息直接由利润表反映，而获利能力的信息除利润表外，还要借助于其他会计报表和注释附表才能得到。

通过比较和分析同一金融企业在不同时期，或不同金融企业在同一时期的资产收益率、成本收益率等指标，能够揭示金融企业利用经济资源的效率；通过比较和分析收益信息，可以了解某一金融企业收益增长的规模和趋势。根据利润表所提供的经营成果信息，股东、债权人和管理部门可解释、评价和预测企业的获利能力，据以对是否投资或追加投资、投向何处、投资多少等做出决策。

2. 可据以解释、评价和预测企业的偿债能力

偿债能力指企业以资产清偿债务的能力。利润表本身并不提供偿债能力的信息，然而企业的偿债能力不仅取决于资产的流动性和资本结构，也取决于获利能力。企业在个别年份获利能力不足，不一定影响偿债能力，但若一家企业长期丧失获利能力，则资产的流动性必然由好转坏，资本结构也将逐渐由优变劣，陷入资不抵债的困境。因而一家数年收益很少，获利能力不强甚至亏损的企业，通常其偿债能力不会很强。

债权人和管理部门通过分析和比较收益表的有关信息，可以间接地解释、评价和预测企业的偿债能力，尤其是长期偿债能力，并揭示偿债能力的变化趋势，进而做出各种信贷决策和改进企业管理工作的决策，如维持、扩大或收缩现有信贷规模，应提出何种信贷条件等。管理部门则可据以找出偿债能力不强的原因，努力提高企业的偿债能力，改善企业的公关形象。

3. 企业管理人员可据以做出经营决策

比较和分析收益表中各种构成要素，可知悉各项收入、成本、费用与收益之间的消长趋势，发现各方面工作中存在的问题，揭露缺点，找出差距，改善经营管理，努力增收节支，杜绝损失的发生，做出合理的经营决策。

4. 可据以评价和考核管理人员的绩效

比较前后期利润表上各项收入、费用、成本及收益的增减变动情况，并查考其增减变动的原因，可以较为客观地评价各职能部门，各生产经营单位的绩效，以及这些部门和人员的绩效与整个企业经营成果的关系，以便评判各部门管理人员的功过得失，及时做出采购、生产销售、筹资和人事等方面的调整，使各项活动趋于合理。

利润表上述重要作用的发挥，与利润表所列示信息的质量直接相关。利润表信息的质量则取决于企业在收入确认、费用确认及其他利润表项目确认时所采用的方法。由于会计程序和方法的可选择性，企业可能会选用对其有利的程序和方法，从而导致收益偏高或偏低。

（三）利润表的编制

利润表的编制方法可简要概括如下：（1）依据试算平衡表损益类账户的发生额，结合有关明细账户的发生额，计算并填列利润表的各项目。（2）计算营业利润。是以营业收入为基础，减去营业成本、营业税金及附加、销售费用、管理费用、财务费用、资产减值损失，加上公允价值变动收益（减去公允价值损益）和投资收益（减去投资损失）计算出营业利润。（3）计算利润总额。是以营业利润为基础，加上营业外收入，减去营业外支出，计算出利润总额。（4）计算净利润（或净亏损）。是以利润总额为基础，减去所得税费用，计算出净利润。（5）检验利润表的完整性及正确性，包括表头部分的填制是否齐全、各项目的填列是否正确、各种利润的计算是否正确。

在表格中，利润表各项目的"本期金额"主要是根据损益类总分类账户的净发生额填列。商业

银行类、证券公司类、保险公司类、期货公司类、证券投资基金、信托公司的资产负债表格式分别见表 14-7、表 14-8、表 14-9、表 14-10、表 14-11、表 14-12。

表 14-7　　　　　　　　　　　　利润表（商业银行类）

会商银02表

编制单位：_____　　　　　　　____年____月____日　　　　　　　　　　（单位：元）

项　目	本期金额	上期金额
一、营业收入		
利息净收入		
利息收入		
利息支出		
手续费及佣金净收入		
手续费及佣金收入		
手续费及佣金支出		
投资收益（损失以"－"号填列）		
其中：对联营企业和合营企业的投资收益		
公允价值变动收益（损失以"－"号填列）		
汇兑收益（损失以"－"号填列）		
其他业务收入		
二、营业支出		
营业税金及附加		
业务及管理费		
资产减值损失		
其他业务成本		
三、营业利润（亏损以"－"号填列）		
加：营业外收入		
减：营业外支出		
四、利润总额（亏损总额以"－"号填列）		
减：所得税费用		
五、净利润（净亏损以""号填列）		
六、每股收益		
（一）基本每股收益		
（二）稀释每股收益		

表 14-8　　　　　　　　　　　　利润表（证券公司类）

会证02表

编制单位：_____　　　　　　　____年____月____日　　　　　　　　　　（单位：元）

项　目	本期金额	上期金额
一、营业收入		
手续费及佣金净收入		
其中：代理买卖证券业务净收入		

续表

项　目	本期金额	上期金额
证券承销业务净收入		
受托客户资产管理业务净收入		
利息净收入		
投资收益（损失以"-"号填列）		
其中：对联营企业和合营企业的投资收益		
公允价值变动收益（损失以"-"号填列）		
汇兑收益（损失以"-"号填列）		
其他业务收入		
二、营业支出		
营业税金及附加		
业务及管理费		
资产减值损失		
其他业务成本		
三、营业利润（亏损以"-"号填列）		
加：营业外收入		
减：营业外支出		
四、利润总额（亏损总额以"-"号填列）		
减：所得税费用		
五、净利润（净亏损以"-"号填列）		
六、每股收益		
（一）基本每股收益		
（二）稀释每股收益		

表 14-9　　　　　　　　　　利润表（保险公司类）

会保02表

编制单位：_____　　　____年____月____日　　　　（单位：元）

项　目	本期金额	上期金额
一、营业收入		
已赚保费		
保险业务收入		
其中：分保费收入		
减：分出保费		
提取未到期责任准备金		
投资收益（损失以"-"号填列）		
其中：对联营企业和合营企业的投资收益		
公允价值变动收益（损失以"-"号填列）		
汇兑收益（损失以"-"号填列）		
其他业务收入		
二、营业支出		

续表

项　目	本期金额	上期金额
退保金		
赔付支出		
减：摊回赔付支出		
提取保险责任准备金		
减：摊回保险责任准备金		
保单红利支出		
分保费用		
营业税金及附加		
手续费及佣金支出		
业务及管理费		
减：摊回分保费用		
其他业务成本		
资产减值损失		
三、营业利润（亏损以"-"号填列）		
加：营业外收入		
减：营业外支出		
四、利润总额（亏损总额以"-"号填列）		
减：所得税费用		
五、净利润（净亏损以"-"号填列）		
六、每股收益		
（一）基本每股收益		
（二）稀释每股收益		

表 14-10　　　　　　　　　利润表（期货公司类）

会期02表

编制单位：_____　　　　　　　　　　____年____月____日　　　　　　　　　　（单位：元）

项　目	本期金额	上期金额
一、营业收入		
手续费收入		
佣金净收入		
利息净收入		
投资收益（损失以"-"号填列）		
其中：对联营企业和合营企业的投资收益		
公允价值变动收益（损失以"-"号填列）		
汇兑收益（损失以"-"号填列）		
其他业务收入		
二、营业支出		
提取期货风险准备金		
营业税金及附加		

续表

项　目	本期金额	上期金额
业务及管理费		
资产减值损失		
其他业务成本		
三、营业利润（亏损以"-"号填列）		
加：营业外收入		
减：营业外支出		
四、利润总额（亏损总额以"-"号填列）		
减：所得税费用		
五、净利润（净亏损以"-"号填列）		
六、其他综合收益		
七、综合收益总额		

表 14-11　　　　　　　　　　利润表（证券投资基金类）

会证基 02 表

编制单位：＿＿＿＿＿＿　　　　　　　＿＿＿年＿＿＿月＿＿＿日　　　　　　（单位：元）

项　目	本期金额	上期金额
一、收入		
利息收入		
其中：存款利息收入		
债券利息收入		
资产支持证券利息收入		
买入返售金融资产收入		
其他利息收入		
投资收益（损失以"-"号填列）		
其中：股票投资收益		
债券投资收益		
基金投资收益		
资产支持证券投资收益		
衍生工具收益		
股利收益		
公允价值变动收益（损失以"-"号填列）		
汇兑收益（损失以"-"号填列）		
其他业务收入		
二、费用		
管理人报酬		
托管费		
销售服务费		
交易费用		
利息支出		

续表

项　目	本期金额	上期金额
其中：卖出回购金融资产支出		
其他费用		
三、利润总额（亏损总额以"-"号填列）		
四、净利润（净亏损以"-"号填列）		

表 14-12　　　　　　　　　　利润表（信托公司类）

会信02表

编制单位：＿＿＿＿＿＿＿　　　　　　＿＿＿年＿＿＿月＿＿＿日　　　　　　　　　（单位：元）

项　目	本期金额	上期金额
一、营业收入		
减：营业成本		
营业税金及附加		
销售费用		
管理费用		
财务费用		
资产减值损失		
加：公允价值变动净收益		
投资收益（损失以"-"号填列）		
其中：对联营企业和合营企业的投资收益		
影响营业利润的其他科目		
二、营业利润（亏损以"-"号填列）		
加：补贴收入		
营业外收入		
减：营业外支出		
三、利润总额（亏损总额以"-"号填列）		
减：所得税费用		
加：影响净利润的其他科目		
四、净利润（净亏损以"-"号填列）		
五、每股收益		
（一）基本每股收益		
（二）稀释每股收益		

六、现金流量表的编制

（一）现金流量表的内容

1. 经营活动现金流量

经营活动是指金融企业投资活动和筹资活动以外的所有交易和事项。经营活动产生的现金流量应当单独列示反映下列信息的项目。

（1）销售产成品、商品、提供劳务收到的现金；

（2）购买原材料、商品、接受劳务支付的现金；

（3）支付的职工薪酬；

（4）支付的税费。

2. 投资活动现金流量

投资活动是指金融企业固定资产、无形资产的购建和短期投资、长期债券投资、长期股权投资及其处置活动。投资活动产生的现金流量应当单独列示反映下列信息的项目。

（1）收回短期投资、长期债券投资和长期股权投资收到的现金；

（2）取得投资收益收到的现金；

（3）处置固定资产和无形资产收回的现金净额；

（4）短期投资、长期债券投资和长期股权投资支付的现金；

（5）购建固定资产和无形资产支付的现金。

3. 筹资活动现金流量

筹资活动是指导致金融企业资本及债务规模和构成发生变化的活动。筹资活动产生的现金流量应当单独列示反映下列信息的项目。

（1）取得借款收到的现金；

（2）吸收投资者投资收到的现金；

（3）偿还借款本息支付的现金；

（4）分配利润支付的现金。

（二）现金流量表的作用

（1）现金流量表能够说明企业一定期间内现金流入和流出的原因。现金流量表将现金流量划分为经营活动、投资活动和筹资活动所产生的现金流量，并按照流入现金和流出现金项目分别反映。这些信息是资产负债表和利润表所不能提供的。

（2）现金流量表能够说明企业的偿债能力和支付股利的能力。现金流量表完全以现金的收支为基础，消除了会计核算中由于会计估计等所产生的获利能力和支付能力。通过现金流量表能够了解企业现金流入的构成，分析企业偿债和支付股利的能力，增强投资者的投资信心和债权人收回债权的信心；通过现金流量表，投资者和债权人可了解企业获取现金的能力和现金偿付的能力，从而使有限的社会资源流向最能产生效益的地方。

（3）现金流量表可以用来分析企业未来获取现金的能力。现金流量表反映企业一定期间内的现金流入和流出的整体情况，说明企业现金从哪里来，又运用到哪里去。通过现金流量表及其他财务信息，可以分析企业未来获取或支付现金的能力。

（4）现金流量表可以用来分析企业投资和理财活动对经营成果和财务状况的影响。现金流量表提供一定时期现金流入和流出的动态财务信息，表明企业在报告期内由经营活动、投资活动和筹资活动获得多少现金，企业获得的这些现金是如何运用的，能够说明资产、负债、净资产变动的原因，对资产负债表和利润表起到补充说明的作用。现金流量表是连接资产负债表和利润表的桥梁。

（三）现金流量表编制的原则

（1）分类反映原则。为了给会计报表使用者提供有关现金流量的信息，并结合现金流量表和其他财务信息对企业做出正确的评价，现金流量表应当提供企业经营活动、投资活动和筹资活动对现金流量的影响，即现金流量表应当分别反映经营活动产生的现金流量、投资活动产生的现金流量和筹资活动产生的现金流量的总额及它们相抵后的结果。

（2）总额反映与净额反映灵活运用原则。为了提供企业现金流入和流出总额的信息，现金流量表一般应按照现金流量总额反映。一定时期的现金流量通常可按现金流量总额或现金流量净额反映。现金流量总额是指分别反映现金流入和流出总额，而不以现金流入和流出相抵后的净额反映。现金流量净额是指以现金流入和流出相抵后的净额反映。但现金流量以总额反映比以净额反映所提供的信息更为相关有用。因此，通常情况下，现金流量应以其总额反映。

（3）合理划分经营活动、投资活动和筹资活动。

企业应当合理划分经营活动、投资活动和筹资活动，对于某些现金收支项目或特殊项目，应当根据特定情况和性质进行划分，分别归并到经营活动、投资活动和筹资活动类别中，并一贯性地遵循这一划分标准。在中国，依据人们的习惯理解，把利息收入和股利收入划为投资活动，把利息支出和股利支出划为筹资活动。某些现金收支可能具有多类现金流量的特征，所属类别需要根据特定情况加以确定。

（4）外币现金流量应当折算为人民币反映。在中国，企业外币现金流量及境外子公司的现金流量，以现金流量发生日的汇率或加权平均汇率折算。汇率变动对现金的影响作为调节项目，在现金流量表中单独列示。

（5）重要性原则。现金流量表中不反映不涉及现金的投资和筹资活动是与编制现金流量表的目的相一致的。但是，如果不涉及现金的投资和筹资活动数额很大，若不反映将会导致一个有理性的报表使用者产生误解并作出不正确的决策，这时，就需要在现金流量表中以某种形式恰当地予以揭示。目前，对于不涉及现金的重要的投资和筹资活动是在现金流量表"补充资料"（或附注）中反映的。

（四）现金流量表的编制

商业银行类、证券公司类、保险公司类、期货公司类、信托公司的现金流量表格式分别见表 14-13、表 14-14、表 14-15、表 14-16、表 14-17。目前制度下，证券投资基金不编制现金流量表。

表 14-13 现金流量表（商业银行类）

会商银 03 表

编制单位：_____　　　　　　____年____月____日　　　　　　（单位：元）

项　　目	本期金额	上期金额
一、经营活动产生的现金流量		
客户存款和同业存放款项净增加额		
向中央银行借款净增加额		
向其他金融机构拆入资金净增加额		
收取利息、手续费及佣金的现金		
收到其他与经营活动有关的现金		
经营活动现金流入小计		

续表

项　目	本期金额	上期金额
客户贷款及垫款净增加额		
存放中央银行和同业款项净增加额		
支付手续费及佣金的现金		
支付给职工以及为职工支付的现金		
支付的各项税费		
支付其他与经营活动有关的现金		
经营活动现金流出小计		
经营活动产生的现金流量净额		
二、投资活动产生的现金流量		
收回投资收到的现金		
取得投资收益收到的现金		
收到其他与投资活动有关的现金		
投资活动现金流入小计		
投资支付的现金		
购建固定资产、无形资产和其他长期资产支付的现金		
支付其他与投资活动有关的现金		
投资活动现金流出小计		
投资活动产生的现金流量净额		
三、筹资活动产生的现金流量		
吸收投资收到的现金		
发行债券收到的现金		
收到其他与筹资活动有关的现金		
筹资活动现金流入小计		
偿还债务支付的现金		
分配股利、利润或偿付利息支付的现金		
支付其他与筹资活动有关的现金		
筹资活动现金流出小计		
筹资活动产生的现金流量净额		
四、汇率变动对现金及现金等价物的影响		
五、现金及现金等价物净增加额		
加：期初现金及现金等价物余额		
六、期末现金及现金等价物余额		

表 14-14　　　　　　　　　　现金流量表（证券公司类）

会证 03 表

编制单位：＿＿＿＿＿＿＿　　　　＿＿＿年＿＿＿月＿＿＿日　　　　　　　　（单位：元）

项　目	本期金额	上期金额
一、经营活动产生的现金流量		
处置交易性金融资产净增加额		

续表

项　目	本期金额	上期金额
收取利息、手续费及佣金的现金		
拆入资金净增加额		
回购业务资金净增加额		
收到其他与经营活动有关的现金		
经营活动现金流入小计		
支付利息、手续费及佣金的现金		
支付给职工以及为职工支付的现金		
支付的各项税费		
支付其他与经营活动有关的现金		
经营活动现金流出小计		
经营活动产生的现金流量净额		
二、投资活动产生的现金流量		
收回投资收到的现金		
取得投资收益收到的现金		
收到其他与投资活动有关的现金		
投资活动现金流入小计		
投资支付的现金		
购建固定资产、无形资产和其他长期资产支付的现金		
支付其他与投资活动有关的现金		
投资活动现金流出小计		
投资活动产生的现金流量净额		
三、筹资活动产生的现金流量		
吸收投资收到的现金		
发行债券收到的现金		
收到其他与筹资活动有关的现金		
筹资活动现金流入小计		
偿还债务支付的现金		
分配股利、利润或偿付利息支付的现金		
支付其他与筹资活动有关的现金		
筹资活动现金流出小计		
筹资活动产生的现金流量净额		
四、汇率变动对现金及现金等价物的影响		
五、现金及现金等价物净增加额		
加：期初现金及现金等价物余额		
六、期末现金及现金等价物余额		

表 14-15　　　　　　　　　　　现金流量表（保险公司类）

会保 03 表

编制单位：＿＿＿＿＿　　　　　　　　　＿＿＿年＿＿＿月＿＿＿日　　　　　　　　　　　（单位：元）

项　目	本期金额	上期金额
一、经营活动产生的现金流量		
收到原保险合同保费取得的现金		
收到再保业务现金净额		
保户储金及投资款净增加额		
收到其他与经营活动有关的现金		
经营活动现金流入小计		
支付原保险合同赔付款项的现金		
支付手续费及佣金的现金		
支付保单红利的现金		
支付给职工以及为职工支付的现金		
支付的各项税费		
支付其他与经营活动有关的现金		
经营活动现金流出小计		
经营活动产生的现金流量净额		
二、投资活动产生的现金流量		
收回投资收到的现金		
取得投资收益收到的现金		
收到其他与投资活动有关的现金		
投资活动现金流入小计		
投资支付的现金		
质押贷款净增加额		
购建固定资产、无形资产和其他长期资产支付的现金		
支付其他与投资活动有关的现金		
投资活动现金流出小计		
投资活动产生的现金流量净额		
三、筹资活动产生的现金流量		
吸收投资收到的现金		
发行债券收到的现金		
收到其他与筹资活动有关的现金		
筹资活动现金流入小计		
偿还债务支付的现金		
分配股利、利润或偿付利息支付的现金		
支付其他与筹资活动有关的现金		
筹资活动现金流出小计		
筹资活动产生的现金流量净额		
四、汇率变动对现金及现金等价物的影响		
五、现金及现金等价物净增加额		
加：期初现金及现金等价物余额		
六、期末现金及现金等价物余额		

表 14-16　　　　　　　　　　　现金流量表（期货公司类）

会期 03 表
（单位：元）

编制单位：_____　　　　　　　　_____年____月____日

项 目	本期金额	上期金额
一、经营活动产生的现金流量		
处置交易性金融资产净增加额		
收到客户的保证金净额		
收取利息、手续费及佣金的现金		
收到其他与经营活动有关的现金		
经营活动现金流入小计		
支付手续费及佣金的现金		
存入交易所的保证金净额		
支付给职工以及为职工支付的现金		
支付的各项税费		
支付其他与经营活动有关的现金		
经营活动现金流出小计		
经营活动产生的现金流量净额		
二、投资活动产生的现金流量		
收回投资收到的现金		
取得投资收益收到的现金		
处置固定资产、无形资产和其他长期资产收回的现金净额		
处置子公司及其他营业单位收到的现金净额		
收到其他与投资活动有关的现金		
投资活动现金流入小计		
购建固定资产、无形资产和其他长期资产支付的现金		
投资支付的现金		
取得子公司及其他营业单位支付的现金净额		
支付其他与投资活动有关的现金		
投资活动现金流出小计		
投资活动产生的现金流量净额		
三、筹资活动产生的现金流量		
吸收投资收到的现金		
其中：子公司吸收少数股东投资收到的现金		
取得借款收到的现金		
收到其他与筹资活动有关的现金		
筹资活动现金流入小计		
偿还债务支付的现金		
分配股利、利润或偿付利息支付的现金		
其中：子公司支付给少数股东的股利、利润		
支付其他与筹资活动有关的现金		
筹资活动现金流出小计		

续表

项　目	本期金额	上期金额
筹资活动产生的现金流量净额		
四、汇率变动对现金及现金等价物的影响		
五、现金及现金等价物净增加额		
加：期初现金及现金等价物余额		
六、期末现金及现金等价物余额		

表 14-17　　　　　　　　　　现金流量表（信托公司类）

会信 03 表

编制单位：_____　　　　　　　_____年_____月_____日　　　　　　（单位：元）

项　目	本期金额	上期金额
一、经营活动产生的现金流量		
销售商品、提供劳务收到的现金		
收到的税费返还		
收到其他与经营活动有关的现金		
经营活动现金流入小计		
购买商品、接受劳务支付的现金		
支付给职工以及为职工支付的现金		
支付的各项税费		
支付给职工以及为职工支付的现金		
经营活动现金流出小计		
经营活动产生的现金流量净额		
二、投资活动产生的现金流量		
收回投资收到的现金		
取得投资收益收到的现金		
处置固定资产、无形资产和其他长期资产收回的现金净额		
处置子公司及其他营业单位收到的现金净额		
收到其他与投资活动有关的现金		
投资活动现金流入小计		
购建固定资产、无形资产和其他长期资产支付的现金		
投资支付的现金		
取得子公司及其他营业单位支付的现金净额		
支付其他与投资活动有关的现金		
投资活动现金流出小计		
投资活动产生的现金流量净额		
三、筹资活动产生的现金流量		
吸收投资收到的现金		
取得借款收到的现金		

项　目	本期金额	上期金额
收到其他与筹资活动有关的现金		
筹资活动现金流入小计		
偿还债务支付的现金		
分配股利、利润或偿付利息支付的现金		
支付其他与筹资活动有关的现金		
筹资活动现金流出小计		
筹资活动产生的现金流量净额		
四、汇率变动对现金及现金等价物的影响		
五、现金及现金等价物净增加额		
加：期初现金及现金等价物余额		
六、期末现金及现金等价物余额		

七、所有者权益变动表的编制

（一）所有者权益变动表的内容

所有者权益变动表应当反映构成所有者权益的各组成部分当期的增减变动情况。当期损益、直接计入所有者权益的利得和损失，以及与所有者（或股东）的资本交易导致的所有者权益的变动，应当分别列示。所有者权益变动表至少应当单独列示反映下列信息的项目：

（1）净利润；

（2）直接计入所有者权益的利得和损失项目及其总额；

（3）会计政策变更和差错更正的累积影响金额；

（4）所有者投入资本和向所有者分配利润等；

（5）按照规定提取的盈余公积；

（6）实收资本（或股本）、资本公积、盈余公积、未分配利润的期初和期末余额及其调节情况。

（二）所有者权益变动表的编制

所有者权益变动表各项目均需填列"本年"金额和"上年"金额两栏。所有者权益变动表"上年"金额栏内各项数字，应根据上年度所有者权益变动表"本年"金额内所列数字填列。上年度所有者权益变动表规定的各个项目的名称和内容同本年度不一致的，应对上年度所有者权益变动表各项目的名称和数字按照本年度的规定进行调整，填入所有者权益变动表的"上年"金额栏内。

所有者权益变动表"本年"金额栏内各项数字一般应根据"实收资本（或股本）""资本公积""盈余公积""利润分配""库存股""以前年度损益调整"科目的发生额分析填列。

商业银行类金融企业的所有者权益变动表见表14-18，证券投资基金的所有者权益（基金净值）变动表见表14-19。证券公司类、保险公司类、期货公司类、信托公司类的所有者权益变动表参照商业银行类格式。

表 14-18

所有者权益变动表（商业银行类）

编制单位：＿＿＿＿＿　　　　＿＿＿年＿＿月＿＿日

会商银 04 表
（单位：元）

项　目	本年度							上年度						
	实收资本（或股本）	资本公积	减：库存股	盈余公积	一般风险准备	未分配利润	所有者权益合计	实收资本（或股本）	资本公积	减：库存股	盈余公积	一般风险准备	未分配利润	所有者权益合计
一、上年末余额														
加：会计政策变更														
前期差错调整														
二、本年初余额														
三、本年增减变动额（减少以"－"填列）														
（一）净利润														
（二）直接计入所有者权益的利得和损失														
1. 可供出售金融资产公允价值变动净额														
（1）计入所有者权益的余额														
（2）转入当期损益的余额														
2. 现金流量套期工具公允价值变动净额														
（1）计入所有者权益的余额														
（2）转入当期损益的余额														
（3）计入被套期项目初始确认金额中的金额														
3. 权益法下被投资单位所有者权益变动的影响														
4. 与计入所有者权益项目相关的所得税影响														
5. 其他														
上述（一）和（二）小计														
（三）所有者投入和减少资本														
1. 所有者投入资本														
2. 股份支付计入所有者权益的金额														
3. 其他														
（四）利润分配														
1. 提取盈余公积														
2. 提取一般风险准备														
3. 对所有者（股东）的分配														
4. 其他														
（五）所有者权益内部结转														
1. 资本公积转增资本（或股本）														
2. 盈余公积转增资本（或股本）														
3. 盈余公积弥补亏损														
4. 一般风险准备弥补亏损														
5. 其他														
四、本年末余额														

表 14-19　　　　　　　　所有者权益（基金净值）变动表（证券投资基金类）

会商银 03 表

编制单位：_____　　　　____年____月____日　　　　　（单位：元）

项　　目	本年度			上年度		
	实收基金	未分配利润	所有者权益合计	实收基金	未分配利润	所有者权益合计
一、期初所有者权益（基金净值）						
二、本期经营活动产生的基金净值变动数（本期利润）						
三、本期基金份额交易产生的基金净值变动数（净值减少以"－"号填列）						
其中：1. 基金申购款						
2. 基金赎回款						
四、本期向基金份额持有人分配利润产生的基金净值变动（净值减少以"－"号填列）						
五、期末所有者权益（基金净值）						

八、财务报表附注

（一）财务报表附注的作用

财务报表报表附注是会计报表的重要组成部分，是对会计报表本身无法或难以充分表达的内容和项目所做的补充说明和详细解释。编制会计报表附注的原因在于：

首先，财务报表附注拓展了企业财务信息的内容，打破了三张主要报表内容必须符合会计要素的定义，又必须同时满足相关性和可靠性的限制。

其次，财务报表附注突破了揭示项目必须用货币加以计量的局限性。再次，它充分满足了企业财务报告是为其使用者提供有助于经济决策的信息的要求，增进了会计信息的可理解性。

最后，财务报表附注能提高会计信息的可比性。比如，通过揭示会计政策的变更原因及事后的影响，可以使不同行业或同一行业不同企业的会计信息的差异更具可比性，从而便于进行对比分析。

财务报表附注的作用，集中体现在以下两个方面。

1. 有助于提高会计报表信息的使用价值

会计信息披露的目的在于帮助报表使用者做出更为合理的决策，而这些信息受到会计诸要素的限制，并不能完全体现在会计报表中，并且不同的报表使用者对信息需求的要求也各有侧重，会计报表信息并不能满足所有报表使用者的需要。而通过文字辅以数字、图表等方式对会计报表信息进行解释，并补充一些以前或未来的信息，可以解决这个问题，提高会计信息的使用价值。这样，不但会计人员能深刻理解有关会计信息的内涵，即使非会计专业的管理人员也能够看明白，从而进一步提高了会计报表信息的使用价值。

2. 有助于协调会计信息质量特征要求之间的矛盾

相关性、可靠性、可比性、重要性、及时性是保证会计信息决策有用的最重要的质量特征，但各种质量特征要求之间存在矛盾。比如，可靠性要求会计信息可验证、如实反映，而要达到可验证，就需要会计确认、计量的依据为企业过去已经发生了的经济活动，但相关性又要求会计信息有助于报表使用者做出各项决策，报表使用者最希望得到的是关于企业未来财务状况、经营成果及现金流量的信息。现行会计报表附注在表内披露这些信息，通过会计报表附注才能披露更多的前瞻性信息，从而提高会计信息的决策有用性。

（二）金融企业财务报表附注的基本内容

1. 商业银行财务报表附注的基本内容

一份完整的商业银行财务报表附注，至少应该包括以下内容：

（1）公司基本情况；

（2）财务报表的编制基础；

（3）遵循企业会计准则的声明；

（4）主要会计政策和会计估计；

包括会计年度、记账本位币、合并财务报表的编制方法、现金及现金等价物、外币折算、金融工具、衍生金融工具、买入返售金融资产和卖出回购金融资产款、长期股权投资、固定资产、在建工程、无形资产、其他资产、长期资产减值、职工薪酬、股利分配、或有负债、财务担保合同、收入确认、政府补助、所得税、经营租赁、受托业务、分部信息、比较数字、重要会计估计及判断等。

（5）税项；

（6）控股子公司；

（7）财务报表主要项目注释；

（8）或有事项、承诺及主要表外项目；

（9）受托业务；

（10）关联方关系及其交易；

（11）金融风险管理；

（12）资产负债表日后事项。

证券公司类、保险公司类、期货公司类、信托公司类金融企业的财务报表附注参照商业银行。

2. 证券投资基金的财务报表附注

证券投资基金的财务报表附注比较特殊，其基本内容包括：

（1）基金基本情况；

（2）会计报表的编制基础；

（3）遵循企业会计准则及其他有关规定的声明；

（4）重要会计政策和会计估计；

包括会计年度、记账本位币、金融资产和金融负债的分类、金融资产和金融负债的初始确认、后续计量和终止确认、金融资产和金融负债的估值原则、金融资产和金融负债的抵销、实收基金、损益平准金、收入/（损失）的确认和计量、费用的确认和计量、基金的收益分配政策、分部报告、其他重要的会计政策和会计估计等。

（5）会计政策和会计估计变更以及差错更正的说明；

（6）税项；

（7）重要财务报表项目的说明；

（8）或有事项、资产负债表日后事项的说明；

（9）关联方关系；

（10）本报告期及上年度可比期间的关联方交易；

（11）利润分配情况；

（12）期末（如每年 12 月 31 日）本基金持有的流通受限证券；

（13）金融工具风险及管理；

（14）有助于理解和分析会计报表需要说明的其他事项。

第三节　会计报表分析

金融企业会计报表分析的对象是金融企业的各项基本活动。会计报表分析就是从报表中获取符合报表使用人分析目的的信息，认识金融企业活动的特点，评价其业绩，发现其问题。

会计报表分析的起点是阅读财务报表，终点是做出某种判断（包括评价和找出问题），中间的财务报表分析过程，由比较、分类、类比、归纳、演绎、分析和综合等认识事物的步骤和方法组成。其中分析与综合是两种最基本的逻辑思维方法。因此，会计报表分析的过程也可以说是分析与综合的统一。

一、会计报表分析的主体

金融企业财务报表的使用人有许多种，包括权益投资人、债权人、经理人员、政府机构和其他与企业有利益关系的人士。他们出于不同的目的使用金融企业财务报表，需要不同的信息，采用不同的分析程序。

（一）债权人

债权人是指借款给金融企业并得到企业还款承诺的人。债权人关心企业是否具有偿还债务的能力。债权人可以分为短期债权人和长期债权人。债权人的主要决策：决定是否给企业提供信用，以及是否需要提前收回债权。他们进行财务报表分析是为了回答以下几方面的问题：

（1）公司为什么需要额外筹集资金；

（2）公司还本付息所需资金的可能来源是什么；

（3）公司对于以前的短期和长期借款是否按期偿还；

（4）公司将来在哪些方面还需要借款。

（二）投资人

投资人是指金融企业的权益投资人即普通股股东。普通股股东投资于金融企业的目的是扩大自己的财富。他们所关心的是包括偿债能力、收益能力以及投资风险等。权益投资人进行财务报表分析，是为了回答以下几方面的问题：

（1）公司当前和长期的收益水平高低，以及公司收益是否容易受重大变动的影响；

（2）目前的财务状况如何，公司资本结构决定的风险和报酬如何；

（3）与其他竞争者相比，公司处于何种地位。

（三）经理人员

经理人员是指被所有者聘用的、对公司资产和负债进行管理的个人组成的团体，有时称为"管理当局"。经理人员关心公司的财务状况、盈利能力和持续发展的能力。经理人员可以获取外部使用人无法得到的内部信息。他们分析报表的主要目的是改善公司经营管理。

（四）政府机构有关人士

政府机构也是公司财务报表的使用人，包括税务部门、国有企业的管理部门、证券管理机构、会计监管机构和社会保障部门等。他们使用财务报表是为了履行自己的监督管理职责。

（五）其他人士

二、会计报表分析的主要方法

（一）比较分析法

比较分析法是根据金融企业连续数期的会计报表，比较各期的有关项目增减方向和幅度，从而揭示当期财务状况和经营情况的增减变化及其发展趋势。具体有以下几种形式。

1. 差异分析

在差异分析中，经常使用的比较标准有：本企业与国内外先进水平比较，本企业与评价标准值比较，本企业与竞争对手比较。

2. 趋势分析

在趋势分析中，经常使用的比较标准有：本企业实际与预定目标、计划或定额比较，本期实际与上年同期实际，本年实际与上年实际及若干期的历史资料比较。

3. 绝对数比较法

绝对数比较法是利用财务报表中两个或两个以上的绝对数进行比较，以考察经济现象量的变异，分析事物的增加变化和变化结果的好坏。

4. 相对数比较法

相对数比较法利用财务报表中有相关关系的数据的相对数进行对比，通过比率来反映事物或现象间的联系，从而能深入揭示绝对数指标所不能充分说明的问题。

（二）比率分析法

比率分析法是以同一会计期间的相关数据相互比较，求出它们之间的比率，以分析会计报表上所列的项目与项目之间的相互关系，从而做出恰当的评价。关于财务比率的类型，目前财务比率一般分为三类，即反映盈利能力的比率、反映偿债能力的比率、反映营运能力的比率。

（三）结构分析法

结构分析法是将某一事物总体中的各个组成部分，按照一定的标准进行归类，计算各个部分在总体中所占比重的一种方法。其基本计算公式为：

总体中某部门数额/总体数额×100%

例如，百分比资产负债表是将资产负债表各个主要项目除以总资产，百分比利润表是将利润表各个主要项目除以销售净额（主营业务收入总额）即可得到。

（四）因素分析法

因素分析法是根据相互依存、互为因果的各个因素对经营活动的影响程度进行具体分析的一种方法。因素分析法中最常用的方法是连环替代法，它是将分析指标分解为各个可以计量的因素，并根据各个因素之间的依存关系，顺次用各因素的比较值（通常即实际值）替代基准值（通常为标准值或计划值），据以测定各因素对分析指标的影响。

连环替代法的一般计算步骤如下。

（1）根据综合指标形成的过程，找出该项指标受哪些因素影响，找出财务指标与各影响因素的内在关系，建立分析计算公式。

（2）按构成综合财务指标的因素之间的关系列出基准值和比较值的计算公式，即：

差异值=比较值-基准值

（3）按构成综合财务指标的各因素的排列顺序，逐一用比较值的各因素替代基准值的各因素，并计算出每次替代的结果。

（4）将替换各因素后产生的各结果值顺序比较，计算出各因素变动对综合财务指标的影响程度。

（5）将各因素变动影响程度之和相加，检验是否等于总差异。

例如，某一个财务指标及有关因素的关系由如下公式构成，

实际指标：$P_o = A_o \times B_o \times C_o$

标准指标：$P_s = A_s \times B_s \times C_s$

实际与标准的总差异为 $P_o - P_s$，这一总差异同时受到 A、B、C 三个因素的影响，它们各自的影响程度可分别由以下公式计算求得。

A 因素变动的影响：$A_o \times B_s \times C_s - A_s \times B_s \times C_s$

B 因素变动的影响：$A_o \times B_o \times C_s - A_o \times B_s \times C_s$

C 因素变动的影响：$A_o \times B_o \times C_o - A_o \times B_o \times C_s$

最后，可以将以上三大因素各自的影响数相加就应该等于总差异 $P_o - P_s$。

三、金融企业财务分析的相关指标

（一）资产负债状况指标

（1）流动比率：反映金融企业短期偿债能力。

$$流动比率 = \frac{流动资产}{流动负债} \times 100\%$$

其中，流动资产指可以在一年或超过一年的一个营业周期内变现或耗用的资产，包括现金及金融企业本身的各种存款、短期贷款、短期投资、应收的预付款项等。流动负债指可以在一年或超过一年的一个营业周期内偿还的债务，包括短期借款、应付票据、应付账款、应付工资、应交税费等。

该指标以不低于 25%为宜。

（2）资产负债率：用来反映金融企业的负债程度。

$$资产负债率 = \frac{银行全部负债总额}{银行全部资产总额} \times 100\%$$

该比率越高，金融企业经营风险越大，以 90%左右为佳，最高不能超过 95%。

（3）自有资金率：用来反映金融企业的偿债能力。

$$自有资金率 = \frac{自有资产金总额}{银行资产总额} \times 100\%$$

该指标越高，金融企业抵御风险的能力越强，该比率应大于 8%为宜。

（4）流动性覆盖率。

$$流动性覆盖率 = \frac{优质流动性资产储备}{未来30日的资金净流出量} \times 100\%$$

流动性覆盖率的标准是不低于 100%。

这个比率的意义是，确保单个金融企业在流动性严重压力情景下，能够将变现无障碍且优质的资产保持在一个合理的水平，这些资产可以通过变现来满足其未来 30 天期限的流动性需求。

（5）净稳定资金比例。

$$净稳定资金比率 = \frac{可用的稳定资金}{业务所需的稳定资金} \times 100\%$$

该比率应大于 100%。主要用于度量商业金融企业较长期限内可使用的稳定资金来源对其表内、表外资产业务发展的支持能力。

（6）拆入资金比率：反映拆入资金占全部存款的比重。

$$拆入资金比率 = \frac{拆入资金旬末平均余额}{各项存款旬末平均余额} \times 100\%$$

该指标以不高于 4%为宜。

（7）杠杆率。

$$商业金融企业杠杆率 = \frac{一级资本 - 一级资本扣除项}{调整后的表内外资产余额} \times 100\%$$

一级资本即核心资本，又称产权资本，包括实收资本、资本公积、盈余公积、未分配利润、储务账户、公开储备（如股票发行溢价、保留利润、普通准备金和法定准备金的增值等）。一级资本和一级资本扣减项为商业金融企业按照银监会有关规定计算资本充足率所采用的一级资本和一级资本扣减项。调整后的表内外资产余额=调整后的表内资产余额＋调整后的表外项目余额——级资本扣减项。2011 年，中国银监会规定，商业金融企业杠杆率不得低于 4%。

（二）存贷款结构指标

（1）存贷比率。

存贷比率是反映贷款总额与存款余额的比例。

$$存贷比率 = \frac{商业银行贷款总额}{商业银行存款总额} \times 100\%$$

我国规定,商业银行最高的存贷比率为75%。从商业银行盈利角度讲,存贷比越高越好,因为存款是有资金成本的。但从商业银行抵抗风险角度讲,存贷比例不宜过高,因为商业银行要应付广大客户日常现金支取和日常结算,若存贷比过高,这部分资金就会不足,会导致商业银行的支付危机。

(2)中长期贷款比率:反映1年期以上(含1年期)的贷款对1年期以上的存款的比率关系。

$$中长期贷款比率 = \frac{余期1年及以上的贷款月平均余额}{余期1年及以上的存款月平均余额} \times 100\%$$

该比率以不超过120%为宜。

(3)单个贷款比率:反映同一借款客户的贷款余额占金融企业资本余额的比重,以不高于10%为宜。

$$单个贷款比率 = \frac{对同一客户贷款余额}{资本总额} \times 100\%$$

(4)最大十家客户贷款比率:反映在本行贷款最多的十家客户的贷款之和占金融企业资本总额的比重,以不高于50%为宜。

$$最大十家客户贷款比率 = \frac{最大十家客户贷款总额}{资本总额} \times 100\%$$

(5)股东贷款比率:反映对股东提供的贷款占该股东已交纳股金的比重,以不超过100%为宜。

$$股东贷款比率 = \frac{对股东贷款余额}{该股东已交纳股金总额} \times 100\%$$

(6)存款负债率:反映存款占负债总额的比重。

$$存款负债率 = \frac{各项存款余额}{负债总额} \times 100\%$$

该指标较高一些为好。

(7)核心存款比率:反映核心存款负债总额的比重。

$$核心存款比率 = \frac{核心存款总额}{负债总额} \times 100\%$$

核心存款并无明确统一的定义,只是存款中保持稳定的部分,核心存款不一定为定期存款。与商业银行其他来源资金相比,核心存款具有成本较低、长期稳定的优点,是每一个商业银行都积极努力获取的资金来源方式。该比率高些为好,表明负债稳定性较强,对金融企业经营有利。

(三)工作效率与质量指标

(1)人均传票率 $= \dfrac{全行处理传票总数}{全行会计人数} \times 100\%$

(2)人均存款率 $= \dfrac{全年存款平均金额}{全行职工平均人数} \times 100\%$

(3)人均贷款率 $= \dfrac{全年贷款平均金额}{全行职工平均人数} \times 100\%$

(4)会计差错率 $= \dfrac{会计差错笔数}{会计业务总笔数} \times 100\%$

（5）现金差错率 $= \dfrac{\text{现金收付差错额}}{\text{现金收付发生总额}} \times 100\%$

（四）盈利能力指标

（1）利润率：用来反映金融企业的获利能力。

$$利润率 = \dfrac{\text{利润总额}}{\text{营业收入}} \times 100\%$$

（2）资本金利润率：用来反映金融企业资本金的盈利能力。

$$资本金利润率 = \dfrac{\text{利润总额}}{\text{资本金总额}} \times 100\%$$

（3）净利息收益率：用来反映商业银行生息资产产生利息净收入的能力。

$$净利息收益率 = \dfrac{\text{利息收入} - \text{利息支出}}{\text{生息资产平均余额}} \times 100\%$$

该比率越高，反映金融企业获利能力越强。

（4）净利差：用来反映商业银行总资产产生利息净收入的能力。

$$净利差 = \dfrac{\text{商业银行利息净收入}}{\text{商业银行总资产}} \times 100\%$$

其中，利息净收入等于利息收入减去利息支出。

（5）利息回收率：表示商业金融企业一个年度内的利息收回情况。

$$利息回收率 = \dfrac{\text{实收利息}}{\text{应收利息}} \times 100\%$$

（五）风险监控指标

（1）备付金比率。

$$备付金比率 = \dfrac{\text{备付金日平均余额}}{\text{各项存款日平均余额}} \times 100\%$$

备付金等于金融企业库存现金加上在中央金融企业的定额准备金和金融企业在其他同业的存款。该指标越高，表明金融企业的偿债能力越强，在 5%～7% 为宜。

（2）不良贷款率。

$$不良贷款率 = \dfrac{\text{次级类贷款} + \text{可疑类贷款} + \text{损失类贷款}}{\text{各项贷款总和}} \times 100\%$$

该指标在 5% 以内属于正常。

（3）资产损失率：反映各项资产损失与资产总额之比例。

$$资产损失率 = \dfrac{\text{各项资产损失}}{\text{资产总额}} \times 100\%$$

该比例越低越好。

（4）风险权重资产比率：反映各项资产按风险权重折算后的余额之和占资产总额的比重。

$$风险权重资产比率 = \frac{各项风险权重资产月末余额}{月末资产总额} \times 100\%$$

该指标以不高于 60%为宜。

（5）资本充足率。

$$资本充足率 = \frac{资本净额}{表内外风险加权资产期末总额} \times 100\%$$

资本净额=核心资本+附属资本-扣减项。该指标不得低于 8%。核心资本包括实收资本、资本公积、盈余公积、未分配利润；附属资本包括贷款呆账准备、坏账准备、投资风险准备和五年期以上的长期债券。扣减项是资产减值、收购产生的商誉等因素导致的。

（6）核心资本充足率。

$$核心资本充足率 = \frac{核心资本}{表内外风险加权资产期末总额} \times 100\%$$

该比率应不低于 4%。

（7）贷款拨备率。

$$贷款拨备率 = \frac{贷款损失准备金余额}{各项贷款余额} \times 100\%$$

该指标一般要求在 2.5%以上。

（8）拨备覆盖率。

$$拨备覆盖率 = \frac{一般准备+专项准备+特种准备}{次级类贷款+可疑类贷款+损失类贷款} \times 100\%$$

该比率应不低于 100%，否则为计提不足，存在准备金缺口。拨备覆盖率的高低应适合风险程度，过低导致拨备金不足，利润虚增；过高导致拨备金多余，利润虚降。

（9）贷款迁徙率。该指标衡量商业金融企业信用风险变化的程度，表示为资产质量从前期到本期变化的比率，属于动态指标。具体有以下几种。

① 正常类贷款迁徙率：为正常类贷款中变为不良贷款的金额与正常类贷款之比。

$$正常类贷款迁徙率 = \frac{正常类贷款中变为不良贷款的金额}{正常类贷款总额} \times 100\%$$

该比率不得高于 0.5%。

② 关注类贷款迁徙率：为关注类贷款中变为不良贷款的金额与关注类贷款之比。

$$关注类贷款迁徙率 = \frac{关注类贷款中变为不良贷款的金额}{关注类贷款总额} \times 100\%$$

该比率不得高于 1.5%。

③ 次级类贷款迁徙率：为次级类贷款中变为可疑类和损失类贷款的金额与次级类贷款之比。

$$次级类贷款迁徙率 = \frac{次级类贷款中变为可疑类和损失类贷款的金额}{次级类贷款总额} \times 100\%$$

该比率不得高于 3%。

④ 可疑类贷款迁徙率：为可疑类贷款中变为损失类贷款的金额与可疑类贷款之比。

$$可疑类贷款迁徙率 = \frac{可疑类贷款中变为损失类贷款的金额}{可疑类贷款总额} \times 100\%$$

该比率不得高于 40%。

思 考 题

1. 年度决算对于金融企业有哪些重要意义？
2. 金融企业的年度决算由哪些具体报表组成？
3. 金融企业年度决算的准备工作有哪些？
4. 金融企业在年度决算日需要做哪些工作？
5. 如何编制金融企业的资产负债表？
6. 如何编制金融企业的利润表？
7. 如何编制金融企业的现金流量表？
8. 衡量商业银行风险监控的指标有哪些？

附 录 | 关键术语中英文对照

金融企业会计	Accounting for Financial Enterprises	售汇	Purchase of Foreign Exchange
会计核算对象	Accounting Objects	套汇	Exchange Arbitrage
会计要素	Accounting Elements	外汇存款	Foreign Exchange Proceeds Deposit
会计科目	Account	外汇贷款	Foreign Exchange Loans
金融企业	Financial Enterprises	信用证	Letter of Credit
银行存款	Bank Deposit	保险	Insurance
定期存款	Fixed Deposit	财产保险	Property Insurance
活期存款	Current Deposit	人身保险	Personal Insurance
存款利息	Interest on Deposit	再保险	Reinsurance
银行贷款	Bank Loans	保险收入	Insurance Income
贷款损失准备	Loans Impairment Reserve	赔付支出	Compensation Expenses
代理业务资产	Capital in Vicarious Business	未到期责任准备金	Unearned Premium Reserve
贴现资产	Deposit of Capital Discounted	未决赔款准备金	Outstanding Losses Reserve
支付结算	Payment and Settlement	储蓄保险	（endowment insurance）
支票	Cheque	终身寿险	（permanent life insurance）
银行汇票	Bank Draft	投资人寿保险	（variable life insurance）
商业汇票	Commercial Bill	可转换定期寿险	（convertible term insurance）
银行本票	Cashier's Cheque	受益人	（beneficiary）
信用卡	Credit Card	赔偿	（claim）
再贴现	Retrocession	分摊	（contribution）
再贷款	Reloan (Central Bank Lending)	期满日	（maturity date）
同业拆借	Inter-bank Borrowing/Lending	保费	（premium）
存款准备金	Reserve Against Deposit	投保额	（sum insured）
同城票据交换	Local Clearings	缴清保单	（paid-up policy）
联行往来	Interbank Transactions	核保	（underwriting）
外汇	Foreign Exchange	不受保项目	（exceptions）
汇率	Exchange Rate	证券	Security
直接标价法	Direct Quotation	证券自营业务	Securities Proprietary Business
间接标价法	Indirect Quotation	证券经纪业务	Securities Brokerage Business
货币兑换	Currency Exchange	证券承销业务	Securities Underwriting Business
结汇	Settlement of Exchange	代理买卖证券业务	Deputy Securities Trading Business

代理兑付证券业务	Deputy Securities Cashing Business	倒转市场	Inverted Market
代理保管证券业务	Deputy Securities Safekeeping Business	对应结算时间段	Matching Period
		套期图利	Straddle
受托资产管理业务	Entrusted Asset Management Business	仓单	Warrants
		交易量	Turnover
证券投资基金	Securities Investment Funds	价格变动保证金	Variation Margin
包销证券	Underwrite Securities	信托	Trust
基金托管人	Fund Trustees	委托	Entrust
基金合同的变更与终止	Alternation and Termination of the Fund Contract	托管	Deposit
		信托存款	Trust Deposit
基金财产清算	Liquidation of Fund Property	信托贷款	Trust Loans
融资租赁	Financial Leasing	信托投资	Trust Investment
经营租赁	Operating Leasing	信托收入	Trust Income
融资收入	Financing Income	未实现融资收益	Unrealized Financing Profits
售后租回	Leaseback	存出资本保证金	Deposit for Capital Recognizance
出租人	Lessor	未担保余值	Unguaranteed Residual Value
承租人	Lessee	所有者权益	Owner's Equity
或有租金	Contingent Rental	可扩展商业报告语言	Extensible Business Reporting Language
市场间套利	Arbitrage		
佣金	Commission	资产负债表	Banlance Sheet
经纪商行（代办行）	Commission House(Wire House)	现金流量表	Cash Flow Statement
承诺	Commitment	损益表	Income Statement
期货合约	Futures Contract	所有者权益表	Statement of Owner's Equity
交易所期权	Exchange Option		
初始保证金	Initial Margin		

参考文献

[1] 财政部. 企业会计准则第 19 号——外币折算. [S]. 2006

[2] 财政部. 企业会计准则第 25 号——原保险合同. [S]. 2006

[3] 财政部. 企业会计准则第 26 号——再保险合同. [S]. 2006

[4] 财政部. 金融企业会计制度. 2001.

[5] 财政部. 金融企业财务规则. 2006.

[6] 财政部. 企业会计准则[M]. 北京：中国财政经济出版社. 2006.

[7] 财政部会计准则委员会. 企业会计准则——所得税. [S]. 2006.

[8] 关新红. 新企业会计准则下金融企业会计实务[M]. 北京：电子工业出版社，2012.

[9] 国际会计准则理事会. 国际财务报告准则第 4 号——保险合同. [S]. 2004.

[10] 国际会计准则理事会. 国际会计准则第 21 号——外汇汇率变动的影响. [S]. 2003.

[11] 李光，陈新宁. 金融企业会计[M]. 北京：清华大学出版社，2010.

[12] 刘学华. 金融企业会计[M]. 上海：立信会计出版社，2011.

[13] 孟艳琼. 金融企业会计（修订本）[M]. 武汉：武汉理工大学出版社，2012.

[14] 全国人民代表大会常务委员会. 中华人民共和国公司法（修订）[S]. 2005.

[15] 全国人民代表大会常务委员会. 中华人民共和国公司法（修订）[S]. 2005.

[16] 全国人民代表大会常务委员会. 中华人民共和国会计法[S]. 1999.

[17] 全国人民代表大会常务委员会. 中华人民共和国证券投资基金法（修订版）[S]. 2012.

[18] 肖虹. 金融企业会计[M]. 大连：东北财经大学出版社，2010.

[19] 杨华. 金融企业新会计准则应用与讲解[M]. 北京：中国金融出版社，2007.

[20] 于小镭. 新企业会计准则实务指南（金融企业类）[M]. 北京：机械工业出版社，2013.

[21] 赵珍珠. 金融企业会计学——商业银行会计. 上海：立信出版社. 2011.

[22] 中国期货业协会. 期货公司会计科目设置及核算指引[S]. 2007.

[23] 中国证券监督管理委员会. 证券投资基金管理公司管理办法[S]. 2012

[24] 中国证券监督管理委员会. 公开发行证券的公司信息披露编报规则[S]. 2010.

[25] 中国证券监督管理委员会. 期货公司管理办法[S]. 2007.

[26] 中国证券监督管理委员会. 证券登记结算管理办法[S]. 2009.

[27] 中国证券业协会. 证券投资基金股指期货投资会计核算业务细则（试行）[S]. 2011.

[28] 中国证券业协会. 证券投资基金会计核算业务指引[S]. 2007.

[29] 中华人民共和国财政部. 金融企业财务规则[S]. 2006.

[30] 中华人民共和国财政部. 金融企业绩效评价办法[S]. 2011.

[31] 中华人民共和国国务院. 期货交易管理条例（修订版）[S]. 2012.

[32] 中华人民共和国国务院. 企业财务会计报告条例[S]. 2000.

[33] 周红，王建新，张铁铸. 国际会计准则[M]. 大连：东北财经大学出版社，2008.